삼국유사고증 역주 三國遺事考證 譯註

An Annotated Translation of "Historical Investigation of the Three Kingdoms Archive in Ancient Korea"

【四】

(삼국유사고증 하1)

「흥법 제3」·「탑상 제4」

삼국유사고증 역주 三國遺事考證 譯註 【四】
(삼국유사고증 하1)

An Annotated Translation of "Historical Investigation of the Three Kingdoms Archive in Ancient Korea"

—

1판 1쇄 인쇄 2023년 11월 10일
1판 1쇄 발행 2023년 11월 20일

—

저   자 ㅣ 三品彰英 외
역주자 ㅣ 김정빈
발행인 ㅣ 이방원
발행처 ㅣ 세창출판사
  신고번호 제1990-000013호
  주소 03736 서울시 서대문구 경기대로 58 경기빌딩 602호
  전화 02-723-8660 팩스 02-720-4579
  이메일 edit@sechangpub.co.kr 홈페이지 www.sechangpub.co.kr
  블로그 blog.naver.com/scpc1992 페이스북 fb.me/Sechangofficial 인스타그램 @sechang_official

—

ISBN 979-11-6684-191-0 94910
      979-11-6684-187-3 (세트)

—

이 역주서는 2018년 대한민국 교육부와 한국연구재단의 지원을 받아 수행된 연구임.
(NRF-2018S1A5A7028408)

—

삼국유사고증 역주三國遺事考證 譯註

An Annotated Translation of "Historical Investigation of the Three Kingdoms
Archive in Ancient Korea"

【四】

(삼국유사고증 하1)

「흥법 제3」·「탑상 제4」

三品彰英 외 저

김 정 빈 역주

세창출판사

총 목차

● 三권 ●
(삼국유사고증 중)

三國遺事 卷第二
삼국유사 권제2

紀異第二
기이 제2

● 七권 ●
(삼국유사고증 색인편)

四권 목차
(삼국유사고증 하1)

三國遺事 卷第三
삼국유사 권제3

興法 第三
흥법 제3

塔像 第四
탑상 제4

삼국유사 권제3

三國遺事 卷第三

홍법 제3

興法 第三

⁴⁶⁹흥법 제3

興法 第三

⁴⁷⁰順道肇麗. ^a道公之次. 亦有法深, 義淵, 曇嚴之流. 相繼而興敎. 然古傳無文. 今亦不敢編次. 詳
見僧傳.

⁴⁷¹高麗本記傳. 小獸林王卽位二年壬申. 乃東晉咸安二年. 孝武帝卽位
之年也. 前秦符(苻)堅遣使及僧順道. 送佛象經文. ^a時堅都關中卽長安. ⁴⁷²又四
年甲戌. 阿道來自晉. ⁴⁷³明年乙亥二月. 創肖門寺. 以置順道. 又創伊弗
蘭寺. 以置阿道. 此高麗佛法之始. ⁴⁷⁴僧傳作二道來自魏云者. 誤矣. 實
自前秦而來. 又云肖門寺今興國, 伊弗蘭寺今興福者. 亦誤. 按麗時都安
市城. 一名安丁忽. 在遼水之北. 遼水一名鴨淥(綠). 今云安民江. 豈有松
京之興國寺名. ⁴⁷⁵讚曰. 鴨淥(綠)春深渚草鮮. 白沙鷗鷺等閑眠. 忽驚柔櫓
一聲遠. 何處漁舟客到烟.

469 흥법제3(興法第三)

470 順道肇麗. ^a순도¹⁾ 다음에, 또 법심, 의연, 담엄 등이 서로 연이어 불교를 일으켰다. 그러나 고전에는 기록이 보이지 않아, 지금 그들의 활동을 순서에 따라 엮는 것은 감히 하지 않는다. 자세한 것은 승전²⁾을 참고 바란다.

471 고려본기를 보면 '소수림왕의 즉위 2년 임신은, 곧 동진의 함안³⁾ 2년으로, 효무제가 즉위한 해에 해당한다. 이해, 전진의 부견⁴⁾이 사자와 함께 승려 순도로 하여금, 불상과 경문을 보내왔다. ^a그때 부견은 관중(關中) 즉 장안을 도읍으로 하고 있었다.

472 또 소수림왕 4년 갑술에, 아도가 진(晋)에서 들어왔다. **473** 그리고 이듬해 을해 2월에 초문사를 창건하여, 그곳을 순도에게 맡기고, 나아가 이불란사를 창건하여, 이곳은 아도에게 맡겼다. 이것이 고구려의 불법의 시초라고 한다.

474 승전에 순도와 아도 두 사람은, 위(魏)에서 왔다고 하는 것은 잘못되어 있다.⁵⁾ 사실은 전진에서 왔던 것이다. 또 초문사를 지금의 흥국사, 이불란사를 지금의 흥복사라고 하는 것도 역시 잘못되어 있다. 생각하건대 고구려 때의 도읍은 안시성에 놓여 있었다. 안시성은 혹은 안정홀이라고도 하며, 요수의 북쪽에 있었다. 요수는 일명 압록이

---

1) DB. 고구려에 불교를 처음으로 전한 승려 순도(順道)로 생몰년은 미상. 소수림왕 2년(372) 6월 진왕(秦王) 부견(苻堅)이 순도를 보내 고구려에 불상과 불경을 전하게 하자, 소수림왕은 순도를 머물게 하고 초문사(肖門寺)를 창건하였다.

2) DB. 고려의 승려인 각훈(覺訓)이 편찬한 "해동고승전". "삼국유사"에는 "해동승전(海東僧傳)" "고승전(高僧傳)"으로도 표기.

3) DB. 중국 동진(東晋) 간문제(簡文帝)의 연호로 371-372년.

4) DB. 부견의 '苻' 자는 "진서(晋書)" 113, 부견전에 의거하여 보통 '苻' 자로 수정한다.

5) DB. "해동고승전"에는 순도는 진(秦)에서 왔으며, 아도(阿道)만이 위(魏)에서 왔다고 기록되어 있다.

라고도 하며, 지금은 안민강이라고 한다. 그렇기 때문에 어찌하여 지금 송경(개성)에 있는 홍국사의 이름이 안시성 지역에 있었다고 할 수 있는가.

475찬에서 말하기를

압록강 가는 봄이 완연하여,

물가의 풀은 연록이 선명하다.

흰 모래 물가에는 갈매기나 해오라기가

한가하게 잠들어 있다.

살며시 저으며 다가오는 노 소리에 흠칫 놀라

꿈에서 깨어나 날아갔으나, 그 울음소리가 멀리 퍼진다.

어디서 온 고기잡이 배일까.

손님은 구름 속에 도착했다.

주해

468○【三國遺事 卷第三】이곳 다음 줄에는, 쇼도구간본 '유' 권제5의 머리글에 보이는 것과 같이, '國尊曹溪宗迦智山下鱗角寺住持圓鏡冲照大禪師一然撰'이라고 찬술자가 기록되어 있었을 것이나, 현존 '쇼도구간본'(중종 임신, 서기 1512)에는 모두 빠져 있다(고증 중권 주해 259 참조).

469○【興法第三】'유'의 편목은 제1부터 제9까지 있는데, '권제3'은 '홍법제삼'과 '탑상제사'의 2편으로 나누어져 있다. '유'의 권차와 편목에 대해서는 고증 상권의 '삼국유사해제'와 '삼국유사 왕력'의 뒷부분을 참조.

470○【順道肇麗】승려 순도가 고구려에 처음으로 불교를 전했다는 것을 말한다. 려(麗)는 고구려를 말한다. 순도의 출생에 대해서는, '해동'에 '釋順道不知何許人也'가 보이는 것과 같이, 일체 미상이다(후술하는 '석순도전'을 참조. 나아가 그가 언제 고구려에 들어갔는지에 관해서는 후술의

주해 474 참조).

470a○ 【法深】미상.

○ 【義淵】고구려의 승려. 그의 출생에 대해서는 '해동' 권제1(유통1-1)의 석
의연에 '釋義淵. 高句麗人⁶⁾也. 世糸縁政咸聞也.'가 보인다. 그는 율의를
잘 지키고, 유도(儒道)에도 밝았다고 하며, 평원왕 18년(576)에는 대성
상왕고덕에 의해, 진(陳)의 업(鄴)(지금의 하남성)에 보내어져 불법·불
리를 닦았다고 전해진다.

○ 【曇嚴】미상.

○ 【古傳】어떠한 사서인지 불명. 또한 '고전'의 인용은, 같은 권제3의 '伯嚴
寺石塔舍利' 조에도 이루어져 있다.

○ 【僧傳】이곳 이외의 '승전'의 인용은, '권제3'의 '難陁闢濟', '原宗興法 猒
髑滅身', '寶藏奉老 普德移庵', '高麗靈塔寺', 권제5의 '明朗神印', '郁面婢
念佛西昇', '緣會逃名 文殊岾' 등의 각 조에 이루어져 있다. 오늘날 고려조
까지 편찬된 고승의 전기로서 알려져 있는 것은, 신라 성덕대(702-737년)
에 김대문이 찬술한 "고승전"과 고려의 고종왕 2년(1215년)에 각훈이 찬
술한 "해동고승전" 2서에 지나지 않는다. 게다가 전자는 '사' 편찬시
(?-1145)에는 역시 존재했던 것 같으나('사' 김대문전), 오늘날에는 분실
되어 버렸고, 후자도 또한 그 일부(권제1, 流通一之一·一之二)가 간신히
남아 있는 것에 지나지 않는다. 따라서 여기에서 말하는 '승전'이 과연 이
들 2서와 완전히 다른 계통의 서적인지, 혹은 이들 2서 가운데 어느 쪽인
가의 약칭에 지나지 않는 것인지는, 오늘날 고증이 곤란하다. 그러나 다
행히도 '해동'의 잔존 부분과 '승전'과의 사이에는, 조합가능한 기술이 다
음의 대조표와 같이 4에 정도 존재하고 있다.

---

6) 고증. 句高麗人.

'승전僧傳'	'해동海東'
① 僧傳作二道(順道・阿道). 來自魏云者誤矣. (順道肇麗)	句麗第十七解味留王. 或云小獸林王二年壬申夏六月. 秦符堅發使乃浮屠順道. 送佛像經文. …或說順道晉來. 後四年. 神僧阿道至自魏. 存古文.(釋順道傳) 釋阿道或云本天竺人. 或云從吳來. 或云自高句麗入魏. 後歸新羅. 朱知孰是.(釋阿道傳)
② 第十五 僧傳云十四誤. 枕流王.(難陀闢濟)	百濟第十四枕流王.(釋摩羅難陀傳)
③ 眞興大王即位五年甲子大興輪寺. … 僧傳云七年誤.(原宗興法 猒髑滅身)	(眞興王) 七年法輪寺成.(釋法雲傳)
④ 前王(法興王) 姓金氏. 出家法雲字法空. 僧傳與諸說亦以王妃出家名法靈	(法興) 王遜位爲僧. 改名法空.(釋法空傳)

이 4예에 있어서, ②③의 2예는 분명히 일치하고 있다. ④에서도 '승전'에 있고 '해동'에 보이지 않는 法興王妃=法雲說을 '諸說' 가운데에 포함시킨다면, 일치된 전승이라고 인정할 수 있을 것이다. 이마니시 류는, '본서(海東)가 만들어지는 고종 2년은 유사가 만들어지는 충렬왕대로부터 약 60년 이전으로 본서는 관찬이라는 것으로부터 미루어 보면, 유사에 승전이라는 것은 본서에 관한 것이어야 한다.'라고 단언했다. 그러나 ①의 순도가 위나라에서 왔다고 하는 '승전'은, '해동'에는 보이지 않기 때문에, 스에마쓰 야스카즈가 '"승전"에 말하기를이라는 것을 전부 각훈의 "해동고승전"의 말이라고 생각하는 것은 곤란하다.'라고 하는 것처럼, '해동'을 바탕으로 보는 것은 곤란하다. [참고] 今西龍 '海東高僧傳に就て'("史林" 제3권, 大正 7年)("高麗史研究" 수록, 昭和 19년)("高麗及率朝史研究" 수록 昭和 49년), 末松保和 '高麗文獻小録(2) 三國遺事'("靑丘學叢" 제8호 昭和 7년)("靑丘史草" 제2 수록 "三國遺事の經籍關係記事" 昭和 41년).

471○【高麗本記】'여기'를 말한다. '고려본기'로부터의 인용이 명기되어 있는 것은 이곳 이외에서는 권제1 '高句麗', 권제3 '寶藏奉老 普德移庵'의 각

조인데, 모두 '여기'의 글과 그 내용, 구문이 유사하다. 따라서 이곳에서 말하는 '고려본기'라는 것은, '여기'일 수밖에 없을 것이다.

○ 【小獸林王卽位二年壬申. 乃東晉咸安二年. 孝武帝卽位之年也】 소수림왕 즉위 2년은 임신(壬申)년으로, 서기 372년에 해당하고 동진 함안 2년과 일치한다. 또 '함안'은 동진 간문제조의 원호인데, 간문제는 이해 7월에 죽고 태자 창명이 황제 자리를 이었다. 이것이 이곳에 보이는 동진의 '효무제'로, 원호는 함안에서 영강으로 바뀌었다. 그런 까닭에 한안 2년은 본문과 같이, '孝武帝卽位之年'이며 또 영강 원년이기도 하다.

　다음으로 '소수림왕'so-su-rim-wang은 고구려 제17대 왕. 휘(諱)는 구부. 서기 371년에 아버지 고국원왕이 백제군이 쏜 화살에 맞아서 전사한 후에 자리를 이었다. '여기' 소수림왕 전기 주(注)에는 '一云小解朱留王'이라고 있다. 수림(獸林)과 주류(朱留)(su-ryu)는 공통 차자로, 알타이어 족계의 sur(강력한 정령) 같은 내용을 가지는 말이라고 한다(三品彰英, "神話と文化境域" 昭和 22년, "三品彰英論文集" 제3권 수록, 昭和 46년).

　또 소해(小解)년은 '유' 기이 제1의 '북부여' 조의 '해모수'(고증 상권 주해 376면)와 '고구려' 조의 '以高爲氏'(고증 상권 주해 88, 88b)(392-393면)을 참조.

○ 【前秦符(苻)堅遣使及僧順道. 送佛象經文】 이것은 고구려로의 불교전래를 전하는 최초의 기술이다. '여기' 소수림왕 2년 조에는 '夏六月, 秦王符堅遣使及浮屠順道. 送佛像經文. 王遣使廻謝. 以貢方物' 다음에 '해동'(권제 1. 유통1-1, 석순도전)에는 '句高麗第十七解味留王或云小獸林王二年壬申夏六月. 秦符堅. 發使及浮屠順道. 送佛像經文. 於是君臣以會遇之禮. 奉迎于省門. 投誠敬信. 感慶流行. 尋遣使廻謝. 以貢方物. 或說. 順道從東晉來. 始傳佛法. 則秦晉莫辨. 何是何非'라고 보여, '해동'의 '或說' 이외는 '유', '여기', '해동' 모두 같은 내용을 기록하고 있다.

　또 "양고승전"(권제10 · 신이 하)의 석담시전에는, '晉孝武大元之末. 齎經律數十部. 往遼東宣化. 顯授三乘. 立以歸戒. 蓋高句驪聞道之始也.'라

고 중국 관중 출신의 담시(曇始)가 불교를 고구려에 전했는데, 이것이 고구려에 있어서 불교의 시작으로 하고 있다. 그리고 담시가 고구려에 전한 것은, 동진 효무제의 대원(大元)(376-396) 말기라고 하고 있다. 이 담시전에 근거를 둔, '해동'(권제1. 流通一之一)의 석담시전에는, '以晉大元末年. 賫持經律數十部. 往化遼東. 乘機宣化. 顯授三乘. 立以歸戒. 梁僧傳以此爲高句麗開法之始. 時當開土王五年. 新羅奈勿王四十一年. 百済阿莘王五年. 而泰符堅送經像後二十五年也.'라고 적고, 담시가 고구려에 불교를 전한 것은, 대원 말년 즉 광개토왕 5년(396, 나물 41년, 아신 5년)이라고 잘라 말하고 있는데, 이해를 고구려에 있어서의 처음이라고는 보고 있지 않다.

다음으로 전진(前秦)(351-394)은, 중국의 5호16국 가운데의 하나로 부진(苻秦)이라고도 부른다. 건국자는 티베트계 저속(氐族)[7]의 추장 부건으로, 부건(재위, 375-385)은 그 3대째 왕에 해당한다. 그는 부웅(부건의 동생)의 아들로, 자(字)는 영고. 일명 문옥. 전진(前秦)에서는 부건이 죽은 후, 그 아들인 생(生)이 자리를 이었는데, 우둔하며 잔학한 일을 저질러 군신이 따르지 않고 오히려 견(堅)을 내세워 생(生)을 죽이고 자리에 오르게 하였다. 견은 제호를 없애고 대진천왕이라고 불렀다. 그는 5호의 제왕 가운데 석륵 이후의 굴지의 영주로 불렸고, 한인(漢人) 왕맹을 등용하여 내외 정치에 뜻을 두고, 한때는 강북 일대를 지배할 정도로 발전하여 동이(東夷)·서역의 여러 나라가 조공하기를 60여 국에 달했다. 그러나 비수[8]의 싸움(382-383)에서 동진에게 패하고 나서는 왕권도 동요되고, 서연(西燕)의 모용충에 의해 왕도 장안에서 추방당하고, 385년에 부름을 받아 정치고문으로 지내다가, 도안의 권유를 받아들여 서역으로부터 구마라집을 초청하는 것을 시도했다.

---

7) 씨족(氏族).
8) 중국(中國) 안휘성(安徽省)의 서북부(西北部)에 위치하는 강.

그 후 전진(前秦)에서는 견(堅)의 서자 맏아들, 비(丕)가 진양에서 황제
자리를 이었는데 재위 2년으로 전사했기 때문에, 견의 손자인 등(登)이
옹(雍)·하(河)의 씨족으로부터 옹립되어 황제 자리에 올랐다. 394년에
요흥에게 잡혀 죽고, 아들인 숭(崇)이 황중에서 일어나 황제를 칭했으나,
걸복에게 패하여 죽어 전진은 6황제 44년으로 망했다. [참고] "진서" 재기
권13·14의 부건(苻堅) 재기(載記).

471a○ 【時堅都關中. 即長安】장안이 부씨(苻氏)의 왕도가 된 것은, 부견의
백부 부건이 350년 겨울에 장안에 들어간 이후이다. 그러나 부견이 383
년에 비수의 전쟁에서 패하자 전진은 한꺼번에 와해되었고, 385년에는
견(堅)에 대항하여 일어나 서연이라고 하는 모용충에게 공격받아, 장안
을 탈출하여 오장산으로 도망갔는데, 역시 스스로 일어나 후진(後秦)이
라고 하는 요장에게 잡혀 죽었다. 그래서 부씨(苻氏)의 전진이 장안을 도
읍으로 한 것은, 350년에서 385년까지이었다.

'關中' Kuan-chung은 예부터 합서성의 위수 분지 일대를 가리키는 이
름이며, 또 사색이라고도 했다. 관중이라는 말은 옛 선진(先秦)시대부터
쓰였으며, 동쪽 함곡관에서 서쪽 농관의 사이라고 하며, 혹은 동쪽 함곡
관에서 서쪽 산관(대산관이라고도 한다)의 사이라고도 하고, 나아가 동
쪽 함곡관에서 서쪽 산관, 남쪽은 무관에서 북쪽은 소관(농산관을 말한
다)으로 둘러싸인 지역 등 여러 설(說)이 있어 반드시 엄밀한 정의는 없
다. 원래 위수분지에서 봐서 함곡관 가운데라는 의미로 관내(關內)라는
것도 마찬가지이고 또 관서라는 것도 이것에 해당한다고 생각한다. 이
땅은 사방이 산으로 둘러싸여 견고하여 사새라는 이름에 어울리고, 게다
가 중원에서 사천 방면으로 혹은 감숙에서 동방으로 가려면 이곳을 지나
지 않으면 안 되기 때문에, 교통의 중심지이기도 하며 더 나아가 땅이 기
름지기 때문에, 이 지역은 중원의 땅과 함께 중국문명의 발상지가 되었
다. 주(周)를 비롯하여 진한(秦漢) 통일제국은, 모두 지금의 서안 부근을
도읍으로 삼았다. 진한(秦漢) 때는 수리관개가 발달하여 '金城千里, 天府

之國' 등으로 불렀다. 그러나 후한이 낙양에 도읍을 정하고부터는 점차 황폐해지고, 동남지방의 개발이 진전됨에 따라 관중의 경제 가치는 점차 내려갔다.

다음으로 '장안'이 중국의 도읍이 된 것은 전한의 고조가 천하를 통일했을 때, 중지에 따라 관중에 들어가 위수 남쪽에 도읍을 정하고 이곳에 장안현(縣)을 설치(기원전 202년)한 것에 비롯되는데, 다음의 혜제 때에 성곽의 축조를 시작하여 공사를 마쳤다. 무제의 태초 원년(기원전 104년)에는 경조윤9)을 두어 장안현 이하 12현을 다스리게 했다. 왕망은 장안을 상안이라고 이름을 고쳤는데, 후한 초에 적미의 도적이 이곳에 있으면서 도성은 황폐해졌다. 후한 말 헌제 시대가 되어 원소가 군사를 일으키자, 동탁은 도읍을 낙양에서 장안으로 옮겼다. 그 후 시대는 내려가 서진(西晉) 말의 민제 시대에 낙양에서 장안으로 천도했다. 이후 전조(前趙)의 유총·전진(前秦)의 부건·후진(後秦)의 요장이 연이어 이곳을 차지했다. 후에 서위(西魏)의 효무제가 영희 3년(534)에 낙양으로부터 이곳으로 천도했는데, 북주(北周)도 이곳을 도읍으로 삼고, 수(隋)도 이것을 이었는데, 문제(文帝)의 개황 3년(583)에 한(漢) 이후 동서에 걸친 용수천 지역에 도성(大興城)을 두었고 그다음의 당(唐)도 이것을 이어 한층 더 수리해서 완성했는데, 이 장안은 정치군사의 중심이 되어 번영의 극에 달했다.

마지막으로 '堅都關中. 即長安'이라는 것은, 부건이 부건 이후의 관중을 근거지로 삼고 또 장안을 도읍으로 하고 있었기 때문에 이와 같이 기록했던 것일까.

472○ 【四年甲戌. 阿道來自晉】 '여기' 소수림왕 4년 조에는 '僧阿道來'라고 간단하게 적었을 뿐이다. 이 소수림왕 4년 갑술은 서기 374년으로, 동진 효무제 영강 2년 갑술에 해당하는데, 아도에 관해서는 뒤에서 말하는 '아

---

9) 한성부 판윤(判尹)의 다른 이름.

도기라'(주해 481 이하)를 참조.

473○【明年乙亥二月. 創肖門寺. 以置順道. 又創伊弗蘭寺. 以置阿道. 此高麗佛法之始】 명년 을해는 서기 375년에 해당한다. '여기' 소수림왕 5년 2월 조에는 '始創肖門寺. 以置順道. 又創伊弗蘭寺. 以置阿道. 此海東佛法之始.'와 거의 같은 글을 적고 있다. 또한 초문사, 이불란사에 대해서는 뒤에서 말하겠다(주해 474 참조).

고구려에 있어서의 불교의 시작은 소수림왕 2년(372년)의 일인데, '사', '유'는 모두 이것을 '此高麗佛法之始'라고 하지 않고 3년 후인 소수림왕 5년 조에 넣고 있는 것은, 이해에 순도, 아도 두 승려가 안치되는 초문 · 이불란의 두 절이 창건되었던 것, 즉 불법승(佛像 · 經典 · 僧侶)이 안치되는 사원이 생기고 나서, 비로소 명실공히 완비되었다고 할 수 있기 때문이다.

다음으로 '여기'는 이것을 '此海東佛法之始'라고 기록한 것은, 단순히 고구려뿐만 아니라 해동(조선의 호칭)에 있어서의 불법의 시작이기 때문이며, '此高麗佛教之始'보다는 수사(修辭)적이다.

더 나아가 고구려로 불교를 처음 전한 자에 대해서는 순도 · 아도가 아니고, 섭돈(攝朦)[10]이라는 이름도 전해지고 있다. 이것은 신라 말의 석학 최치원(875-?) 찬술의 '奉嚴寺智證大師寂照塔碑文'(탑은 924년 건립. 경상북도 문경군 가은면 원북리 소재)("조선금석총람" 상권)에 수록되어 있다. 또 "양고승전" 권제4 · 의해1, 축잠전에는, 지둔(314-366)이 고구려 승려와 만난 것이 보인다. 이것으로 보아 고구려에 불교가 전해진 것은 소수림왕대보다 거슬러 올라가는 것을 알 수 있다. 그리고 소수림왕대의 조행 기사는 공식 전래로서 처음 보이는 것은 아니다. 그러나 사료가 부족하기 때문에 뒤에 나오는 신라와 같이 고구려에서는 불교가 처음 전해

---

10) 자원(字源) 불명. 朦의 고자(古字)로는 다음과 같은 것이 있으며 마지막은 상형문자이다.
𦥑 𦥔 𦥓 𦥶 ⺈.

진 것부터 공식 전래까지의 경과는 자세하게 알 수는 알 수 없다.

474○【僧傳作二道來自魏云者. 誤矣. 實自前秦而來】이도(二道)라는 것은 순도·아도를 말한다. 이 이도가 어느 나라에서 왔는지에 대한 설은 뒤에서 정리하겠다. 그러나 아도가 전진(前秦)에서 왔다고 하는 것은 이곳 이외에는 보이지 않는다.

　이도가 위(魏)에서 왔다고 하는 설을 '유'의 찬술자는 분명하게 잘못되었다고 단정하는데, 이 설은 372년이라는 연대를 생각하면 그렇게 말할 수 있다고 해도 실질적 전래에 있어서 위(魏)와의 관계는 무시할 수 없다.

○【又云肖門寺今興國, 伊弗蘭寺今興福者. 亦誤】'해동' 석순도전에는 '始創省門寺. 以置順道. 記云. 以省門爲寺. 今興國寺是也. 後訛寫爲肖門. 又刱伊弗蘭寺. 以置阿道. 古記云興福寺是也.'라고 적고 있다. 초문사·이불란사는 당시의 왕도(丸都)에 세워진 것인데도 불구하고 '유' 찬술자는 후의 고구려 왕도 평양이라고 잘못했던 것 같다. 이조 전기에 편찬된 '승람' 권51·평양부 고적 조에는 흥국사, 흥복사 이름이 보이고 각각 '興國寺. 遺基在府城內', '興福寺在府南百步'라고만 있어 두 절의 창건 유래나 변천 등은 일체 불명하다. 왕씨 고려시대의 평양에 있었던 흥국·흥복 두 절이 초문사·이불란사로 이어질 리가 없다. 또 초문사는 원래는 성문사이었던 것이 사투리로 초문사가 되었다고 위의 석순도전에 보이는데, 처음 순도가 전진(前秦)의 사절들과 고구려에 왔을 때에, 도읍의 성문에서 맞이했던 것(뒤에 말하는 석순도전의 전문을 참조)이 이 성문사가 되었다고 한다.

○【按麗時都安市城. 一名安丁忽. 在遼水之北. 遼水一名鴨淥(緣). 今云安民江】여시(麗時)는 고구려시대. 麗는 고구려를 생략한 것. 안시성은 일반적으로 당의 정관 19년(645)에, 고구려를 습격한 당의 대군에 대하여 마지막까지 저항하여 마침내 당군으로 하여금 공략을 단념하게 하여 어쩔 수 없이 군사를 되돌리게 한 요동의 성새(구당서)를 말한다.

　이 안시성의 위치에 대해서는 "요사"가 개평현의 탕지보에 비정(比定)

한 이후, 이것이 오랫동안 통설이 되었는데, 시마다는 해성현의 영성자에 있는 옛 성터로 추정하는 새로운 설을 보였다('高句麗の安市城の位置について', "歷史地理" 第49권·제1호, 昭和 2년). 본문에서 안시성을 고구려의 도읍으로 하고 있는 것은, '사' 지리지(4)에 '安市城. 舊安寸城. 或云 丸都城'이라는 기사에 이끌려 '유'의 찬술자가 안시성을 환도성(현재의 吉林省 集安縣 通溝)이라고 생각했기 때문일 것이다.

안정홀은 위의 '사' 지리지(4)에서는 '안촌홀'이라고 되어 있다. 즉 안시(安市)의 시(市)의 훈은 čŏ, čă, 안정(安丁)의 정(丁)의 음은 čŏn, 안촌(安寸)의 촌(寸)의 음 chon으로 시(市)·정(丁)·촌(寸)은 상통음 차자라고 생각되는데 한편 市 → 寸 → 丁으로 잘못 옮겼을지도 모른다. 홀(忽)은 옛 훈 kor로 읍(邑)·성(城)이라는 뜻.

다음으로 '요수(遼水)'라는 것은, 발해만으로 흐르는 요하(遼河)를 가리키는 것으로 보이는데, 본문과 같이 '一名鴨淥(綠). 今云安民江'이라고 하는 것은, "고려사" 지리지, '승람' 등에는 일체 보이지 않는다. 그러나 옛 만주(현재의 중국 동북부)나 조선북부에 흥망했던 여러 국가에 있어서 중요한 거점이 되었던 안평(安平)이, 압록강 하구에 가까운(현재의 의주 강가에 있는 구련성으로 추정하고 있다) 곳에서 압록강은 이 시대에는 안평강이라고도 불러, 이것이 '유'에서 안민강이라고 기록되었던 것인지도 모른다.

○【豈有松京之興國寺名】 송경(松京)은 왕씨 고려의 수도에 대한 명칭으로, 오늘날 경기도 개성시 지역(조선민주주의인민공화국 영내)에 있었다. 이 지역은 고려태조 2년(919)에 철원에서 송악지양에 도읍을 옮겼을 때, 신라시대의 송악군과 개성군을 병합하여 개주가 되었다. 그리고 이곳에 궁궐이 만들어지고 시장이 생기고 관할 지역이 정해져 번영했다.

나아가 "조선금석총람" 상권(조선총독부 출간, 大正8년=서기1919)에 '개성흥국사석탑기'가 실려 있다. 탑이 있는 곳은 '경기도 개성군 송도면 만월정 흥국사지'라고 있다. 이 소재지는 옛 지명으로, 현재는 아마 새로운 개성시성에 들어갔다고 생각하는데, 이 흥국사는 '승람'에는 보이지 않는데, '유' 본문과 같이 옛 왕도에 있었다는 것은 분명하다. 이 석탑이 기단 중앙에는 고려 현종 12년(1021)에 강감(姜邯)이 찬술한 명문이 남아 있다. '菩薩戒弟子平章事姜邯瓚. 奉爲邦家永泰遐邇常安敬造 此塔永充供養 時天禧五年五月. 日也'(천희는 북송의 진종조의 원호)라고.

본문의 '豈有…'는 반대로 표현한 반어로서, 앞서 보인 '又云肖門寺今興國, 伊弗蘭寺今興福者. 亦誤'에 걸린다. 그래서 '어째서 송경(松京)의 흥국사 이름이 그곳에 있을까. 있을 리가 없다.'라고 기록하고 있는데, 그 앞의 글에서는 고구려의 도읍, 국내성과 안시성을 또 요수와 압록강을 혼동하고 있다.

참고

승려 순도와 아도의 첫 전승의 출처에 대해 여러 설이 있는데, 정리하면 다음과 같다.

순도(順道)
(a) 부진(苻秦)이라는 설(현행 '사', 현존 '해동', '유' 인용 고려본기)
(b) 동진(東晉)이라는 설(현행 '해동'의 설)
(c) 위(魏)라는 설('유' 인용 승전)

아도(阿道)
(a) 진(晉)이라는 설('유' 인용 고려본기)
(b) 위(魏)라는 설(현존 '해동', '유' 인용 승전)
위의 ( ) 안은 출전이다.
위와 같이 여러 설이 병존하는 것은, 고구려 불전의 출처가 명확하지 않다는 것을 말하는 것으로, 우리는 단지 그동안에 고구려 불전이 다른 일반 문물과 같이, 북방과 남방 양쪽에 원류를 가질 것이라고 추정하는 간접자료를 찾는 것에 머물러 있는 것이다(스에마쓰의 전게논문 참조).

이하 참고로 '해동'의 석순도전을 싣는다.

석순도전(釋順道傳)

釋順道. 不知何許人也. 邁德高標, 慈忍濟物. 誓志弘宣. 周流震旦. 移家就機, 誨人不倦. 句高麗第十七解味留王或云小獸林王二年壬申夏六月. 秦符堅發使及浮屠順道. 送佛像經文. 於是君臣以會遇之禮. 奉迎于省門. 投誠敬信. 感慶流行. 尋遣使迴謝. 以貢方物. 或說. 順道從東晉來. 始傳佛法. 則秦晉莫辨. 何是何非. 師既來異國. 傳西域之慈燈. 懸東晦之慧日. 示以因果, 誘以禍福. 蘭薰霧潤. 漸漬成習. 然世質民淳. 不知所以裁之. 師雖蘊深解廣. 未多宣暢. 自磨騰入後漢. 至此二百餘年・後四年. 神僧阿道至自魏存古文始創省門寺. 以置順道. 記云以省門爲寺. 今興國寺是也. 後訛寫爲肖門. 又剏伊弗蘭寺. 以置阿道. 古記云興福寺是也. 此海東佛敎之始. 惜乎・之人也・之德也. 宜書竹帛以宣懿績. 其文辭不少槪見. 何哉. 然世之使於西方. 不辱君命. 必待賢者而能之. 則特至他邦肇行未曾有之大事. 非其有大智慧・大謨猷. 得不思議通力. 其何以行之哉. 以此知其爲異人. 斯亦法蘭・僧會之流乎.

⁴⁷⁶난타벽제

難陁闢濟

⁴⁷⁷百濟本記云. 第十五^a_{僧傳云十四, 誤.} 枕流王即位甲申. ^b_{東晉孝武帝大¹¹⁾元九年,}
胡僧摩羅難陁至自晉, 迎置宮中禮敬. ⁴⁷⁸明年乙酉. 創佛寺於新都漢山州.
度僧十人. 此百濟佛法之始. ⁴⁷⁹又阿莘王即位大(太)元十七年二月. 下敎
崇信佛法求福. 摩羅難陁. 譯云童學. ^a_{其異迹詳見僧傳.} ⁴⁸⁰讚曰. 天造從來草
昧間, 大都爲伎也應難, 翁翁自解呈歌舞, 引得傍人借眼看.

풀이 ⁴⁷⁶난타벽제(難陁闢濟)

⁴⁷⁷백제본기는 다음과 같이 전하고 있다. 제15대(^a"승전"에서는 14대라
고 했으나 잘못이다) 침류왕 즉위 갑신년(^b동진의 효무제 태원 9년(384년)에

---

11) 고증. 大(太). DB. 동진(東晉)의 효무제(孝武帝)가 사용한 연호는 太元. 중국 동진(東晉) 효
무제의 연호로 376-396년에 사용.

해당한다]에, 호승(胡僧) 마라난타가 진(晉)에서 왔다. 백제에서는 그를 궁중으로 맞이하여 극진히 예우하였다. [478]이듬해 을유(385년)년에 절을 새 서울 한산주에 세우고, 승려 열 명을 두었다. 이것이 백제 불교의 시초이다. [479]또 아신왕이 즉위한 태원 17년(392년) 2월에는 교령을 내려서 불법을 신봉하여 복을 구하게 했다. 마라난타는 번역하면 동학이라고 한다. ([a]난타의 신묘한 행적에 대해 알고자 한다면, "승전"에 자세히 나타나 있다.)

[480]찬하여 말한다.

천지가 아직 열리지 않은 먼 옛날에

하늘의 조화를 배워도 이루기 어려운 것인데

차근차근 스스로 알면 노래와 춤이 절로 나오니,

옆 사람 끌어들여 보인다.

주해

476○【難陀闢濟】난타(難陀)가 백제에 처음으로 불교를 전했다는 뜻일까. 난타에 대해서는 뒤에 말하겠다(주해 471 참조).

477○【百濟本記】'제기'를 가리키는 것으로 보인다. 이 서명은 '유'에서는 이곳 이외에는 보이지 않는다.

477, 477a ○【第十五[a]僧傳云十四, 誤.】'해동'에는 백제 침류왕을 백제 제14대 왕이라고 하는데, '제기' · '사' 연표 · '유' 왕력에서는 모두 제15대 왕이라고 하고 있다.

477, 477b ○【枕流王即位甲申. [b]東晉孝武帝大(太)元九年.】침류왕 즉위년은 갑신(甲申)년 서기 384년으로 동진의 효무제 태원 9년과 일치한다. 본문의 대원은 태원의 잘못이다.

침류왕은 근구수왕의 맏아들로, 어머니는 아이부인. 근구수가 그 10년

(384) 4월에 죽었기 때문에, 아버지 뒤를 이어 왕위에 올라, 같은 해 7월에는 동진에 사신을 보내 조공했다. 이어서 뒷글에도 있듯이 호승(胡僧) 마라난타가 입국하고, 이것을 기회로 불교를 전파하고, 처음으로 절을 세우는 것 등을 했는데, 왕으로서의 재위는 짧아 그 2년째인 385년 11월에 죽었다['여기(麗記)']. 또한 '유' 왕력(고증 상권)도 참조.

477○【胡僧摩羅難陁至自晉, 迎置宮中禮敬】'제기' 침류왕 원년(384) 조에는 '九月. 胡僧摩羅難陀自晉至. 王迎之致宮內禮敬焉.'이라고 기록하고 이어서 이 일을 '佛法始於此.'라고 하고 있다. 또 '해동' 권제1ㆍ유통1-1, 석마라난타전에는 '當百濟第十四枕流王即位九年九月. 從晋乃來. 王出郊迎之. 邀致宮中. 敬奉供養. 稟受其說. 上好下化. 大弘佛事. 共贊奉行. 如置郵而傳命.'이라고 있다. 그러나 난타가 백제에 온 것은 침류왕 즉위 9년이라고 한 것은 즉위 원년의 잘못이다.

다음으로 '胡僧摩羅難陀'에 대해서인데, 우선 그의 출생에 대해서는 '해동'의 마라난타전에 '釋摩羅難陀. 胡僧也. 神異感通. 莫測階位. 約志遊方. 不滯一隔. 按古記. 本從竺乾入于中國. 附材傳身. 徵畑召侶. 乘危駕險. 任歷艱辛. 有緣則隨. 無遠下履. 云云'이라고 있다. 그래서 난타는 인도 승려로 보이며, 인도에서 중국으로 건너왔고, 더 나아가 백제에 온 것 같다.

다음으로 '호승(胡僧)'의 '胡'는, 중국인이 변방민족을 가리켜 부른 말인데, 진한(秦漢)대에는 주로 흉노[12]를 가리켰다. 나중에는 차츰 확대되어 서역의 여러 민족에 대해서도 호(胡)라고 부르게 되었다. 이곳에서 말하는 호(胡)는 후자이다.

478○【明年乙酉. 創佛寺於新都漢山州. 度僧十人. 此百濟佛法之始】명년을유는 침류왕 2년(385). '제기' 침류왕 조에는 '二年春二月. 創佛寺於漢山. 度僧十人.'이라고 했고, '해동' 석마라난타전에는 '二年春. 刱寺於漢山. 度僧十人. 尊法師故也. 由是百濟次高麗而興佛敎焉.'이라고 하며 불사의 창

---

12) 기원전 3세기-기원후 1세기경 몽골지역의 유목민족.

건과 도승에 대해서는 거의 같은 내용의 기사를 싣고 있다.

백제는 건국 초기는 지금의 서울특별시 풍납리(한강 왼쪽 강가에 있다)에 도읍을 정했던 것 같다. 그리고 비류왕 초년 서기 304년에 한산(남한산) 아래, 지금의 경기도 광주군 서남면 춘궁리 일대에 천도한 뒤, 이것을 한성이라고 부르고, 한산(남한산)에도 산성을 쌓았다. 그러나 본문에 '불사를 새 도읍지 한산주에 창건했다.'라고 하는 새 도읍지 한산주는 '제기'의 근초고왕 26년(371) 조의 '王與太子(近仇首) 帥精兵三萬侵高句麗. 故平壤城. 麗王新由力戰拒之. 中流矢死. 王引軍退. 移都漢山'이라는 글 끝에 보이는 '도읍을 한산으로 옮겼다.'라는 기사를 바탕으로 한 것일까. 이 근초고왕의 한산으로의 천도는, 앞서 보인 한성(광주 옛 땅 춘궁리 일대)로부터 바로 옆인 남한산의 산성으로의 천도로 보인다. 이것은 고구려의 보복전을 생각하여, 산 아래에서 산 위로 천도한 것으로 풀이된다.

[참고] 이병도 '위례고'("한국고대사" 수록). '유' 본문이 위의 '移都漢山'을 백제가 어딘가에서 한산으로 도읍을 옮겼다는 것으로 잘못 알고, '新都漢山州'라고 했던 것으로 보인다.

또 본문에서는 한산(漢山)을 한산주(漢山州)라고 하고 있는 것도 잘못이다. 백제시대에는 아직 한산주는 놓이지 않았다. 이 한산에 주(州)가 놓인 것은 신라 진흥왕대이다. 즉 백제가 551년(성왕 29년)이 고구려로부터 탈환한 한강 하류역을, 그다음 해(진흥왕 13년=552)에는 빼앗기고 더 나아가 그다음 해 553년에 신주를 설치(주치는 한산)했다. 그리고 557년(진흥왕 18)에는 이 새로운 주를 고쳐 한산주라고 했다. 한산주의 변천에 대해서는 무라카미 요시오 '新羅の新州設置とその經營, 並に北漢山州の置廢問題について'("朝鮮古代史硏究" 수록)을 참조.

○ 【百濟佛法之始】 상세한 것은 이 조항 말미의 [참고]란으로 미룬다.

479○ 【阿莘王卽位大(太)元十七年】 아신왕은 백제 제17대 왕. 그 치세는 392년부터 405년까지 14년간. 이 아신에 대하여 '유' 왕력에는 '一作阿芳', '제기'에는 '或云阿芳'이라고 각각 주를 달았고, '서기'에는 아화왕이

라고 있다. 花(集韻, 呼瓜切)와 芳(集韻, 敷方切)은 뜻이 통할 뿐만 아니라 음도 가까운데,[13) 신(莘)(集韻, 斯人切)은 花와 음·뜻 모두 통하지 않으므로, 莘은 아마 화(華)(集韻, 故瓜切)의 잘못된 글자일 것이다. [참고] 三品彰英, "日本書紀朝鮮關係記事考證"上卷(昭和三七年).

　　다음으로 아신왕의 즉위년은 동진 효무제의 태원 17년(392)이다. 본문의 대원(大元)은 태원(太元)의 잘못.

○ 【下敎崇信佛法求福】 아신왕이 불교를 숭상하여 복을 구하기 위해 교(敎)를 내렸다는 기사는 '제기', '해동' 양자에는 모두 보이지 않는다.

○ 【摩羅難陁. 譯云童學】 이것은 '해동'에는 보이지 않는다.

🦢 참고

백제불법지시(百濟佛法之始)

'百濟佛法之始'에 대해서는, '사' 권24, '제기' 제2, 침류왕 즉위년(동진 태원 9년=384) 조에, '秋七月, 遣使入晉朝貢. 九月, 胡僧摩羅難陁, 自晉至. 王迎致宮内禮敬焉. 佛法始於此.'라고 되어 있고, 다음 해 2년 조에 '春二月. 創佛寺於漢山, 度僧十人.'이라고 적고 있다. '유'(권제3·홍법 제3·난타벽제)에는 '백제본기에 말하다'로서 이미 보았듯이, '제기'의 기사를, 그대로 답습하고 있다. 더 나아가 '해동'(석마라난타전)도 같다.
　　그런 까닭에 백제불교 기원에 대해서는, 일단 위의 사료 이외에 이설(異說)은 없는 것으로 보인다. 다음으로 이것은 엄밀한 연대계산을 한 사료인 것은 아닌데, '서기'(권22) 수이코기 32년(623) 하4월 무신의 1절, 그것은 한 승려가 그 조부를 도끼로 내리친 사건에 관하여 백제 승려 관륵이 올린 표문(表文)의 첫머리에, '夫佛法自西國至于漢, 經三百歲, 乃傳之至百濟國, 而僅一百年矣. 然我王聞日本天皇之賢哲, 而貢上佛像及内典. 未滿百歲, 故當今時, 以僧尼未習法律. 輒犯惡逆, 是以諸增尼惶懼以不知所如. 云云.'이라고 적고 있다. 이것을 주목한 것은 스에마쓰이다. 그는 위의 '제기' 등의 기사를 제외하면 유일무이의 이설이라고 하고, '가령 일본서기에 의해 백제에서 일본으로 불교가 전해진 해를, 긴메이(欽明)천황 12년(552)이라고 한다면, 그간 170여 년이 지나고 있다. 이 간격은 당대의 백제와 일본과의 관계로 추정하면,

---

13) 당시 일본인의 귀에 의한 음운을 옮겨 적었다는 것을 생각해야 할 것이다. 화(花)는 hwa, 방(芳)은 고대일본음 Fau()hou). F는 ф(兩脣摩擦音). 집운의 반절로 추정하는 것은 무리이다.

일단 불가사의한 것이며, 따라서 백제불교가 처음 전해진 연대도 이와 같이 더 거슬러 올라가야 되는 것은 아닐까 의심할 수 있는 것이다.'라고 말하고, 위의 '한(漢)으로부터 백제에 전해지고 나서 겨우 백 년이 된다.'라는 것은 어떠한 의미인지를 중국에 있어서 처음 불교가 전해진 해에 대한 여러 설과 관련시켜 고찰하여, '관륵은 백제불교가 처음 전해진 것을 524년경, 6세기 초두라고 하는 것은 아닐까라고 생각한다. 그렇다면 452년경, 5세기 중엽이라는 것이다. 무릇 백제의 왕명이 불교적 문자를 선택한 것은 523년에 즉위한 성왕(聖明王)부터 시작된다. 이것과 불교의 국가적 공인과는 관계가 있는 것은 아닐까. 신라에서도 불교공인 당주의 시호를 법흥왕이라고 한 현저한 사례가 있다.'라고. 상세한 것은 末松保和 '高句麗・百濟の佛教傳來'("新羅史の諸問題" 제5편 新羅佛敎傳來傳說考' 수록)을 참조. 또한 참고로 '해동'의 '석마라난타전'을 덧붙인다.

석마라난타(釋摩羅難陀)

釋摩羅難陀. 胡僧也. 神異感通. 莫測階位. 約志遊方. 不滯一隅. 按古記本從竺乾入于中國. 附材傳身. 徵烟召侶. 乘危駕險. 任歷艱辛. 有緣則隨. 無遠不履. 富百濟第十四枕流王. 即位九年九月. 從晋乃來. 王出郊迎之. 邀致宮中. 敬奉供養. 稟受其說. 上好下化. 大弘佛事. 共贊奉行. 如置郵而傳命. 二年春剏寺於漢山. 度僧十人. 尊法師故也. 由是百濟次高麗而興佛敎焉. 逆數至摩騰入後漢二百八十有年矣. 耆老記云. 句高麗始祖朱蒙娶高麗女. 生二子. 曰避流恩祖. 二人同志. 南走至漢山開國. 今廣州是也. 本以百家渡河故名百濟. 後於公州扶餘郡. 前後相次而立都. 三韓東南隅海內有倭國. 即日本國也. 倭之東北有毛人國. 其國東北有文身國. 其國東二千餘里有大漢國. 其國東二寓里有扶桑國. 宋時有天竺五僧. 遊行至此. 始行佛法. 此皆海中在. 惟日本國僧. 往々渡海而來. 餘皆未詳. 夫三韓者. 馬韓. 卞韓. 辰韓. 是也. 寶藏經云. 東北方有震旦國. 或云支那. 此云多思惟. 謂此國人思百端故. 即大唐國也. 然則三韓在閻浮提東北邊. 非海島

矣. 佛涅槃後六百餘年乃興. 中有聖住山. 名室梨母怛梨唐言三印山三峻峯高聳. 觀世音菩薩宮殿在彼山頂. 即月岳也. 此處聖住未易揮書. 然百濟乃馬韓之謂矣. 宋僧傳云. 難陀得如幻三昧. 入水不濡. 投火不灼. 能變金石. 化現無窮. 時當建中. 年代相拒而不同. 恐非一人之跡也.

贊曰. 世之流民. 性多慍[14]戾. 王命有所不從. 國令有所不順. 一日聞所未聞. 見所未見. 即皆革面遷善. 修眞面內. 以順機宜故也. 傳所謂出其言善. 則千里之外應者. 豈非是耶. 然撮機之道. 要在乘時. 故事半古人. 功必倍之.

---

14) 불명.

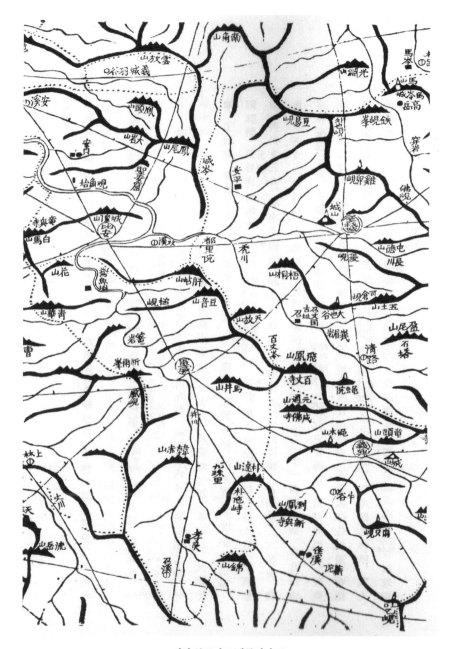

선산 부근지도(대동여지도)

⁴⁸¹아도기라

^{481a}阿道基羅一作我道又阿頭

⁴⁸²新羅本記第四云. 第十九訥祇(祗)王時沙門墨胡子自髙麗至一善郡. 郡人毛禮 ^a或作毛祿.¹⁵⁾於家中作堀室安置. 時梁遣使賜衣著香物. ^b高得相詠史詩云, 梁遣使僧曰元表宣送溟檀及經像. 君臣不知其香名與其所用, 遣人齎香. 遍問國中. 墨胡子見之曰, 此之謂香也, 焚之則香氣芬馥. 所以達誠於神聖. 神聖未有過於三寶, 若燒此發願. 則必有靈應 ^c訥祇(祗)在晋宋之世, 而云梁遣使恐誤. 時王女病革, 使召墨胡子. 焚香表誓, 王女之病尋愈. 王喜厚加賚貺, 俄而不知所歸. 又至二十一毗處王時, 有我道和尚. 與侍者三人. 亦來毛禮家, 儀表似墨胡子. 住數年, 無疾而終, 其侍者三人留住. 講讀經律, 徃(往)徃(往)有信奉者 ^d有注云, 與本碑及諸傳記殊異. 又高僧傳云西(天)竺人,¹⁶⁾ 或云從吳來. ⁴⁸³按我道本碑云. 我道髙麗人也. 母髙道寧, 正始間, 曺魏人我^a姓我也崛摩奉使勾

---

15) DB. 祿. 이하 같다.
16) DB. 西竺人.

麗,17) 私之而還, 因而有娠. 師生五歲. 其母令出家. 年十六. 歸魏. 省覲
崛摩, 投18)玄彰和尚講下就業. 年十九. 又歸寧於母, 母謂曰. 此國于今不
知佛法. 爾後三千餘月. 雞林有聖王出. 大興佛教. 其京都內有七處伽藍
之墟. 一曰. 金橋東天鏡林. ^b今興輪寺. 金橋謂西川之橋, 俗訛呼云松橋也. 寺自我道始基.
而中癈. 至法興王丁未草創, 乙卯大開. 眞興王畢成. 二曰. 三川歧(岐). ^c今永興寺. 與興輪開同
代. 三曰. 龍宮南. ^d今皇龍寺. 眞興19)王癸酉始開. 四曰. 龍宮北 ^e今芬皇寺. 善德甲午始
開. 五曰. 沙川尾 ^f今靈妙寺. 善德王乙未始開. 六曰. 神遊20)林. ^g今天王寺. 文武王己卯
(己卯)開. 七曰. 婿請田 ^h今曇嚴寺. 皆前佛時伽藍之墟, 法水長流之地. 爾歸彼
而播揚大敎, 當東嚮於釋祀矣. 道稟敎至雞林. 寓正21)王城西里, 今嚴莊
寺, 于時末(未)雛王卽位二年癸未也. 詣闕請行敎法, 世以前所未見爲嫌
(嫌). 至有將殺之者. 乃逃隱于續林ⁱ今一善縣毛祿家 ^j祿與禮22)形近之訛. 古記云 法師
初來毛祿家時天地震驚. 時人不知僧名而云阿頭乡麼. 乡麼者乃鄕言之稱僧也, 猶言沙彌也. 三年. 時
成國公主疾, 巫醫不效.23) 勅使四方求醫. 師率24)然赴闕. 其疾遂理. 王大
悅.25) 問其所須, 對曰 貧道百無所求, 但願創佛寺於天境26)林. 大興佛敎.
奉福邦家爾. 王許之. 命興工. 俗方質儉. 編茅葺屋, 住而講演. 時或天花
落地. 號興輪寺. 毛祿之妹名史氏. 投師爲尼, 亦於三川歧. 創寺而居. 名

---

17) DB. 麗.

18) 규장각, 고증. 枚(投).

19) DB. 眞.

20) DB. 遊.

21) 고증. 正(止). DB. 문맥상 止로 수정해야 할 것이다.

22) DB. 禮.

23) 규장각본. 效.

24) DB. 攣.

25) DB. 悅.

26) DB. "삼국유사" 권3, 흥법(興法) 원종흥법(原宗興法) 염촉멸신(厭髑滅身) 조 및 "해동고승
전(海東高僧傳)" 권1, 아도(阿道) 조에는 鏡.

永興寺. 未幾末雛王即世, 國人將害之, 師還毛禄家. 自作塚. 閉戶自絶, 遂不復現. 因[27]此大敎亦廢. [484]至二十三法興大王. 以蕭梁天監十三年甲午登位. 乃興釋氏, 距末雛王癸未之歲. 二百五十二年. 道寧所言三千餘月驗矣. [485]據[28]此, 本記與本碑. 二說相戾. 不同如此. 嘗試論之. 梁唐二僧傳. 及三國本史皆載. 麗[29]濟二國佛敎之始. 在晉末大(太)元之間, 則二道法師. 以小獸林甲戌到高麗明矣, 此傳[30]不誤. 若以毗處王時方始到羅, 則是阿道留高麗百餘歲乃來也. 雖大聖行止出没不常. 未必皆爾. 抑亦新羅奉佛. 非晩甚如此. 又若在末(未)雛之世, 則却超先於到麗甲戌. 百餘年矣. 于時雞林未有文物禮敎, 國號猶未定, 何暇阿道來請奉佛之事. 又不合高麗未到而越至于羅也. 設使暫興還廢, 何其間寂寥無聞, 而尙不識香名哉. 一何大後, 一何大先. 揆夫東漸之勢. 必始于麗濟, 而終乎羅. 則訥祇(祇)旣與獸林世相接也, 阿道之辭麗抵羅. 宜在訥祇(祇)之世. 又王女救病. 皆傳爲阿道之事, 則所謂墨胡者非眞名也. 乃指目之辭.[31] 如梁人指達摩. 爲碧眼胡, 晉調釋道安. 爲柒[32]道人類也. 乃阿道危行避諱. 而不言名姓故也. 蓋國人隨其所聞, 以墨胡阿道二名. 分作二人爲傳爾. 況云阿道儀表似墨胡, 則以此可驗其一人也. 道寧之序七處. 直以創開先後預言之, 而[33]傳失之. 故[34]今以沙川尾躋於五次. 三千餘月未必盡信. 蓋[35]自

---

27) 고증. 囨(因).
28) DB. 摭.
29) DB. 麗.
30) 고증. 傳(傳). 이하 같다.
31) '辭'의 약자. DB. 辝.
32) DB. 柒.
33) DB. 兩, 규장각본과 만송문고본에는 而.
34) DB. '而傳失之故, 今以沙川尾躋於五次.'
35) DB. 書.

訥祇(祇)之世抵乎丁未. 无36)慮一百餘年, 若曰一千餘月. 則殆幾矣. 姓我單名, 疑贋難詳. **486**又按元魏釋曇始 **a**一云惠始傳(傳)云. 始關(關)中人, 自出家已後. 多有異迹. 晉孝武大(太)九(元)年末,37) 賫經律數十部. 徃遼東宣化, 現授三乘. 立以歸戒, 蓋高麗聞道之始也. 義熙初復還開(關)中. 開導三輔. 始足白於面雖涉泥水. 未嘗沾濕,38) 天下咸稱白足和尙云. 晉末. 朔方凶奴赫連勃勃. 破獲關中. 斬戮無數. 時始亦遇害. 刀39)不能傷. 勃勃嗟嘆之, 普赦沙門. 悉皆不殺. 始於是潛遁山澤. 修頭陁行. 拓拔(跋)燾復尅長安. 擅威關洛, 時有博陵崔皓(浩). 小習左道. 猜嫉釋敎, 旣位居僞輔. 爲燾所信. 乃與天師冠謙之說燾, 佛敎無益. 有傷民利. 勸令廢之云云. 大(太)平之末. 始方知燾將化時至, 乃以元會之日. 忽杖錫到宮門. 燾聞令斬之. 屢不傷, 燾自斬之亦無傷. 飼北園所養虎. 亦不敢近. 燾大生惡懼. 遂感癘疾. 崔. 冠二人相次發惡病. 燾以過由於彼, 於是諫(誅)40)滅二家門族, 宣(宣)下國中. 大弘(弘)佛法. 始後不知所終. **487**議曰. 曇始以大(太)元末到海東, 義熙初還關中, 則留此十餘年, 何東史無文. 始旣恢詭不測之人, 而與阿道. 墨胡. 難陁. 年事相同, 三人中疑一必其變諱也. **488**讚曰. 雪擁金橋凍不開, 雞林春色未全迴, 可怜青帝多才思, 先著毛郎宅裏梅.

---

36) DB. '旡', 无의 오기로 보인다.
37) DB. '大元九年末'.
38) DB. '始足白於面, 雖涉泥水未嘗沾濕,'
39) DB. 규장각본에는 刁.
40) DB. 諫.

풀이

481아도기라(阿道基羅) ^a(阿道는) 아도(我道) 또는 아두(阿頭)라고도 한다.

482신라본기 제4를 보면 제19대 눌지왕 때, 사문의 묵호자가 고려(고구려)로부터 신라의 일선군에 왔다고 한다. (그) 군(郡)의 사람인 모례 ^a혹은 모록(毛祿)이라고도 한다.가 (자기) 집 안에 방을 꾸며 묵호자를 편히 있게 하였다.41) 그때 양(梁)나라에서 사신을 보내 의복과 향을 전해 왔다. ^b고득상의 영사시에는 양나라에서 원표라는 사승(使僧)을 시켜 명단향과 불경·불상을 보내왔다고 한다. 그런데 군신(君臣)은 그 향의 이름과 용도를 몰라서, 사람을 시켜 향을 싸들고 전국을 다니면서 묻게 하였다. 묵호자가 그것을 보고 말하기를, "이것은 향이라고 하는데, 이를 사르면 향기가 매우 강하여 신성에게 정성을 통하게 하는 데 쓰인다. 신성은 삼보보다 나은 것이 없으니, 만약 이것을 사르며 발원하면 반드시 영험이 있을 것이다."라고 하였다. ^c눌지왕은 진송(晉宋)시대에 해당되니 양나라에서 사신을 보냈다고 한 것은 잘못인 듯하다. 이때 왕녀가 몹시 위독했는데, 묵호자를 불러들여 향을 사르며 소원을 표하게 하니 왕녀의 병이 곧 나았다. 왕이 기뻐하며 예물을 후하게 주었는데, 얼마 후에 (그의) 간 곳을 알 수 없었다.

또 21대 비처왕 때 아도(我道) 화상(和尙)이, 시자(侍者) 세 명과 함께 역시 모례의 집에 왔는데, (그) 의표가 묵호자와 비슷하였다. 수년간 머물다가 병도 없이 죽고, 그 시자(侍者) 세 명은 남아 살면서 경률(經律)을 강독하니, 왕왕 신봉자가 있었다. ^d주(注)에서 "본비(本碑) 및 모든 전기와는 전혀 다르다."고 하였다. 또 "고승전(高僧傳)"에서는 "서천축(西竺) 사람이라고 했고, 혹은 오(吳)나라에서 왔다."고도 하였다.

483아도본비를 살펴보면 다음과 같다.

---

41) DB. '집 안에 굴을 파서 (그를) 편히 있게 하였다.'

아도는 고구려 사람이다. 어머니는 고도령으로, 정시(240-248) 연간에 조위(曹魏) 사람 아굴마^a성이 아(我)이다.가 사신으로 구려(句麗)(고구려)에 왔다가 고도령과 정을 통하고 돌아갔는데, 이로 인해서 임신하게 되었다. 아도는 다섯 살에 그 어머니가 출가하게 하였다. 열여섯 살에 위(魏)나라에 가서 굴마를 뵙고 현창 화상의 강석에 나아가 배웠다. 열아홉 살 때 돌아와 어머니를 뵈오니 어머니는 다음과 같이 일러주었다. "이 나라는 아직까지 불법을 모르지만, 이후 3천여 월이 지나면 계림에 성왕이 출현하여 불교를 크게 일으킬 것이다. 그 서울에는 일곱 곳의 절터가 있다. 첫째는 금교 동쪽의 천경림[42)]^b지금의 흥륜사이다. 금교는 서천의 다리를 말하는데, 세간에서는 송교라고 부르고 있다. (이) 절은 아도가 처음 터를 잡았으나 중간에 폐지되었다. 법흥왕 정미에 이르러 다시 창건되었고, 을묘(553년)에 크게 공사를 벌여 진흥왕 때 마쳤다.이요, 둘째는 삼천기,^c지금의 영흥사이다. 흥륜사와 같은 시기에 창건되었다.요, 셋째는 용궁남[43)]^d지금의 황룡사이다. 진흥왕 계유(553년)에 처음 개창되었다.이요, 넷째는 용궁 북쪽^e지금의 분황사이다. 선덕왕 갑오(634년)에 처음 개창되었다.이요, 다섯째는 사천미^f지금의 영묘사이다. 선덕왕 을미(635년)에 처음 개창되었다.요, 여섯째는 신유림 ^g지금의 천왕사이다. 문무왕 기묘(679년)에 개창되었다.이요, 일곱째는 서청전^h지금의 담엄사로서 이 땅은 석가보다 훨씬 전의 부처 때에 세워진 가람의 터[44)]이며, 불법의 물결이 오래토록 전해 온 곳이다.[45)] 네가 그곳으로 가서 대교(大敎)를 전파·선양하면 석존의 제사를 이 동방의 계림으로 맞이하는 것이 좋을 것이다.[46)]"라고 일깨웠다. 아도

---

42) 고증. '天橋林'. 天鏡林의 오자.
43) DB. '용궁(龍宮) 남쪽'.
44) DB. '전불(前佛)시대의 절터'.
45) DB. '불법의 물결이 길이 흐를 곳이다'

는 이 가르침을 받은 뒤, 계림으로 와서 왕성의 서쪽 마을에 임시거처를 마련했는데, 이곳은 지금의 엄장사가 있는 곳이다. 그것은 미추왕 즉위 2년 계미(263년)년의 일이었다. 아도는 대궐에 나아가 불법을 유포하고 싶다고 청했는데, 세간에서는 불교의 가르침에 대해 들은 자도 없고, 아는 자도 없었기 때문에 물리쳐야 할 것이라고 하고, 오히려 그를 죽이려는 사람까지 있었다. 이에 속림**ⁱ**지금의 일선현 모록의 집에 도망가 숨어 있었다.**ʲ**록(祿)은 예(禮)와 (글자) 형태가 비슷하여 생긴 잘못이다. 고기(古記)에 말하기를, "법사가 처음 모록의 집에 왔을 때 그 놀라움에 천지가 진동하였다. 그때 사람들은 승(僧)이라는 명칭을 모르므로 아두삼마라고 하였다. 삼마란 향언(鄕言)의 승을 가리키는 말이니, 사미라고 말하는 것과 같다." 미추왕 3년이 되었을 때 성국공주가 병이 났는데, 무의도 효험이 없었다. 왕은 사람을 사방으로 보내 의원을 구하게 하였다. 이때 아도 스님이 급히 대궐로 들어가 치료를 했더니, 마침내 그 병은 나았다. 왕은 크게 기뻐하며 그 소원을 물었다. (스님이) 대답하기를, "빈도(貧道)는 백에 (하나도) 구할 것이 없고, 다만 천경림에 절을 지어 불교를 크게 일으켜, 나라의 복과 번영을 위해 봉사하는 것이 소원일 뿐입니다."고 하였다. 왕은 이를 허락하고 공사를 착수하도록 명령하였다. (당시) 풍속이 질박 검소하여 띠풀을 엮어 지붕을 이었는데, (아도는 여기에) 머물면서 강연하기 시작했다. 그러자 때로는 천화(天花)가 땅에 떨어졌다. 그래서 그가 사는 곳은 흥륜사라고 이름을 지었다. 모록의 누이동생 사씨(史氏)가 스님의 가르침에 귀의하여 비구니가 되었는데, 그도 역시 삼천기에 절을 짓고 살았다. 절 이름은 영흥사라고 하였다. 오래지 않아 미추왕이 돌아가자 나라 사람들이

---

46) DB. '석존의 제사가 동방으로 향해 올 것이다.'

그를 해치려고 했다. 아도 스님은 모록의 집으로 돌아와 스스로 무덤을 만들고 그 속에 들어가 문을 닫고 스스로 목숨을 끊고 두 번 다시 (세상에) 다시 나타나지 않았다. 이로 인하여 불교 또한 폐지되었다.

48423대 법흥대왕이 소량 천감 13년 갑오(514년)에 왕위에 오르자, 곧 불교(釋氏)를 일으켰다. 미추왕이 아도에게 불법의 유포를 허락한 계미년으로부터 252년 뒤의 일이다. 그것은 도녕이 예언한 3천여 월은 들어맞았다.

485그러나 이상에 의하면, 본기(本記)와 아도본비의 두 설이 서로 일치하지 않는 것은 분명하다. 이 점에 대해 나는 이전에 다음과 같이 시론(試論)해 본 적이 있다. 양(梁)·당(唐) 두 "고승전" 및 삼국본사에는 모두 '고구려와 백제 두 나라 불교의 시작이 진(晉)나라 말년 태원 연간(376-396)이다. 즉 순도와 아도 이도(二道) 법사는, 소수림왕 갑술(374)에 고구려에 온 것은 분명하다.'라고 실려 있다. 이 전승은 틀리지 않았다. 만약 (아도가) 신라 제21대 비처왕 때 비로소 신라에 전해졌다면, 이것은 아도가 고구려에서 백여 년이나 머물다가 온 것이 된다. 아무리 대성(大聖)의 행동거지와 출몰이 보통 사람과 다르다고 하나 반드시 다 그렇지는 않을 것이다. 또한 신라에서의 불교 신봉이 이처럼 늦지는 않을 것이다. 또 만약 미추왕 때였다고 하면, 그것은 도리어 아도가 고구려에 온 갑술년보다 백여 년 전이 되어 버린다. 이때는 계림에서는 아직 문물과 예교(禮敎)도 없었고, 국호도 미처 정해지지 않았는데, 어느 겨를에 아도가 와서 불교를 받들자고 청원할 여유가 있었겠는가? 또 가령 고구려에 가지 않고 그곳을 지나 신라로 넘어갔다는 것도 불합리하다. 설사 (미추왕 때) 잠깐 (불교가) 흥하였다가 곧 없어졌다고 하더라도 어찌 그 사이의 소식을 전하는 것은 완전히 없고, 게다가 향의 이름조차도 알지 못했겠는가? 어찌하여 하나는 너무 뒤지고, 하나는 너무 앞서는가? 생각건대, 불교의 동점(東漸)의 형세는 반드시 고구려·백제에서 시작되고 신라에는 나중에 들어왔을 것이다. 즉, 눌지왕대는 소수림왕대와 서로 근접해 있으니, 아도가 고구려를 뒤로하고 신라에 온 것은 마땅히 눌지왕 때였을 것이다. 또 왕녀의 병을 고친 것도 모두 아도가 한 것이라고 전하고 있으니, 이른바 묵호자라는 것도 진짜 이름이 아니라 그저 지목한 말이다. 그것은 마치 양나라 사람들이 달마를 가리켜 벽안의 호승(胡僧)이라고 하고, 진(晉)나라에서 석(釋) 도안(道安)을 조롱하여 칠도인이라고 한 것과 같은 것이다. 즉, 아도가 위태로운 일을 하느라고 진짜 이름을 말하지 않았던 것이다. 생각하건대 그 나라 사람들은 그저 들은 바에 따라 묵호·아도 두 이름을 두 사람이라고 생각하여 전한 것이다. 하물며 아도의 얼굴 생김새가 묵호와 비슷하다고까지 하였는데, 이것으로도 아도와 묵호는 한 사람이었다는 것은 분명하다.

도녕이 부처가 오기 전의 가람터로서 일곱 곳을 차례로 든 것은, 곧 새로운 절을 창건하는 순서를 늘어놓은 것인데, 두 전이 모두 기재가 없다. 그러므로 이제 사천미를 다섯 번째에 올려놓는 것[47]도, 3천여 월이란 것도 꼭 그대로 믿을 수는 없다. 눌지왕 때로부터 법흥왕 정미년(527년)까지는, 대략 1백여 년 남짓하므로 만약 1천여 월이라고 하면, 거의 사실에 가깝다고 할 수 있을 것이다. 그리고 성을 아(我)라고 하고 이름을 외 글자로 한 것이, 맞는 것인지 아닌지는 자세히 알 수

---

47) DB.는 다음과 같이 처리. '도녕(道寧)이 일곱 곳을 차례로 든 것은 곧 개창의 선후를 예언한 것이나, 두 전이 잘못되었기에 이제 사천미를 다섯 번째에 올려놓는다. 3천여 월이란 것도 꼭 그대로 믿을 수는 없다.'

없다.

486또 북위(元魏)의 석(釋) 담시(曇始)ᵃ또는 혜시(惠始)라고도 한다.전(傳)에 의하면, 담시는 관중(關中) 사람으로 출가한 뒤로 특이한 행적이 많았다.[48] 진나라 효무제 태원 9년(384) 말에, 경률 수십 권을 가지고 요동에 가서, 교화를 펴 깨달음을 얻기 위한 세 가지 실천법을 생생하게 가르치고, 이르는 곳마다 부처의 가르침에 귀의하게 하였다고 전한다. 생각하건대 이것이 고구려에 불도가 열린 최초이다. 의희 연간에 다시 관중으로 돌아와서 장안에 가까운 3보(三輔)에서 사람들에게 불법의 포교에 힘썼다.[49] 담시는 발이 얼굴보다도 희었으며, 비록 진흙탕 물을 건너도 조금도 젖지 않았다. 그래서 세상에서는 모두 (그를) 백족화상(白足和尙)이라고 불렀다고 한다. 진(晉)나라 말기에 북방의 흉노 혁련발발이 관중을 함락시키고 수많은 사람을 죽였다. 그때 담시도 화를 만나기는 했으나 칼이 (그를) 해치지 못하였기 때문에 발발은 감탄하면서 많은 승려를 사면하고 모두 죽이지 않았다. 이런 일이 있어 담시는 이에 몰래 산으로 도망하여 두타의 행(行)을 닦았다.

탁발도가 다시 장안을 쳐서 이기고 관중과 낙양에 위세를 떨쳤다. 그때 박릉이라는 곳에 최호란 자가 있었다. 그는 어릴 때부터 도교를 익혀 불법을 시기하고 미워했다. 벼슬은 이미 위보(僞輔)가 되어 탁발도의 신임을 얻었다. 이에 그는 천사(天師) 구겸지와 함께 탁발도에게 '불교는 무익하고 백성의 복리에 해만 준다.'고 하여, 불교를 폐지하

---

48) DB. '또 북위(元魏)의 석(釋) 담시(曇始)ᵃ또는 혜시(惠始)라고도 한다.]전(傳)을 살펴보면 다음과 같다. "담시는 관중(關中) 사람으로 출가한 뒤로 특이한 행적이 많았다…."가 보이지 않는다.

49) DB. '의희(義熙) 초년에 다시 관중으로 돌아와서 3보(三輔)를 개도(開導)시켰다.' 한 무제 때 장안 주변의 행정구역 3보(輔)를 삼보(三寶)와 혼동.

도록 권했다고 한다. 태평말년에 담시는 바야흐로 탁발도를 귀의시킬 때가 온 것을 알고, 이에 정월 초하룻날 신하가 궁중에 모이는 날을 골라, 문득 지팡이를 짚고 궁궐 문 앞에 이르렀다. 이것을 들은 탁발도가 그를 죽이라고 명했으나, 여러 번 베어도 상처 하나 없고 마침내 탁발도가 직접 그를 베어도 아무런 효과도 없었다. 그뿐만 아니라 북원(北園)에 기르고 있는 호랑이조차 역시 가까이 가려고 하지 않았다. 이것을 본 탁발도는 크게 부끄러워하고 두려워하다가, 드디어 지독한 병에 걸렸다. 최호와 구겸지 두 사람도 차례로 악질 병에 걸렸다. 탁발도는 (그) 죄과가 그들의 소행 때문이라고 생각하고 이에 두 집의 일족을 다 죽이고 온 나라에 선포하여 불법을 크게 일으켰다. 담시는 그 뒤로 종적[50]을 모른다.

487이상을 여러 가지로 생각해 보면 담시는 태원 말년에 해동에 왔다가 의희 초년에 관중으로 돌아갔기 때문에, 이곳에 체류한 것이 10여 년이나 된다. 그런데 동국의 역사(東史)에 왜 그 기록이 없는 것일까? 담시는 본래 괴이하기가 헤아리기 어려운 사람이었다. 아도, 묵호자, 마라난타 난타 등과 그 연대나 사적(事蹟)이 서로 흡사하다. 세 사람 중 한 사람의 이름이 바뀐 것이 아닌가 한다.

488찬(讚)에는 다음과 같이 말한다.
금교에 쌓인 눈 얼어붙어 길을 막고
계림에 봄기운은 아직 돌아오지 않을 제
어여쁘다. 청제(靑帝)는 생각도 많아
모랑댁 뒤뜰 매화꽃 먼저 피게 하네.[51]

---

50) DB. '담시는 그 뒤로 종족을 모른다.' 종적(蹤迹).

주해 **481, 481a**○【阿道基羅】【我道】【阿頭】아도기라라는 것은 뒤에서 말하듯이, 아도가 신라에 있어서 불교의 기초를 열었다는 뜻이다. 아도의 전래는 고려의 각훈이 찬술한 '해동' 유통1-1에 '阿道, 或云本天竺人. 或云從吳來. 或云自高句麗入魏, 後歸新羅. 未知孰是. 風儀特異. 神變在奇. 恒以行化爲任. 每當開講. 天雨妙花. 云云.'이라고 있다. 또 아도에 대해서는, '아도(我道) 또는 아두(阿頭)라고도 적는다.'라고 주를 달고 있는데, 이것은 음 상통에 의하기 때문이다. 신라로의 불교 전달자 아도의 이름이, 고구려 불교의 개조(開祖)의 한 사람인 아도와 같은데, 이 두 아도(阿道)는 다른 사람이라고 해석하는 것이 무난할 것이다. 그래서 참고를 위하여, '해동' 권제1, 유통1-1에 실려 있는 석아도전(釋阿道傳)의 전문을, 본조(本條) 말미에 보인다.

482○【新羅本記第四】'사' 권제4의 '나기' 제4를 가리킨다. 이 법흥왕 55년조에 불교가 신라로의 전래·유포·공허(公許)에 이르는 기사가 있기 때문이다. 이하 참고를 위하여 필요 부분을 인용한다.

🕉 **참고**

十五年. 肇行佛法. (1) 初訥祇王時. 抄門墨胡子. 自高句麗至一善郡. 郡人毛禮. 於家中作窟室安置. 於時梁遣使賜衣著香物. 群臣不知其香名與其所用. 遣人賷香徧問. 墨胡子見之. 稱其名目曰. 此焚之則香氣芬馥. 所以達誠於神聖. 所謂神聖未有過於三寶. 一曰佛陀. 二曰達磨. 三曰僧伽. 若燒此發願. 則必有靈應. 時王女病革. 王使胡子焚香表誓. 王女之病尋愈. 王甚喜. 餽値尤厚. 胡子出見毛禮. 以所得物贈之. 因語曰. 吾今有所歸. 請辭. 俄而不知所歸.
　(2) 至毗處王時. 有阿道(一作, 我道)和尙. 與侍者三人. 亦來毛禮家. 儀表似墨胡子.

---

51) DB.
'금교에 쌓인 눈 아직 녹지 않았고
계림에 봄빛이 돌아오지 않았을 제
어여쁘다. 봄의 신은 재사(才思)도 많아
모랑댁(毛郞宅) 매화꽃 먼저 피게 하였네.'

住數年. 無病而死. 某侍者三人留住. 講讀經律. 往往有信奉者.

(3) 至是王. 亦欲興佛法. 群臣不信. 喋々騰口舌. 王難之. 近臣異次頓(或云, 處道)
奏曰. 請斬小臣以定衆議. 王曰. 本欲興道. 而殺不辜非也. 答曰. 若道之得行. 臣難死
無憾. 王於是召群臣問之. 僉曰. 今見僧徒. 童頭異服. 議論奇詭. 而非常道. 今若縱
之. 恐有後悔. 臣等雖郎重罪. 不敢奉詔. 異次頓獨曰. 今群臣之言非也. 夫有非常之
人. 然後有罪常之事. 今聞佛敎淵奧. 恐不可信. 王曰. 衆人之言. 牢不可破. 汝獨異
言. 不能兩從. 遂下吏將誅之. 異次頓臨死曰. 我爲法就刑. 佛若有神. 吾死必有異事.
及斬之. 血從斷處湧. 色白如乳. 衆恠之不復非毀佛事.

(注) 此據金大問雞林雜傳所記書之. 與韓奈麻金用行所撰我道和尙碑所録. 殊異.

위 글 가운데 (1), (2), (3)은 고증의 저자가 붙인 것. 스에마쓰 야스카즈는 (1), (2),
(3)의 각 문장을 신라불교 유포 '전설1'의 (イ), (ロ), (ハ)로 분류했다.

○ 【第十九訥祇(祇)王】 눌지왕(訥祇王)은 신라 19대 왕. '사' 연표에는, 눌지
왕대는 동진 안제의 의희 13년부터 유송효 무제의 대명 2년에 이르는, 42
년간(417-458)에 걸친다. 이 눌지마립간에 대해서는, '유' 왕력, '유' 권제1
의 '나물왕 김제상' 및 '제18대 실성왕' 조.

○ 【沙門】 출가승을 말한다. 샤먼은 산스크리트의 śramaṇa의 음역.

○ 【墨胡子】 후묵(後墨)에 '所謂墨胡者非眞名也. 乃指目之辭. 如梁人指達
摩, 爲碧眼胡. 晉調釋道安. 爲柴道人類也.'라고 보이듯이, 묵호자는 실명
이 아니고 별명일 것이다. 지목지사라고 있으므로, 서역승(남천축 혹은
파사국인. 520년 전후에 북위 도읍 낙양에 왔다) 보리달마를 양인(梁人)
이, 그 눈의 색으로 벽안호라고 말했듯이, 이 인물의 눈이 흑색이었기에
묵호자라고 불렀을 것이다. 묵호자의 사적(事績)에 대해서는, 앞서 '해동'
유통1의1의 아도전(阿道傳) 가운데에 보인다.

○ 【自高麗至一善郡】 눌지마립간 즉위년(417)은, 고구려 불교 조행(肇行)의
해가 되는 소수림왕 2년(372)에서 내려가기를 45년이다. 그런 까닭에 불
교가 고구려에서 전해졌다는 것은, 합리성이 있는 것으로 보인다. 그러
나 고구려에서 직접 소백산맥의 봉우리를 넘어, 신라의 일선군(一善郡)
(지금의 선산)에 갈 수 있게 된 것은 45년 후의 일이다. 그것은 475년에

고구려의 장수왕이 백제를 크게 공격하여, 왕도 한산성(漢山城)을 무너트리고 개로왕을 잡아 죽였다. 이 때문에 백제에서는 왕자·문주왕(文周王)는 남쪽으로 도망가, 오늘날의 공주에서 나라를 재흥(再興)했다. 여기서 고구려는 지금까지 백제 영토에 있던 남한강 유역을 완전히 병합했다. 그래서 신라의 북쪽 경계는, 소백산맥에서 고구려와 대치하게 되었다. 최근 충주 부근에서 발견된 고구려 중원비(中原碑)는 이것을 증명한다. 단양에서 죽령을 넘으면 지금의 영주, 안동으로, 충주에서 조령(鳥嶺)을 넘으면 문경·상주·선산에 갈 수 있다. 이와 같은 이유로 불교 유포의 시작을 눌지왕대로 하는 것은 후세 역사가의 조작으로, 연대적으로는 오히려 비처(毗處)(炤知)왕대 쪽이 신뢰를 할 수 있고, 앞서 인용한 '나기'(법흥왕 15년 조)에 양사운운(梁使云云)이라는 것은 역사적 사실의 편린(片鱗)으로 보인다.

일선군에 대해서는 '사' 지리지·상주 조에, '嵩善郡. 本一善郡. 眞平王三六年(614) 爲一善州. 置軍主. 神文王七年州廢. 景德王改名. 今善州. 領縣三. 云云.'이라고. 나아가 "고려사" 권57(지리지 2)의 상주목(尙州牧)의 일선현 조에, '一善縣 二善縣. 本新羅一善郡. 眞平王陞爲置軍主. 神文王廢州. 景德王改爲嵩善郡. 成宗十四年(994) 爲善州刺史. 顯宗九年(1018) 來屬. 仁宗二十一年(1143) 改今名. 置縣令. 後陞爲知善州事. 云云.'이라고, '승람' 권29. 선산도호부. 건치연혁 조에, '…高麗成宗十四年. 改爲善州刺史. 顯宗九年屬尙州. 仁宗二十一年改一善縣令. 後復陞爲知善州事. 本朝太宗時. 改今名爲郡. 後例陞都護府'라고, 이 땅의 연혁을 적고 있다. 현재와 같이 선산이라고 부르게 된 것은 조선왕조 태종시대부터이다.

482, 482a○【毛禮】【毛祿】 뒤 글의 주(483j)에 '祿與禮形近之訛'라고 있는데, 모례(毛體)를 모록(毛祿)이라고 한 것은 음상통에 의한 것이다.

482○【梁遣使云云】 중국 남조 양(梁)의 건국은 눌지왕대가 끝나고 나서 45년을 지나고 나서의 일이니까, 기사에 모순이 있어 사료적으로는 약점이 있다. 스에마쓰는 '반대로 梁遣使云云이라고 보이는 것이 역사적 사실의

편린(片鱗)이며, 눌지왕대라는 것이 전설이라는 추측이나 혹은 눌지왕대를 위와 같은 시간으로 하는 것은 후세 역사가의 조작에 지나지 않는 것이라고 생각한다.'라고 말하고 있다('新羅佛教傳來傳説", "新羅史の諸問題" 수록).

482b○ 【高得相詠史詩云. 梁遣使僧曰元表. 宣送沈檀及經像】 이 주(注)는 '해동' 유통1-1· 아도 조의 '又按高得相詩史. 曰梁氏遣史(使일까?)曰. 元表送沈檀及經像. 不知所爲. 云云.'에 의한 것이라고 보이는데, 고득상은 어느 시대 사람인지 불명하다. 그러나 "송사" 권203, 예문지2에 '高得相海東三國通歷十二卷'이라는 고득상이라면 왕씨(王氏) 고려조 사람일까.

482C○ 【訥祇(祇)在晋宋之世, 而云梁遣使. 恐誤.】 앞의 주해 '梁遣使云云'을 참조.

482○ 【又至二十一毗處王時. …其侍者三人留住. 講讀經律, 徃(往)徃(往)有信奉者】 본문은 앞서 인용한 '나기' 법흥왕 15년 조의 (2)에 대응하는 것이다. 二十一毗處王은 신라 제21대 왕, 비처 마립간을 말하는 것으로, 비처는 소지(炤知)·소지(昭知)·조지(照知)(이상 '사'), 또 소지(炤智)라고 한다. 또한 '유' 권제1·기이 제1 '사금갑' 조(고증 상권 주해 190, 190a) 참조.

그리고 비처 마립간의 재위 기간은, '사' 연표에는 제(齊)의 고제 건원 원년(479)에서 폐제의 영원 2년까지의 22년간으로 하고 있다. 신라의 불교 공전(公傳)이 법흥왕 14년(527)이라는 것으로 보아, 적어도 비처 마립간 때에는 불교가 신라에 전래되어 있었다고 보아야 할 것이다.

482d○ 【有注云. 與果本碑及諸傳記殊異】 주(注)라는 것은, 앞서 보인 '나기'의 조행불법(肇行佛法) 기사 끝에 기재되어 있는 주를 가리키며, 또 '本碑'라는 것은 김용행 찬술의 '我道和尚碑'를 말한다. '諸傳記'라는 것은 김대문의 계림잡전 등을 가리킨다.

○ 【高僧傳云 西(天)竺人, 或云從吳來】 이 고승전은 '해동'을 말한다. 이 잔권(유통 1-1·아도 조)에 인용되어 있는 고기(古記)는 다음과 같이 보인다.

按古記. 梁大通元年三月十一日. 阿道來至一善郡. 天地震動. 師左執金

環錫杖. 右擎玉鉢應器. 身著霞衲. 口誦花詮. 初到信士手禮家. 禮出見驚
愕而言曰. 曩者高麗僧正方. 來入我國. 君臣怪爲不祥. 議而殺之. 又有滅
垢玭. 從彼復來. 殺戮如前. 汝尙何求而來耶. 宜速入門. 莫令隣人得見. 引
置密室. 修供不怠. 適有吳使. 以五香獻原宗王. 王不知所用. 遍詢國中. 使
者至問法師. 師曰. 以火燒而供佛也. 其後偕至京師. 王令法師見使. 使禮
拜曰. 此邊國高僧何不遠而(至). 王因此知佛僧可敬. 勅許斑行.

末松保和는 본문을 '傳說三'으로 하고 있다(전게서).

483○ 【我道本碑】 앞에서 보인 '나기' 법흥왕기 분주(分注)에 보이는, 김용
행 찬술의 '我道和尙碑'와 본문의 '아도본비'와는 같은 것인지 아닌지 의
문이 든다. 그러나 '유' 권제3 '원종흥법 염촉멸신' 조의 분주(分注)에 염
촉(이차돈을 말한다) 전(傳) 가운데의 하나인 이설(異說)로서, '又按金用
行撰阿道碑. 舍人時年二十六. 又吉升. 祖功漢‧曾祖乞解大王.'이라는 것
이 보인다. 이 '사'와 '유'의 두 가지 분주에, 김용행소찬아도화상비와 김
용행찬아도비로 구분해 적고 있는데, 아도(我道)와 아도(阿道)는 신라‧
고구려에서 혼용되어 있으며, 아도화상 행적의 발전적 사실로서 염촉(이
차돈) 순교에까지 기사가 이어져 있었다고 생각할 수 있으므로, '나기'의
소위 김용행소찬아도화상비로 간주해도 좋을 것이다.

○ 【高道寧】 【我崛摩】 【玄彰和尙】 '해동'[유통1-1의 아도(阿道) 조에, 이들
세 사람과의 관계가 보인다. 즉 '若按朴寅亮殊異傳云. 師父魏人崛摩. 母
曰高道寧. 高麗人也. 崛摩奉使高麗. 私通還魏. 道寧因有身誕焉. 師生五
稔有異相. 母謂曰. 偏祐[52])之子. 莫若爲僧. 師依敎. 卽於是日剃髮. 十六
入魏. 覲省崛摩. 遂役彰和尙. 受業十九年. 歸寧於母. 母諭曰. 此國機緣末
熟. 難行佛法. 惟彼新羅今雖無聲敎. 爾後三十餘月有護法明王御宇. 大興
佛事. 云云'이라고.

○ 【正始間】 정시는 제왕 방조의 원호로, 정시 연간은 서기 240-248년에 해

---

52) 고증. 祜.

당한다.

○ 【曹魏】조조(曹操)의 아들 비(丕)(나중에 문제)가 후한(後漢) 마지막의 천자(獻帝)로부터 자리를 물려받아, 화북의 땅에 세운 왕조(서기 220-265년). 황건의 난을 계기로 두각을 나타내어 후한 말의 강호가 된 조조(155-220)는, 승상·위나라 왕으로 나아가 후한의 실권을 쥐었다. 그러나 220년 1월에 죽었기 때문에, 뒤를 이은 비(丕)가 후한의 천자 헌제(獻帝)에게 양위를 강요하여 황제 자리에 올라 낙양에 도읍을 정했다. 이다음 해 221년에 유비도 성도에서 한(漢)의 뒤를 잇는다고 하며 황제 자리에 오르고(촉한), 나아가 222년 손권도 건업에서 건원하고, 229년(黃龍 元年)에 황제라고 하며 오나라(吳國)를 세웠기 때문에, 중국은 삼국정립 시대가 되었는데, 이 가운데 위(魏)는 가장 강대하여 그 영역은 화북 전역을 차지하였을 뿐만 아니라, 동북에도 영토를 넓혀, 238년에는 사마의(司馬懿)를 보내 요동의 공손연을 멸망시키고, 이어서 244-245년에는 관구검 등을 파견하여 고구려를 공파(攻破)하여 위세를 동방으로 떨치게 했다. 그러나 위(魏)의 실권은, 문제(文帝 220-226)·명제(明帝, 226-239) 후에는 권신 사마(司馬)씨에게 잡혀 마침내 265년에 진왕(晉王) 사마염(나중에 西晉의 武帝)에 의해 나라를 빼앗겼다. 그리고 조위(曹魏)라는 것은 조씨가 세운 위(魏)라는 뜻으로, 다른 위(魏)와 구별하기 위하여 부르는 것이다.

○ 【雞林】신라의 다른 이름. '유' 권제1 '신라시조 혁거세왕' 조(고증 상권 주해 125)의 계림국 항목 참조.

○ 【七處伽藍之墟】'유' 본문에 보이는 京都內七處伽藍之墟라는 전설은, 전성기의 불교인들이 그들 자신이 만든 여러 절의 신성함을 키우기 위하여 지어낸 이야기이겠지만, 이 땅의 어떤 것은 불교 전래 이전의 토착 신앙의 영지(靈地)이었을지도 모른다.

다음으로 가람(伽藍)은 승가람마(saṃha-ārāma)의 음역. 또는 승가람의 약어. 중원(衆園)·승원(僧園)·승원(僧院)으로 한역한다. 승려들이 모여서 수행하는 청정 한정한 장소. 나중에는 사원, 또는 사원의 건조물을 의미하는 말이 되었다.

○ 【一曰. 金橋東天鏡林】이곳의 주(注) 이외에 상세한 것은 불명.

483b○ 【興輪寺】'유' 권제1 '미추왕 죽엽군' 조(고증 상권 주해 170)의 항목 참조.

○ 【法興王丁未草創. 乙卯大開. 眞興王畢成】'我道本碑'에는 흥륜사 창건은 미추왕대의 일이라고 적고 있는데, '유' 권제3 '원종흥법 염촉멸신' 조, 인용의 '국사', '향전'에는 법흥왕 14년 정미(517)에 처음으로 열리고, 22년 을묘(535)에 천경림을 벌채하여 착공, 계초석감을 마련하고 진흥왕 5년 갑자(544)에 이르러 완성되었다고 하고 있다. 또 '나기'에도 진흥왕 5년 봄 2월에 완성, 10년에는 양(梁)으로부터 불사리가 들어왔다고 한다. 불교 조행(肇行)의 시기로 생각하면 후설(後說)을 따라야 할 것이다.

483○ 【二曰, 三川歧(岐)】지금의 북천(알천)은 옛날에는 서천으로 합류했기 때문에, 이 삼천(三川)의 합류점 부근일까.

483c○ 【今, 永興寺. 興興輪開同代】영흥사(永興寺)에 대해서는, '왕력' 신라 제23 법흥왕 조(고증 상권)과 권제3 '원종흥법 염촉멸신' 조(고증하1 주해 496) 참조. 이 영흥사는 지금의 경주역 구내가 그 유지(遺址)라고 하는데, 유물은 아무것도 없다. 일찍 없어진 것일까. '승람' 권21, 경주부 고적 조에는, '부성(府城)의 남쪽에 있다.'라고밖에 적혀 있지 않다.

483○ 【三曰, 龍宮南】용궁(龍宮)은 월성 동쪽에 있었던 것 같으나, 자세한 것은 모른다.

483d○ 【今皇龍寺. 眞興王癸酉始開】진흥왕은 그 14년(개국 3년)(553)에 해당한다. 황룡사에 대해서는 '유' 권제1 '신라시조 혁거세왕' 조 및 그 뒤에 나오는 '황룡사장육', '황룡사구층탑' 조를 참조.

483○ 【四曰, 龍宮北】미상.

483e○ 【今芬皇寺. 善德甲午始開】선덕갑오(善德甲午)는, 이 왕의 3년(634). 분황사 창건에 대해서는, '나기' 선덕왕 3년 조에도 '春正月. 改元

仁平. 芬皇寺成.'이라고 보인다. 분황사는 경주시 동부의 구황동에 있다. 지금은 조계종의 작은 절에 지나지 않으나, 절 앞의 논에 한 쌍의 석주(石柱)가 있다. 이 석주는 일찍이 분황사에 속해 있던 당간지주이다. 그래서 창건 당시의 분황사는, 인접 황룡사처럼 광대한 영역과 장대한 가람이나 회랑 등이 갖추어져 있었다고 보이는데, 지금의 절터에는 탑만이 원래 위치에 있는 것 이외 한두 개의 초석이 남아 있을 뿐이다.

또 '유'의 후문(後文)에도 있듯이, 경덕왕 14년(755)에 강고내말이 주조했다는 306,700근(斤)의 약사여래상이 있었고, 당시의 이름난 승려 자장율사나 원효대사 등이, 당시에 주석(住錫)53)했던 것으로 보아도, 상당히 사격(寺格)이 높았다고 생각된다. 마지막으로 앞서 보인 석탑은 경주 현존 탑 가운데 가장 오래되었고, 게다가 경주에서의 고신라시대(古新羅時代) 유일한 탑이다. 탑은 전탑같이 보이지만, 실은 전축한 것이 아니고 안산암을 벽돌모양으로 잘라 쌓아 올린 것이다. 현재는 3층까지밖에 남아 있지 않으나, 원형은 7층 혹은 9층이라고도 추측되는 광대했던 것으로 보인다.

483○ 【五日, 沙川尾】 옛 경주 중심부의 서쪽에 있었다고 생각되나 미상.

483f○ 【今靈妙寺. 善德王乙未始開】 이 을미(乙未)는, 선덕왕 4년(인평 2년, 635)에 해당한다. 영묘사 창건 기사는 양지전에 의했다고 생각되는데, '나기' 선덕왕 4년 조에는 그저 간단하게 '靈廟寺成'이라고만 기록하고 있다. 또 '유' 권제1 '선덕왕지기삼사' 조에도 영묘사라고 보인다. 이 영묘사(靈廟寺)가 영묘사(靈妙寺)(廟와 抄가 음 상통에 의한 것일까)라고 개칭된 것 같다. 뒤에 나오는 '영묘사장육'의 조에도 당사 일이 중복되어 나오기 때문에 상세한 것은 그곳으로 미루지만, '승람' 권21 경주부·불우 조에는 '靈妙寺. 在府西五里. 唐貞觀六年(선덕왕 원년, 632). 新羅善德王. 建殿宇三層. 體制殊異. 羅時殿宇非一. 而他皆傾毀. 獨此宛然如

---

53) 거처하며 살다.

昨. 諺傳寺址. 本大澤. 豆々里之衆. 一夜塡之 逐建此殿.'이라고 전하고 있다. 또한 '유' 권제1 '선덕왕지기삼사' 조(고증 상권 주해 220)도 참조.

483○【六日, 神遊林】신유림(神遊林)은 낭산의 남쪽에 있었다고 한다. '유' 권제1 '선덕왕지기삼사' 조(고증 상권 주해 217) 및 권제2 '문호왕법민' 조(고증 중권 주해 268, 30면)을 참조.

483g○【今天王寺. 文武王巳(己)卯(卯)開】문무왕기묘(文武王己卯)는 문무왕 19년(679)에 해당하는데, '나기' 문무왕 19년 8월 조에는 단순히 '四天王寺成'이라고만 하는데, 본문의 천왕사는 사천왕사를 말한다. 자세한 것은 '유' 권제1 '선덕왕지기삼사' 조(고증 상권 주해 217의 사천왕사 항목, 585면)을 참조. 또 천왕사와 사천왕사의 관계. 연기(緣起)에 대해서는 '유' 권제2 '문호왕법경' 조(고증 중권 주해 268의 사천왕사 항목) 참조.

483○【七日, 婿請田】서청전(婿請田)은 운엄사 터의 위치로 보아 시조혁거세 왕릉 근방인가.

483h○【今曇嚴寺】담엄사(曇嚴寺)는 '유' 권제1 '신라시조혁거세왕' 조(고증 상권 주해 109) 참조.

483○【前佛時】불교 유포 이전의 시대를 말한다. 지금 이것을 엄밀하게 석존(석가모니) 이전의 부처 시대라고 한다면, 이것은 가엽불의 시대를 가리키는 것이 될 것이다.

○【釋祀】불교 사전(祀典)[54]을 말한다.

○【道】아도(我道)를 말한다.

○【嚴莊寺】이 절 이름은 '유'의 이곳에만 보일 뿐이다.

○【末(未)鄒王卽位二年發未】이해는 서기 263년에 해당한다. 미추왕(未鄒王)에 대해서는, '유' 권제1 '未鄒王 竹葉軍' 조(고증 상권 주해 170b) 참조.

○【續林】'해동' 유통 1-1 · 아도 조에는 속촌(續村)이라고 보인다.

483i○【今一善懸】지금의 선산 지역은, 고려 인종 대부터 어느 시기, 일선

---

54) 제사를 지내는 예전(禮典).

현이 되어 있었다. 앞서 말한 주해 482 참조.

483j○ 【古記】 구체적인 것은 모르나, 불교설화에 관한 것으로 보인다.

○ 【乡麼者乃鄉言之稱僧也, 猶言抄彌也】 승(僧)은 saṃgha의 음역 약어인데, 삼마(三麼)는 승가(僧伽)와 음 상통 같다. 사미는 완전한 비구(比丘)가 되기 전의 수행 승려. 또는 출가.

○ 【成國公主】 '해동' 유통1-1 · 아도 조에는 성국궁주라고 있다.

○ 【師】 아도법사를 말한다.

○ 【貧道】 졸승(拙僧)과 같은 뜻. 승(僧)의 겸칭. 덕이 모자라는 도인(道人), 도(道)가 모자라는, 깨달음이 부족하기에 나온 말. 종(宗)의 엽몽득 찬술의 "석림연어"에는 '晉宗間. 佛敎初行. 未有僧稱, 通曰道人. 自稱則貧道.' 라고 있다.

○ 【天花】 천우묘화(天雨妙花, 하늘에서 내려오는 꽃)의 약어인가.

○ 【毛祿之妹名史氏. 投師爲尼, 亦於三川歧.⁵⁵⁾ 創寺而居. 名永興寺】 '해동' 유통1-1 · 아도(阿道) 조에는 '毛舞妹名史侍'라고 있고, 또 이어서 '亦投爲尼. 乃於三川歧. 立寺曰永興. 以依住焉.'이라고 있다.

뒤에 나오는 '원종흥법 염촉멸신' 조에는, 법흥왕 22년(535)에 왕비가 영흥사를 개창하고, 모록의 여동생인 사씨(史氏)의 유풍을 기려 왕과 함께 삭발하여 비구니가 되어, 법명을 묘법이라고 하며, 영흥사에 머무르기 수년이 되어 죽었다고 되어 있다. 이것에 대하여 해당 면에서는 모록의 여동생인 사씨가 스승(阿道)에 의탁하여 비구니가 되어, 삼천기에 영흥사를 세우고 이곳에 살았다(미추왕대)고 하는 것은 역사적으로 믿기 힘들다.

○ 【末(未)雛王即世, 國人將害之, 師還毛祿家. 自作塚. 閉戶自絶, 遂不復現. 因⁵⁶⁾此大敎亦廢】 '해동' 유통1-1 · 아도 조에는 '味雛王崩後. 嗣王亦不敬

---

55) 고증. 歧(岐).
56) 고증. 囙(因).

삼국유사 권제3

浮屠. 將欲廢之. 師還續村. 自作墓入其內. 閉戶示滅. 因此聖敎不行於斯 慮.'라고 있다.

다음으로 위의 즉세(卽世)는 세상을 끝낸다. 즉 죽는다는 것을 말한다. 또 지(之)는 아도를 말하는 것. 대교(大敎)는 불교를 말한다.

484○ 【二十三法興大王】신라 제23대 왕(재위 514-540). 이 왕에 관해서는 '유' 왕력, '유' 권제1 '진흥왕' 조(고증 상권 주해 198의 법흥왕 항목), 권제 3 '원종흥법 염촉멸신' 조 참조.

○ 【蕭梁】중국남조의 양(梁, 502-557)을 말한다. 남제(南齊) 말에 이 나라 의 실권자이었던 제실과 동족인 소연(후의 무제)에 의해 502년에 창건된 왕조로, 다른 양조와 구분하기 위해, 소씨의 성을 따서 소량(蕭梁)이라고 했다. 이에 대하여 후세 당 말의 군벌 주전충이 세운 양(오대 최초의 왕 조)은 주량 혹은 후량이라고 한다.

○ 【天監十三年甲午】법흥왕 즉위 원년은 이해(서기 514)에 해당한다.

○ 【乃興釋氏. 距末(未)雛王癸未之歲. 二百五十二年】법흥왕이 불교를 공 허(公許)한 것은 그 14년(서기 527)인데, 이곳에서는 미추왕 계미 2년 (263)부터 252년이 지난 514년에, 법흥왕이 왕위에 올라 불교를 일으켰 다는 것이다.

○ 【道寧所言三千餘月驗】도녕(道寧)은 고도녕(아도의 어머니)을 말한다. 또 '해동' 유통1-1·아도 조에는 삼천여 월을 삼십여 월이라고 하고 있다. 그러나 앞서 나온 252년을 달로 계산하면 삼천여 월이 된다. 이것은 불교 전성기였던 7,8세기 신라인들에 의해 깊이 신봉되었던 것이다.

485○ 【本記】본문 모두(冒頭)의 '신라본기'를 가리킨다.

○ 【梁唐二僧傳】항간에 말하는 "양고승전"과 "당고승전"을 말한다. "고승 전" 즉 "양고승전"(전 14권)은 519년에 양의 혜교(437-554)가 지은 것인 데. 본서는 중국에 불교가 전해진 후한의 영평 10년(67)부터 양의 천감 18년(519)까지의 453년간에 나타난 고승의 사적·전기(傳記) 등을 기록 한 것이다. "속고승전" 즉 "당고승전"(전 30권)은 남산도선율사(596-667)

의 찬술로 그의 명저의 하나이다.

　이상의 이 고승전에 "송고승전", "대명고승전"을 더한, 사고승전 가운데에서 "속고승전(續高僧傳)"은 가장 호한(浩瀚)[57]으로, 수당(隋唐) 불교 연구에는 필수 문헌이다.

○【三國本史】 '사'를 말하는가.

○【麗濟二國佛敎之始. 在晋末(太)之間】 고구려에 있어서 불교의 조행(肇行)은 소수림왕 2년(372), 백제에 있어서 불교의 조행(肇行)은 침류왕 원년(384)인 것은 이미 알려진 바이다. 그런 까닭에 여제(麗齊) 2국에 있어서의 불교의 시작은 중국에서 말하면 동진조 말기의 태원 연간(376-396)에 해당하는 것이다. 이 태원은 동진 효무제의 원호. 또 진(晉)은 서진(265-316), 동진(317-420)으로 나누는데, 이곳에 기록된 진말(晉末)은 연수로 보아 동진 말이라고 하는 것이 적당할 것이다.

○【則二道法師. 以小獸林甲戌到高麗明矣, 此傳(傳)不誤】 이도법사(二道法師)는 순도와 아도를 말하는 것. 소수림 갑술(甲戌)은 소수림왕 4년(374)에 해당한다. 그리고 순도가 소수림왕 2년(372)에 전진(前秦)에서, 또 아도가 4년 갑술에 동진에서 고구려에 온 것은, 이미 '순도조려' 조에서 본 바이다. 그래서 갑술년에 입려(入麗)했던 것은 이도법사 가운데 아도뿐이다.

○【則所語墨胡者非眞名也】 이미 말했던 바이다. 주해 482 묵호자의 항목(44면)을 참조.

○【如梁人指達磨, 爲碧眼胡】 이미 '묵호자'의 항목에서 말했다. 달마에 대해서는 뒤에 나오는 '원송홍법 염촉멸신' 조의 주해 490(84면)을 참조.

○【晉調釋道安, 爲柒道人】 도안(道安)(314-385)은, 중국의 산상부류(常山扶柳, 河北省)의 사람으로 속세 성은, 위(衛). 미천도안, 인수보살이라고도 불렸다. 도안은 12세에 출가하여, 업(鄴)의 중사(中寺)에서 후에 불도

---

57) 많은 모양.

징(佛圖澄)을 만나 스승으로 모셨다. 이어서 여러 지방을 유학(遊學)하여 경률을 구했다. 더 나아가 전진(前秦) 부견이 귀의하기에 이르자 장안으로 옮겼다. 또 불전의 한역에서도 중국 불교사 위에 신기원을 그리는 공적을 남기고, 그 제자도 혜원 이하 500명으로 다수에 이르렀다. 불가가 석씨(釋氏)라고 부르게 된 것도 도안에서 시작되는데, 중국승려 독자의 계율을 강조하여 선구를 이루었다. 전(傳)은 "출삼장기집"(15) 도안전, 양고승전 권5·의해2 등에 있다.

다음으로 최초의 진(晉)은 도안의 활약 연대로 보아 동진(東晉)을 가리킨다. 또 조(調)는 조소하다는 의미. 도안은 생긴 모양이 누추[58]했다고 한다. 그래서 동진 사람들로부터 칠흑의 도인이라고 조소를 받았을 것이다.

○【故今以沙川躋於五次】미상.

486, 486a○【元魏釋曇始 一云惠始傳(傳)云】중국 북조의 위(魏, 北魏)는 선비족인 탁발씨가 세운 왕조인데, 제6대 고조(孝文帝宏: 471-497년)는 탁발씨를 원씨(元氏)라고 성(姓)을 고쳤다. 그래서 이 위(魏)는 또 원씨의 위라고 하는 의미로, 원위(元魏)라고도 부르는 까닭이다.

다음으로 석담시(釋曇始)에 대해서는 "양고승전"이나 "법원주림(권19)" 수록의 "명상기"는 담시(曇始)라고 하는데, "위서(114)" 석노지에는 혜시라고 한다.

"위서(114)" 석노지에는 '世祖初平赫連昌. 得沙門惠始. 姓張. 家本淸河. 聞羅什出新經. 逐詣長安. 見之觀習經典. 坐禪於白渠北. 晝則入城廳講. 夕則還處靜坐. 三輔有識. 多宗之.'라고 간략하지만, 요점을 챙긴 말이 적혀 있다.

위의 머리말에 보이는 세조(世祖)는 북위 태무제(燾), 혁연창은 뒤에서 말하는 혁연발발의 셋째 아들(字는 還國)로 발발의 뒤를 이어 하왕이 되었는데, 하(夏)의 남도(南都)였던 장안은, 426년에 북위에게 무너져 성

---

58) 고증. 추루(醜陋).

아래의 만여 개의 집이 북위의 도읍(平城)으로 옮겨졌다(하 나라는 이해
에 멸망). 혜시 즉 담시는 이때에 평성으로 옮겨진 것으로 보인다. 그래
서 원위 석담시라고 기록한 것으로 보인다.

더 나아가 석담시전이라는 것은 "양고승전"의 석담시전으로 보이는데,
이하의 주해와도 관련되기 때문에 "양고승전" 권10(神異下)에 수록되어
있는 석담시전을 게재한다.

석담시전(釋曇始傳)

釋曇始. 關中人. 自出家以後, 多有異迹. 晉孝武大元之末. 齎經律數十部.
往遼東宣化. 顯授三乘. 立以歸戒. 蓋高句驪聞道之始也. 義熙初復還關中
開導三輔. 始足白於面. 雖跣涉泥水. 末嘗沾涅. 天下或稱白足和上. 時長
安人王胡. 其叔死數年忽見形還. 將胡遍遊地獄. 示諸果報. 胡辭還. 叔謂
胡曰. 既已知因果. 但當奉事白足阿練. 胡遍訪衆僧. 唯見始足白於面. 因
而事之.

晉末. 朔方凶收赫連勃々. 破獲關中. 斬戮無數. 時始亦遇害. 而刀不能
傷. 勃々嗟之. 普赦沙門. 悉皆不殺. 始於是潛遁山澤. 修頭陀之行.

後拓跋燾. 復尅長安. 擅成關洛. 時有博陵崔皓. 少習左道. 猜嫉釋教. 既
位居僞輔. 燾所仗信. 乃與天師寇氏. 說燾以佛敎無益有傷民利. 勸令廢之.
燾既惑其言. 以僞太平七年. 遂毁滅佛法. 分遣軍兵燒掠寺舍. 統內僧尼悉
令罷道. 其有竄逸者. 皆遣人追補. 得必梟斬. 一境之內無復沙門. 始唯閉
絶幽深. 軍兵所不能至.

至太平之末. 始知燾化時將及. 以元會之日忽杖錫到宮門. 有司奏云. 有
一道人. 足白於面. 從門而入. 燾令依軍法. 屢斬不傷. 遽以白燾, 燾大怒自
以所佩劍所之. 體無餘異. 唯劍所著處有痕如布線焉. 時北園養處于檻. 燾
令以始餧之. 虎皆潛伏. 終不敢近. 試以天師近檻. 虎輒鳴吼. 燾始知佛化
尊高, 黃老所不能及. 即廷始上殿. 頂禮足下. 悔其愆失. 始爲說法明辨因
果. 燾大生愧懼. 遂惑癘疾. 崔寇二人次發惡病. 以過由於彼. 於是誅剪二

家門族都盡. 宣下國中. 興復正教. 俄而壽卒. 孫濬龔位. 方大弘佛法. 盛迄
于今. 始後不知所終.

○ 【開(關)中】 중국에서는 예부터 섬서성의 위수분지 일대를 관중(關中)이
라고 불렀다. 원래 오늘날의 서안에서 보아 함곡관(關)의 가운데라는 뜻
으로, 관내(關內), 관(關)도 마찬가지로 여기에 해당한다. 앞서 보인 '순
도조려' 조(고증 주해 471a) 참조.

○ 【晉孝武大(太)九(元)年末】 진효무(晋孝武)는 동진의 효무제. 대원(大元)
은 효무제 조정의 원호. '쇼도구간본(중종 임신 간본)' 및 '이마니시본'의
영인본인 '교다이본'은, '大元年末'이라고 찍혀 있는데, '이마니시본'의 영
인본인 '고전간행회본' 및 이 영인본인 '학습원본'에서는, 大 다음의 문자
는 九로 보인다. 그래서 혹은 전자(前者)는 원(元) 다음에 구(九)를 넣고,
후자(後者)에는 대(大) 다음에 원(元)을 넣어, '太元九年末'이라고 하고
있다. 大元九年은 서기 384년, 백제에 있어서 불교 조행(肇行)의 해가 된
다. 그러나 본조(本條)의 바탕이 된 "양고승전"에는 '晉孝武大元之末'이라
고 있어, 이것을 이어받아 '해동' 유통1-1 담시전(曇始傳)에는

> 釋曇始關中人也. 自出家多有異跡. 足白於面. 雖涉泥水. 未嘗沾濕. 天
> 下咸稱白足和尚. 以晋大元末年. 賚持經律數十部. 往化遼東. 乘機宣化.
> 顯授三乘. 立以歸戒. 梁僧傳以此爲高句麗開法之始. 時當開土王五年. 新
> 羅奈勿王四十一年. 百濟阿莘王五年. 而秦符堅送經像後二十五年也. 云云.

이라고 보여 동진의 태원말년(太元末年)을 高句麗開法之始라고 하고 있
다. 그리고 이해는 고구려 광개토왕 5년, 신라 나물왕 41년, 백제 아신왕
5년에 해당하며 또 부견(符堅)이 372년에 경상(經像)을 고구려에 보내고
나서 25년이 된다고 하고 있다. 그렇다면 이해는 서기 396년을 가리킨
다. 그리고 이 396년은 태원 21년이 된다. 그런 까닭에 이곳은 '晉孝武大
元年末' 그대로가 좋을 것이다.

○ 【經律】 담시(曇始)가 가져온 경(經)과 율(律)은 어떠한 것이었을까. 완전

히 불명이지만, 축법호번역의 대승경전이나 불도징이 가져온 축술불교. 계율. 선관 등의 종류, 즉 구마라집 번역의 대승경전 이전의 것임에 틀림 없다고밖에 적을 수 없다.

○【遼東】요하(遼河)의 동쪽이라는 의미로, 요서(遼西)에 대한 지역적 명 칭. 시대에 따라 넓이의 차이가 있는데, 전국시대에 연(燕)이 지금의 요 녕성 근처를 긋고 군(郡)을 설치하고, 요동이라고 이름 붙인 것이 그 시 작으로, 낭평현으로 다스렸다. 후에 진(晉)은 요동국을 설치했는데, 남북 조시대에 고구려 세력하에 들어갔을 때에 요동성을 쌓았다. 더 나아가 당 태종이 고구려를 공격했을 때, 격전 끝에 요동성을 점령했다(645년). 고구려 멸망 후는 일시 안동도호부가 놓인 적도 있는데, 시대가 더 내려 가 명대(明代)에는 이 지방에 요동도사를 설치했다.

○【三乘】성문, 연각, 보살의 세 가지에 대응한 가르침.

○【三輔】한대(漢代)에 도읍인, 장안을 중심으로 놓인 3행정구획의 총칭으 로, 무제의 태초 원년(기원전 104)에는, 경조윤(장안을 포함한 동부), 좌 빙익(북부), 우부풍(서부)라고 부르고, 그 장관은 모두 장안성 안에 주재 했다. 또 각각 행정장관과 나란히 경보·좌보·우보·도위가 놓여, 삼보 도위라고 총칭하며 경찰사무를 분담했다.

○【白足和尙】"법원주림" 인용 '명상기에는, '前魏太武時. 沙門曇始甚有神 異. 常坐不臥五十餘年. 足不躡履. 銑行泥穢中. 奮足便淨. 白色如面. 浴號 白足阿練也. 至赫連昌破長安. 不信佛法. 刑害僧尼. 始被白刃不傷. 由是 僧尼免死者衆. 太武敬重. 死十餘年. 形式不改.'가 있다.

○【朔方】shuo-fang 전한 무제의 원삭 2년(기원전 127)에 올도스지방(내몽 고의 수원성 남쪽 경계)의 흉노족을 쫓아내고 이곳에 삭방군을 설치했 다. 이때부터 흉노는 세력이 약해지고 드디어 한(漢)에 입조하여 후한의 순제 영건 초년에 이르렀다. 그러나 농서의 강(羌)의 반란에 의해 후한 말에 군(郡)이 폐지되었다. 후한말의 옛 성은 섬서성 유림현 서북 200지 리(至里)에 해당하는 지점에 잔존했다. 북위가 설치한 이 군(郡)은 섬서

성 청간현 서쪽에, 수(隋)의 대업 3년에 놓인 이 군은 섬서성 횡산현 서쪽에 있었다.

○ 【凶收赫連勃勃】 혁련발발(赫連勃勃) Holien Po-Po(?-425)는, 중국의 5호16국의 하나인 하(夏) Hsia(407-431)의 건국자로 시호는 무열황제, 묘호는 세조, 자(字)는 굴혈, 혁련 씨는 원래 남흉수단간씨 출신으로 위진 이후, 산서성 오대현 부근에 살면서 무리를 통솔하고 중국에 복속했으나, 영가의 난을 만나, 유호(발발의 증조부)는 진(晉)의 장군 유곤과 선비 탁발부의 동맹군[59]에 쫓겨, 섬서성 유림현 서북의 오르도스 안으로 물러났다가(310), 전조(前趙)에 귀부(歸附)[60]하여 세력을 보전했다.

발발의 아버지 · 유위진은, 전진(前秦)의 부견에게 귀부하여, 섬서 북부에 세력을 얻었는데, 탁발부가 북위(北魏)로서 일어나자, 그 압박을 받아 도무제에게 공격당하여, 유위진은 죽고 종족(宗族) 오천 명은 참살되었다(391).

이때 발발은 도망쳐 후진(後秦)의 요흥을 따라, 영하회족 자치구 고원현 지방에 살고 있다가, 나중에 자립하여 섬서 북부를 평정하고, 407년에 천황대단간이라고 부르고, 흉노는 하후씨의 자손이라는 설에 바탕을 두어 나라를 대하(大夏)라고 불렀다. 유씨(劉氏)는 모계의 성이라는 이유로 고쳐 혁련(赫連)씨라고 했다. 이것은 고대 터키어로 하늘을 가리키는 Kökler를 혁(赫), 하늘과 이어진다는 의미를 가진 한자의 음역(音譯)으로 생각된다. 발발은 처음에 무정하 상류에 도성인 통만을 쌓았는데, 후에 장안을 공략하여 관중을 평정하고 제위에 올랐다(418). 그 영지는 섬서 · 감숙 · 오르도스에 걸치고 북위와 대립했다. 그러나 북위에게 압박을 받고, 하(夏)는 발발이 천토라고 부르고 나서 3대, 25년에 망했는데, 하(夏)의 정치는 가혹하여 국민은 괴로웠다고 한다. [참고] "진서(晉

---

59) 고증. '同盟郡'.
60) 스스로 와서 항복함.

書)”(130) 재기, 혁련발발. “위서(魏書)”(95) 철불유호전(鐵弗劉虎傳).

○ 【時始亦遇害. 刀不能傷】 始는 담시를 말한다. “위서(魏書)” 석노지에는, 혁련발발과의 사이에 있었던, 담시의 신이에 대해서 다음과 같이 적고 있다.

　劉裕滅姚泓. 留子義眞. 鎭長安. 義眞及寮佐. 皆敬重焉. 義眞之去長安也. 赫連屈丐(발발을 말한다)追敗之. 道俗少長. 咸見坑戮. 惠始身被白刃. 而體不傷. 衆大恠異. 言於屈丐. 屈丐大怒. 召惠始於前. 以所持寶劍擊之. 又不能害. 乃懼而謝罪.

○ 【頭陁行】[61] 이것은 ① 두타를 수행하다(후설). ② 두타를 실천하는 사람. 선승. ③ 걸식[62]의 행렬 등을 의미한다. 두타(頭陀)는 dhūta, dhuta (떨쳐 없애다는 뜻)의 음을 옮긴 것. 번뇌의 허물을 털어 없애고 의식주에 탐욕을 가지지 않고 오로지 불도를 수행하는 것. 심신을 단련하는 여러 규율. 여기에 12가지가 있다. 12두타행은 분소의, 단삼의, 상걸식, 부작여식, 일좌식, 일췌식, 공한처, 총간좌, 수하좌, 노지좌, 수좌, 장좌불와이다.

○ 【拓抜(跋)燾】 북위 제3대 태무제(423-452)를 말한다. 휘는 도(燾), 자(字)는 불리. 묘호는 세조. 태종명 원제의 맏아들. 408년에 태어나 422년 4월에 태평왕으로 봉해지고 5월 감국이 되어, 태종의 병 때문에 정사를 총람, 다음 해 423년 태종이 죽어 즉위했다.

　태무제는 그 모주 최호의 방침에 따라, 남조와는 화평하여 화북의 통일에 힘써, 우선 혁련씨를 그 내란을 틈타 토멸(427), 이어서 동북지방의 북연(馮氏)를 무너트리고(436), 더 나아가 저거(北涼)가 있는 감숙(甘肅)의 고장(姑臧)을 빼앗아 완전히 화북을 통일하기에 이르렀다(439). 또 북변 내외 몽고쪽으로 위세를 보이며 방위를 굳게 하고, 서역제국을 입공하게 하

────────

61) 고증.에는 ずだぎょう라고 읽기를 달았는데, 이것은 현대일본어 읽기.
62) 일본에서는 ‘거지’라는 의미.

고, 남조 송(宋)으로부터도 육주(六州)를 빼앗아 북위 전성시대를 열었다.

한편 안으로는 널리 인재를 등용하고 상벌을 공명하게 하며 크게 내정을 갖추었다. 더 나아가 444년에 왕공(王公) 이하 귀족의 자기 집에 승려나 사무(師巫)를 양성하는 것을 금지하고, 이것에 반(反)하는 자는 승려는 사형, 은닉자는 일문(一門)의 주살을 명했다.

그리고 다음해 감숙에 있던 개오가 반란을 일으키고 천태왕이라고 칭하자, 그 반란에 불승(佛僧)이 관계되었다고 해서 이것을 토멸하고, 446년에 여러 주(州) 조서를 내려 사문(沙門)을 갱살(坑殺)[63]하고, 여러 불상을 부수고 장안의 불공 등의 공교 2,000가(家)의 대(代)를 바꿨다. 이것이 태무의 배불훼석이라고 하여 불교 최초의 법난이 되었다. 불도[64]는 이것을 재상 최호나 도사 구겸지의 말을 받아들여, 도교를 신봉한 결과에 의한 것이라고 하는데, 이것은 도교에 치우쳐서라기보다는, 절대군주로서 속세에 군림하는 태무제의 통일정책에 의한 것이라고 보아야 할 것이다. [참고] "위서(魏書)" 권4. "북사" 권2.

○ 【關洛】관(關)은 장안, 낙(洛)은 낙양을 가리킨다.

○ 【博陵】지금의 하북성 안평현 지방. 후한에서는 박릉군. 진(晉)에서는 박릉국. 북위의 박릉군은 "위서"(지형지2)에는 '領縣四. 戶二七八一二, 口一三五0七'이라고 보인다.

○ 【崔皓(浩)】북위의 권신. 자(字)는 백연. 청하 사람. 도무제를 모시고 이부상서가 되어, 율령을 만들고 세위묘당을 눌러 명신이라고 불렸던 최굉의 맏아들.

호(浩)는 어려서 글을 좋아하여, 경사·현상·음양·백가의 말을 두루보고, 그 의리를 익혀야 한다고 들었다. 그리고 도무제·명원제를 모시고 지위가 차츰 올라가, 마침내 군국의 대계(大計)는 일일이 호(浩)에게

---

63) 구덩이에 산 채로 넣고 묻어 죽임.
64) 불교도(佛敎徒)의 줄임말.

자문하여, 그 총애는 비할 바가 없었다. 후에 한층 더 사도에 오르고, 태무제 즉위 후에는 도사 구겸지를 추천하여 황제로 하여금 열심히 도교를 신봉하게 하여, 종래 화북에서 왕실의 보호를 받고 번성해 왔던 불교에 대하여, 엄하게 금단의 영(令)을 내리게 했다(446년). 후세 불교도는 삼무일종의 법난의 하나라고 하는데, 이것은 재상 최호의 무고(誣告)에 의한 것으로 마치 수적처럼 미워한다. 호(浩)는 또 명을 받들어 율령을 수정하고, "국사" 30권을 편찬했다. 그때 호는 부하의 권고에 의해 선대 사실(史實)을 직필[65]하여 돌에 새기고, 이것을 교단(郊壇)[66]에 세웠다. 그런데 위(魏) 사람들은 국악(國惡)을 항거하는 일 없이 크게 비난하여 황제에게 참언[67]했기 때문에, 이제까지 신뢰받았던 최호도 마침내 태무제에게 주살되었다(405년). 이때에 주살된 것은 최호뿐만 아니고. 청하의 최씨 및 혼인관계에 있는 범양의 노씨(盧氏), 태원의 곽씨(郭氏), 하동의 유씨(柳氏) 외에 그 동리 및 일족에 이르렀다. 이것은 위(魏)의 중앙집권화, 군주전제의 희생으로 보일 것이다. [참고] "위서"35, 열전 제23(최호전).

○ 【左道】본래 좌도(左道)라는 것은 올바른 도리에 어긋나는 도(道), 즉 사도(邪道)를 말한다. 인도 불교의 말기에 인간의 욕망을 긍정하여. 도교를 어지럽히는 음미비외한 종교의식을 행하는, 좌도밀교라는 것이 나타났는데, 이것은 불교에도 보여, 있는 그대로 가르침이 되었다. 그래서 타락한 종교, 있는 그대로의 가르침, 즉 사도를 좌도라고 말했다. 불교에서는 기독교를 좌도라고 했는데, 이곳의 좌도는 도교를 말한다.

○ 【僞輔】중국 남조에서는. 북조(北朝)를 정통 왕조라고 인정하지 않고. 위조(僞朝)라고 했다. 그래서 최호는 북위의 재상이었는데. 남조에서는 정

---

65) 구애받음 없이 사실 그대로 적음.
66) 성 밖, 국경에 높은 지대.
67) 거짓으로 꾸며서 남을 중상하는 말.

식 재상으로 인정하지 않고, 위보(僞輔)라고 했던 것이다.

○ 【天師寇謙之】 구겸지(寇謙之, 365-448), 자는 보진. 북위의 도사. 아버지는 전진 부견을 섬기고 동래태수가 된 구수지. 형은 북위의 남옹주(洛陽) 자사가 된 구찬지로 스스로 후한(後漢)의 명족, 상곡(하북성 회래현)의 구순지의 13대손이라고 칭했다. 그러나 난(難)에 의해 일가는 빙익만년(섬서성 장안현)으로 옮겨 살았다. 겸지는 어려서 선도(仙道)를 좋아하여 장노의 술(術)을 배우고, 후에 하남성 숭산에 들어가 수도하기를 20여 년, 신서 2년(415) 10월 을묘에. 태상노군이라는 신인(神人)으로부터. 장노의 도교를 개혁하여 장릉의 자리를 이으라고 하는 계시와. '雲中音誦新科之誡'라는 비서(祕書)를 받았다. 후에 북방 태평진군을 보좌하라고 명받았다고 하며, 424년에 태무제가 즉위하자. 국도 평성(太原) 으로 나가, 신으로부터 받은 도서(道書)를 바치고, 그 믿음을 얻었다. 그리고 평성에 천사도장을 세워 도사를 양성하며, 대도단묘를 세워 여러 주진(州鎭)의 도장을 통괄하였다. 442년에는 태무제에게 부록(符籙)[68]을 받게 하여. 도교를 국교(國敎)로 하는 데에 성공했다(황제는 이때부터 스스로 태평진군이라고 칭하고 440년에는 태평진군 원년으로 개원하고 있다).

한인관료의 주령(主領)이었던 최호는 그와 결탁하여 태평진군(태무제)을 위해 정륜궁을 구축(미완성)했다. 겸지는 그 9년(448)에 죽었지만, 태무제의 도교숭배는 불교배척의 전제가 되었다. 이렇듯이 겸지는 도교세력을 사회에 확립한 인물이며 또 도교 조직의 개혁자이었는데, '雲中音誦新科之誡'는 불교의 계율을 모방했기 때문에 이것으로 도교 의례를 제정하여 도교를 새삼 보기에 좋게 만들었다. 그러나 그의 신천사도는 그가 죽은 후 이어서 최호의 주살멸족, 태무제의 죽음으로 쇠락의 길을 걸었다. [참고] "위서" 권42 · 구찬지전 및 권114 · 석노지. "塚本善隆著作集" (제1권. 魏書釋老志硏究).

---

68) 수결(手決)이 적혀 있는 책.

○ 【…説壽. 佛教無益. 有傷民利. 勸令廢之】 "위서" 석노지에는, 구겸지는 폐불(廢佛)은 안 된다고 하며 최호와 논쟁을 했으나, 최호는 인정하지 않았다고 적고 있다. 즉

　　始謙之與浩同從車駕, 苦與浩諍. 浩不肯. 謂浩曰, 卿今促年受戮. 滅門戸矣. 後四年, 浩誅備五刑. 時年七十.

○ 【大(太)平之末】 이 태평(太平)은 태평진군을 줄인 말. 북위의 태무제(拓跋燾)는 최호에게 추천을 받은 구겸지를 천사(天師)로 하여 숭배하고, 이 태평진군의 원호는 12년(451) 6월에 정평이라고 개원하기까지 이어졌다. 태무제는 이다음 해(452) 3월에 죽임을 당했다.

○ 【元會之日】 음력 정월 초하루의 조회(朝會).

○ 【燾大生慙懼】 이 글의 앞에는 '試以天師近檻. 虎輒鳴吼. 燾始知佛化尊黄老所不能及. 云云'("양고승전" 석담시전)이 생략되어 있다. 도(燾, 太武帝)는 담시를 북원에서 사육하고 있는 호랑이에게 잡아먹히게 하려고 했는데, 호랑이는 감히 가까이하지 않았다. 그래서 시험 삼아 천사(天師, 구겸지)를 우리(檻)에 가까이 가게 했더니 호랑이는 크게 울었기 때문에, 도(燾)는 비로소 불교가 숭고하여 황노(黃老, 도교)가 미치지 못하는 것을 알고 크게 후회하며 부끄러워했다는 것이다.

○ 【諫(諫)滅二家門】 이 두 가문(家門)이라는 것은 최호와 구겸지의 두 가문을 가리키는데, 족멸(族滅)된 것은 최호뿐이다. 앞서 최호의 항목에서도 말했듯이, 폐불(廢佛, 446년)이 단행된 지 4년인 450년에 최호 및 일족이 주살된다는 극형에 처해졌다.

○ 【宜(宣)下國中. 大虯(弘)佛法】 최호가 주살되고 나서, 세조(태무제)(燾)는 여정폐불을 후회했는데, 이미 일이 진행되어 도중에 되돌리기는 어려웠다. 452년 2월에 태무제가 죽자 그 뒤를 이은 손자인 고종(文成帝)(濬)이 제위에 오르자, 조서를 내려 불교를 부흥했다.

487○ 【난타(難陁)】 마라난타(摩羅難陁)를 말한다. 앞서 나온 '難陁闢濟' 조를 참조.

석아도전(釋阿道傳)

釋阿道. 或云本天竺人. 或云從吳來. 或云自高句麗入魏, 後歸新羅. 未知
孰是. 風儀特異. 神變在奇. 恒以行化爲任. 每當開講. 天雨妙花. 始新羅訥
祇[69])王時. 有黑胡子者. 從句高麗至一善郡. 宣化有緣. 郡人毛禮. 家中作
窟室安置. 於是梁遣使賜衣著香物. 君臣不知香名及與所用. 乃遣中使賚香
遍問中外. 胡之見之稱其名目曰. 焚此則香氣芬馥. 所以達誠於神靈. 所謂
神聖不過三寶. 一曰佛陀. 二曰達磨. 三曰僧伽. 若燒此發願, 必有靈應, 時
王女病革. 王使胡子焚香表誓, 厥疾尋愈. 王甚喜. 酬贈尤厚. 胡子出見毛
禮. 以所得物贈之. 報其德焉. 因語曰. 吾有所歸請辭. 俄而不知所去. 及毘
處王時. 有阿道和尙. 與侍物三人. 亦來止毛禮家. 儀表似胡子. 住數年無
疾而化. 其侍者三人留住讀誦經律. 往々有信受奉行者焉. 然按古記. 梁大
通元年三月十一日. 阿道來至一善郡. 天地震動. 師左執金環錫杖. 右擎玉
鉢應器. 身著霞衲. 口誦花詮初到信士毛禮家. 禮出見驚愕而言曰. 曩者高
麗僧正方來入我國. 君臣怪爲不祥. 議而殺之. 又有滅垢玼[70])從彼復來. 殺
戮如前. 汝尚何求而來耶. 宜速入門. 莫令隣人得見. 引置密室. 修供不怠.
適有吳使以五香獻原宗王. 王不知所用. 遍詢國中. 使者至問法師. 師曰以
火燒而供佛也. 其後偕至京師. 王令法師見使. 使禮拜曰. 此邊國高僧何不
遠. 而王因此知佛僧可敬. 勅許斑行. 又按高得相詩史. 曰梁氏遣使曰. 元表
送沈檀及經像. 不知所爲. 좀四野. 阿道逢時指法. 相註云. 阿道再遭斬害.
神通不死. 隱毛禮家. 則梁吳之使莫辨其詳. 又阿道之跡多同黑胡子. 何哉.
然自永平至大通丁未. 凡四百十餘年. 句高麗興法已百五十餘年. 而百齋已
行一百四十餘年矣. 若按朴寅亮殊異傳. 云. 師父魏人崛摩. 母曰高道寧.
高麗人也. 崛摩奉使高麗. 私通還魏, 道寧因有身誕焉. 師生五稔有異相.
母謂曰. 偏袒[71])之子. 莫若爲僧. 師依敎. 即於是日剃髮. 十六入魏, 覲省崛

摩. 遂投玄彰和尚. 受業十九年. 歸寧於母. 母諭曰. 此國機緣未熟. 難行佛法. 惟彼新羅今雖無聲教. 爾後三十餘月有護法明王御宇. 大興佛事. 又其國京師有七法住之處. 一曰金橋天鏡林. 令興輪寺72) 二曰三川岐 今永興寺 三曰龍宮南 今皇龍寺 四曰龍宮北 今芬皇寺 五曰神遊林 今天王寺 六曰沙川尾 今靈妙寺 七曰婿請田 今曇嚴寺 此等佛法不滅前劫時伽藍墟也. 汝當歸彼土. 初傳玄旨. 爲浮屠始祖. 不亦美乎. 師既承命子之聲, 出彊而來寓新羅王闕西里 今嚴莊寺是也 時常味鄒王即位二年癸未矣. 師請行竺教. 以前所不見爲怪. 至有將殺之者. 故退隱于續村毛祿家. 今善州也. 逃害三年. 成國宮主病疾不愈. 追使四方. 求能治者. 師應募赴闕. 爲療其患. 王大喜問其所欲. 師請曰. 但刱寺於天鏡林. 吾願足矣. 王許之. 然世質民頑. 不能歸向. 乃以白屋爲寺. 後七年始有欲爲僧者. 來依受法. 毛祿之妹名史侍. 亦投爲尼. 乃於三川岐立寺曰永興. 以依住焉. 味鄒王崩後. 嗣王亦不敬浮屠. 將欲廢之. 師還續村. 自作墓入其內. 閉戶示滅. 因此聖教不行於斯盧. 厥後二百餘年. 原宗果興像教. 皆如道寧所言. 自味雛至法興凡十一王矣. 阿道出現年代前卻如是其差舛. 竝是古文不可取捨. 然若當味雛時. 已有弘宣之益. 則與順道同時明矣. 以其中廢而至梁大通乃興耳. 故竝出黑胡子元表等. 敍而觀焉.

　　贊曰. 自像教東漸. 信毀交騰. 權輿光闡. 代有其人. 若阿道. 黑胡子. 皆以無相之法身. 隱現自在. 或先. 或後. 以同異. 若捕風搏影. 不可執跡而定也. 但其先試可而後啓行. 始逃害而終成功. 則秦之利方. 漢之摩騰. 亦無以加焉. 易曰. 藏器待時. 阿道之謂矣.

---

71) 고증. 袪.
72) 고증. 그대로.

⁴⁸⁹원종흥법 염촉멸신

^{489a}原宗興法 猒髑滅身 距訥祇⁷³⁾(祇)世一百餘年

⁴⁹⁰新羅本記, 法興大王即位十四年, 小臣異次頓爲法滅身. 即蕭梁普通八年丁未, 西竺⁷⁴⁾達摩來金陵之歲也. 是年. 朗智法師亦始住靈鷲山開法, 則大敎興衰⁷⁵⁾必遠近相感一時. 於此可信. ⁴⁹¹元和中. 南澗寺沙門一念撰髑香墳禮佛結社文, 載此事甚詳. 其略曰. 昔在法興大王垂拱紫極之殿. 俯察扶桑之域. 以謂昔漢明感夢. 佛法東流. 寡人自登位. 願爲蒼生欲造修福滅罪之處. 於是朝臣^a_{鄕傳云工目謁恭等} 未測深意, 唯遵理國之大義, 不從建寺之神略. 大王嘆曰, 於戲, 寡人以不德丕承大業, 上虧陰陽之(造)化, 下無黎庶之歡, 萬機之暇. 留心釋風, 誰與爲伴. 粤有內養者. 姓朴字猒髑. ^b_{或作異次, 或云伊處, 方音之別也. 譯云猒也. 髑·頓·道·覩·獨等皆隨書者之便, 乃助辭也. 今譯上不譯下, 故云猒髑, 又猒覩等也.} 其父未詳, 祖阿珍(珍)宗郞.⁷⁶⁾ 即⁷⁷⁾習寶葛文王

---

73) 고증. 祇(祇).

74) 고증. 竺.

75) 고증. 衰(衰).

之子也. ^c<small>新羅官爵凡78)十七級, 其第四曰波珍湌,79) 亦云阿珍喰80)也. 宗其名也, 習寶亦名也. 羅人</small>

<small>凡81)追封王者, 皆稱葛文王. 其實史臣亦云未詳. 又按金用行撰阿道碑, 舍人時年二十六, 父吉升, 祖功</small>

<small>漢, 曾祖乞解大王.</small> 挺竹栢而爲質. 抱水鏡而爲志, 積善曾孫. 望宮內之爪82)牙,

聖朝忠臣. 企河淸之登侍. 時年二十二當充舍人. 當充舍人.83) ^d<small>羅爵有大舍·</small>

<small>小舍等, 盖下士之秩.</small> 瞻仰龍顔知情擊目. 奏云, 臣聞. 古人問84)策蒭蕘, 願以危

罪啓諮. 王曰. 非爾所爲. 舍人曰 爲國亡身. 臣之大節, 爲君盡命. 民之直

義, 以謬傳辭. 刑臣斬首, 則萬民咸伏. 不敢違敎. 王曰. 解肉枰軀. 將贖

一鳥, 洒血摧命. 自怜七獸. 朕意利人, 何殺無罪. 汝雖作功德. 不如避罪.

舍人曰. 一切難捨. 不過身命. 然小臣夕死. 大敎朝行, 佛日再中. 聖主長

安. 王曰鸞鳳之子幻有凌霄之心, 鴻鵠之兒. 生懷截波之勢, 爾得如是. 可

謂大士之行乎. 於焉大王權整威儀, 風刀東西. 霜仗南北, 以召群85)臣. 乃

問, 卿等於我. 欲造精舍. 故作留難. ^e<small>鄕傳云, 髑爲以王命傳下興86)工創寺之意, 羣臣來</small>

<small>諫.87)</small> 王乃責怒於髑, 刑以僞傳王命. 於是羣臣戰戰兢懼. 偬侗作誓. 指手東西. 王

喚舍人而詰之, 舍人失色. 無辭以對. 大王忿怒. 勅令斬之, 有司縛到衙

下. 舍人作誓, 獄吏斬之, 白乳湧出一丈. ^f<small>鄕傳云, 舍人誓曰, 大聖法王. 欲興88)佛敎,</small>

---

76) DB. '郞'이 빠졌다.

77) 고증. '卽'이 없다. '郞'과 교차?

78) 고증. 凡.

79) 고증. '波珍喰(湌)', DB. '波珍喰'.

80) 고증. '阿珍喰(湌)'.

81) 고증. 凡.

82) 고증. 瓜(爪).

83) DB. 누락.

84) 고증. 間.

85) 고증. 郡(群).

86) DB. 罖.

87) DB. 동(諫).

88) 고증. 흥(興).

不顧身命. 多却結緣, 天垂瑞祥. 遍示人庶.89) 於是其頭飛出. 落於金剛山頂云云. 天四黯黪. 斜景爲之晦明, 地六震動. 雨花爲之飄落. 聖人哀戚. 沾悲淚於龍衣, 冢宰憂傷. 流輕汗於蟬冕. 甘泉忽渴. 魚鼈爭躍, 直木先折. 猿猱群鳴. 春宮連鑣90)之侶. 泣血相顧, 月庭交袖之朋. 斷腸惜別. 望柩聞聲. 如喪考妣. 咸謂子推割股. 未足比其苦節, 弘演剖腹. 詎能方其壯烈. 此乃扶丹墀之信力. 咸阿道之本心. 聖者也. 遂乃葬北山之西嶺. ᵍ即金剛山也. 傳云. 頭飛落處. 因葬其地, 今不言, 何也. 內人哀之. 卜勝地造蘭若, 名曰刺楸寺. 於是家家作禮. 必獲世榮, 人人行道. 當曉法利. ⁴⁹²眞興大王即位五年甲子, 造大興輪寺. ᵃ按國史與鄕傳, 實法興王91)十四年丁未. 始開, 二十一年乙卯92)大伐天鏡林始興工, 梁棟之材. 皆於其林中取足, 而階礎石龕皆有之. 至眞興王五年甲子, 寺成. 故云甲子. 僧傳云七年, 誤. 大(太)⁴⁹³清之初梁使沈湖將舍利, 天壽(嘉)93)六年. 陳使劉思幷僧明觀奉內經幷次. 寺寺星張. 塔塔鴈行. 竪法幢. 懸梵鏡(鐘),94) 龍象釋徒. 爲寶中之福田, 大小乘法. 爲京國之慈雲. 他方菩薩. 出現於世ᵃ謂芬皇之陳那, 浮石寶盖, 以至洛山五臺等是也. 西域名僧. 降臨於境, 由是幷三韓而爲邦, 掩四海而爲家. 故書德名於天鋃(鎭)95)之樹, 影神迹於星河之水, 豈非三聖威之所致也. ᵇ謂我道·法興·猒髑也. 降有國統惠隆·法主孝圓·金相郎·大統鹿風·大書省眞·波珍喰96)金嶷等. 建舊塋. 樹豊碑. 元和十二年丁酉八月五日, 即第四十一憲德大王九年也. ⁴⁹⁴興輪寺永秀禪師ᵃ于時瑜伽諸德皆稱禪師 結湊斯塚禮佛之香

---

89) DB. 庶. 서(庶)의 이체자(異體字)? 전적 근거설명이 필요.
90) DB. 오(鑣), '무찌르다'는 뜻. 고증. 표(鑣), '재갈, 성한 모양'이라는 뜻. 검열(檢閱) 필요.
91) DB. '実法與王'.
92) DB. '夘' 묘(卯)의 이체자.
93) 고증. 壽(嘉)'.
94) DB. '경(鏡)'만 있고 교감(校勘) 없음.
95) DB. '패(鎭)'만 있고 교감(校勘) 없음.
96) 고증. '波珍喰(湌)'.

徒, 每月五日. 爲魂之妙願. 營壇作梵. 又鄕傳云, 鄕老每當忌旦, 設社會 於興輪寺. 則今月初五. 乃舍人捐軀順法之晨也. 嗚呼, 無是君. 無是臣. 無是臣. 無是功[97] 可謂劉葛魚水, 雲龍感會之美[98]歟. **495**法興王旣擧廢. 立寺, 寺成. 謝冕旒. 披方袍, 施宮戚爲寺隷. [a]寺隷至今稱王孫. 後至太宗王時. 宰輔 金良圖信向佛法. 有二女. 曰花寶・蓮寶. 捨身爲此寺婢. 又以逆臣毛尺之族. 没寺爲隷, 二族之裔至今不 絶. 主住其寺. 躬任弘化. 眞興乃繼德重聖. 承袞職處九五. 威率百僚. 號令 畢備, 因賜額大王興輪寺. 前王姓金氏, 出家法雲, 字法空. [b]僧傳與諸說. 亦以王 妃出家名法雲, 又眞興王爲法雲, 又以爲眞興之妃名法雲, 頗多疑混. 冊府元龜云, 姓募, 名秦 (恭).[99] **496**初興役之乙邜(卯)[100]歲王妃亦創永興寺, 慕史氏之遺風. 同王 落彩爲尼. 名妙法, 亦住永興寺, 有年而終. 國史云 建福三十一年. 永興寺 塑像自壞, 未幾眞興王妃比丘尼卒. 按眞興乃法興之姪子, 妃思刀夫人朴 氏. 牟梁里英失角干之女. 亦出家爲尼. 而非永興寺之創主也. 則恐眞字 當作法. 謂法興之妃巴刁夫人爲尼者之卒也, 乃創寺立像之主故也. 二興 捨位出家. 史不書. 非經世之訓也. 又於大通元年丁未, 爲梁帝創寺於熊 川州. 名大通寺. [a]熊川即公州也, 時屬新羅故也. 然恐非丁未也. 乃中大通元年己酉歲所創也. 始 創興輪之丁未, 未暇及於他郡立寺也. **497**讚曰. 聖智從來萬世謀, 區區興議謾秋毫, 法輪解逐金輪轉, 舜日方將佛日高. 右原宗. 徇義輕生已足驚, 天花白乳 更多情, 俄然一釖身亡後, 院院鍾聲動帝京. 右猒髑.

---
97) DB. 切.
98) 고증. 美. DB. 교감 없다.
99) 고증. 秦(恭). DB. 𥠻, '秦'의 이체자(異體字)?
100) 고증. 邜(卯). 석(邜)은 '돌아눕다'는 뜻. DB. 邜. 묘(卯)의 이체자.

489원종흥법(原宗興法) 눌지왕 때와 1백여 년간 떨어졌다. 염촉멸신(厭髑滅身)

490신라본기에 이르기를, "법흥대왕 즉위 14년에 소신 이차돈이 불법을 위하여 제 몸을 없앴다."고 하였으니, 바로 소량 무제 때, 보통 8년 정미(527년)로 서천축의 달마가 금릉에 왔던 해이다. 또 이해에 낭지 법사가 역시 처음으로 영취산에서 불법을 열었으니, 대교의 흥하고 쇠하는 것은 반드시 원근이 동시에 서로 감응한다는 것을 여기서 믿을 수 있다.

491원화 연간에 남간사의 사문 일념이 염촉에 대하여, '향분예불결사문'이라는 글을 지었는데, 원종흥법의 사정을 매우 자세히 실었다. 그 대략은 다음과 같다.

옛날 법흥대왕이 태평 시대, 자극전(紫極之殿)에서 즉위하고 백성을 잘 다스렸는데, 동방(扶桑)의 땅을 굽어 살펴보고 말씀하시기를, "옛적 한(漢)나라 명제(明)가 꿈에 감응 받아 불법이 동쪽으로 흘러왔다. 과인은 즉위하면서부터 창생(蒼生)을 위하여 복을 닦고 죄를 없앨 곳을 만들려고 염원해 왔다."고 하였다. 이에 조신(朝臣)ᵃ향전(鄉傳)에는 공목(工目), 알공(謁恭) 등이라 한다.들은, 왕의 깊은 뜻을 헤아리지 못하고, 다만 나라를 다스리는 대의만을 따랐을 뿐, 절을 세우겠다는 신성한 계획에는 생각이 미치지 않았다. 대왕은 이것을 탄식하면서 말하기를, "아아, 과인은 덕이 없이 왕업을 계승했으나, 위로는 음양의 조화를 훼손하고, 아래로는 백성들의 즐거움이 없으므로 정사를 보는 한편 석가의 가르침에 따라 마음을 불도(釋風)에 두고 있지만, 도대체 누구와 함께 동반할 것인가?"라고 하였다.

이때 수행한 자가 있어 성은 박(朴), 자는 염촉이라고 했다. ᵇ염촉이라는 이름은 혹은 이차(異次)라고 하고, 혹은 이처(伊處)라고도 하니, 방언의 음이 다르기 때문이다.

번역하면 염(厭)이 된다. 촉(髑), 돈(頓), 도(道), 도(覩), 독(獨) 등은 모두 글 쓰는 사람의 편의에 따른 것으로, 곧 조사(助辭)이다. 이제 위의 글자만 번역하고 아래 글자는 번역하지 않았으므로 염촉(厭髑) 또는 염도(厭覩) 등이라고 한 것이다. 그의 아버지는 자세하지 않으나, 할아버지는 아진 종(宗)으로, 곧 습보갈문왕의 아들이다. [c]신라의 관작은 모두 17등급인데, 그 네 번째는 파진찬 또는 아진찬이라고도 한다. 종은 그 이름이고, 습보도 이름이다. 신라인으로 죽어서는 대체로 모두 갈문왕이라고 했는데, 그 이름의 실체에 대해서는 사신(史臣)도 역시 자세히 모른다고 하였다. 또 김용행이 지은 아도비를 살펴보면, 사인(舍人)은 그때 나이가 스물여섯 살이며, 아버지는 길승, 할아버지는 공한, 증조부는 걸해대왕이라고 하였다. (그는) 죽백처럼 (곧은) 자질을 드러내고, 수경처럼 (맑은) 뜻을 품었으며, 선행을 증손을 위하여 쌓고, 조정의 중심(爪牙)으로 촉망되고, 성조의 충신으로 태평성대(河淸)의 관직에 오르기를 바랐다. 그때 나이 스물두 살로 사인(舍人)[d]신라 관작에 대사, 소사 등이 있었는데, 대개 하사의 등급이다.의 자리에 있었다. 용안을 우러러보고 (왕의) 불법을 일으키려는 뜻을 눈치 채고 아뢰기를, "옛사람은 어찌하면 좋을지 망설일 때는, 그 계책을 비천한 사람에게도 물었다고 하니, 설령 중죄가 될지라도 (대왕의 뜻을) 여쭙기를 원합니다."고 하였다. 왕이 말하기를, "네가 알 바가 아니다."고 하였다. 사인이 말하기를, "나라를 위하여 몸을 희생하는 것은 신하의 큰 절개이며, 임금을 위하여 목숨을 바치는 것은 백성의 바른 의리입니다. 사령을 그릇되게 전했다고 하여 신을 형벌하여 머리를 벤다면 만민이 모두 복종하여 감히 지시를 어기지 못할 것입니다."고 하였다. 왕이 말하기를, "매에게 쫓기는 지빠귀를 구하려고 시비왕이 자신의 살을 잘라 매에게 줬다고 하는 고사와 같이, 왕(王)인 자신은 피를 뿌려 목숨을 잃는다고 해도, 일곱 짐승을 가련하게 보려고 한다. 짐은 사람들의 행복을 위하여 마음을 쓰고 있는데, 어찌 죄도 없는 자를 죽

일 수 있을까.101) 네가 비록 공덕을 짓는다고 할지라도 죄를 피하는
것만 못할 것이다."고 하였다. 그런데 사인이 말하기를, "모든 것이
버리기 어렵지만 목숨보다 더한 것이 없습니다.102) 그러나 소신이 저
녁에 죽어 아침에 대교(불교)가 행해진다면, 불법의 은혜가 널리 퍼
져103) 성주(聖主)께서는 길이 편안하실 것입니다."고 하였다. 왕이 말
하기를, "난새와 봉새의 새끼는 어려서도 하늘을 뚫을 듯한 마음이 있
고, 기러기와 따오기의 새끼는 나면서부터 바다를 건널 기세를 품었
다고 하더니, 네가 이와 같구나(불법 융성을 위하여 목숨을 걸고 있구나).
가히 대사의 행동이라고 할 만하다."고 하였다. 이에 대왕은 근엄하
게 위의를 갖춰104) 동서로는 풍도, 남북으로는 상장을 지배한다는 무
시무시한 자리에 여러 신하들을 불러 묻기를,105) "그대들은 내가 정
사를 지으려고 하는데 고의로 지체시키는가?" **ᵉ**향전에 이르기를, 염촉이 왕명
이라고 하면서 공사를 일으켜 절을 창건한다는 뜻을 전했더니 여러 신하들이 와서 중지하도록 간
하였다.106) 왕은 이에 노하여 염촉을 책망하고, 왕명을 거짓으로 꾸며 전하였다고 하여 형벌을 가
하였다."고 하였다라고 하였다.

이에 여러 신하들이 전전긍긍하며 황급히 맹서하고 손가락으로 동
서를 가리켰다. 왕이 사인을 불러 힐문하니, 사인은 얼굴빛이 변하면

---

101) DB. "살을 베어 저울에 달더라도 한 마리 새를 살리려고 했고, 피를 뿌리고 목숨을 끊어서
　　라도 일곱 마리의 짐승을 스스로 불쌍히 여겼다. 나의 뜻은 사람을 이롭게 하려는 것인데,
　　어찌 죄 없는 사람을 죽이겠느냐?"
102) DB. "모든 것이 버리기 어렵지만 제 목숨보다 더한 것이 없습니다."
103) DB. "불일(佛日)이 다시 중천에 오르고".
104) DB. "이에 대왕은 일부러 위의를 갖춰 …."
105) DB. "바람 같은 조두(風刁)를 동서로 늘리고 서릿발 같은 무기를 남북에 벌여 놓고 여러 신
　　하들을 불러 묻기를…."
106) DB. '여러 신하들이 와서 간하였다.'

서 대답할 말이 없었다. 대왕이 분노하여 그의 목을 베라고 명령하니 유사가 (그를) 묶어 관아로 끌고 왔다. 사인이 발원하고 옥리가 목을 베니 흰 젖이 한 길이나 솟아올랐다. ᵗ향전에는 사인이 맹세하기를, "대성법왕(大聖法王, 법흥왕)께서 불교를 일으키려고 하므로, (저는) 신명을 돌보지 않고 인연을 모두 버리니, 하늘에서는 상서를 내려 사람들에게 두루 보여 주소서."라고 하니, 이에 그의 머리가 날아가서 금강산(金剛山) 꼭대기에 떨어졌다고 하였다.

하늘은 사방이 침침해지고 사양이 빛을 감추고, 땅이 진동하고 이 때문에 피었던 꽃잎이 바람에 날려 지고 말았다.¹⁰⁷⁾ 성왕(聖人, 법흥왕)은 그의 죽음을 슬퍼하여 눈물이 곤룡포를 적시고, 재상은 근심하여 조관에까지 땀이 흘렀다. 샘물이 갑자기 마르매 물고기¹⁰⁸⁾와 자라가 다투어 뛰고, 곧은 나무가 먼저 부러지니 원숭이가 떼를 지어 울었다. 춘궁에서 말고삐를 나란히 했던 친구들은 피눈물을 흘리며 서로 돌아보고, 월정에서 소매를 맞잡던 친구들은 창자가 끊어지듯 이별을 애석해 하였다. 상여를 바라보며 장송곡을 듣는 이들은 마치 부모를 잃은 듯하였다. 춘추시대 진(晉)의 중이(文公)가 망명하여 타향에서 방랑할 때, 그를 따르던 개자추가 다리 살을 베어 중이에게 먹였다는 이야기가 세간에 알려져 있다. 또 춘추시대 위(衛) 사람이었던 홍연이 스스로 배를 갈라 주군이었던 의공의 간을 배 속에 넣고 죽었다는 고사조차도 어찌 이차돈의 장렬함에 견주랴. 이차돈의 죽음은 법흥왕정의 불교융성과 신앙으로 고조시키는 것으로서, 모든 것은 아도의 본심으로 통하는 것으로, 이차돈은 분명히 성자에 어울리는 인물이었

---

107) DB. '땅이 진동하면서 꽃비가 내렸다.'
108) DB. '고기'.

던 것이다.[109] 서둘러 이차돈은 북산의 서쪽 고개에 장사를 치렀다. ^g그

땅은 즉, 금강산이다. 전(傳)에서는 이차돈의 머리가 날아가 떨어진 곳이기 때문에 그곳에 장사 지

냈다고 한다. 지금은 그 말이 전해지지 않는 것은 무슨 까닭인가?[110] 나인들은 이를 슬퍼

하여 좋은 터를 잡아서 난야를 짓고, 이름을 자추사라고 하였다. 이에

집집마다 이 자추사에 예를 하고 공양에 힘쓰면 반드시 대대로 영화

를 얻고, 사람마다 도를 닦으면 마땅히 법리를 깨닫게 되었다.[111]

482진흥대왕 즉위 5년 갑자에 대흥륜사를 지었다. ^a"국사"와 향전에 의하

면, 실은 법흥왕 14년 정미(527년)에 터를 잡고, 21년 을묘(535년)에 천경림을 크게 벌채하여 처음

으로 공사를 일으키고, 서까래와 대들보를 모두 그 숲에서 취해 쓰기에 넉넉했고, 계단의 초석이나

석감도 모두 있었다. 진흥왕 5년 갑자(544년)에 절이 낙성되었으므로 갑자라고 한 것이다. "승전"

에 7년이라고 한 것은 잘못이다.

493태청 초년(547년)에 양(梁)나라 사신 심호가, 이 절에 사리를 가

져왔다. 천가 6년(565년)에는 진(陳)나라 사신 유사가 승 명관과 함께

내경을 봉납했고, 그 후 이 절에 머물렀다. 절과 절들은 별처럼 벌여

있고, 탑과 탑들은 하늘을 날아가는 기러기 행렬인 양 늘어섰다. 법당

(절의 의식에 쓰는 기모)을 세우고 범종을 매어 다니, 용상 같은 덕행을

쌓은 승려의 무리가 세상의 복전이 되고, 대소승을 막론하고 불법은

서울이든 지방이든 구름같이 퍼졌으며,[112] 또 불국토로부터는 보살

---

109) 고증. 모두들 말하기를, "개자추(子推)가 다리 살을 벤 것도 이 고절(苦節)에 비할 수 없고,
홍연(弘演)이 배를 가른 일인들 어찌 이 장렬함에 견주랴. 이는 임금님(丹墀)의 신앙력을 붙
들어 아도(阿道)의 불심을 이룬 성자(聖者)다."고 하였다.

110) DB. '드디어 북산의 서쪽 고개 즉, 금강산이다. 전(傳)에서는 머리가 날아가 떨어진 곳에
장사 지냈다고 하였는데, 여기에 밝히지 않은 것은 무슨 까닭인지?'

111) DB. '이에 집집마다 예를 하면 반드시 대대로 영화를 얻고, 사람마다 도를 닦으면 마땅히
불법의 이익을 깨닫게 되었다.' 고증. '법리(法利)'. 불법의 진리를 깨닫게 되었다고 보아야
할 것이므로 법리(法利)는 법리(法理)로 보는 것이 마땅할 것이다.

이 이 세상에 출현하는 모양이었다. ^a생각해 보면 분황사(芬皇寺)의 진나(陳那)와 부석(浮石)의 보개(寶蓋), 그러니까 낙산(洛山)과 오대산(五臺)에 나타났다는 것은 보살의 출현이라고도 할 수 있다. 서역의 명승들이 신라로 옮겼다. 이러하므로 신라는 삼한을 병합하여 한 나라가 되고, 온 세상을 합하여 한 집안을 만들었다. 이 때문에 덕행이 있는 승려의 이름을 천구의 나무에 새기고, 그들의 뛰어난 기적의 수는 은하수 물에 그림자로 남길 정도였다. (이) 어찌 세 성인의 위덕으로 이룬 것이 아니랴. ^b세 성인은 아도, 법흥, 염촉(이차돈)을 말한다. 훗날 국통 혜륭, 법주 효원과 김상랑, 대통 녹풍, 대서성의 진노, 파진찬 김의 등이 이차돈의 옛 무덤을 수축하고 또 훌륭한 큰 비를 세웠다. (이때가) 원화 12년 정유(817년) 8월 5일, 즉 제41대 헌덕대왕 9년이었다.

⁴⁹⁴흥륜사의 영수선사(永秀禪師)^a이때는 유가(瑜伽)의 제덕(諸德)을, 모두 선사라고 불렀다.가 이 무덤에 예불하는 향도를 모아서 매달 5일에 혼의 묘원을 위해 단을 모으고 범패를 불렀다.

또 향전에는 "향로들이 항상 그가 돌아간 날이 되면 사(社)를 만들어 흥륜사에서 모였다. 즉 이달 초닷새는 사인(이차돈)이 몸을 바쳐 불법에 귀순하던 날이다. 아아! 이러한 임금이 없었으면 이러한 신하가 없었을 것이고, 이러한 신하가 없으면 이러한 공덕이 없었을 것이다. 유비(劉)와 제갈량(葛)이 물과 고기 같았던 것과 같고 구름과 용이 서로 감응한 아름다운 일이라고 하겠다."라고 전하고 있다.

⁴⁹⁵법흥왕이 이미 폐지된 (불교를) 일으켜 절을 세우고, 절이 완성되자, 왕의 면류관을 벗고 가사를 입었으며, 궁중의 친척들을 내놓아 절

---

112) 고증. 대소승(大小乘)의 불법이 서울의 자비로운 구름이 되었다.

의 종으로 삼았다. ^a사예(寺隸, 절의 종)는 지금까지도 왕손이라고 한다. 그후 태종왕(太宗王) 때 재상 김양도(金良圖)가 불법을 믿었다. (그에게는) 두 딸이 있어 화보(花寶)와 연보(蓮寶)라고 했는데, 사신(捨身)하여 이 절의 종이 되었다. 또 역신(逆臣) 모척(毛尺)의 가족을 (이) 절의 노예로 삼았는데, (이) 두 가족의 후손이 지금까지 끊어지지 않았다. 법흥왕은 그 절의 주지가 되어 몸소 불교를 널리 폈다. 진흥왕이 (그의) 덕행을 이은 성군이었기에, 왕위를 이어 임금의 자리에 처하여 위엄으로 백관을 통솔하니, 호령이 다 갖추어졌으므로 대왕흥륜사로 사액¹¹³⁾하였다. 전왕(前王)인 법흥의 성은 김(金)씨인데, 출가하여 법운이라고 했고, 자는 법공이다. ^b"승전"과 여러 설에서는 역시 왕비도 출가하여 이름을 법운이라고 하였고, 또 진흥왕도 법운이라고 했고,¹¹⁴⁾ 진흥왕의 비도 법운이라고 했다고 하니 의심스럽고 혼동된 것이 매우 많다.

"책부원구"에는 "(법흥왕의) 성은 모(募)이고, 이름은 진(秦)이라고 하였다.

⁴⁹⁶처음 역사를 일으켰던 을묘년(법흥왕 22년)에, 왕비도 또한 영흥사(永興寺)를 세우고, 사씨(史氏, 毛祿의 여동생)의 유풍을 사모하여 왕과 함께 머리를 깎고 여승이 되어, 법명을 묘법이라고 하고, 그대로 영흥사에 살면서 몇 해를 거듭하다가 세상을 떠났다."고 하였다.

"국사"에는 "건복 31년에 영흥사의 소상¹¹⁵⁾이 저절로 무너지더니, 얼마 후 진흥왕비인 비구니가 죽었다."고 하였다. 그러나 살펴보면, 진흥왕은 법흥왕의 조카이고, (그의) 비는 사도부인 박씨(思刀夫人朴氏)이니, 모량리 영실 각간의 딸이다. 역시 출가하여 비구니가 되었지만 영흥사의 창건주는 아니다. 그렇다면 아마도 진(眞) 자를 법(法) 자로

---

113) 임금이 사원, 서원(書院) 등에 이름을 지어 편액(扁額)을 내리던 일.
114) 고증. '또 진흥왕도 법운이라고 했고'라는 말이 없다.
115) 찰흙으로 만든 인물.

써야 할 것 같다. (이는) 법흥왕의 비 파조부인이 여승이 되었다가 (영흥사에서) 죽은 것을 말하니, (그가) 곧 절을 짓고 불상을 세운 주인이기 때문이다. 법흥과 진흥 두 왕이 왕위를 버리고 출가한 것을 역사에 쓰지 않고 있다. 이것은 왕이면서 출가를 한다는 것은 세상을 다스리는 자에게 있는 교훈에는 들어 있지 않기 때문일 것이다.[116]

또 대통 원년(527) 정미에는 양제를 위하여 웅천주에 절을 짓고 이름을 대통사라고 하였다.[a]웅천(熊川)은 곧 공주(公州)인데, 당시는 신라에 속하였기 때문이다. 그러나 아마도 정미년은 아닌 것 같다. 곧 중대통(中大通) 원년 기유(己酉)(529)년에 세운 것으로 보인다. 흥륜사를 처음 세우던 정미년(527)에는 미처 다른 곳에 절을 세울 겨를이 없었을 것이기 때문이다.

497찬하여 말한다.

거룩한 지혜는 만세를 꾀하나니
구구한 여론은 가을날 터럭 같은 것일 뿐
법륜이 금륜을 쫓아 구르니
태평세월에 불일(佛日)은 빛나도다.
이것은 원종을 (위한 찬이다.)[117]
의를 쫓아 죽는 일 이미 놀라울 만한데
하늘 꽃(雪) 내리고 솟아오르는 흰 젖은 더욱 감화한다.
갑작스런 한 번의 칼날, 몸을 다한 뒤로
절마다 종소리 서울을 흔든다.
이것은 염촉을 (위한 찬이다.)[118]

---

116) DB. '법흥과 진흥 두 왕이 왕위를 버리고 출가한 것을 역사에 쓰지 않은 것은 세상을 다스리는 교훈이 아니기 때문이었을까?'
117) 고증. 없다.

489○【原宗(宗)興法】원종(原宗)은 신라 23대 흥법왕의 휘(諱). 고증 상권
'왕력' 제23법흥왕 조(177면) 및 권제1 '진흥왕' 조 주해 198의 '법흥왕'의
항목 참조.

불교가 신라에 퍼진 것은 이미 앞서 보인 '아도기라' 조에서 말했기 때
문에, 여기에서는 오직 법흥왕이 이차순 순교의 희생을 거쳐 불교를 공인
하고, 더 나아가 불법을 일으킨 것(흥법) 등에 대해서는 적은 것이다.

489a○【距訥祇(祇)世一百餘年】눌지(訥祇)는 신라 제19대 왕(재위 417-
458) 고증 상권 '왕력' 제19 눌지마립간 조(144면) 및 권제1 '나물왕 김제
상' 조의 주해 176의 '눌지왕' 항목, '제18 실성왕' 조를 참조.

다음으로 불교가 고구려에서 신라로 퍼진 것은, 눌지마립간 시대가 되
기 때문에, 법흥왕의 공인(527년)까지는 백여 년이 된다.

489○【猒(猒)髑滅身】염촉(猒髑)이 순교했다고 하는 것. 뒤에 나오는 본문
에는 염촉은 '성은 박(朴), 자는 염촉'이라고 있으며, 나아가 염촉에 주를
달고 '혹은 이차(異次)라고 하고 혹은 이처(伊處)라고도 하는데, [異次·
伊處]는 방음의 차이이므로, 한역하면 염(猒)이다.'라고 되어 있다. 이것
은 異次·伊處의 원래 이름은 '이치'로, 염(猒)의 옛 훈 '이치'와 통하기 때
문이다. 또 촉(髑)에 주를 달고 '촉(髑)은 頓·道·覩·獨 등으로 적는데,
이것은 쓰는 자의 편의에 따라 적은 것이다. 즉 조사이다. 그리고 위를
번역하고 아래를 번역하지 않으므로, 염촉(猒髑) 또는 염도(猒覩)가 되는
것이다.'라고. 그러나 양주동에 의하면 이차돈은 원래 '선자(善者)'의 뜻
이라고("고가연구" 1956).

불교전래에서 공인에 이르는 기록은 이미 보았던 '유', '아도기라' 조 및
본조와 '나기' 법흥왕 15년(528) 조 등에 보인다. 그리고 '나기'에 기재된
기록의 상단은 이미 인용하지 않은 법흥왕대와 관계되는 것을 이하 참고
로 게재한다.

---

118) 고증. 없다.

至是王(法興王). 亦欲興佛敎. 群臣不信. 喋々騰口舌. 王難之. 近臣異次頓(或云處道). 奏曰請斬小臣. 以定衆議. 王曰. 本欲興道. 而殺不辜非也. 答曰. 若道之得行. 臣雖死無憾. 王於是召群臣問之. 僉曰. 今見僧徒. 童頭異服. 議論奇詭. 而非常道. 今若縱之. 恐有後悔. 臣等雖即重罪. 不敢奉詔. 異次頓獨曰. 今群臣之言非也. 夫有非常人. 然後有非常之事. 今聞佛敎淵奥. 恐不可下信. 王曰. 衆人之言. 牢不可破. 汝獨異言. 不能兩從. 遂下吏將誅之. 異次頓臨死曰. 我爲法就刑. 佛若有神. 吾死必有異事. 及斬之. 血從斷處湧. 色白如乳. 衆怪之. 不復非毁佛事(末松保和는 '傳説1-8'로 하고 있다).

신라불교 전래 사상(史上), 아도, 법흥왕, 이차돈은 3성(聖)이라고 한다. 스에마쓰는 이차돈 순교가 신라불교의 기원 전설에 들어간 것은 시간적으로 새로운 것이겠지만, 전설의 성립은 적어도 7세기 말부터 8세기 초에 걸칠 때(김대문의 "계림잡전" 편찬시대) 이전이라는 것은 '전설1의(イ)'에 의해서 분명하다고 적고 있다.

덧붙여

전설1은 '나기' 법흥왕 15년기(紀)(3단 イ, ㅁ, ハ).

전설2는 촉향분례불교결문.

전설3은 향전.

전설4는 경주백률사석당기.

이다.

490○ 【新羅本記】 이것은 현행의 '사'가 아니고, 고려초기에 찬술된 "구삼국사(舊三國史)"로 보인다. 또한 田中俊明 "삼국사기"와 "구삼국사"("조선학보 제83집)를 참조.

○ 【法興大王即位十四年, 小臣異次頓爲法滅身. 即蕭梁普通八年丁未 云云】
신라에서 불교가 시작(공인)된 해를 '사'에서는 법흥왕 15년(528)으로 하고 있는데, 이곳에 인용된 구삼국사는 법흥왕 14년·양(梁)의 보통 8년(527)으로 하여 1년의 차이가 있다. 지금 '사'를 보면, '나기' 법흥왕 4년 조에 '夏四月, 始置兵部'라는 것을 '職官志'에는 '兵部. 令一人. 法興王三年始置'라고 되어 있어 1년의 차이가 있다. 또 '나기' 법흥왕 12년 조에, '春二月. 以大阿湌伊登. 爲沙伐州軍主.'라는 것이, '지리지'에 '尙州. 沾解

王時. 取沙伐國爲州. 法興王十一年. 梁普通六年. 初置軍主. 爲上州'라고 있어, 1년의 차이가 있다. 이것은 '사' 편수 때에 기년칭원법의 개정에 따라 일어난 잘못이라고 생각된다. '나기' 법흥왕기 가운데의 기사 기년과 '사'의 지(志)와 완전히 일치하는 것도 있지만, 법흥왕 15년을 불교 시작(공인)의 해라고 하는 '나기'의 기년은 본래는 14년이라고 해야 하는 것은 다음의 사료 등으로도 뒷받침될 것이다.

(1) 鳳嵓寺智證大師寂照塔碑(新羅景明王八年, 924, 崔致遠撰)["조선금석총람(상)" 89면]에

昔當東表鼎峙之秋, 有百濟蘇塗之儀, 若甘泉金人祀, 厥後西晉曇始于貊, 後攝𢃣東入句麗, 阿度度于我, 如康會南行, 時酒梁菩薩帝友同泰一春, 我法興王剗律條八載也.

라고 있는데, 이 글에 의하면 아도가 신라에 들어온 것은, 법흥왕이 율령을 단행하고 나서 8년째에 해당한다고 하는 것이다. '나기'에 의하면 법흥왕 7년 조에는 '春正月頒示津令. 始制百官公服·朱紫之秩'이 있으며, 이 해를 기준으로 헤아리면 제8년째는 왕의 즉위 14년이 된다. 이 불교시행의 기년(紀年)을 법흥왕 14년 정미(丁未)라고 하는 것은, 다음의 고려에서도 기억이 되고 전승되었다. 즉,

(2) 高麗靈通寺大覺國師碑(고려 인종 3년, 1125년, 김부식 찬)에

佛法以梁大通元年丁未,肇入新羅.("조선금석총람(상)" 320면)

이 있고,

(3) 高麗寧國寺圓覺國師碑(고려명종 10년, 1180, 한문준 찬)에

(上缺) 梁大通元年, 肇入新羅.(大東金石書)

라고 있고,

(4) "해동고승전" 잔권(고려 고종 2년, 1215, 승 각훈 찬)의 서문에

新羅第二十三法興王踐祚·梁大通元年丁未三月十一日. 阿道來止一善縣. 因信士毛禮隱焉.

또 같은 책의 아도 조에서는

按古記. 梁大通元年三月十一日. 阿道來止一善縣. 天地震動. 師左執金
環錫杖. 右擊玉鉢應器. 身著霞衲. 口誦花詮. 初到信士毛禮家.

라고 있고,

(5) "졸고천백"(고려 최해 찬) 권1의 '送僧禪智遊金剛山序'(天曆己巳,
1329, 三月甲申作)에는

夫佛教東洋. 始於漢明永平八年乙丑. 而行東國. 又梁武大通元年丁未
(前田家尊經閣叢刊本)

라고 있다.

[참고] 末松保和 '新羅佛教肇行の紀年'("新羅史の諸問題" 수록).

○ 【蕭梁】 중국 남조의 양(梁, 502-557)을 말한다. 제실의 동족으로 옹주자
사로서 양양에 지냈던 소연이, 남제 말 혼란기에 실권을 잡고, 502년에
화제의 이양을 받아 양조(梁朝)를 창건했다. 이것을 양 무제라고 한다.
무제의 치세는 48년에 이르렀고 내정은 갖추어지고 문운(文運)은 번성했
으며, 불교는 특히 융성하였고 대외관계도 비교적 평온하여, 반세기 가까
이 태평을 구가하여 남조전성기를 출현시켰다. 그러나 무제 말년 548년
에 동위(東魏)로부터의 항복한 장군 후경이 갑자기 반기를 흔들며 수도
건강으로 진격하여, 다음 해 함락시켜 무제를 죽였다. 이후 양(梁)은 대
혼란에 빠져 10년이 못 되어 멸망했다.

○ 【普通】 양 무제 조정의 원호. 보통연간은 520년부터 526년까지의 7년간.

○ 【達磨】 보리달마를 말한다. 생몰년 미상. 그는 남천축 혹은 페르시아국
의 사람이라고 하며, 대승불교의 승려가 되어 선(禪)에 달하고, 520년 전
후 때, 북위의 도읍 낙양에 가서, 숭산에 들어가 선법을 혜가 등으로부터
받고, 중국 선종의 원조로 추앙받기에 이르렀다. 달마의 약칭으로 알려
져 있는데, 그 전기(傳記)는 불명한 곳이 많다. 당송시대에 선종의 발전
에 따라 보리달마의 전기도 연이어 편찬되어, 중국에서의 많은 사적이 기
록되고 이들 사적이 사실로서 널리 전해지게 되었다. 예를 들며 양 무제
와 문답한 이야기, 혜가가 눈 속에서 팔을 자르고 법(法)을 받았다는 이

야기 등 매우 유명하지만, 사실(史實)로서 인정하기 어려운 것이다. 그러나 그가 당시의 중국불교계에 엄한 비판을 가해 선행(禪行) 실천체험을 강조하여, 중국불교 혁신의 지도자가 된 노외래승이었다는 것은 인정된다.

○ 【金陵】 중국 강소성의 남경(南京)을 말한다. 금릉이라는 이름은 전국시대 초(楚)의 금릉읍에서 시작되는데, 후한 말 211년(건안 16)에 오(吳)의 손권이 이곳에 군치(郡治)를 옮겨 건업이라고 고치고, 229년(황룡 1)에 그 동쪽, 지금의 현무호의 남서에 성곽을 쌓고 오(吳)의 국도(國都)로 삼았다. 이 땅이 강남의 일대 중심으로서 발전하는 것은, 이때부터이다. 진(晉)에 이르러 건업, 건강으로 두 번 이름을 고쳤다. 동진의 원제 태흥 원년(318)에, 이곳에 도읍을 정한 이후, 계속 남조 여러 나라에서도 도읍이되었다.

이어서 수당시대에는 도읍이 장안으로 옮겨졌기 때문에, 이 땅은 강녕현, 금릉현 등으로 되었는데, 당 말에 양행밀이 금릉부로 이름을 짓고 이곳에 오국(吳國)을 세웠는데, 송(宋)에서는 강남동로전운사의 주재지가 되었고, 남송에서는 건안부라고 하고, 원대에는 집경로라고 불렀다. 더나아가 원말 지정 16년(1356)에 명 홍무제(태조)는 이 지역을 도읍으로하여 천안부라고 했고, 홍무 원년(1368)에 명을 세움과 함께 남경(開封을북경)이라고 하고, 후에 경사(京師)라고 했다. 도성(都城)을 크게 확장하여 주위 35㎞를 넘는 오늘날의 성벽이 쌓인 것은, 1366년의 일이다. 그러나 영락(永樂) 19년(1421)에 영락제가 이 땅을 남경이라고 고치고, 정통6년(1441)에 도읍을 정식으로 북경으로 옮기자, 이 땅을 배도했다. 이 땅이 강남의 대표 도시로서 다시 번영을 되찾는 것은 명대부터이며 청대에는 강녕부라고 하며 총독이나 포정사를 두고 강소성 정치의 중심지로 삼았기 때문에, 산업이나 문화도 동반하여 발전했다. 그러나 1853년(함풍3)에 태평천국군에게 함락되자, 천경이라고 고쳤는데, 이 점령 12년간에 심하게 황폐되었다. 나아가 1911년에 신해혁명이 일어나자, 혁명군이 이 땅을 점령하고 다음해 중화민국 임시정부를 세웠으나, 중화민국의 정식

국도가 된 것은 1927년의 일이다. 그것은 장개석의 북벌도중, 이곳에 국민정부를 수립했을 때에 시작되는 것이다. [참고] 日比野丈夫 'ナンキン 南京'("アジア歴史事典") 7, 平凡社.

○ 【朗智法師】전(傳)으로는 '유' 권제5·피은 제8의 '낭지승운 보현수' 조에 있으니 그것을 참조.

○ 【靈鷲山】경상남도 영산 부근에 있다. '승람' 권27의 영산현 산천 조에는, '靈鷲山. 在縣東北七里. 鎭山. 西域僧指空. 到此云. 山與天竺靈鷲同其形. 故名.'이라고 있다. 그러나 '유' 권제5, 피은 제8의 '낭지승운 보현수' 조에는 '歃良州阿曲縣之靈鷲山'이라고 있으며, 이것에 주를 달아 '歃良今梁州, 阿曲一作西, 又云, 求佛, 今蔚州置屈弗縣, 今存其名'이라고 있다. 이것에 의하면 영취산은 삽량주의 아곡현(고려시대의 울주)(지금의 울산)에 있었던 것이 된다. 현재의 울산 연혁에 대해서는 '승람 권22·울산군의 '건치연혁' 조에는 '本新羅屈阿村(注, 新羅地名), 多稱火. 火乃弗之轉. 弗又伐之轉' 婆娑王始置縣. 景德王改名河曲(注, 或作河西) 爲臨關郡領縣. 高麗太組. 以縣人朴允雄有功. 乃以東津·虞風二縣來合. 陞爲興麗府. 後降爲恭化縣. 又改知蔚州事. 顯宗置防禦使.'가 있다.

491○ 【元和中】서기 807-820년. 원화(元和)는 당 헌종 조의 원호.

○ 【南澗寺】'유' 권제5·신주 제6의 '혜통강룡' 조의 기사로 보아, 이 절은 경주 남산의 서쪽 기슭에 있었다는 것을 알 수 있다.

○ 【沙門一念】이곳 이외에는 보이지 않는다. 그러나 일념(一念)과 일연(一然)의 염(念)과 연(然)은 음 상통으로, 원래는 일연(一然)이었던가.

○ 【濁香墳禮佛結社文】이것은 헌덕왕 9년(원화(元和) 12, 817), 국통 혜륭, 법왕 효원 등이 도모하여, 신라불교에 목숨을 다한 이차돈의 구형(舊瑩)에 세운 비문이다. 남간사의 사문일연의 찬이다. '해동'에 '금강령의 고분 단비라는 것은 이것을 가리킬 것이다.' 末松保和 '三國遺事の經籍關係記事' (F)金石文 條("靑丘史草 第2"의 60면).

○ 【扶桑之域】부상(扶桑)은 동해 가운데에 있는 신목(神木). 또 해가 나오

는 곳이라고 한다. 그래서 부상국은 동방에 있는 나라 이름. 부상수를 많이 생산하는 나라의 사람은 이것을 먹는다고 한다. 일본을 가리킨다고도 한다.

○ 【漢明感夢. 佛法東流】 한명(漢明)은 중국 후한, 제2대 황제인 명제(明帝, 劉莊, 재위 57-75)를 말한다. 광무제의 뒤를 이은 명제는 태학을 일으켜 유학을 장려하고 또 외척을 정권에서 멀리하는 등으로 내치에 힘썼는데, 더 나아가 두고·경충을 기용하여 북흉노를 몰아내고, 또 반초에게 서역의 여러 나라를 불러 달래며 서역도호·무기교위를 부활하는 등으로 외정(外政) 면에서도 적극적으로 하여 성과를 올렸다.

　다음으로 명제가 꿈에 느꼈다고 하는 것은, 불교가 중국에 전래된 것이 명제 때라는 것을 적고 있는데, "위서" 석노지에는 '孝明帝. 夜夢金人項有白光飛行殿庭乃訪群臣. 傳毅始以佛對. 帝遣郎中蔡愔. 博士弟子秦景等. 使於天笠寫浮屠遺範. 愔仍與沙門攝摩膽·竺法蘭. 東還洛陽. 中國有沙門及跪拜之法. 自此始也.'라고 있다.

　명제가 꿈을 꾸고 불교를 구하는 사절을 파견한 설화는, 북제 위수의 '석노지' 찬술 이전의 것으로 모자 '이혹론'("홍명집" 1권 수록), "四十二章經"("출삼장기집" 권6 수록), 동진 원굉의 "후한기" 권10, 송(宋) 범엽의 "후한서" 서역전. 양(梁) 혜교의 "고승전" 권1 섭마등축란전, 북위 양현지의 "낙양가람기", 남제 왕염의 "명상기"("법원주림" 권21 수록), 양(梁) 도홍경의 "진고" 권9, "노자화호경"(북주 견란 찬 "소도론" 수록) 등을 들 수 있다. 이곳에 적힌 불교 초전(初傳)의 말은, 서진(西晉) 시대에 이미 성립되어 있었고, 동진에서 남북조시대에 걸쳐 한층 더 보급되어, 불교 이외의 학계·종교계에까지 일반인에게 널리 인정받기에 이르렀다. 위수도 이 일반인에게 인정받는 명제(明帝) 구법설로서, 불상·불교·불승의 소위 삼보를 갖춘 불교의 공전(公傳)이며, 조정에 의한 조사·조불·역경까지 행해졌다고 풀이하고 있고, 사관(史官)으로서 국사편찬의 임무를 맡았던 위수가 이것을 특필한 것은 당연하다고 보인다. 이 설화는 반드시 사실(史實)이라고는 인정할 수 없으나, 이미 명제(明帝) 치세에는 불교에 대한 지식이 낙양조정을 중심으로 한 지식인 사이에 있었을 뿐만 아니라, 황제의 이복동생·초왕영일 같은 신불자도 생겼다는 것이, 명제가 영(英)에게 내린 조서 등에 의해서도 분명히 알 수 있다. 사문, 우파새라고도 한다. 아마 외래 승속(僧俗)의 불교신봉자 선교도 약간 일어나, 한(漢)의 중앙문화권 내에서도, 그들을 존경하고 공양하는 한인도 나타났을 것이다. [참고] '魏書釋老志の研究'("塚本善隆著作集" 第一卷).

491a○ 【郷傳】 뒤의 글(491e)에도 있다.

○ 【工目謁恭等】 불명. 이병도는 공목(工目)을 상신(上臣)의 잘못이라고 한다("譯註幷原文三國遺事"). 그렇다면 '上臣謁恭'이 된다.

491○ 【姓朴】 이차돈이 박씨 성이었다는 것은 '사'에는 보이지 않는다.

○ 【字猒髑】 앞서 보인 '염촉멸신'의 항목(주해 489)을 참조.

○ 【阿珍(珍)宗郎】 아진(我珍)은 아진찬(阿珍湌)의 약어로 보인다. 본문 주(注)에는 파진찬(신라관위 17등의 제4위)는 또 아진찬이라고도 한다고 되어 있다. 종(宗)은 인명으로 보인다. 랑(郎)은 귀인의 존칭.

○ 【習寶葛文王】 '사'에는 지증마립간의 아버지라고 하고, 나물 이사금의 손자라고도, '유'의 습보는 뒤에 나오듯이 의문. 갈문왕에 대해서는 고증 상권 주해 140을 참조. 본문 주기에 '羅人凡追封王者, 皆稱葛文王, 其實史臣亦云未詳'이라고 있듯이, 그 유래에 대한 전(傳)을 잃었을 것이다.

491c○ 【金用行撰阿道碑】 '나기' 제4 법홍왕 15년 조에, 불법의 시작을 적고 있는 것은 이미 말했는데, 그 말미에 주를 달고 '이것은 김대문의 "계림잡전"에 바탕을 두고 적었으나, 한나마 김용행이 찬술한 아도화상비가 기록하는 바와 크게 다르다.'라고 적고 있다. 이것으로 김용행이 한나마 즉 대나마의 관위를 가졌다는 것을 알 수 있는데, 언제 사람이었는지조차 불명이다. 아마 하고(下古) 신라 사람일 것이다.

또 신라·고려에서는 아도(我道)와 아도(阿道)는 혼용하기 때문에, '나기'의 我道和尚碑와 이곳에 말하는 '유'의 阿道碑는 같은 것이라고도 생각되는데, 확신은 할 수 없다. '유' 권제3. 홍법 제3 '아도기라' 조, 즉 앞 조에 '我道本碑'라는 글이 인용되어 있다. 이 아도본비는 我道碑·阿道碑와 같은 것일지도 모른다.

○ 【乞解大王】 '유' 왕력의 제16 걸해 이사금, '나기'의 흘해(訖解) 이사금이다. 걸(乞)과 흘(訖)은 음 상통. '나기'에 의하면 흘해는 석씨(昔氏)로, 아버지는 우로음각간, 조부는 나해 이사금, 어머니는 조분 이사금의 딸인 명원부인으로, 어려서부터 명석했다. 기림 이사금에게 대를 이을 자식이 없었기 때문에 군신이 의논하여 흘해를 세워 왕으로 삼았다고 한다. 다음으로 대왕(大王)은 왕을 존칭하여 말한 것으로, 후세에 말하는 대왕은 아니다.

491○ 【大士】 현자(賢者), 덕이 있는 사람. 뛰어난 사람이라는 뜻. 보살도의 실천자라는 말.

○ 【以召群臣. 乃問, 卿等於我. 欲造精舍. 故作留難. …於是羣臣戰戰兢懼. 儵侗作誓. 指手東西. 王喚舍人而詰之, 舍人失色. 無辭以對. 大王忿怒. 勅令斬之】 이 글에서는 그것으로 군신을 불러내 '그대들은 내가 정사(精舍)를 짓겠다고 하는데, 고의로 지연시켜 중지하려고 하고 있다.'고 꾸짖었다. 이어서 왕은 사인(舍人)을 힐문했다. 사인은 얼굴색을 잃고 아무것도 말할 수 없어 그저 앞에 있을 뿐이었다. 대왕은 크게 노하고 사인을 죽이라고 명했다고 적고 있는데, 이 본문 가운데의 주해 491e에는 이것과 크게 다른 것이 실려 있다. '염촉이 왕명에 의해 절을 세우려는 의향을 전했더니, 군신이 와서 간(諫)했기 때문에 왕이 염촉을 노해 꾸짖고, 그가 왕명을 기만했다는 것에 대하여 형벌을 내렸다.'라고. 그러나 배불파의 군신에게 책망을 받은 왕은, 왕 자신의 명령이 아니라고 알리고, 염촉이 처형되었다.'라는 것이 줄거리로 '향전'의 내용에 가까운 표현이다.

김택규는 '배불파 군신이 지방의 호족들로서, 각각 혈연적·지연적 거점을 가지고 있고, 게다가 재래신앙에 바탕을 두는 천경림 같은 종교적 기반이 있었다고 한다면, 호족의 정력을 와해하고 왕권을 강화하기 위한

숭불운동에 완강한 저항을 계속한 것은, 오히려 이치에 맞는 당연한 것이라고 해야 할 것이다.'라고 말하고 있다('新羅及び日本古代の神佛習合に就いて', "新羅と飛鳥・白凰の佛教文化", 1975년, 吉川弘文館).

○ 【精舍】 사원(寺院). 수행자의 주거지. 처음에는 간단한 것이었다. 한국의 이기백은('삼국시대의 불교전래와 그 사회적 성격', "역사학보(6)", 1954년) 사원(寺院)이라고 풀이하지 않고 다른 것이라고 하는데, 실태는 불명.

491e○ 【鄕傳】 이곳 이후는 권제3·탑상 제4 '남백월이성 노힐부득 달달박박' 조, 권제4 의해 제5 '자장정률' 조 '원효불기' 조, 권제5·감통 제7 '욱면비염불서승' 조에 보인다.

○ 【傯侗】 종(傯)은 총(傯)의 속자. 종(傯)은 괴로워하다. 동(侗)은 아파하다, 조심하다 등의 뜻. 그래서 傯侗은 아파 괴로워하다는 뜻일 것이다.

○ 【白乳湧出一丈】 흰 우유 같은 피가 일장(一丈) 높이로 솟아올랐다는 것인데, 이러한 이야기는 인도에 있다(三品彰英의 교시에 의한다).

491f○ 【於是其頭飛出. 落於金剛山頂】 '해동' 권제1·유통1-1 '석법공' 조에도 '及斬其頭, 飛至金剛山頂草焉'이라고 있다. 다음으로 '金剛山'은 경주 북쪽 외곽에 있어 북산이라고도 했는데, 이 산의 서쪽 기슭 중턱에 '백률사'가 있다. 이 금강산 백률사에 대해서는 '유' 권제1·기이 제1 '신라시조 혁거세왕' 조 및 고증 상권 주해 114a, 더 나아가 뒤에 나오는 백률사 조(고증 하1) 참조.

491○ 【子推割股】 한 유향의 저(著) "설원" 복은편에 '용(龍) 있어 바로잡아, 마땅히 그곳을 잃다. 오사(다섯 명의 종)를 따라 천하를 주편한다. 용 굶어 먹지 않아, 일사(一蛇) 다리(股)를 베다…'라고. 이곳의 자추(子推)는 개지추(介之推)[119]가 맞다. 춘추시대 진(晉)의 문공(文公)의 지위가 낮은 신하. 문공(重耳)이 공자시대, 여러 나라로 유랑하며 어려운 일을 당했는데, 그때 어느 날 밥을 못 먹자 결국 개지추는 자기 다리 살을 베어 주군

---

119) 고증 원문 그대로. DB. 개자추(介子推). 규장각본. 子推.

에게 바친 고사에 이차돈의 충절을 칭송했던 것이다.

○【丹墀】 단사(丹砂)를 이용하여 적색으로 칠한 궁전의 바닥. 궁정을 가리
키는 것으로 보인다.

○【北山】 본문 주에도 '即金剛也'라고 하듯이, 금강산은 북산이라고도 한
것을 알 수 있다. '栢栗寺石幢記'(석당은 원래 백률사 경내에 있었는데,
지금은 경주국립박물관에 있다)에는 '…送殯葬屍北山, 立廟西山云云'이
라고 있는데 이 북산은 금강산이다.

　　또 이 금강산은 경주 북악이자 영산이었다. '유' 권제1의 '진덕왕' 조 말
미에, '新羅有四靈地. 將議大事. 則大臣必會其地謀之. 則其事必成. 一東
曰靑松山. 二曰南亐知山. 三曰西皮山. 四曰北金剛山.'이라고 있는 대로
이다. 또한 고증 상권 주해 225, 및 주해 114a도 참조.

○【蘭若】 아란약(阿蘭若, 범어 aranya의 음역)의 약어. 절, 사원을 말한다.

○【刺楸寺】 미상.

492○【眞興大王即位五年甲子】 서기 544년.

○【造大興輪寺】 '나기' 진흥왕 5년(544) 조에는 '二月, 興輪寺成'이라고 적
혀 있다.

492a○【按國史與鄕傳, 實法興十四年丁未. 始開】 '나기' 제4 법흥왕 조에는
그 14년 기사는 아무것도 보이지 않는다. 따라서 흥륜사 조영(造營) 기재
(記載)는 없다. 그래서 '法興王十四年丁未(527)始開'는 '鄕傳'의 전(傳)일
지도 모른다. 법흥왕 14년 정미는 불교 시행의 해이다. 이것과 혼동한 것
일까.

○【=十一年乙卯. 大伐天鏡林云云】 법흥왕 21년(534)은 을묘(乙卯)가 아
니고, 갑인(甲寅)에 해당한다('나기' 및 '사' 연표). 따라서 22년이 을묘가
되는데, '나기' 법흥왕 21년, 22년에는 모두 '大伐天鏡林云云'이라는 기재
는 없다. '해동'(권1. 유통1-1) 석법공 조에는 '二十一年伐木天鏡林. 欲立
精舍'라고 있다.

○【僧傳云七年誤】 '해동'(권제1·유통1-1) 이 석법공 조에는 '七年興輪寺

成’이라고 되어 있다. 이 승전은 ‘해동’을 가리키는 것으로 보인다.

493○ 【大(太)清】 올바르게는 태청(太淸). 태청은 양(梁) 무제 조정의 원호. 태청 연간은 서기 547년에서 549년에 걸친다.

○ 【梁使沈湖將舍利】 ‘나기’ 진흥왕 10년(549) 봄 조에는, ‘양(梁)이 사신을 파견하여, 입학승 각덕과 함께 불사리를 보내왔기 때문에, 왕은 백관에게 명하여 흥륜사 앞길에서 맞이하게 하였다.’라고 되어 있다. ‘해동’ 권제1·유통1-1·석법운 조에도 같은 기사가 있다.

○ 【天壽(嘉)六年】 천수(天壽)의 수(壽)는 가(嘉)의 잘못. 천가(天嘉)는 남조 진(陳) 문제 조정의 원호. 서기 565년에 해당한다.

○ 【陳使劉思幷僧明觀奉內經】 ‘나기’(제4) 진흥왕 26년(565) 9월 조에는, ‘陳使劉思與僧明觀來聘. 送釋氏經論千七百餘卷’이라고 전하고 있다.

○ 【龍象釋徒】 학덕 모두 뛰어난 승려를 말한다.

○ 【福田】 불(佛)·승려(僧侶) 또는 삼보(三寶)를 가리킨다. 이것을 존숭하고 공양하는 것이 행복을 낳는다는 취지로, 논밭(田地)에 비유한다. 복덕을 낳고 복덕을 받는 사람.

493a○ 【芬皇】 경주 분황사(芬皇寺)를 말한다. ‘유’ 권제3·홍법 제3 “아도기라” 조(고중하1 주해 483e. 탑상 제4 ‘분황사천수대비’ 조(고중 하1 주해 629) 참조.

○ 【浮石】 부석사(경상북도 영풍군 소재)를 말한다. 상세한 것은 ‘유’ 권제4·의해 제5 ‘의상전교’ 조 참조.

○ 【洛山】 낙산사(강원도 양양군 소재)를 말한다. 뒤에 나오는 ‘유’ 권제3·탑상 제4 ‘낙산이대성 관음 정취 조신’ 조(고중하1 주해 633) 참조.

○ 【五臺】 강원도 오대산. 뒤에 나오는 ‘유’ 권제3·탑상 제4 ‘황룡사장육’ 조 및 ‘대산월정사오류성중’(고중 하1 주해 540) 및 주해 657 참조.

493○ 【天鎭(鎭)】 진(鎭)은 ‘서울대본’ 영인의 ‘한국고전총서(1)’의 ‘유’도 鎭으로 하고 있다. 鎭 글자는 ‘도다이본(東大本)’에는 진(鎭)의 잘못인가라고 기록하고 있다. 또 ‘국역일체경본’의 ‘유’ 권제4·의해 제5 ‘자장정률’

조 참조.

○ 【惠隆】 '사' 직관지(하)에 보이는 혜량(惠亮)인가.

○ 【法主】 미상. 승려의 하나인가.

○ 【孝圓】 '金相郞' 모두 미상.

○ 【大統】 '유' 권제4 · 의해 제5 '자장정률' 조 참조.

○ 【鹿風】 미상.

○ 【大書省】 '유' 권제4 · 의해 제5 '자장정률' 조에는, 진흥왕 11년(550)에
안장법사를 대서성으로 한 것이 보인다. 주해는 그곳으로 미룬다. 더 나
아가 '사'(권4) 직관지(하)도 참조.

○ 【波珍喰(浪)】 파진찬은 신라 관위 17등 가운데 제4등 관위. 해간, 파미간
이라고도 한다.

○ 【金嶷】 미상.

○ 【建舊塋. 樹豐碑】 묘를 수리하고 큰 비를 세웠다는 것을 말한다.

○ 【元和十二年丁酉八月五日即第四十一憲德大王九年也】 원화(元和)는 당
헌종 조정의 원호. 원화 12년의 간지는 정유로 서기 817년이며, 신라 헌
덕왕 9년에 해당한다.

494○ 【永秀禪師】 미상.

494a○ 【瑜伽諸德】 유가교(瑜伽敎, 밀교의 총칭) 승려.

494○ 【劉葛魚水】 유(劉)는 삼국시대 촉(蜀) 유비를 말한다. 갈(葛)은 제갈
공명(亮). 어수(魚水)는 군신수어의 교류(친밀한 관계)를 가리킨다. 이
출전은 "삼국지" 위서(魏志) 제갈량전 왼쪽 글 가운데 있다.

   (전략) 於是與亮情好日密. 關羽. 張飛等不悅. 先主(劉備)解之曰, 孤之
有孔明猶魚有水也. 願諸君勿復言. 羽 · 飛乃止.

495○ 【晃旒】 왕의 관.

○ 【方袍】 승려 옷.

495a○ 【後至太宗王時. 宰輔金良圖信向佛法. 有二女. 曰花寶 · 蓮寶. 捨身
爲此寺婢. 又以逆臣毛尺之族. 没寺爲隸】 이 글은 '해동' 권제1 · 유통-1-1

석법공 조에 보인다.

○ 【太宗王】 신라 제29대 태종무열왕. '유' 권제1 · 기이 제1 '태종춘추공' 조 (고증 상권 주해 233)을 참조.

○ 【金良圖】 '사'(권제44 · 열전 제4) 김인문 전에 양도의 전이 있다. 여기에 는 '時亦有良圖海湌. 六入唐. 死于西京. 失其行事始末'이라는 것뿐인데, '나기'(권5) 태종무열왕기에는 '八年(661) 二月. 百濟殘賊來攻泗沘城. 王 命伊湌品日爲大幢將軍. 迊湌文王 · 太阿湌良圖 · 阿湌忠常等副之. …往 救之.'라고 보인다. 즉 백제 부흥군이 옛 수도를 탈환하려고 공격했을 때, 그 구원을 위해 파견된 신라군의 부장(副將)으로 되어 있다.

○ 【袞職】 천자의 직(職), 혹은 삼공(三公)[120]의 직무를 말한다. 곤(袞)은 천 자나 3정승이 입는 예복으로 용을 수놓은 모양이 있다.

○ 【九五】 역(易)에서는 구오(九五)가 군주 자리에 해당하므로 천자를 말 한다.

○ 【前王】 이곳에서는 법흥왕.

○ 【出家法雲, 字法空】 '해동'(권제1 · 유통1-1) 석법공 조에는 '釋法空. 新羅 第二十三法興王也. 名原宗. 智證王元子. …王遜位爲僧. 改名法空. …王 妃亦奉佛爲比丘尼. 住永興寺焉. …按阿道碑. 法興王出法名法雲. 字法空. 今按國史及殊異傳. 分立二傳. 諸好古者請詳撿焉.'이라고 되어 있다.

　　이것에 의하면 법흥왕이 출가해서 '법공'이라고 했다고 하면서, '아도 비'에 바탕을 둔 것으로서 법흥왕이 '出法名法雲. 字法空'이라고 기록하 고 있다. 그래서 이곳의 글은 후자에 의한 것으로 보인다.

　　법흥왕의 법운(法雲)은 다음에 말하는 진흥왕의 법명 법운(法雲)과 혼 동한 것이다. 또 법흥왕의 자(字)를 '법공(法空)'이라고 한 것도 잘못되어 있다. 이것에 대해서는 '유' 왕력 제22 법흥왕 및 고증 상권 주해 198의 법흥왕 항목 참조. 법흥왕의 출가는 양 무제의 출가를 모방한 것으로 보

---

120) 3정승(政丞).

인다.

　'해동'(권제1·유통1-1) 석법운 조에는, '釋法雲. 俗名公麥宗. 諡曰眞
興. 而法興王弟葛文王之子也. …末年祝髮爲浮屠. 被法服自號法雲'이라
고 있다. 즉 진흥왕이 출가해서 법운이라고 불렀다고. 또 이것은 '나기'
(권4) 진흥왕 조 말미에도 '王幼年卽位. 一心奉佛. 至末年. 祝髮被僧衣.
自號法雲. 以終其身. 王妃亦效之尼. 住永興寺. 及其薨也. 國人以禮葬之'
라고 있으며, 진흥왕이 부른 것은 분명히 법운이다.

495b○ 【王妃出家名法雲】 '해동'에 이 기사는 없다. '유' 왕력의 제23대 법흥
왕 조에는 '妃曰丑夫人. 出家名法流. 住永興寺'라고 보이며, 법흥왕비의
법명은 법류(法流)라고 되어 있다.

○ 【又眞興王爲法雲 又以爲眞興之妃名法雲】 진흥왕비의 법명은, 앞서 '나
기' 기사로도 알 수 있듯이 불명. 종종 말하기로는 법운은 진흥왕의 법명
으로 부인의 법명은 아니다.

495○ 【冊府元龜】 서명(書名). "태평광기", "태평어람", "문원영화" 모두 송
대의 사대편집의 하나. 왕흠약, 양억 등의 봉칙 찬술. 전 1,000권(가운데
목록 10권). 경덕 2년(1005)에 착수하여, 대중상부년(1013)에 완성. 이
책은 역대 군신의 정치에 관한 사적을 제왕·윤위[121]에서 외신에 31부,
1,115문(門)으로 분류하여 열거하고 있다. 그리고 당, 오대의 사료원(史
料源)으로서 중시되고 있다.

○ 【姓募, 名秦(恭)】 '나기'(제4) 법흥왕 조의 머리말에 '法興王立. 諱原宗'
으로 주를 달고 , '冊府元龜, 姓募名秦'이라고 보인다. 또 "책부원구"[경
명 숭정 15년(1642)] 각본, 중편본(大化書局) 권996·외신부제역에는,
'梁高調普通二年(521), 新羅王募秦始遣使隨百濟奉獻云云'이라고 보인
다. 이곳의 '유' 본문 '冊府元龜云, 姓募名秦'은 '유' 왕력의 제23 법흥왕
조 머리글의 '名原宗金氏'에 이어서 '冊府元龜云, 姓募. 名秦(恭)'과 완전

---

121) 정통이 아닌 왕의 자리.

히 부합된다. '유' 인용의 "책부원구"는 현재 통행본 이전의 고본에 의한 것인가, 혹은 같은 사료(史料)를 보이는 "통전", "양서", "남사" 등과 오인한 것인지 의심된다. 원래 이 왕명은 모진(募秦)이었던 것을 중국 측에서 모(募)를 성으로 하고, 진(秦)을 이름으로 한 것으로 보인다. 즉 법흥왕의 휘(諱)인 원종의 원(原)의 뜻 mis, mit, mit-tchi에 모진(募秦)이 근사하기 때문이다. 또한 고증 상권 177면, 및 '법흥왕' 항목 주해 198을 참조.

496○ 【乙邘(卯)歲】법흥왕대의 을묘년은, 법흥왕 22년으로 서기 535년. 그러나 '나기' 법흥왕기에는 해당되는 기사는 없다.

○ 【王妃亦創永興寺, 慕史氏之遺風. 同王落彩爲尼. 名妙法, 亦住永興寺, 有年而終】이것은 '나기'에는 보이지 않는다.

○ 【永興寺】'유' 왕력의 제23대 법흥왕 조(고증 상권) 및 '유' 권제3 · 홍법제3 '아도기라' 조(주해 483c)를 참조.

○ 【史氏】모록(毛祿)의 여동생.

○ 【國史】'사'를 가리킨다.

○ 【建福三十一年】신라 제26대 진평왕 6년(584)에 연호를 건복(建福)이라고 고쳤기 때문에('나기' 진평왕기), 건복 31년은 진평왕 36년(614)에 해당된다.

○ 【永興寺塑像自壞】'나기' 진평왕 36년 조에 '二月, 永興寺塑佛自壞, 未幾眞興王妃比丘尼死'라고 보인다.

○ 【眞興乃法興之姪子】진흥왕은 법흥왕의 동생인 입종(立宗) 갈문왕의 아들이기 때문에, 법흥왕의 조카(姪子)에 해당하는 것이다. '유' 왕력 제24 진흥왕 조(고증 상권) 및 권제1 '진흥왕' 조, 고증 상권 주해 197을 참조.

○ 【思刀夫人朴氏】또 진흥왕비에 대해서는 '유' 왕력 제25 진지왕 조에는 '色刀夫人'(고증 상권), '나기' 진흥왕 전기에는 '朴氏思道夫人'이라고 보인다. 이 사도(思刀)의 도(刀)와 사도(思道)의 도(道)는 음 상통. 또한 '유' 권제1 · 기이 제1'진흥왕' 조, 및 고증 상권 주해 197도 참조.

○ 【牟梁里英失角干之女】 진흥왕비에 대하여 '나기'(제4)의 '진흥왕기'에는 '妃朴氏思道夫人', 또 '眞智王紀'에는 '母, 思道夫人'이라고만 되어 있어, 부인의 출신은 불명. 그러나 '유'의 이곳에는 牟梁里英失角干의 여자라고 보이며, 또 '왕력' 제24 진흥왕 조에는 牟梁里英史角干의 여자라고 보이고 있다.

○ 【出家爲尼云云】 진흥왕비도 왕을 본받아 출가하여 비구니가 되어, 영흥사에 살았다. 그리고 나서 그녀가 죽자 백성들은 예를 다해 장례를 치렀다고 '나기' 진흥왕기의 말미에 적고 있다.

○ 【巴刁夫人】 법흥왕비는 '나기'(제4)의 법흥왕 전기에는 '妃朴氏保刀夫人'. '유' 왕력제23 법흥왕 조에는 '妃曰丑夫人, 出家名法流, 住永興寺'라고 보인다. 보도부인과 파조부인의 보도(保刀)와 파조(巴刁)는 음 상통인가.

○ 【二興捨位出家. 史不書. 非經世之訓也】 두말할 것도 없이 이흥(二興)은 법흥왕과 진흥왕을 말한다. 또 사(史)는 '사'이다. 그리고 '사'(나기)를 보는 한, 법흥·진흥의 2왕은 재위 중에 그 지위를 버리고 출가한 흔적은 없다. 진흥왕, 진지왕의 등위(等位)는, 전왕인 법흥왕, 진흥왕이 죽은 것에 의한 것이었다.

　다음으로 '2왕이 (왕)위를 버리고 출가한 것을 사서(史를 말한다)에 기록하지 않은 것은, 경세의 훈(訓)[122]이 되지 않기 때문이다.'라고. 특히 '經世의 訓에 어긋난다.'라고 하는 것은 유가 사상에 바탕을 두는 정사인 '사'를 불교가 비판한 말로서 주목된다. 그리고 유사 찬술 목적의 일부를 살필 수 있다.

○ 【大通元年丁未】 서기 527년(법흥왕 14년)에 해당. 대통(大通)은 양 무제 조의 원호.

○ 【梁帝】 이곳의 양제(梁帝)는 무제(武帝, 재위 502-549)를 말한다.

---

122) 세상을 다스리는 가르침.

○ 【熊川州】 지금의 공주(公州).

○ 【大通寺】 이 절에 대해서는 이곳에만 보이기 때문에 다른 것은 불명. 이 절은 양 무제를 위하여 무제 조의 원호에 맞춘 것으로 보인다. 그러나 다음에 말하는 것처럼, 법흥왕대에 신라가 웅천주(공주)에 창건할 리가 없다. 의문이 많은 설화이다.

496a○ 【時屬新羅故也. 然恐非丁未也. 乃中大通元年己酉歲所創也】 중대통원년기유(中大通元年己酉)는 서기 529년. 중대통은 역시 양 무제 조의 원호. 웅천주가 완전히 신라 통치 아래에 들어간 것은, 서기 670년대 후반기에 들어간 뒤이다. 그런 까닭에 정미년(527)은 물론이고 기유년(529)도 적당하지 않다. 웅천주에 대해서는 '유' 권제1. 기이 제1 '대종춘추공' 조를 참조.

또한 참고로 '해동' 소재의 '釋法空傳'과 '釋法雲傳'을 덧붙인다.

석법공전(釋法空傳)

釋法空, 新羅第二十三法興王也. 名原宗. 智證王元子母延帝夫人. 王身長七尺. 寬厚愛人. 乃神乃聖. 彰信兆民. 三年龍現楊井中. 四年始置兵部. 七年頒示律令. 始制百官朱紫之秩. 即位已來. 每欲興佛法. 群臣喋喋騰口舌. 王難之. 然念阿道之至願. 乃召群臣問曰. 聖祖味鄒與阿道. 肇宣佛敎. 大功未集而崩. 能仁妙化. 遏而不行. 朕甚痛焉. 當大立伽藍重興像設. 其克從先王之烈. 其如卿等何. 大臣恭謁等諫曰. 近者年不登. 民不安. 加以隣共犯境. 師旅未息. 奚暇勞民作役. 作無用之屋哉. 王憫左右無信. 歎曰. 寡人以不德. 叨承大寶. 陰陽不序. 黎民未安. 故臣下逆而不從. 誰能以妙法之術曉論迷人者乎. 久無應者. 至十六年. 奧有內史舍人朴厭觸 或云異次頓或云居次頓 年二十六. 匪直也. 人乘心塞淵. 奮義見之勇. 欲助洪願. 密奏曰. 陛下若欲興佛敎. 臣請僞傳王命於有司曰. 王欲辦佛事. 如此則群臣必諫. 當即下勅曰. 朕無此令. 誰矯命耶. 彼等當劾臣罪. 若可其奏彼當服矣. 王曰彼既頑傲. 雖殺卿何服. 曰大聖之敎天神所奉. 若斬小臣. 當有天地之異.

若果有變誰敢違傲. 王曰本欲興利除害反賊忠臣. 可無傷乎. 曰殺身成仁.
人臣大節. 況佛日恒明. 皇圖愈永. 死之日猶生之年也. 王大加嗟賞曰. 汝
是布衣. 意懷錦繡. 乃與厭觸. 深結洪誓. 遂傳宣曰. 刱寺於天鏡林. 執事者
奉勅興功. 延臣果而. 折逆諍. 王曰朕不出令. 髑乃昌言. 臣固爲之. 若行此
法擧國泰安. 苟有益於經濟 雖矯國令何罪. 於是大會群臣問之. 僉曰今見
僧徒. 童頭毀服. 議論奇詭. 而非常道. 若忽從之恐有後悔. 臣等雖死罪不
敢奉詔. 髑奮曰. 今群臣之言非也. 夫有非常之人. 而後有非常之事. 吾聞
佛教淵奧. 不可不行. 且燕雀焉知鴻鵠之志哉. 王曰. 衆人之言. 牢不可破.
汝獨異言. 不能兩從. 遂下吏將誅. 髑告天誓曰. 我爲法就刑. 庶興義利. 佛
若有神. 吾死當有異事. 及斬其首. 飛至金剛山頂落焉. 白乳從斷處湧出.
高數十丈. 日色昏黑. 天雨妙花. 地大震動君臣士庶. 或皆上畏天變. 下慟
舍人重法隕命. 相向擧哀而哭. 遂奉遺體營葬金剛山禮也. 于時君臣盟曰.
自今而後. 奉佛歸僧. 有渝此盟. 明神殛之. 君子曰. 大聖應千百年之運. 仁
發於祥. 義動於端. 莫不應乎天地互乎日月動乎鬼神. 而況於人乎. 夫其自
信於道則天地不得爲不應然功貴成而業貴廣也. 故苟有大賴. 則輕泰山於
鴻毛. 壯哉. 得其死所矣. 是年下令禁殺生. _{按國史及古諸傳商量而述.} 二十一年
伐木天鏡林. 欲立精舍. 掃地得柱礎. 石龕及階陛. 果是往昔招提舊基. 梁
棟之用皆出此林. 工既告畢. 王遜位爲僧. 改名法空. 念三衣瓦鉢. 志行高
遠. 慧悲一切. 因名其寺. 曰大王興輪寺. 以大王所住故也. 此新羅刱寺之
始. 王妃亦奉佛爲比丘尼. 住永興寺焉. 自此啓興大事故. 王之謚曰法興.
非虛美也. 厥後每丁厭髑忌旦. 設會於興輪寺. 以追其遠及大王宗時. 宰輔
金良圖信向西方. 捨二女. 曰花寶. 曰連寶. 爲此寺婢. 又以逆臣毛尺族類
充賤. 故二種銅錫至今執役. 予遊東都登金剛嶺. 見孤墳短碑. 慨然不能自
止. 是日山人會食. 問其故. 即吾舍人諱日也. 亦可謂去滋久, 思滋深矣. 按
阿道碑. 法興王出法名法雲. 字法空. 今按國史及殊異傳. 分立二傳. 諸好
古者請詳撿焉.

　　贊曰. 大抵國君. 與下擧事. 可與守成. 未可與慮始. 加有時之利不利. 信無信

繫焉. 則原宗雖欲刱興佛法. 固難朝令而夕行. 然承本願力. 位據崇高. 又頼
賢臣啓沃. 能以美利利天下. 卒與漢明齊驅並駕. 偉矣哉. 夫何間言. 以梁
武比之非也. 彼以人主爲大同寺奴. 帝業墜地. 法空既遜讓以固其嗣. 自引
爲沙門. 何有於我哉. 髑經所爲王比丘殊身同體矣. 若乎掃迷雲放性空之慧
日挾之以飛者. 惟厭髑之力乎.

석법운전(釋法雲傳)

釋法雲. 俗名公麦宗. 謚曰眞興. 而法興王弟葛文王之子也. 母金氏. 生七
歲即位. 克寬克仁. 敬事而信. 間善若驚. 除惡務本. 七年興輪寺成. 許人出
家爲僧尼. 八年命大阿飡柒夫等廣集文士. 修撰國史. 十年梁遣使. 與入學
僧覺德送佛舍利. 王使群臣奉迎興輪寺前路. 十四年命有司築新宮於月城
東. 黃龍見其地. 王疑之改爲佛寺. 號曰黃龍. 二十六年陳遣使劉思及僧明
觀. 送釋氏經論七百餘卷. 二十七年紙園實際二寺成. 而黃龍亦畢功. 三十
三年十月爲戰死士卒設八關齋會於外寺. 七日乃罷. 三十五年鑄黃龍寺丈
六像或傳阿育王所泛船載黃金至糸浦. 輸入而鑄焉. 語在慈藏傳. 三十六年
丈六出淚至踵. 三十七年始奉原花爲仙郎. 初君臣病無以知人. 欲使類聚樂
群遊 · 以觀其行儀. 舉而用之. 遂簡美女二人. 曰南無 · 曰俊貞. 聚徒三百
餘人. 二女爭妍. 貞引南無. 強勸酒醉. 而投河殺之. 徒人失和而罷. 其後選
取美貌男子. 傳粉粧飾之. 奉爲花郎. 徒衆雲集. 或相磨以道義. 或相悅以
歌樂. 娛遊山水. 無遠不至. 因此知人之邪正. 擇其善者薦之於朝. 故金大
問世記云. 賢佐忠臣. 從此而秀. 良將猛卒. 由是而生. 崔致遠鸞郎碑序曰.
國有玄妙之道. 曰風流. 實乃包含三敎. 接化群生. 且如入則孝於家. 出則
忠於國. 魯司寇之旨也. 處無爲之事. 行不言之敎. 周柱史之宗也. 諸惡莫
作. 衆善奉行. 竺乾太子之化也. 又唐令孤澄新羅國記云. 擇貴人子弟之美
者傳粉粧飾. 而奉之名曰花郎. 國人皆尊事之. 此蓋王化之方便也. 自原郎
至羅末. 凡二百餘人. 其中四仙最賢. 且如世記中. 王幼年即祚. 一心奉佛.
至末年祝髮爲浮屠. 被法服自號法雲. 受持禁戒. 三業清淨. 遂以終焉. 及其

薨也. 國人以禮葬于袁公寺之北峯. 是歲安含法師至自隋. 至安含傳弁之.

[補遺]

491○【解肉枰軀. 將贖一鳥. 洒皿摧命】이것은 정 깊은 시비왕이 자기 몸을 비둘기에게 베풀었다는 설화를 인용한 것이다[尸毗는 Sivi 혹은 Sibi의 음을 옮긴 것, 시비(尸毗)라고도 한다. 이 왕은 석존이 전생에 있었을 때의 왕의 이름으로 되어 있다]. "菩薩本生蔓經"(제1)에 '제석이 시비왕의 뜻을 시험하고자 스스로 매가 되고, 비수천자가 기러기가 되어 매에게 쫓긴 비둘기는 왕의 품속으로 들어가 도움을 청했다. 왕은 이것을 구하려고 했다. 비둘기가 전하기로는 몸으로써 비둘기를 대신하라고, 그래서 평(枰)으로 비둘기와 고기를 준비하여 균등하게 하려고 했는데, 구(鉤)는 항상 비둘기 쪽으로 기울고, 몸을 다하여도 균등하지 않았다. 그래서 왕은 몸을 던져 평(枰)에 오르고자 힘을 다 썼다.'라고("望月佛敎大辭典" 등 참조).

492○【弘演刳腹】홍연은 춘추시대, 위(衛)나라 의공의 신하였다. 그는 왕의 명령에 의해 국외로 나갔는데, 그 사이 위는 적인에게 공격받아, 의공은 영택으로 쫓기다 죽음을 당하고, 그 몸은 모두 먹혀 간만이 버려졌다. 홍연은 귀국하자마자, 사신의 일을 간(肝)에게 보고하고, 끝나자 하늘에 절규하고 크게 탄식하며 슬퍼했다. 그 후 자신의 배를 갈라 창자를 꺼내고, 의공의 간을 배 속에 넣고 죽었다. 제(齊) 환공은 이것을 듣고 위(衛)에는 이러한 신하가 있다, 존속하게 해야 한다고 말하고 위(衛)를 초나라 언덕에 세웠다는 고사를 인용하고 있다("여씨춘추" 권11 충렴).

498법왕금살
法王禁殺

499百濟，第二十九主法王諱宣．或云孝順．開皇十123)年己未即位．500是
年冬．下詔禁殺生．放民家所養鷹鷂之類．焚漁獵之具．一切禁止．501明
年庚申．度僧三十人．創王興寺於時都泗沘124)城．ᵃ今扶餘始立栽而升遐．
武王繼統，父基子構．歷125)數紀而畢成．其寺亦名彌勒寺．附山臨水．花
木秀麗．四時之羙具焉．王每命舟．泝(沿)河入寺．賞其形勝壯麗．ᵇ與古記所
載小異．武王是貧母與池龍通交而所生，小名薯蕷，即位後諡號武王．初與王妃草創也．502讚曰．詔
寬狙126)狖千丘惠．澤洽豚魚四海仁．莫謂聖君輕下世．上方兜率正芳春．

---

123) 고증. 十(十九). DB. 백제 법왕의 즉위한 해는 599년으로 수(隋) 문제(文帝) 개황(開皇) 19
    년이므로 十 뒤에 九 자가 누락되었다.
124) 고증. 泚(沘). DB. "삼국사기" 권26, 백제본기(百濟本紀) 성왕(聖王) 16년 조에는 泚.
125) 고증. 曆(歷). DB. 역(歷). 규장각본과 만송문고본에는 曆.
126) 규장각본, 고증, DB. 모두 狙이다. DB.의 규장각본은 狐로 되어 있다는 것은 의문.

（풀이）

498법왕금살(法王禁殺)

499백제 제29대 법왕의 이름은 선(宣)인데, 혹은 효순이라고도 한다. 개황 19년 기미에 즉위하였다. **500**이해 겨울에 조서를 내려 살생을 금하고 민가에서 기르던 매 따위를 놓아주게 하고 고기잡이나 사냥하는 도구를 불사르게 하여 일체 (살생을) 금지시켰다.

501이듬해 경신에는 승려 30명을 득도하게 하고, 당시의 서울인 사비성 지금의 부여에 왕흥사를 세우게 하여 ᵃ겨우 (그) 기초를 세우다가 승하하였다. 무왕이 왕위를 계승하여 아버지가 닦은 터에 아들은 집을 지어 수십 년을 지나서 완성했는데, 그 절은 또한 미륵사라고도 한다. 산을 등지고 물에 임했으며 꽃나무가 수려하여 사시의 아름다움을 구비하였다. 왕은 항상 배를 타고 물을 따라 절에 가서 그 경치의 장려함을 구경하였다. ᵇ고기(古記)의 기록과는 조금 다르다. 무왕은 가난한 어머니가 못의 용과 관계하여 낳았는데, 어릴 때의 이름은 서여이고, 즉위한 후 시호를 무왕이라고 하였다. (절은) 처음에 왕비와 함께 창건하였다.

502찬하여 말한다.

칙서는 온 산의 짐승에게 관대하니 그 은혜 천산에 미쳤고

어진 마음은 가축이나 물고기에까지 그 어짊은 사해(四海)에 가득하네.

가벼이 말하지 말라. 성군은 세상을 업신여겼다고.

상방(上方) 도솔천(兜率天)엔 분명 향기로운 꽃이 피는 봄이라네.

（주해）

498 ○ 【法王禁殺】 백제 제29대 법왕(599-600년)이 불교를 신앙하여 스스로 살생을 금지하는 조칙을 내렸다는 것을 말한다.

499 ○ 【百濟, 第二十九主法王諱宣. 或云孝順】 '제기'에는 '法王諱宣(或云孝順). 惠王長子'라고 같은 것이 기록되어 있다. 법왕에 관해서는 '유' 왕력 (제29 법왕) 참조.

○ 【開皇十(十九)年己未即位】 개황(581-600년)은 수(隋) 문제의 원호. 개황 10년은 경술년에 해당한다. 법왕이 즉위한 개황 연간의 기미년은 개황 19년(599)에 해당하기 때문에, '開皇十年己未即位'는 잘못되었다. 따라서 본문은 '開皇十九年己未即位'로 고쳐야 할 것이다. 개황십구년기미는 서기 599년이다.

500 ○ 【是年冬. 下詔禁殺生. 放民家所養鷹鸇之類. 焚漁獵之具. 一切禁止】 '제기'에는 '冬十二月. 下令禁殺生 牧民家所養鷹鶴放之. 漁獵之具焚之.' 라고 적혀 있다.

501 ○ 【明年庚申. 度僧三十人】 명년경신(明年庚申)은 수 개황 20년(600)이다. "제기 법왕 2년(600) 조에는 '春正月, 創王興寺. 度僧三十人.'이라고 기록되어 있다.

○ 【創王興寺】 왕흥사 창사는 위와 같이 법왕 2년인데 그 준공은 훨씬 지난 후 다음의 무왕 35년(634)이었다. 그 경위에 대해서는 다음에 곧 나오므로 그곳으로 미룬다. 또한 '유' 권제1 · 기이 제2 '무왕' 조(주해 399a) 참조.

501, 501a ○ 【於時都泗沘(沘)城. ᵃ今扶餘始立栽而升遐】 당시의 도읍, 사비성은 현재의 충청남도 부여군 부여읍의 지역. 자세한 것은 '유' 권제1 · 기이 제1 '변한백제' 조(고증 상권 주해 91a), 권제2 · 기이 제2 '남부서 전백제' 조(고증 중권 주해 376, 377) 참조.

다음으로 법왕은 그 2년 5월에 죽었는데('제기'), 왕력에는 그 기사가 빠져 있다.

501 ○ 【武王繼統, 父基子構. 曆(歷)數紀而畢成】 무왕은 백제 제30대 왕(재위, 600-641). 자세한 것은 고증 상권 왕력, 중권 기이 제2 '무왕'을 참조.

무왕은 아버지 법왕만큼의 불심을 가지고 있지 않았다고 생각되는데, 왕흥사를 창건하려는 부왕(父王)의 신념과 국가적 염원을 어길 수는 없어, 고갈된 재정의 나머지를 가지고 그 사역에 임했다고 보이기 때문에, 개창 이래 35년이 지나 사찰이 완성되었다는 것은, 오히려 당연한 결과일 것이다. [참고] 史在東 '武康王傳説の听究', "百濟研究" 제5집, 1974년 1월. 일본어판은 "韓" 제55호, 1976년 8월.

○【其寺亦名彌勒寺】전라북도 익산군에 절터가 남아 있는 미륵사(彌勒寺)와의 관계는 불명. 고증 중권 '무왕' 조 주해 399 등도 참조.

앞서 보인 史在東은 익산에 있는 미륵사는 '양식사적(樣式史的)으로 정림사 석탑에 선행하는 미륵사 석탑은, 무왕대의 것이 아니라는 것은 두말할 것도 없으니, 자연히 성왕 16년 이전의 공주 도읍 때에 창건되었다고 보는 수밖에 없다.'라고 하며 부정하고 있다.

○【王毎命舟. 泝(沿)河入寺】'제기' 권제5·무왕 35년(634) 조에는 '春二月. 王興寺成. 其寺臨水. 彩飾壯麗. 王毎乘舟. 入寺行香.' 이어서 제6·의자왕 20년(660) 조에는 '六月, 王興寺衆僧皆見. 若有船楫隨大水. 入寺門.'이라고 보이며, '유' 권제2 '남부여 전백제 북부여' 조에는, 왕흥사에 관해서 '又泗沘崖又有一石. 可坐十餘人. 百濟王欲幸王興寺禮佛. 先於此石望拜佛. 其石自煖. 因名煖石. 又泗沘河兩崖如畫屛. 百濟王毎遊宴歌舞. 故至今稱爲大王浦'라고 하며 과거의 왕흥사 및 그 주변 상황을 떠올리게 한다.

501b○【古記】미상.

○【武王是貧母與池龍通交而所生. 云云】무왕과 서동, 서동과 왕비와의 관계나 미륵사 창건 연기 등에 대해서는 '유' 권제2 '무왕' 조(고증 중권)·'무왕' 조 주해 395 참조.

보장봉로 보덕이암

寶藏奉老 普德移庵

⁵⁰⁴高麗本記云. 麗季武德. 貞觀間. 國人爭奉五斗米敎. 唐高祖聞之. 遣道士. 送天尊像. 來講道德經. 王與國人聽之. 即第二十七代榮留王即位七年. 武德七年甲申也. ⁵⁰⁵明年遣使徃唐. 求學佛老. 唐帝 ^a謂高祖也. 許之. 及寶藏王即位. ^b貞觀十六年壬寅也. 亦欲併興三敎. 時寵相蓋蘇文. 說王以儒釋並熾. 而黃冠未盛. 特使於唐求道敎. 時普德和尚住盤龍寺. 憫左道匹正. 國祚危矣. 屢諫不聽. 乃以神力飛方丈. 南移于完山州 ^c今全州也. 孤大山而居焉. 即永徽元年庚戌六月也. ^d又本傳云. 乾封二年丁卯三月三日也. 未幾國滅. ^e以捴章元年戊辰國滅. 則計距庚戌十九年矣. 今景福寺有飛來方丈是也云云. ^f已上國史. 眞樂公留詩在堂. 文烈公著傳行世. ⁵⁰⁶又按唐書云. 先是隋煬帝征遼東. 有裨將羊皿. 不利於軍. 將死. 有誓曰. 必爲寵臣滅彼國矣. 及蓋氏擅朝. 以盖爲氏. 乃以羊皿. 是之應也. ⁵⁰⁷又桉¹²⁷⁾高麗古記云. 隋煬帝以大業八年

---

127) DB. 桉의 오기로 보인다. 고증. 언급 없다.

壬申. 領三十萬兵. 渡海來征. 十年甲戌十月. 高麗王 ^a時第三十六代嬰陽王立二

十五年也上表乞降. 時有一人密持小弩於懷中. 隨持表使. 到煬帝舡中. 帝奉

表讀之. 弩發中帝胷. 帝將旋師. 謂左右曰. 朕爲天下之主. 親征小國而不

利. 萬代之所嗤. 時右相羊皿奏曰. 臣死爲高麗大臣. 必滅國. 報帝王之

讎. 帝崩後生於高麗. 十五, 聰明神武. 時武陽王聞其賢. ^b國史榮留王名建武或

云建成. 而此云武陽. 未詳. 徵入爲臣. 自稱姓盖名金. 位至蘇文. 乃侍中職也. ^c唐

書云. 盖蘇文自謂莫離支[128]猶中書令. 又按神誌祕詞序云. 蘇文大英弘序幷注. 則蘇文乃職名有文證.

而傳云 文人蘇英弘序. 未詳孰是. ⁵⁰⁸金奏曰. 鼎有三足. 國有三敎. 臣見國中. 唯有

儒釋無道敎. 故國危矣. 王然之. 奏唐請之. 太宗遣敍[129]達等道士八人. ^a國

史云, "武德八年乙酉遣使入唐永[130]佛老. 唐帝許之." 據此. 則羊血[131]自甲戌年死而托生于此. 則才

年十餘歲矣. 而云寵宰說王[132]遣請. 其年月必有一誤. 今兩存. 王喜以佛寺爲道舘. 尊道士

坐儒士之上. 道士等行鎭國內有名山川. 古平壤城勢新月城也. 道士等呪

勑南河龍. 加築爲滿月城. 因名龍堰城. 作讖曰. 龍堰堵. 且云千年寶藏

堵. 或鑿破靈石. ^b俗云都帝嵓. 亦云朝天石. 盖昔聖帝騎此石朝上帝故也. 盖金又奏築長城

東北西南. 時男役女耕. 役至十六年乃畢. ⁵⁰⁹及寶藏王之世. 唐太宗親統

以六軍來征. 又不利而還. 高宗總章元年戊辰. 右相劉仁軌, 大將軍李勣,

新羅金仁問等攻破國滅. 擒王歸唐. 寶藏王庶子孿四千餘家投于新羅. ^a與

國史小[133]殊. 故幷錄. ⁵¹⁰大安八年辛未. 祐世僧統到孤大山景福寺飛來方丈.

---

128) 고증. 규장각. DB. 모두 복(攴). DB. "삼국사기" 권49, 열전(列傳) 개소문(蓋蘇文) 조에는 지
　　(支).

129) DB. "삼국사기"권21, 고구려본기(高句麗本紀) 보장왕(寶藏王) 2년 조에는 叔.

130) 고증. 규장각. DB. 모두 영(永). DB. 求의 오기로 보인다.

131) DB. 앞부분에 나오는 羊皿의 이름 皿의 오기로 보인다.

132) 고증. 규장각. DB. 모두 왕(王). DB. 규장각본에는 主.

133) 고증. 小(少). DB. 少의 오기로 보인다.

禮普聖師之眞. 有詩云. 涅槃方等教. 傳受自吾師 云云. 至可惜. 飛房後.
東明古國危. 跋云. 高麗藏王感[134])於道教. 不信佛法. 師乃飛房. 南至此
山. 後有神人. 現於高麗馬嶺. 告人云. 汝國敗亡無日矣. 具如國史. 餘具
載本傳與僧傳. **511**師有高弟十一人. 無上和尙與弟子金趣等. 創金洞寺.
寂滅, 義融二師創珍丘寺. 智藪創大乘寺. 一乘與心正, 大原等創大原寺.
水淨創維摩寺. 四大與契育等創中臺寺. 開原和尙創開原寺. 明德創燕口
寺. 開心與普明亦有傳. 皆如本傳. **512**讚曰. 釋氏汪洋海不窮. 百川儒老盡
朝宗. 麗王可笑封沮洳. 不省滄溟徒[135])臥龍.

風이 **503**보장봉로 보덕이암(寶藏奉老 普德移庵)

504고려본기(고구려본기)에 다음과 같은 기록이 있다.

고구려 말기 무덕·정관 연간에 나라 사람들이 오두미교를 다투어 신
봉하였다. 당나라 고조가 이 소문을 듣고 도사를 파견하여 천존상을
보내고 와서 "도덕경"을 강의하니 왕이 나라 사람들과 함께 들었다.
곧 제27대 영류왕 즉위 7년. 무덕 7년 갑신의 일이었다. **505**이듬해 사
신을 당나라에 보내 불교와 도교를 배우고자 청하니 당나라 황제ª고조
를 말한다.가 이를 허락하였다. 보장왕(寶藏王)이 즉위하여 ᵇ정관 16년 임인년
(642)이다. 역시 3교(三敎)를 함께 흥하게 하려고 하였다. 그때 신임 받던
재상 개소문이 왕에게 권고하기를 유교와 불교는 함께 성하나 도교
(黃冠)는 성하지 못하니 특별히 당나라에 사신을 보내 도교를 구하자

---

134) DB. 惑의 오기로 보인다.
135) 고증. 徙(徒). DB. 사(徙)의 오기로 보인다.

고 하였다. 그때 보덕화상은 반룡사에 있으면서 좌도가 정도에 맞서면 국운이 위태로울 것을 걱정하여 여러 차례 (왕에게) 간했으나 듣지 않았다. 이에 (그는) 신통력으로 방장을 날려 남쪽의 완산주 ᶜ지금의 전주(全州)이다. 고대산으로 옮겨 가서 살았다. 곧 영휘 원년 경술 6월이었다. ᵈ또 본전(本傳)에서는 건봉 2년 정묘 3월 3일(667년)이라고 하였다. (그 후) 얼마 되지 않아 나라가 망하였다. ᵉ총장(總章) 원년 무진년(668)에 고구려가 망했으니, 경술년과는 19년의 간격이 있다. 지금 경복사에 비래방장이 있다고 한 것이 이것이다. ᶠ이상은 "국사"('여기')이다. 진락공이 남긴 시가 (그) 당(堂)에 남아 있고, 문열공은 (그의) 전기를 지어 세상에 전하였다.

506또 "당서"를 살펴보면 다음과 같다. 이보다 먼저 수(隋)나라 양제가 요동을 정벌할 때 양명(羊皿)이라는 부장군이 있었다. 전세가 불리하여 죽게 되자 (그는) 맹세하기를 "(내) 반드시 총신이 되어서 저 나라를 멸망시킬 것이다."라고 하였다. 이윽고 개(蓋)씨가 고구려의 조정을 좌지우지하게 되었는데, 개(蓋) 즉 개(盖)를 성으로 하였으니, 곧 양명이 이에 부합된다. **507**또 고려고기에는 다음과 같은 기록이 있다. 수나라 양제가 대업 8년 임신년에 30만 명의 군사를 거느리고 바다를 건너 쳐들어왔다. 10년 갑술년(614) 10월에 고구려왕ᵃ이때는 제26대 영양왕 즉위 25년이었다.이 글을 올려 항복을 청하였다. 그때 어떤 한 사람이 몰래 작은 활을 가슴 속에 감추고 표문을 가져가는 사신을 따라 양제가 탄 배 안에 이르렀다. 양제가 표문을 들고 읽을 때 활을 쏘아 양제의 가슴을 맞혔다. 양제가 군사를 돌이켜 세우려 하다가 좌우에게 말하기를, "내가 천하의 주인으로서 작은 나라를 친히 정벌하다가 이기지 못했으니 만대의 웃음거리가 되었구나!"라고 하였다. 이때 우상(右相) 양명이 아뢰기를, "신이 죽어 고구려의 대신이 되어서 반드시 (그) 나

라를 멸망시켜 황제의 원수를 갚겠습니다."라고 하였다. 황제가 죽은

후 (양명은) 고구려에 태어나서 15세에 총명하고 신무(神武)하였다. 그

때 무양왕이 그가 현명하다는 소문을 듣고 [b]"국사"에는 영류왕의 이름이 건무 혹

은 건성이라고도 하는데, 여기에서는 무양이라고 하니 잘 알 수 없다. 불러들여 신하로 삼

았다. (그는) 스스로 성을 개(盖)라고 하고 이름을 금(金)이라고 하였는

데, 지위가 소문(蘇文)에 이르렀으니, 곧 시중(侍中)의 직이다. [c]"당서"에

는 "개소문이 스스로 막리지(莫離支)라고 했으니, 중서령(中書令)과 같다."고 하였다. 또 "신지비사

(神誌秘詞)"의 서문에는 "소문(蘇文) 대영홍(大英弘)이 서문과 아울러 주석하다."라고 했으니, 즉,

소문이 곧 직명인 것은 문헌으로 증명되지만, 전기에 이르기는 "문인(文人) 소영홍(蘇英弘)의 서

문"이라고 하였으니, 어느 것이 옳은지 알 수 없다. [508]개금(金)이 (왕에게) 아뢰기를,

솥에는 세 발이 있고, 나라에는 3교가 있어야 합니다. 신이 보니 나라

안에 다만 유교와 불교가 있을 뿐 도교가 없으므로 나라가 위태롭습

니다."라고 하였다.

왕이 이를 옳게 여겨 당나라에 요청하였더니 태종이 서달(敍達) 등

도사 여덟 명을 보냈다. [a]"국사"에는 "무덕 8년(625) 을유(乙酉)에 사신을 당나라에 보내

불교와 도교를 청하니 당나라 황제가 이를 허락하였다."라고 하였다. 여기에 의하면, 양명이 갑술

년(甲戌年)(614)에 죽어서 이곳에 태어났다면, 나이가 겨우 10여 세일 것인데, 재상으로서 왕에게

권고하여 사신을 보내 청했다고 하였으니, 그 연월에 반드시 한 군데는 틀린 것이 있을 것이지만,

지금 두 기록을 다 남겨 둔다. 왕이 기뻐하여 절을 도관으로 삼고, 도사를 높여

유사 위에 앉게 하였다. 도사들은 국내의 유명한 산천을 다니면서 진

압하였다. 옛 평양성의 지세는 신월성이었는데, 도사들은 주문으로

남하의 용에게 명하여 (성을) 더 쌓게 하여 만월성으로 만들었다. 이

로 인하여 이름을 용언성이라고 하고, 참서(讖)를 지어 용언도라고 하

고, 또 천년보장도라고도 하였으며, 혹은 영석을 파서 깨뜨리기도 하

였다. ^b속설에 도제암(都帝嵒)이라고 하고, 또는 조천석(朝天石)이라고도 하는데, 대개 옛날에 성제(聖帝)가 이 돌을 타고 상제(上帝)에게 조회하였기 때문이다. 개금이 또 아뢰어 동북 서남에 장성을 쌓게 했는데, 이때 남자들은 부역에 나가고 여자들은 농사를 지었다. 공사는 16년 만에야 끝났다. ⁵⁰⁹보장왕시대에 이르러, 당나라 태종이 친히 6군을 거느리고 와서 치다가 또 이기지 못하고 돌아갔다. 고종 총장 원년(668) 무진(戊辰)에, 우상 유인궤와 대장군 이적과 신라 김인문 등이 침공하여 나라를 멸망시키고 왕을 사로잡아 당나라로 돌아가니, 보장왕의 서자(庶子)는 4천여 가(家)를 거느리고 신라에 항복하였다. ^a"국사"와 조금 다르므로 아울러 기록한다.

⁵¹⁰대안 8년 신미(1091)에 우세승통이 고대산 경복사 비래방장에 이르러 보덕 성사의 진영을 뵙고 시를 남겼는데, "열반방등의 교는 우리 스님으로부터 전수하였다."라고 운운하다가 "애석하구나, 방장(房)이 날아온 후에는, 동명왕(東明)의 옛 나라 위태로와졌네."(라는 구절에) 와서 발문(跋)에 다음과 같이 말하였다.

고구려의 보장왕이 도교에 혹하여 불법을 믿지 않으므로 스님(보성)은 방을 날려 남쪽으로 이 산에까지 왔다. 그 후에 신인(神人)이 고구려 마령에 나타나서 사람들에게 "너희 나라가 망할 날이 며칠 남지 않았다."라고 고(告)하였다.

(이것은) 모두 "국사"와 같고 (그) 나머지는 "본전"과 "승전"에 자세히 기록되어 있다.

⁵¹¹스님에게는 11명의 고명한 제자가 있었다. 무상화상은 제자 김취 등과 함께 금동사를 세웠고, 적멸과 의융 두 스님은 진구사를 세웠으며, 지수는 대승사를 세웠고, 일승은 심정·대원 등과 함께 대원사를 세웠으며, 수정은 유마사를 세웠고, 사대는 계육 등과 함께 중대사

를 세웠으며, 개원화상은 개원사를 세웠고, 명덕은 연구사를 세웠다. 개심과 보명도 전기가 있는데, 모두 "본전"과 같다.

[512]찬하여 말한다.

석가의 가르침은 넓고 넓어 끝없어라.

하늘아래 모든 강줄기 바다로 가는 것 같이, 유교와 도교도 모두 석가로 흘러간다.

가소롭다. 고구려왕은 즙즙한 사교(邪敎)에 빠져 푸르른 바다 같은 석가를 못 보고

와룡(臥龍)에 비길 만한 훌륭한 승려들을 나라 밖으로 보내 버리다니.

주해

503○【寶藏奉老】 보장(寶藏)은 고구려 마지막 왕(재위, 642-668). '유' 권제2 '문호왕법민' 조 및 고증 중권 주해 263 '고장왕' 항목 참조.

다음으로 '寶藏奉老'는 보장왕이 도교를 신봉한다는 것을 말한다. 원래 봉로(奉老)라는 것은 노자(도덕교)를 신봉한다는 것인데, 도교에서는 노자를 교조로 하므로 도교신봉이라는 것이 된다.

○【普德移庵】 보덕화상에 대해서는 뒤에 나오는 '고려영탑사' 조에, '僧傳言. 釋普德, 字智賢'이라고 보이는 것으로 분명히 승전에 실려 있었다고 생각되는데, 이곳에만 그 행적을 알 수 없다. 그는 반룡사에 살았는데, 보장왕 초년에 개소문이 불교에 대항하여 도교를 일으키려고 하는 것은 나라를 위험하게 하는 것이라고 자주 간언했으나 들어주지 않자, 마침내 신통력을 써서 방장을 날려 남쪽의 완산주의 고대산으로 옮겨 그곳에 살았기 때문에 이암(移庵)이라고 한 것이다.

504○【高麗本記云】 이미 '순도조려' 조에서 말했듯이, "고려본기"는 '유'에서는 권제1(기이 제1)의 '고구려' 조, 권제3·홍법 제3의 '순도조려' 조와, 이곳의 세 곳에 인용되어 있는데, 이것은 '여기'를 가리키는 것 같다. 그

러나 다음의 '麗李武德貞觀間. 國人爭奉五斗米敎.'는 '여기'에는 보이지 않는다. 그래서 이 "고려본기는 "구삼국사"의 "고구려본기"인가.

○ 【麗李武德貞觀間】 무덕(武德)은 당 고조의 원호. 정관(貞觀)은 다음의 태종조의 원호. 무덕(618-626) 연간부터 정관(627-649) 연간에 걸치는 동안은 분명히 고구려 말기, 즉 여계(麗季)이다.

○ 【國人】 이 국인이라는 것은 귀족층뿐만 아니고 널리 서민을 포함하여 고구려 사람을 가리킬 것이다.

○ 【五斗米敎】 Wo-tou-mi-chiao. 서기 2세기 중엽이 지나, 중국의 패(沛, 지금의 강소성 패현)의 장릉이 촉(蜀, 사천성)에서 만들어 낸 종교. 또 그 교단으로 도교의 원류로 되어 있다. 이 교단은 그 유지비로서 쌀 5말을 내게 했기 때문에 오두미교(五斗米敎)라고 일컬어졌다. 이 교법은 아들인 장형, 손자인 장노에게 이어져 크게 번성했다. 장노는 스스로 천사라고 하고, 신자를 귀졸이라고 하며, 그 교(敎)를 위하여 신명을 바치는 군대조직을 만들어, 한(漢)을 중심으로 종교왕국을 세웠는데, 215년에 조조에게 직접 정벌을 당하여 항복했다. 조조는 장노를 진남장군, 만호후에 봉했기 때문에, 이 교단은 경제적으로 안정되고, 이후 천사도교, 더 나아가 신(新)천사도교로서 발전했다.

오두미도와 같이 후한말의 사회불안을 틈타 발생한 것은 장각의 태평도이다. 장각은 갑신년(184)에 후한을 대신하여 신왕조를 세우려고 병사를 일으켰다. 이것이 황건의 난인 것은 잘 알 것이다.

그러나 본문의 기술은 오두미교라고 하기보다는 신천사도라고 해야 할 것이다(신천사도는 북위의 구겸지에 의해 시작되었다). 오두미교라고 한 것은 종래 호칭을 관습에 따라 한 것인가.

○ 【唐高祖聞之. 遣道士. 送天尊像. 來講道德經. 王與國人聽之】 당고조문지(唐高祖聞之)부터 이하의 기사는, 다음에 보이는 '여기'에 바탕을 둔 것이다. '여기' 영류왕 7년(624) 춘2월 조에는,

王遣使如唐請班曆. 遣刑部尚書沈叔安. 策王爲上柱國遼東郡公高句麗

王. 命道士以天尊像及道法. 往爲之講老子. 王及國人聽之.

라고 보이는데, 이것에 근거했다고 생각되는 "구당서"(199, 상열전149)

동이고려에는

武德七年(624)遣前刑部尚書沈叔安. 往冊建武爲上柱國遼東郡王高麗

王. 仍將天尊像及道士. 往彼爲之講老子. 其王及道俗等. 觀聽者數千人.

이라고 보인다. 또 연월을 기록하지 않았으나, "통전(通典)" 변방문동이

(邊防門東夷, 고구려)에도,

又遣使請道教. 詔沈叔安. 將天尊像幷道士. 至其國. 講五千文. 開釋玄

宗. 自是始崇重之. 化行於國. 有踰釋典. 이라고 있다.

○【唐高祖】성은 이(李). 휘는 연(淵). 농서 이씨의 후예로 호족(胡族) 출신

으로 보인다. 연(淵)은 서기 565년에 장안에서 태어나, 7세에 당국공을

이었다. 생모가 수 문제 황후의 여동생이었던 관계로, 연(淵)은 문제에게

총애를 받았다. 수(隋) 말에 반란이 일어나 전국으로 확대되자, 태원유수

관으로서 산서에 진을 치고 있던 그는 619년에 거병을 하여, 돌궐의 구원

을 받아 장안에 들어가 공제(煬帝의 손자)의 이양을 받고 황제 자리에 올

라 당조를 열었다. 그리고 무덕이라고 개원. 그 9년(626)에 태상황이라고

하며 태자 세민(태종)에게 자리를 물려준다.

○【道士】도교의 승려. 원래, 도의(道義)를 몸에 지녔다는 뜻에서, 점술, 주

술이나 의술에 뛰어난 사람. 즉 방사(方士). 불교 승려도 가리킨다.

○【天尊像】도교에서는 하늘의 신을 천존이라고 한다. 천존의 명칭은 여러

가지. 양(梁)의 도사, 도홍경에 의해 처음으로 신통보가 만들어졌는데(이

것이 진령위업도), 원시 천존을 최고신격으로서 위치를 지었다. 그리고

이것은 현재에도 이른다.

○【道德經】"老子道德經"(2권). 사마천의 "사기"(열전 제3). 노자전에는 '상

하 2편의 책을 지어, 도덕의 뜻에 대하여 5,000여 말을 적었다.'고 되어

있다. 나중에 간단히 "노자"라고도, 글자 수에 의해 "오천문(五千文)이라

고 했다. 그러나 본서는 노자의 저작이 아니고, 그 내용으로 보아 서기 기

원전 2세기 초(전한 초기)의 후인이 만든 것으로 보인다.

그리고 앞서 말한 후한의 태평도교단에는, 태평경이 있으며, 오두미교 교단에서는 "노자도덕경"을 경전으로 하고, 이것을 이용하여 교법을 선포하기 위하여 "노자상이주"도 만들어 냈다.

○【即第二十七代榮留王即位七年. 武德七年甲申也】이해는 서기 624년에 해당한다. 영류왕은 휘는 건무(建武). 618년 배다른 형인 영양왕이 죽고, 왕위에 오른다. 고구려는 이 왕대에는 당과 화친을 맺고, 국내의 중국 병부로(수 침입 때)의 송환(1만여)을 행하고, 또 전술과 같이 642년에 권신 연개소문에게 살해당했다.

505, 505a○【明年遣使徃唐. 求學佛老. 唐帝謂高祖也.許之】'여기' 영류왕 8년 조에는 '王遣人入唐. 求學佛老敎法. 帝許之'라고 보인다. 그리고 불로(佛老)의 불은 두말할 것도 없이 불교, 노(老)는 도교를 말한다.

○【及寶藏王即位. … 亦欲併興三敎】'여기'에는 보이지 않는다.

○【寶藏王】주해 503 참조.

505b○【貞觀十六年壬寅也】이해에 보장왕은 즉위했는데, 서기 642년에 해당한다.

○【三敎】儒 · 佛 · 道의 3교를 말한다.

505○【時寵相蓋蘇文. 說王以儒釋並熾. 而黃冠未盛. 特使於唐求道敎】'여기' 보장왕 2년(634) 3월 조에는 '蘇文告王曰. 三敎臂如鼎足. 闕一不可. 今儒釋並興. 而道敎未盛. 非所謂備天下之道術也. 伏請遣使於唐. 求道敎以訓國人. 大王深然之. 奉表陳請. 太宗遣道士叔達等八人. 兼賜老子道德經. 王事取僧寺館'이라고 적혀 있다.

○【蓋蘇文】고구려 말의 권신, 연개소문(-665?)을 말한다. '사'(권49) 열전(제9)의 개소문전에는 '蓋蘇文(或云, 蓋金). 姓泉氏. 自云生水中. 以惑衆 云云'이라고 있다. 사서에는 모두 천개소문(泉蓋蘇文)이라고 하고 있다. 그러나 그의 동생은 연정토(淵淨土)라고 기록되어 있다. 원래 연(淵)이어야 할 곳을 천(泉)이라고 한 것은 당 고조의 휘, 연(淵)을 피했기 때문이

다. 연이나 천은 한국어 '올'로 같은 음136)이기 때문에, 연을 대신하여 천을 사용했다고 볼 것이다. '紀'(皇極紀元年)에는 그를 이리가수미라고 적고 있다. 이리(伊利)는 '올'을 나타내는 것이다. 그리고 개(蓋), 가(柯)는 모두 둘레, 주위(邊, 가)라는 뜻. 소문(蘇文), 수미(須彌)는 '金'137)의 뜻이다.

이하 연개소문의 경력을 자치통감 당기(唐紀), '사' 개소문전, "당서" 고구려전, '여기' 등에 근거하여 적기로 한다. 그는 영류왕대에 아버지 뒤를 이어 동부(혹은 서부라고도 한다) 大人(귀족)大對盧가 되었다. 중국에서는 수를 대신하여 당이 일어나자(618), 고구려와는 화친과 평화가 유지되었는데, 태종이 황제 자리에 오르자 전몰한 병사의 유해를 거두어 제사를 지내거나, 고구려 경관을 파괴(631)했기 때문에, 고구려는 이해부터 당에 대비하여 그 국경선에 천리의 장성을 쌓기 시작했다. 이 장성은 동북의 부여성(農安)에서 시작되고, 서남은 바다에 이르는 것으로, 16년의 세월이 걸렸다고 하는데, 개소문은 왕명에 의해 이 공사를 감독했던 것이다.

개소문은 걸출한 호걸이었는데, 성격이 흉폭하여, 여러 대인은 밀담을 나누어 그를 죽이려고 했지만, 그는 이것을 알고 여러 대신 백여 명을 연회에 불러, 모두 죽이고 다음으로 왕궁에 들어가 왕을 죽이고, 그 동생 보장을 세운(641) 뒤, 스스로 막리지가 되어 나라 일을 도맡았다. 그는 항상 오도(五刀)를 차고 있어, 좌우로 감히 올려 보는 자가 없었고, 궁을 나갈 때는 반드시 대오(隊伍)를 이었다고 한다. 또 그는 나라에 도교가 없는 것을138) 유감스럽게 여겨 왕에게 말하여 사신을 당에 보내 도사 숙달(叔達) 등 8명을 맞이했다(642). 이해 고구려는 백제와 연합하여 신라를 공격하여 그 당항성을 빼앗고, 신라의 입당로를 막았다. 이 때문에 신라

---

136) 원문(オル)대로이다.
137) '쇠'일 것이다.
138) 고증. 에는 (?)라고 덧붙였다.

는 당에 위급을 알리고 당은 두 나라에게 말을 하여 중지하도록 했다. 백제는 이것에 응했으나, 개소문은 강경하게 반대하여 마침내 당 사신을 잡아 깊숙이 가두었기 때문에, 당 태종은 격노하여, 개소문이 그 왕 및 여러 대신을 죽이고 백성을 잔학하게 하는데다가, 또한 당명(唐命)을 거스르는 것을 문책하여 644년에 대병을 친히 이끌고 와, 다음 해에는 요동의 여러 성을 뺏고 안시성으로 갔다. 그러나 함락하지를 못하고 태종의 친정(親征)은 실패로 끝났다. 655년에는 개소문은 백제말갈과 함께 신라의 북쪽 경계의 33성을 빼앗았다. 당은 신라의 요청에 따라 출병하여 백제를 멸망(660)시킴과 동시에, 종종 고구려를 공격했으나, 그는 당병을 잘 막아냈다. 개소문은 662년에는 평양 부근의 사수에서 당의 별군(別軍)을 쳐 전멸시켰다. 또 오랫동안 평양을 둘러싸고 있던 개소문 군대도 눈을 만나 마침내 군을 돌렸다.

그러나 개소문은 665년에 죽은 듯하다. 그가 죽은 것은 '서기'에서는 덴지기(天智紀) 3년(664) 조에, '여기는 보장기 25년(666) 조에 있는데, 池内宏의 추정에 따라 위와 같이 했다[池内宏, '高句麗討滅の役に於ける唐軍の行動-第二章, 泉蓋蘇文の死と諸子の不和', "滿鮮史硏究"(上世第二冊) 수록].

○ 【黃冠】 도사의 관(冠). 이것으로 도사를 말한다.

○ 【盤龍寺】 뒷글에 의하면, 보덕(普德)화상은 평양성 안에 살고 있었다고 하기 때문에, 화상이 살았던 반룡사는, 평양성 내에 있었다고 생각되지만, 절터는 불명.

○ 【左道】 이곳에서는 도교를 가리킨다.

○ 【匹正】 정(正)은 정도(淨道), 즉 불교를 말한다. 그래서 필정(匹正)이라는 것은 불교와 대항(對抗)한다는 것을 말한다.

505, 505c○ 【乃以神力飛方丈. 南移于完山州今全州也孤大山而居焉】 '여기' 보장왕 9년(650) 조에 '夏六月, 盤龍寺普德和尚. 以國家奉道不信佛法. 南移完山孤大山'이라고 적고 있다.

○【完山州今全州也】 '나기' 신문왕 5년(685) 조에, '春, 復置完山州. 以龍元爲總管', '사' 지리지(3) 전주 조에는 '本百濟完山. 眞興王十六年爲州. 二十六年州廢. 神文王五年復置完山州. 景德王十六年改名. 今因之. 領縣三….' 또 '승람'(권33) · 전라도 전천부의 건치연혁 조에는 '本百濟完山(一云, 比斯伐. 一云, 比自火). 新羅眞興王十六年. 置完山州. 二十六年州廢. 神文王復置完山州. 景德王十五年改今名. 以備九州. …'이라고 있다. 그러나 신라의 완산주 창사를 진흥왕 때라고 한 것은 잘못이다. 이것은 현재의 창녕(경상남도)에 해당하는 비사벌에 하주(下州)를 설치하고, 또 폐(廢)한 기사가 혼입된 결과이다. 즉 비자벌(比子伐)의 대역인 모산(兒山)의 오사(誤寫) 오간(誤刊)에 의한 것이다. 그래서 위 3사료에 보이는 神文王五年復置 · 神文王復置의 복(復)은 제거해야 할 것이다.

505○【孤大山】 뒤에 나오는 '景福寺' 항목의 주해 가운데 보이는 고달산(高達山)인가.

○【即永徽元年庚戌六月也】 영휘원년 경술은 서기 650년. 영위는 당 고종조의 원호. 649년에 당에서는 태종이 죽고 그 6월에 고종이 즉위하여 다음 해 영휘(永徽)라고 개원하였다. 이 연월은 '여기' 모두 일치한다.

505d○【又本傳云. 乾封二年丁卯三月三日也】 이 전(傳)은 뒷글의 문열공(김부식)이 저술했다고 하는 '釋普德傳'일까. 건봉은 당 고종 조의 원호. 건봉 2년 정묘는 서기 667년. 보장왕 26년에 해당한다. 다음으로 한국에서는 3월 3일을 삼진(三辰)이라고 하며 명절(祝日)로 하고 있다.

505, 505e○【未幾國滅】【以揔章元年戊辰國滅. 則計距庚戌十九年矣】 고구려는 보장왕 27년(668) 9월에 도읍인 평양이 함락되고 마침내 멸망했다. 이해는 신라에서는 문무왕 8년, 당에서는 총장 원년 무진년이 된다. 그래서 앞서 영휘 원년 경술(650)에서 이해까지의 연수를 계산하면 햇수로는 19년이 된다.

505○【景福寺】 '승람'(권33) 전주부, 불우 조에는 '景福寺. 在高達山. 寺之飛來堂. 有普德大士畵像.'이라고 보이며 더 나아가 계속해서 '李奎報記.

普德字智法. 嘗居高句麗盤龍山延福寺. 一日忽謂弟子曰. 句麗唯尊道敎. 不崇佛法, 此國必不久矣. 安心避亂, 有何處所. 弟子明德曰. 全州高達山. 是安住不動之地. 寶藏王二十六年丁卯三月三日. 弟子開戶出見. 則堂已移 於高達山. 距盤龍一千餘里也. 明德曰. 此山雖奇絶. 泉水涸枯. 我若知師 移來. 必幷移舊山之泉矣'라고 보인다.

505f ○ 【已上國史】이 국사(國史)라는 것은 '사'를 말한다. 이상의 것은 앞서 보인 '여기' 보장왕 9년 하유월(夏六月) 조의 기사로부터 뒷받침될 것이다.

505 ○ 【眞樂公】이자현(李資玄, 1061-1125)을 말한다. 그는 고려 초의 전성기라고 불렸던 정종에서 인종 말에 이르는 100년간에 급속하게 발전하고 일족 심창부범, 게다가 일세기의 호사를 다한 경원(지금의 인천방면) 이씨(李氏) 일가에 속했다. 조부는 자연, 아버지는 의(顗, 자연의 넷째아들)로, 그는 의(顗)의 맏아들로서 1061년에 태어났다. 자(字)는 진정, 자현은 용모 수려하고 훤칠하며 천성적으로 성격이 좋았으며, 1081년에 진사급제, 1089년에 대악서승이 되었는데 홀연히 관직을 버렸다. 어떠한 이유가 있어 권력을 버렸는지는 불명. 그는 희이자라고 하며 아버지가 세운 보현원에 살면서, 문주원이라고 이름을 바꾸고 선적을 좋아하며 출세의 뜻을 접었다. 그리고 1125년에 65세로서 청평산에 입적하고 진악이라고 시호를 받았다.

　　"고려사"(권98, 열전 제8)에는 이자연의 전에 덧붙여 자현의 소전이 있는데, 이것은 주로 "문수원기(文殊院記)"에 의하고 있다. 또 '性吝. 多畜 財貨. 爭物積穀. 一方壓苦.'라고도 보이는데, 무엇에 의한 것인지는 불명. [참고] "眞樂公重修淸平山文殊院記", "春川文殊院重修碑"["조선금석총람"(상) 조선총독부]. 藤田亮策 '李子淵と其の家系'("朝鮮學論考" 수록).

○ 【文烈公】'사'의 찬술자, 김부식(1075-1151)을 말한다. 경주 사람. 그는 고려 제15대 숙종 때에 급제하여 한림학사가 된다. 그는 인종조에 외조부로서 궁중 내외에 막강한 세력을 가진 이자겸에 아첨하지 않고 공사(公私)를 분명하게 하여 오히려 이자겸으로 하여금 상찬(賞讚)을 받았다.

1128년 서경(평양)에 요승(妖僧) 묘청이 나타나 인종에게 개성에서 서경으로 천도를 권해, 한때는 왕도 이것에 매혹되었는데, 김부식은 굳건하게 반대하여 천도를 저지했다. 그래서 묘청 무리는 1135년에 서경에서 군사를 일으켜 국호를 대위라고 하고 천개라고 연호를 달고 독립을 외쳤다. 김부식은 당시 당대 유일한 유신(儒臣)이라고 했는데, 왕명으로 원수가 되어 난을 평정했다. 그리고 1142년에 관을 물러났는데, 1145년에 '사'를 찬술하여 인종에게 바친 것은 주지대로이다. 인종의 뒤를 이어 의종은 즉위 후, 그를 낙랑군개국후로 봉하고, 식읍 1000, 식실봉 400호를 내렸다. 더 나아가 칙령으로 "인종실록"을 찬술했는데, 1151년에 죽어(77세) 문열공이라고 시호를 받았다.

또 그는 1123년(북송 휘종의 선화 5년, 인종 원년)에 송의 사신이 왔을 때, 접사역으로서 이름을 날린 것은 유명한데, 그도 또한 사절로서 송에 부임한 적도 있다. [참고] "고려사"(권15 · 16) 인종세가 1 · 2. 권98 열전 제1 · 김부식전. "宣和奉使高麗圖經"(徐兢撰) 권8 · 인물.

506 ○【又按唐書云】 "당서"에는 다음의 "先是隋煬帝征遼東 … 是之應也"라는 기사는 보이지 않는다. 이 "당서"는 중국 정사의 하나로 북송의 구양수 등이 인종의 조칙을 받아 편찬을 시작하여, 17년 걸려 1060년(가우 5)에 완성했다. 이 책은 "구당서"에 대하여 "신당서"라고 한다. 그 내용은 본기 10권, 지(志) 50권, 표(表) 15, 열전 150권으로 전 225권. 당 일대의 역사 사실을 기록하고 있다. 권두에는 증공량의 진서표가 있고, 전판본에는 권말에 동충(송)의 '당서석음(25권)'이 붙어 있다. "신당서"는 고문으로 간결하게 정사편찬 체재로 기원(紀元)을 나눈 것이다.

○【隋煬帝征遼東】[제1차 출정] 대업(大業) 7년(611) 2월 칙을 내려 원정 준비에 들어가, 다음 해 1월 탁군에 전군을 모아, 양제 친히 군을 인솔하여 원정길을 올랐다. 그 군은 대략 113만 3800명(200만이라고 하며), 그 식량보급자는 이것의 배라고 한다. 그런 까닭에 '近古出師之盛, 未之有也'라고 역사서에 기록한 것도 무리가 없다. 그리고 6월에는 양제는 요동

성 근방에 도착했다. 내호아가 이끈 수군은 이미 패수(대동강)에 도착해 단독으로 평양에 들어갔으나 실패했다. 양제는 요동에 도착한 9군을 압록강 서쪽에 모아, 7월에는 평양을 들어갔으나, 수 선봉군은 굶주려 피폐했고, 고구려 을지문덕의 교묘한 작전에 의해 살수 전에서 전멸을 당했다. 9군이 요동에 왔을 때에는 30만 5천이었으나, 요동성에 귀환한 것은 2,700명에 지나지 않았다. 이 때문에 양제는 어쩔 수 없이 회군을 해야 했다.

[제2차 출정] 대업 9년(613), 양제는 신하의 말을 안 듣고 친히 원정, 4월에는 요동에 도착하여 신성·요동성을 에워쌌다. 그러나 수개월이 지나도 함락을 못 하고 괴로워하고 있을 때, 국내에서는 양현감의 반란이 일어났다는 전갈을 받고 양제는 회군했다.

[제3차 출정] 대업 10년(614) 2월, 양제는 모든 군에게 출동을 명하여 탁군에서 회덕진에 도착했는데, 국내는 이미 소란이 일어나 징병 군사는 시기를 놓쳐 많이 모자라는데다가, 호아가 이끄는 수군만 나아가 비사성(대련만)을 점령하고, 더 나아가 평양을 가려고 했다. 이것을 두려워한 영양왕은 사신을 파견하여 항복을 알렸기 때문에, 양제는 기뻐하며 8월에 회덕진에서 군을 돌렸다.

이후에도 양제는 원정의 뜻은 있었으나, 이미 천하는 분쟁에 들어가 결국 이루지 못했다. [참고] '여기' 영양왕기 22년·23년·24년·25년 조. "자치통감"(隋紀 五·六·七·八). "수서" 제기(帝紀)·고구려전.

○ 【盖】 양(羊)과 명(皿)을 합하면 개(盖) 자가 된다.

507○ 【按高麗古記云】 이 "高麗古記"는 구삼국사인가.

○ 【大業八年壬申】 서기 612년, 대업은 수 양제(煬帝) 조의 원호.

○ 【領三十萬兵. 渡海來征】 앞서 말한 바와 같이 양제는 친히 원정을 하여 요동에 이르는데, 바다를 건너 원정을 하지는 않았다. 이 원정에서 수군의 장군은 좌익위대장군내호아로, 그는 장강·회하의 수군을 이끌고 패수에 진입하고 평양에서 60리 되는 곳에서 고구려군과 우연히 만나 크게

이것을 격파하였다. 호아는 부총관이 말리는 것을 듣지 않고 정예병 수만을 골라 곧장 평양성으로 나아갔다. 호아는 평양에 입성했으나, 복병을 만나 크게 패하고 가까스로 몸만 빠져나왔다. 그리고 함께 도망친 자는 수천에 지나지 않았다. 호아는 군대를 이끌고 해안에 돌아와 이곳에 머물렀지만 수의 다른 군과는 적극적으로 호응하지 않았다.

○ 【十年甲戌十月. 高麗王 … 上表乞降】 이 10년은 대업 10년을 말한다. 이 해는 본문 주에도 있듯이 고구려 영양왕 25년. 영양왕이 이 해에 상표하여 항복을 한 것은 앞서 말한 대로인데, "수서" 제기(대업 10년 조), "자치통감" 권182·수기6(대업 10년 조)에는 10월이 아니고 '七月甲子'라고 있다.

507a○ 【第三十六代嬰陽王】 영양왕(嬰陽王)은 고구려 제26대 왕(재위 580-618). 평양이라고도 한다. 제36대는 26대의 잘못. 영양은 평원왕의 맏이로 휘(諱)는 원(元, 大元이라고도 한다). '여기'에는 '風神俊爽. 以濟世安民自任.'이라고 있는데, 평원왕 7년(565)에 태자가 되고, 580년에 평원왕이 죽자 왕위에 올랐다.

　이 왕의 치세 중에 수 고조(문제), 양제로부터의 침략을 당하여 나라의 운명이 위태로웠으나 잘 견뎠다. 또 왕의 11년(600)에, 대학박사 문진으로 하여, 고사(古史) "유기"를 찬수하고, "신집"5권을 찬술하게 한 것은 유명하다.

507○ 【右相】 일본에서는 우대신을 당풍으로 우상. 우상국 등으로 말했다. 중국에서는 옛날 좌상·우상이 있고 재상이 있었다. 당의 광택 연간에는 상서성의 좌우승상도 좌우상이라고 불렀다. 천보 원년에는 시중(侍中)을 고쳐 좌상이라 하고 중서령을 우상이라고 했다. [참고] "신당서" 제기 제4, 제5. "당육전".

○ 【武陽王】 본문 주(注)에 있듯이 미상. '사'에도 보이지 않는다.

507b○ 【國史榮留王名建武. 或云建成. 而此云武陽. 未詳】 이 국사는 '사'를 말한다. 영류왕에 대해서는 이미 말했다(주해 504 참조).

507○ 【自稱姓盖, 名金】 개(盖)는 개(蓋=盖)의 속자. '蓋蘇文 혹은 蓋金이라

고도 한다'는 이미 개소문 항목에서 말했는데, 소문(蘇文)은 쇠(金)의 뜻
이 있기 때문이다. 또 이리가수미의 수미(須彌)도 쇠의 뜻이다.

나아가 '사'의 개소문 전에 '自云生水中, 以惑衆'이라는 것은 "당서" 고
려전에 '自云水中'에 근거를 두었겠지만, 이것은 개(蓋)와 이리가수미의
가(柯)가 모두 변(邊, 가)의 뜻으로, 이 같은 설화가 태어난(성씨 해석에
의한다) 전설 같다[이병도 저·김사엽 역 "한국고대사"(下) 242면].

다음으로 '사' 개소문 전에는 개소문의 성은 천씨(泉氏)라고 기록되어
있다. 그러나 이 천(泉)은 당 고조(李淵)의 휘 연(淵)을 피한 것으로 보인
다. 개소문(蓋金)이 연씨(淵氏)일 것이라고 하는 것은, 그의 동생이 연정
토라고 사서에 기록되어 있어 분명히 연씨이다. 그러나 본문과 같이 개
(蓋)를 성, 소문(蘇文, 金)을 이름이라고 하는 사람 이외에, 연개를 성이
라고 하고 소문(蘇文, 金)을 이름이라고 하는 자도 있는데, "자치통감"(唐
紀)에 기재되어 있는 예로 보아 개소문이 이름이라는 것은 분명하다. 더
나아가 "泉男生墓誌"(남자는 개소문의 장자)를 보면 분명하다. 남생은 이
름이다. 이것과 나란히 아버지를 개금(蓋金)이라고 기록하고 있다. 그런
까닭에 개금(蓋蘇文)은 이름이다. 이 "泉男生墓誌"는 679년경 지어졌다
고 보이므로, 사료적으로도 믿을 수 있을 것이다.

○ 【位至蘇文】'蘇文或云金' 혹은 '金或云蘇文'이 잘못된 것일까. 고구려의
관위에서 소문에 해당하는 것이 없다.

○ 【侍中職】본문의 주에 있듯이, 당대에는 문하성의 장관을 문하시중이라고
하고, 또 우상이라고도 했다(좌상은 중서성의 장관, 중서령을 가리켰다).

507c○ 【莫離支】동부대인·대대로였던 연(천)개소문[淵(泉)蓋蘇文]이 여
러 대신 백여 명을 모살하고, 더 나아가 왕의 시역(弑逆)[139]을 행하는 등
으로, 스스로 막리지가 되어(642) 국사를 집행하고, 이후 20여 년간 고구
려에 군림하여 전권[140]을 가졌으므로, 당(唐)이 볼 때에는 병부상서와 중

---

139) 시살(弑殺), 살해.

서령을 겸한 것과 같았다. 그리고 종래 막리지는 고구려 최고 관직처럼 보였다. 또 막리지는 갑자기 7세기에 나타난 것 같으나, 이것은 원래 대대로 다음의 제2의 관직인 태대형(이기=막하하라지)이었다. 그리고 막리지는 막하하라지와 같은 음, 뜻인 마가리支[141]의 번역임에 틀림없다.

[참고] 武田幸男, '莫離支の正體'("高句麗史と東アジア" 수록)(1989년, 岩波書店).

　　그러면 개소문이 왜 막리지인 채로 전권을 휘둘렀던 것일까. 이것은 종래의 대대로를 비우고, 새로운 권력집중의 중추로서 태대형을 개조하여 새롭게 활용하려고 했다고 생각할 수 있겠으나, 검토가 필요하다. 또한 종래 견해에 대해서는 스에마쓰의 "新羅史の諸問題" 수록 '第三篇, 新羅建國考' 가운데 155면 이하를 참조.

○【中書令】 당의 관 제도에서는 중앙에 중서 · 문하 · 상서의 삼성을 두었는데, 중서성은 천자 조칙의 기초를 관리하는 것으로 그 장관은 중서령(2인)이라고 했다. 정삼품.

○【神誌秘詞序】 "신지비사"는 왕씨(王氏) 고려시대 초기에 유포했던 도참서의 하나. 단군의 문교관리였던 신지선인의 작품이라고 한다.

○【殊文大(人)英弘】 다음에 '文人蘇英弘'이라고 있어 대(大)는 인(人)으로 고쳐야 할 것이다. 소영홍에 대해서는 미상.

508○【金奏曰. 鼎有三足. …秦唐請之】 金은 개금(蓋金)을 말하는 것. 이 글은 이미 말했다. '여기'.

○【太宋(宗)】 당 태종(太宗, 589-649), 성은 이(李), 휘는 세민(世民), 고조(李淵)의 차남. 수(隋) 말의 혼란기에 아버지에게 권하여 군사를 일으키고, 당조 건설에 공헌. 626년에 즉위하여 제2대 황제가 된다. 그리고 다음 해 정관으로 개원. 태종은 널리 인재를 등용하고 안으로는 제도를 정

---

140) 마음대로 권력을 휘두름. 또는 그런 권력.
141) 고증. 원문 그대로.

비하고 밖으로는 영토를 넓혀 국위를 떨쳤다. 치세 23년간은 사회가 안정되고 당조의 기초를 확립하여 정관의 치(治)라고 불렸다. 그러나 고구려 원정에 실패하여 분통해하며 죽었다(649년).

○ 【遣敍(叔)達等道士八人】 서달(敍達)은 숙달(叔達)로 고쳐야 할 것이다. 주해 505에 인용한 '여기' 보장왕 2년 3월 조 참조.

508a○ 【國史云. 武德八年乙酉遣使入唐永佛老】 국사(國史)는 '사'를 말한다. 이 이하의 글은 모두 본문 머리에 보인다. 주해 505 참조.

508○ 【道舘】 도교의 사원. 도관(道觀)을 말한다.

○ 【築長城東北西南. 時男役女耕. 役至十六年乃畢】 이것에 대해서는 이미 앞서 개소문의 항목에서 말했다. 주해 505를 참조. 남역여경이라고 있듯이 고구려인의 노역 부담은 컸던 것으로 생각된다. 고구려는 연개소문이 죽은 후, 연씨 일족의 내홍으로 일거에 망했는데, 이미 앞서 말했듯이 당에 대한 방어와 수비로 피폐해졌기 때문으로 보인다.

509○ 【及寶藏王世. 店太宗親統以六軍來征. 又不利而還】 당 태종은 친히 6군을 통솔하여, 정관 18년(644)부터 계속 고구려로 원정군을 보냈으나 실패, 649년에 태종이 죽자 중지했다. 태종은 명신 위징의 간언(諫言)을 듣지 않고 원정을 하였는데, 후에 이것을 후회하고 황태자에게 고구려 원정이 불가하다는 것을 유언으로 남겼다.

○ 【高宗總章元年戊辰. …國滅. 擒王歸唐】 총장원년무진(總章元年戊辰)은 서기 668년. 국가 도읍인 평양이 함락되어 고구려는 멸망하고, 보장왕 등은 잡혀 당의 수도로 보내졌다. 다음으로 당 고종(626-683, 재위 649-683), 휘는 치(治), 태종의 제9자(子). 고종의 치세시대는 정관의 치(治) 뒤를 이어 국위는 신장되었는데, 고종은 병약하였기 때문에 이윽고 측천무후가 국정의 실권을 잡았다.

　[참고] "자치통감" 당기17 · 고종 중의 상. 구당서(권199上) 고구려전. "신당서"(권220) 고려전. "구당서"(권5) 고종본기下. "신당서"(권3) 고종본기. "여기" 보장왕 27년 9월 조. '나기' 문무왕 8년 9월 조. "당회요"(권95)

고구려 등.

○【右相劉仁軌】우상은 앞서 보인 주해 507 참조. 유인궤는 당의 무장. 전(傳)은 "구당서", "신당서" 양 서적에 있다. 자세한 것은 고증(상권) 주해 246의 유인원의 항목 참조.

○【大將軍李勣】대장군 이적은 이정과 함께 당 태종 정관의 충신으로서, 그 이름을 떨친 사람. 그 전기는 "구당서", "신당서" 2서에 있다. 자세한 것은 고증(상권) 주해 249a의 이적 항목 참조.

○【金仁問】신라 태종 무열왕의 제2자(629-694). 자세한 것은 고증(상권) 주해 237의 각간 인문(仁問) 항목 참조.

○【寶藏王庶子率四千餘家投于新羅】이 글은 '여기' 보장왕(下) 총장 2년 조의 '二月, 王庶子安勝. 率四千餘戸. 投新羅'의 기사에 바탕을 둔 것으로 보인다. 본문은 안승이라는 사람 이름이 빠져 있다. 안승(安勝)은 또 보장왕의 외손. 연정토의 자식이라고도 전해지고 있다. 연정토는 고구려 멸망 전인 666년에 신라에 투항을 했는데, 안승은 멸망 후인 669년에 당의 안동도호부 치하에서 탈출하여 신라로 투항했다. 신라 문무왕은 그를 서쪽의 금마저(지금의 익산)에 가서 맞이하여, 고구려왕으로 봉하고 망국의 부흥을 도모했다. 이것은 반도통일를 향하여 고구려 유민의 회유책 때문이기도 했다. 자세한 것은 村上四男 '新羅と小高句麗國'("朝鮮學報" 37 · 38 합병호)("朝鮮古代史硏究" 수록)을 참조.

509a○【國史】'原宗興法l. 厭觸滅身' 조의 주해 496 '국사' 항목 참조.

510○【大安八年辛未】서기 1091년. 대안(大安)은 요흥종조(遼興宗朝)의 원호.

○【祐世僧統】고려의 이름난 승려, 대각국사 의천(1055-1101)을 말한다. 의천은 휘를 후(煦)라고 하며, 자(字)는 의천. 대각국사는 시호. 의천은 1055년에 고려국왕 문종의 제4자로 태어났다. 또한 원화사의 도생은 제6자. 총혜는 제10자였다.

의천은 11세에 출가하여 여러 종교의 교리를 배우고, 또 유(儒) · 도

(道) 2교에도 정통했고, 13세에 우세승통이 되었다. 이 승통이라는 것은 승관(僧官)의 최고위이다.

　더 나아가 의천은 16세쯤 불서의 편집, 간행을 계획하여, 스스로 송 (送)에 건너가 불서를 모았다. 또 요(遼)나 일본에도 불서를 구하여, 그 목록인 '신편제종교장총록'(3권)을 편집하고, 이어서 같은 목록 소재의 불서 간행에 착수했다. 소위 속장경이다. 이렇게 불교사상 및 불교전적 사상에 남긴 의천의 공적은 크다. 더 나아가 의천의 저작으로서는 "원종 문류", "석원사림", "대각국사문집"(건국대학교출판부 영인) 등이 있다. [참고] "고려사" 권90(열전 제3·종실). "홍왕사대각국사묘지". "선선황사 대각국사비". "영통사대각국사비". 池内宏 '高麗朝の大藏經'("東洋學報" 13-3). 高橋亨 '大覺國師義天の高麗佛敎に對する經論に就いて'("朝鮮學 報"제10집). 内藤雋輔 '高麗の大覺國師に關する硏究'("朝鮮史硏究"東洋 史硏究會, 1956년). 田村圓澄 '義天'("世界傳記大事典"日本·朝鮮·中國 編2) 등.

○【普聖師】보덕(普德)을 말한다.

○【詩】'孤大山景福寺飛來方丈禮普德聖師影'이라는 제목을 단 것으로, "대 각국사문집" 권17에 수록. 그 전문은 참고를 위해 말미에 기재한다.

○【涅槃方等敎】열반(涅槃)은 nirvāna로서 원래 방황이 없어진 경지를 가 리키는데, 석존의 입멸을 가리키는 말로도 쓰인다. 방등경은 대승불교의 총칭.

○【東明古國】고구려국을 말한다. 동명(東明)은 고구려 시조 동명성왕을 말한다.

○【跋】"대각국사문집"에 앞서 보인 시(詩)의 분주(分注)로 기록되어 있는 것을 가리킨다. 그 전문은 '師元是句. 高麗盤龍寺沙門. 藏王惑於道敎. 廢 棄佛法. 師乃飛房. 南至於百濟孤大山. 後有神人. 見於高麗馬嶺. 告人曰. 汝國敗亡無日. 具如海東高僧傳.'이라는 것이다.

○【高麗藏王】보장왕을 말한다.

○【後有神人. 現於高麗馬嶺. 告人云. 汝國敗亡無日】 '여기' 보장왕 13년 4
　월 조에는 '人或言. 於馬嶺上見神人. 曰. 汝君臣奢侈無度. 敗亡無日.'이라
　고 있다.

○【馬嶺】 미상. '사'(권37) 지리지(4)의 '三國有名未詳地分'에도 '馬嶺'이 보
　여, 이미 '사' 편찬단계에 '미상'이었다는 것을 알 수 있다.

○【具如國史】 위의 "대각국사문집"의 분주에는 '具如海東三國史'로 하고 있
　다. '해동삼국사'라는 것은 '사' 이전의 삼국을 다룬 역사서로, '前三國史'
　('유' 권제5 '信志掛近' 조) · '구삼국사'(이규보 '동명왕편' 서. 고증 상권
　주해 84 참조)와 같은 책으로 보인다(末松保和 '舊三國史と三國史記', "靑
　丘史草 제2"). 이곳에서 '國史'라고 바꾸어 둔 것은 '유'가 이 '사' 이전의
　삼국사를 '國史'라고 표기하는 경우도 있다는 것을 보여 주는 중요한 것
　이다(田中俊明, "三國史記" 撰進과 "舊三國史", "朝鮮學報" 83).

○【僧傳】 현존 '해동'에는 보덕의 전승은 없는데, 이 '승전'은 아마 '해동'을
　가리키는 것으로 보인다.

511○【高弟十一人】 보덕사의 고제십일인이라는 것은, '유'의 이곳에 보이
　는 無上和尚, 寂滅. 義融, 智藪, 一乘, 心正, 水淨, 四大, 契育, 開原和尚,
　明德의 11명인데, 그 이름은 이곳에만 보인다.

○【金趣】 무상화상의 제자. 이 김취에 대해서도 이곳에만 보인다.

○【金洞寺】 '승람'(권52) 안주목(평안도) 불우 조에, 이 절 이름이 보이며,
　오도산에 있다고 적혀 있다.

○【珍丘寺】 "한국명저전집 삼국유사"(이병도 역주)에는, 지금의 전라북도
　임실군에 있던 절로 되어 있다.

○【大乘寺】 전게서 주에는, 지금의 경상북도 문경군 산북면에 있던 절로
　되어 있다.

○【大原寺】 '승람'(권22) 울산군(경상도) 불우 조에, 불광산에 있었다는 것
　이 보인다.

○【維摩寺】 '승람'(권15) 문의군(전라도) 불우 조에. 대명산에 있었던 것이

보인다.

○ 【中臺寺】 '승람'(권43) 해주목(황해도), 동서(권44) 삼척(三陟)도호부(강
원도). 동서(권39) 진안현(전라도)의 각각의 불우 조에 중대사라는 이름
이 보이는데, 본문에서는 진안현(현, 전라북도 진안군)의 성수산에 있던
중대산을 말할 것이다.

○ 【開原寺】 '승람'(권14) 단양군(충청도). 불우 조에 이 절 이름이 보인다.

○ 【燕口寺】 불명.

○ 【開心】 【普明】 이곳에 이름만 보일 뿐이다.

고대산경복사비래방장례보덕성사영(孤大山景福寺飛來方丈禮普德聖師影)

涅槃方等敎傳授自吾師兩聖橫經曰元曰□□嘗在語下□□涅槃□□等經高僧獨步時
從緣任南北在道絶迎隨可惜飛房後東明故國危師元是句高麗盤龍寺門藏王惑於道敎廢
棄佛法師乃飛房南至於百濟孤大山後有神人見於高麗馬嶺告人曰汝國敗亡無日具如海東三國史

("대각국사문집" 권17 수록)

⁵¹³동경흥륜사금당십성

東京興輪寺金堂十聖

⁵¹⁴東壁. 坐庚向. 泥塑. 我道. 猒髑. 惠宿. 安含. 義湘. 西壁. 坐甲向. 泥塑. 表訓. 虵巴. 元曉. 惠空. 慈藏.

풀이 ⁵¹³동경 흥륜사 금당십성(東京興輪寺金堂十聖)

⁵¹⁴동쪽 벽에 앉아 서쪽(庚)을 향한 진흙상은 아도, 염촉, 혜숙, 안함, 의상이고 서쪽 벽에 앉아 동쪽(甲)을 향한 진흙상은 표훈, 사파, 원효, 혜공, 자장이다.

주해 513○ 【東京】 경주를 말한다. "고려사" 지리지2, 경상도·동경유수관경주 조에 의하면, 고려시대 경주의 연혁은 '太祖十八年(935) 敬順王金傳來降, 國除爲慶州 二十三年(940) 陞爲大都督府 … 成宗六年(987) 改爲東京留

守, 十四年(995) 稱留守使, 屬嶺東道, 顯宗三年(1012) 廢留守官, 降爲慶州防禦使, 五年(1014) 改安東大都護府, 二十一年(1030) 復爲東京留守 … (神宗)七年(1204) 以東京人造新羅復盛之言, 傳檄尚清忠原州道謀亂, 降知慶事 … 高宗六年(1219) 復爲留守, 忠烈王三十四年(1308) 改稱雞林府'라는 것이 된다. 즉 성종 6년 이후 약간을 제외하고 거의 대부분 정식으로 동경이라고 했다. 그런데 마에다 교사구는 '신라 도읍에 동경의 이름이 처음 보이는 것은, 헌덕왕 때의 신행비이고, 동원경은 진성왕 때의 수철비에 보이며, 처용랑의 동경명기월의 향가는 헌강왕 때라고 전한다.'('新羅王の世次と其の名につきて', "동양학보" 15권 2호)라고 하듯이, 금석문 자료 등을 이용하여, 신라 수도 즉 경주가 이미 신라 시대에 동경(東京)이라는 이름을 불렀다는 것을 지적하고 있다. 이 신행비라는 것은 해동고신행선사비를 말하는 것으로, 김헌정 찬술, '元和八年歲次癸巳(813)九月庚戌朔九日戊午建' 즉 헌덕왕 5년 건립된 비이다. 여기에 '神師, 俗性金氏, 東京御里人也'라고 보인다. 또 수철비라는 것은 심원사수철화상릉가보월탑비를 말하며, 찬술자 이름은 마멸되어 불명. 건비(建碑) 연대도 불명이나, 수철의 천화(遷化)[142]는 비문에 의하면 경복 2년, 즉 진성여왕 7년(893)이며 그보다 이후인 것은 확실하다. 가쓰라기 수에지는 비문에 '贈太師景文大王', '贈太傅獻康大王'이라고 보여, '경문왕에게 태사(太師)를, 헌강왕에게 태부(太傅)를 보낸 것은'(정확하게는 조서가 내린 것은) 효공왕 원년[진성여왕 11년(897)] 7월 이후이므로, 건비(建碑)는 효공왕대라고 추정하는 것이 타당하다고 한다(前間恭作, "朝鮮金石攷", 270-271면). 이곳에는 '出至東原京福泉寺'라고 보인다. 또 처용랑의 향가라는 것은 '유' 권제2 '처용랑 망해사' 조(고중 중권)에 보이는 것으로, 그 글머리가 '東京明期月良'이다. 이것에 대하여 후지다 료사쿠는 신행선사비의 '동경(東京)'을 종래 신라왕도로 해석하는데 … 신라인이

---

142) 고승의 죽음.

금원소경을 동경 또는 동원소경이라고 불렀다는 것도 상상된다.'라고 하며, 동경이 반드시 경주에 한하지는 않는다는 것을 지적하고 있다('新羅九州五京攷' 同氏 "朝鮮學論考"). 신라에는 북원소경·서원소경·남원소경·중원소경에 김해소경(금관)을 더한 5소경 제도가 있었으며, 그것으로 보아 김해소경을 동원경이라고 불렀다는 것은 충분히 있을 수 있는 일이다. 후지다에 언급은 없는데, 수철화상의 '동원경(東原京)'은 오히려 김해를 가리키는 것이라고 보아도 좋다고 생각된다.

신행선사비의 '동경'도, 혹은 김해(金海)일지도 모른다. 처용랑의 향가는 내용적으로는 헌강왕대의 것이라고 기록하고 있는데, '東京'이라는 표기는, 나중에 추기(追記)일 가능성도 있을 것이다. 양주동은 "원래 '식ㅂㄹ'의 차자"로 보고 있다(양주동, "增訂古歌硏究" 385면). '유'에서는 ① '처용랑 망해사' 조, ② 본조, 그 외, ③ 권제3 '삼소관음 중생사' 조('동경중생사'), ④ 同 '천룡사' 조('동경고위산천룡사'), ⑤ 권제4 '원광서학' 조('동경안일호장정효'), ⑥ 同 '보양이목' 조('동경장서기이선)에 '東京'이 보이지만, 모두 고려시대의 호칭이다. 또한 경주에 대해서는 '東京'이라는 호칭도 있는데, 그 점은 뒤에 나오는 '황룡사구층탑' 조(고증 하1) 참조.

○ 【興輪寺金堂】 흥륜사에 대해서는 '유' 권제1 '미추왕 죽엽군' 조(고증 상권 주해 170) 참조. 유구(遺構)로서 금당 터가 남아 있다.

○ 【十聖】 '유'에서는 '二聖(兩聖)'은 권2 '만파식적' 조 외에 여러 곳에 보이며, 그 외에도 '三聖'(권3 '원경흥법 염촉멸신' 조)·'구성(권5 '包山二聖' 조)·'사십성'(권3 '대산오만진신' 조) 등이 있는데, 십성(十聖)은 이곳에만 보인다. 10명의 성자를 아울러 상(像)을 만들어 안치하는 것에 특별한 의미가 있는지 어떤지는 모르겠지만, 김영태는 '10명이라는 수는 10대 제자를 모방한 것이라고 볼 수 있다'라고 한다('新羅十聖考', "韓國學硏究", 東國大學校韓國學硏究所 2).

514○ 【坐庚向】 경(庚)은 서(西)를 말한다. 음양오행설에 의하면 갑·을은

木, 병・정은 火, 무・기는 土, 경・신은 金, 임・계는 水로 나누어져 있는데(오행상생), 그것은 또 각각 동・남・중・서・북으로 되어 있다. 뒤에 나오는 '坐甲向'의 갑(甲)은 동(東)이라는 것이 된다.

○ 【我道】 앞서 나온 '아도기라' 조에 보이듯이 아도(阿道), 아두(阿頭)라고도 한다. 사적(事蹟)에 대해서는 같은 조 참조.

○ 【猒髑】 앞서 나온 '원종흥법 염촉멸신' 주해 489(고증 하1) 참조.

○ 【惠宿】 '유' 권4 '이혜동진' 조를 참조.

○ 【安含】 '해동' 권2, 유통1-2에 전(傳)이 있다. 그곳에 나오는 '崔致遠所撰義相傳'에서는 '安弘'이라고 하고 있다. '해동'의 전에 의하면 속세 성은 김(金)이며, 시부이손의 손자이다. 선덕왕 9년(640) 9월 23일에 죽어 향년 62세였다. 역산하면 태어난 해는 진평왕 원년(597)이 된다. 안함은 진평왕 23년(601)에 부름을 받고 입조(당시에는 隋)했고, 27년(605)에는 우전의 승려 비마진체, 농가타 등과 함께 귀국했다고 한다. 그러나 기재되어 있는 '의상전'에서는 진평 건복 42년(625)에 서국의 2승(僧)・한(漢)의 2승(僧)과 함께 당에서 돌아왔다고 하고 있어 연도의 차이가 보인다. 어느 것이 맞는지 잘 모르겠다. 또 '나기'4, 진흥왕 37년(576) 조에는 '安弘法師入隋求法, 與胡僧毗摩羅等二僧廻, 上稜伽勝鬘經及佛舍利'라고 있어, 이곳에는 앞서 안함의 생년보다도 앞이 되어 버린다. '入隋'(隋의 성립은 581년)이라는 점에서도 이상하여, 이 연도는 잘못일 것이다. '安弘'의 이름은 '유'에서도 권1 '마한' 조 및 권3 '황룡사구층탑' 조에 있는데, 본조의 안함(安含)=안홍(安弘)과 같은 인물인지 모르겠다. 고증 상권의 주해 32 참조.

○ 【義湘】 '유' 권제4 '의상전교' 조 참조.

○ 【表訓】 '유' 권제2 '경덕왕 충담사 표훈대덕' 조(고증 중권의 주해 296) 참조.

○ 【蛇巴】 '유' 권4 '사복불언' 조에 보이듯이 사복(蛇福)・사동(蛇童)・사복(蛇卜)・사복(蛇伏)이라고도 한다. 사적에 대해서는 같은 조 참조.

○ 【元曉】 '유' 권제4 '원효불기' 조 참조.

○ 【惠空】 '유' 권제4 '이혜동진' 조 참조.

○ 【慈藏】 '유' 권제4 '자장정률' 조 참조.

탑상 제4
塔像 第四

⁵¹⁵탑상 제4

塔像第四

⁵¹⁶가섭불연좌석

迦葉佛宴坐石

⁵¹⁷玉龍集及慈藏傳, 與諸家傳紀皆云. 新羅月城東, 龍宮南. 有迦葉佛宴
坐石, 其地即前佛時伽藍之墟也. 今皇龍寺之地. 即七伽藍之一也. ⁵¹⁸按
國史, 眞興王即位十四, 開國三年癸酉二月. 築新宮於月城東. 有皇龍現
其地. 王疑之. 改爲皇龍寺. ⁵¹⁹宴坐石在佛殿後面. 嘗一謁焉, 石之高可五
六尺, 來圍僅三肘. 幢立而平頂. 眞興創寺已來. 再經災火. 石有拆(坼)裂
處, 寺僧貼鐵爲護. 乃有讃曰. 惠日沉輝不記年, 唯餘宴坐石依然. 桑田幾
度成滄海, 可惜巍然尚未遷. 旣而西山大兵已後. 殿塔煨燼, 而此石亦夷
没. 而僅與地平矣. ⁵²⁰按阿含經, 迦¹⁴³⁾葉佛是賢刼第三尊也, 人壽二萬歲

___

143) DB. 규장각본과 순암수택본에는 伽.

時. 出現於世. 據(據)此以增減法計之. 每成劫初. 皆壽無量歲. 漸減至壽

八萬歲時. 爲住劫之初. 自此又百年減一歲. 至壽十歲時, 爲一減, 又增至

人壽八萬歲時. 爲一增. 如是二十減二十增. 爲一住劫. 此一住劫中有千

佛出世, 今本師釋迦是第四尊也. 四尊皆現於第九減中. 自釋尊百歲壽時.

至迦葉佛二萬歲時. 已得二百萬餘歲. 若至賢劫初第一尊拘留孫佛時. 又

幾萬歲也. 自拘留孫佛時. 上至劫初無量歲壽時. 又幾何也. 自釋尊下. 至

于今至元十八年辛巳歲. 已得二千二百三十矣, 自拘留孫佛. 歷迦葉佛時.

至于今. 則直幾萬歲也. 有本朝名士吳世文. 作歷代歌, 從大金貞祐七年

己卯. 逆數至四萬九千六百餘歲. 爲盤古開闢戊寅. 又延禧宮錄事金希寧

所撰大一歷[144]法, 自開闢上元甲子, 至元豊甲子. 一百九十三萬七千六百

四十一歲. 又纂古圖云, 開闢至獲麟. 二百七十六萬歲. 按諸經. 且以迦葉

佛時至于今. 爲此石之壽, 尚距於劫初開闢時爲兒子矣. 三家之說尚不及

玆兒石之年, 其於開闢之說. 踈(疎)之遠矣.

^{풀이} **515**탑상제사(塔像第四)

516가섭불연좌석(迦葉佛宴坐石)

517"옥룡집"과 '자장전', 그리고 제가(諸家)의 전기에는 모두 이렇게 말
한다. "신라의 월성 동쪽 용궁 남쪽에 가섭불의 연좌석이 있는데, 그
땅은 곧 전불시대의 절터이고, 지금의 황룡사 땅은 곧 일곱 절의 하나
이다." 국사를 살펴보면, 진흥왕 즉위 14년 개국 3년 계유 2월에 월성
동쪽에 새로 궁을 세우는데, 그곳에 황룡이 나타나 왕이 이를 괴이하

---

144) 고증. 歷(曆). DB. 曆의 오기로 보인다.

게 여겨 고쳐서 황룡사라고 했다. 연좌석은 불전의 뒤쪽에 있었다. 일찍이 한 번 봤는데, 돌의 높이는 5,6척이나, 둘레는 겨우 3주(肘)이고 우뚝하게 서 있으며 그 위는 편편하다. 진흥왕이 절을 세운 이후로, 두 번이나 화재를 겪어 돌에 갈라진 곳이 있어서 절의 중이 여기에 쇠를 붙여서 보호하였다.

이에 찬하여 말한다.

혜일(惠日)의 침체함은 얼마인지 알 수 없는데

오직 연좌석만은 의연하구나

뽕나무 밭이 변해 몇 번이나 창해(滄海)가 되었는데

그저 우뚝한 채 자리를 떠나지 않으니, 그지없이 애처롭다네.

이윽고 몽고의 큰 병란 이후에,

불전과 탑은 모두 불타 버리고,

이 돌도 역시 흙에 묻혀

땅과 같이 편편해졌다.

"아함경"에 의하면, 가섭불은 현겁의 세 번째 부처이다. 사람의 수명이 2만 세일 때에 세상에 나타났다고 한다. 이에 의거하여서 증감법으로 계산하면, 항상 성겁의 처음에는 모두 수명이 무량이었다. 그 후에 점점 줄어들어 8만 세 때에 이르면 주겁의 처음이 된다. 이로부터 또 100년마다 1년씩 줄어들어 수명이 10세 때에 이르면 1감(減)이 되고, 또 늘어나서 사람의 수명이 8만 세가 되면 1증(增)이 된다. 이와 같이 하여 20번 줄이고, 20번 늘이면 한 주겁이 된다. 이 한 주겁 중에 천불이 세상에 나타나는데, 지금의 본사(本師)인 석가불은 네 번째 부처이다. 네 번째 부처는 모두 제9감(第九減) 중에 나타난다. 석가세존의 100세 때부터 가섭불의 2만 세까지는 이미 200만여 세나 된다. 만약 현겁 처음의 첫째 부처인 구류손불 때까지는 또 몇 만 세가 된다. 구류손불 때로부터 위로 겁의 처음 무량세 때까지는 또 얼마나 되겠는가. 석가세존으로부터 아래로 지금의 지원(至元) 18년 신사까지는 이미 2,230년이고, 구류손불로부터 가섭불 때를 지나서 지금에 이르기까지는 곧 몇 만 세이다.

본조(本朝)의 이름난 선비 오세문이 "역대가"를 지었는데, 대금의 정우 7년 기묘(219)에서 거슬러 헤아려 4만 9600여 세에 이르면, 바로 반고씨가 천지개벽한 무인년이 된다고 했다.

또 연희궁 녹사 김희령이 찬술한 "대일역법"에, 천지개벽한 상원 갑자로부터 원풍 갑자(1084)에 이르기까지, 193만 7641세라고 하였다.

또한 "찬고도"에는, 천지개벽에서부터 획린까지 276만 세라고 하였다.

여러 경전을 살펴보면, 이 돌의 나이는 또한 가섭불 때부터 지금까지가 되니, 오히려 겁초에 천지개벽 때로 보면 어린애에 불과하다. 삼가(三家)의 말이 오히려 이 어린 돌의 나이에도 미치지 못하니, 그 천지개벽의 설에 있어서는 모두 알 수가 없다.

 515○ 【塔像第四】 '第四' 2글자는 원본에 빠져 있는데, 이미 고본(古本)에는 '第四'라고 묵서한 것이 있다. 앞뒤로 보아 '塔像第四'라고 하는 것이 적당하다. 고증(상권)의 '삼국유사해제'의 주(注)(7) 참조.

516○ 【迦葉佛】 Kassapa Buddha의 음사(音寫). 과거 7부처(佛)(석존을 포함하여 과거로부터의 7인의 부처) 가운데 제6의 부처. 현겁천불의 제3.

석존의 전생. 사람 수명 2만 세에 출현한 부처로 종성은 바라몬, 성(姓)은 가섭, 아버지는 범덕, 어머니는 재주, 아들을 집군이라고 부르며, 급비왕의 수도 베레나스에서 출생, 니야구로다나무 아래에서 득도하고, 일회(一會)의 법설로 제자 2만을 넘었다고 한다.

○ 【宴坐石】연좌(宴坐)는 연좌(燕坐)라고도 적는다. 연(宴)은 안락의 뜻. 안좌. 좌선을 하는 것. 조용히 앉는 것.

517 ○ 【玉龍集】미상.

○ 【慈藏傳】뒤에 나오는 '황룡사 구층탑' 조의 주해 544 참조.

○ 【新羅月城東, 龍宮南. …今皇龍寺之地. 即七伽藍之一也】앞서 나온 흥법 제3 '아도기라' 조에, '七處伽藍之墟. … 三日, 龍宮南…'이라고 있다. 황룡사 항목(50면)을 참조.

○ 【皇龍寺】앞서 나온 흥법 제3 '아도기라' 조의 황룡사 항목을 참조.

518 ○ 【按國史云云】'나기'(제4) 진흥왕 14년 춘2월 조에, '王命所司. 築新宮 於月城東. 黃龍見其地. 王疑之. 改爲佛寺. 賜號曰皇龍.'이라고 적혀 있다.

○ 【眞興王即位十四, 開國三年癸酉】서기 553년. 신라에서는, 이 2년 전 즉 진흥왕 12년(551)에 개국이라고 개원했다.

519 ○ 【西山大兵】고려는 1231년 이후, 매년 몽고군의 침략을 받았는데, 마침내 1238년(고종 25년) 4월에는 동경(경주)까지 미쳐, 황룡사 사탑까지 소실되었다. 경주가 재로 돌아간 전쟁을 가리켜 서산대병이라고 부른다.

520 ○ 【阿含經】원시불교 경전을 말한다. 실제로 석존이 설법했다고 생각되는 말이 많이 포함되어 있다. 북방계 불교에서는 장아함·중아함·증일아함·잡아함이라는 4종류가 있다.

○ 【賢劫】bhadra-kalpa(현명한 장시간)의 한역(漢譯). 현재의 일대겁(一大劫, 成·住·異·滅의 4겁)의 호칭. 천불(千佛), 천오백불(千五百佛) 등의 많은 현인이 출세하여 중생을 구하기 때문에 그렇게 불렀다고 한다. 과거 천불의 세상을 장엄겁이라고 했고, 현재 천불의 세숙겁이라고 한다(삼천불명경).

○【成劫】【住劫】 세계가 성립과 파괴를 되풀이하며 순환하는 4가지 시기를 사겁이라고 한다. ① 성겁은 세계의 성립기, ② 주겁은 존속기, ③ 괴겁은 파괴기, ④ 공겁은 공막기로 각 시기는 각각 20소겁(小劫)으로 나누어진다.

○【拘留孫佛】 미상.

○【至元十八年辛巳歲】 서기 1281년. 지원(至元)은 원(元)의 세조대의 원호. 이 연기에 의해, '유' 저작이 찬술자 일연의 만년에 미쳤다는 것을 알수 있다(일연의 시적[145]은 1289년). 더 나아가 원(元)의 '수시력'은 이 전년도에 편찬되어, 至元十七年을 근거(모든 계산의 출발점)로 하고 있다.

○【本朝】 고려조(918-1392)를 말한다.

○【吳世文 作歷代歌】 미상.

○【大金貞祐七年己卯】 서기 1219년, 대금(大金)은 금(金)을 말하는 것이며, 정우는 진종 조의 원호.

○【盤古開闢戊寅】 반고(盤古)는 중국 천지창조 신화의 신. 반고라는 이름은 진한 이전의 문헌에는 보이지 않고, 3세기 오(吳)나라 서정의 "삼오역기"나 6세기 양(梁) 임방의 "술이기" 등에 처음으로 나타난다. 이것은 중국 남방부족의 신이었다고 추정된다. 현재 중국 서남부에 사는 야오, 샹등의 부족은 현재도 또한 반호 신화를 전하고 있다. 반고, 반호 모두 남방부족의 신이라고 한다면, 당연히 동일한 것으로 생각되는데, 그 전설 내용은 전혀 다르다.

○【延禧宮錄事金希寧】 미상.

○【大一歷(曆)法】 대일(大一)은 천지가 아직 나누어지지 않은 혼돈의 원기(元氣)[146] 혹은 태고의 때라는 의미가 있는데, 태일(太一)이 아닐까. 태일에도 천지창조 혼돈의 원기(元氣)라는 의미도 있는데, 천신, 천제를 의

---

145) 고승의 죽음.
146) 본래의 기운.

미하며, 혹은 별 이름이기도 하다. 별은 즉 북극성을 가리키며, 태일(太
一), 천일(天一)은 북극신의 별명으로, 천신 가운데 존귀한 것이 태일(太
一)이라고 하며, 고(古)는 천자가 춘추로 태일을 동남 근교에 제사를 지
냈다든가, 태일은 자미궁에 있었다는 등으로 전해진다.

　또 술수칠가의 하나에 태일가라는 것이 있으며, 금(金) 시대에 생긴 도
교의 새 종파에 태일교가 있었다. 그러나 태일역법은 도교관계라고 하기
보다, 술수가 혹은 도참가가 태일에 빙자하여 만든 역법(曆法)일까.

○ 【上元甲子】술수가(術數家)는 제1갑자를 상원갑자라고 한다. "太乙淘金
歌數命源流太乙入局法"에는 '求甲子者. 以上元甲子. 爲始推算也. 諸將者
二目倂主客大小將也. 求上元者. 截至元世祖至元元年甲子, 爲元上第一
紀. 起算是也. 自帝堯甲子. 至正統甲子. 共六十三甲子'라고 있다. 또 술
수가가 육십갑자를 구궁(九宮)으로 나눌 때, 반드시 180년에 원래로 돌
아오기 때문에 제1갑자의 60년을 상원, 다음 60년을 중원, 다음 60년을
하원이라고 한다. 더 나아가 "수시력" 이전의 중국 대부분의 역법에서는
근거(近距) 외에 매우 오래된 과거의 연도를 역원(曆元)으로 다루는 것이
있었는데, 이것을 상원이라고 했다. 또한 이곳과는 관계가 없지만, 음력
정월 15일도 상원이라고 하며, 이날 밤에 등(燈)불을 밝힌다. 그리고 7월
15일을 중원, 10월 15일을 하원이라고 하며, 이 상원, 중원, 하원을 삼원
(三元)이라고 한다.

○ 【元豊甲子】서기 1084년. 원풍(元豊)은 북송, 신종(神宗)대의 원호.

○ 【纂古圖】미상.

○ 【獲麟】"춘추(春秋)"는 노(魯)나라 애공이, 그 14년 봄에 서쪽으로 사냥
을 가서 기린을 잡았다는 것에서 쓰는 것을 멈추었다. 그리고 인(麟)이라
는 것은 사슴을 미화한 상상의 괴물로, 주대(周代)에는 성천자의 출현이
라든가, 태평세계의 성취라든가를 축복하며, 천제가 지상으로 내려보낸
고귀한 신의 야수로 생각하고 있었다. 중국 오경(五經)의 하나에 들어가
는 "춘추"는 처음 주대 노후의 궁정에 '춘추(春秋)'라고 이름이 붙은 연대

기가 있었다. 춘(春)과 추(秋)로서 1년이라는 의미가 나타나고, 그것이 바뀌어 연간 기록, 편년사서라는 의미도 되었다. 이 연대기 가운데의 은공의 초년(기원전 722)에서 애공의 즉위 14년(기원전 481)까지로, 12공(公) 240년간의 부분을 공자 혹은 그 교시를 받은 문인이 편집하고 또한 약간의 첨삭을 하여 유가(儒家)의 교과서로 삼았다. 이것이 오경의 하나로서 전해지는 "춘추경"(줄여서 "춘추")의 성립이다.

⁵²¹요동성육왕탑

遼東城育王塔

---

⁵²²三寶感通錄載. 高麗遼東城傍塔者. 古老傳云. 昔高麗聖王按行國界次,
至此城. 見五色雲覆地. 往尋雲中, 有僧執錫而立, 既至便滅. 遠看還現.
傍有土塔三重, 上如覆釜. 不知是何. 更往覓僧, 唯有荒草, 掘尋一丈. 得
杖幷履, 又掘得銘. 上有梵書. 侍臣識之云 是佛塔. 王委曲問詰, 荅曰. 漢
國有之. 彼名蒲圖王 ^a本作休 屠王, 祭天金人. 因生信. 起木塔七重. 後佛法始
至. 具知始末. 今更損高, 本塔朽壞. 育王所統一閻¹⁴⁷⁾浮提洲. 處處立塔,
不足可恠.　⁵²³又唐龍朔中有事遼右(左),　行軍薛仁貴行至隋主討遼古地.
乃見山像, 空曠蕭條. 絶於行. 往問古老,¹⁴⁸⁾ 云. 是先代所現. 便圖寫來京
師. ^a具在若¹⁴⁹⁾圖.　⁵²⁴按西漢與三國地理志, 遼東城在鴨綠之外. 屬漢幽州.
高麗聖王未知何君. 或云東明聖帝, 疑非也. 東明以前漢元帝建昭二年即

---

147) DB. 규장각본에는 閭.
148) DB. '空曠蕭條絶於行往. 問古老,'.
149) DB. 우(右)의 오기로 보인다.

位, 成帝鴻嘉壬寅升遐. 于時漢亦未見具[150]葉, 何得海外陪臣已能識梵書乎. 然稱佛爲蒲圖王, 似在西漢之時. 西域文字或有識之者, 故云梵書爾.

[525]按古傳, 育王命鬼徒. 每於九億人居地. 立一塔, 如是起八萬四千於閻浮界內, 藏於巨石中. 今處處有現瑞非一, 蓋眞身舍利. 感應難思矣. [526]讚曰. 育王寶塔遍塵寰, 雨濕雲埋蘚纈班.[151] 想像當年行路眼, 幾人指點祭神墦.

[521]요동성육왕탑(遼東城育王塔)

[522]"삼보감통록"에 다음과 같이 실려 있다. 고려 요동성 옆의 탑은 옛 노인들이 다음과 같이 말했다고 한다. 옛날에 고려 성왕(聖王)이 국경을 순행하여 행차했을 때, 이 성에 이르러 오색의 구름이 땅을 덮은 것을 보고, 구름 안을 와서 찾아보니, 어떤 승려가 지쌍이를 짚고 서 있었는데, 다가가면 곧 사라지고 멀리서 보면 다시 나타났다. 옆에 세 겹의 흙 탑이 있었는데, 위가 솥을 엎어 놓은 것과 같았으나, 이것이 무엇인지 알 수 없었다. 다시 가서 승려를 찾으니, 오직 잡초만 있었고, 땅을 1장(丈) 정도 파 보았더니, 지팡이와 신을 얻었고, 또 파 보니 명(銘)을 얻었는데, 위에 범어가 적혀 있었다. 시신(侍臣)이 그것을 알아보고 말하기를, '이것은 불탑입니다.'라고 하였다. 왕이 자세히 물으니, 답하기를 '한(漢)나라 때에 있었던 것입니다. 그 이름은 포도왕[a]본래 휴도왕이라 쓰여 있고, 하늘에 제사 지내는 금인(金人)입니다.'라고

150) 고증. 具(貝). DB. 순암수택본에는 具 옆에 貝 자를 가필.
151) DB. 斑의 오기로 보인다.

하였다. 이로 인하여 왕은, 신앙심이 생겨 7중 목탑을 세웠는데, 후에 불교가 비로소 들어와 그 시작과 끝을 다 알게 되었다. 지금 다시 그 높이를 줄였는데, 본래의 탑은 썩어서 무너졌다. 아육왕이 염부제주를 통일하고 곳곳에 탑을 세웠으니 이상할 것이 없다.

523또한 당나라 용삭 연간에 요좌에 전쟁이 있어서, 행군을 인솔한 설인귀는 수나라가 친 요동의 옛 땅에 이르러서 산의 불상을 보았는데, 텅 비어서 쓸쓸하고 사람의 왕래가 끊겨 있었다. 옛 노인에게 물으니 '이것은 선대에 나타난 것이다.'라고 하였고, 곧 그림으로 베껴 경사로 돌아왔다. **a**"약함"에 자세히 수록되어 있다.

524서한(西漢)과 삼국의 지리지를 살펴보면, 요동성은 압록강 밖에 있고 한(漢)의 유주에 속한다. 고려의 성왕은 어느 임금인지 알 수 없다. 혹은 동명성제라고 하는데 아닌 듯하다. 동명은 전한(前漢) 원제 건소 2년에 즉위하여, 성제(成帝) 홍가 임인(기원전 19)에 승하하였다. 이때 한 또한 아직 패엽(불경)을 보지 못하였는데, 어찌 해외의 배신(陪臣)이 벌써 범서를 알 수 있겠는가. 그러나 부처를 칭하여 포도왕이라 한 것은, 아마 서한시대 때 서역의 문자를 혹시 알고 있는 자가 있어서 고로 범서라고 한 듯하다.

525"고전"을 살펴보면 아육왕은, 귀신의 무리에게 명하여 9억의 사람이 사는 땅마다 탑 하나를 세우게 하였으며, 이와 같이 하여 염부계 안에 8만 4천 개를 세워 큰 돌 속에 숨겼다고 한다. 지금 곳곳에 상서로움이 나타나는 것이 하나가 아닌데, 대개 진신 사리는 감응을 헤아리기 어려운 것이다.

526찬하여 말한다.

아육왕이 세운 보탑(寶塔)은, 속세 곳곳에 세워져

비에 젖고 구름에 묻혀 이끼마저 아롱졌다.

생각하건대 그때의 길손의 눈은,

몇 사람이나 알았을까. 제신(祭神)의 무덤을.

주해 521○【遼東城】 중국 요녕성 요양. 요동부 관할 양평현의 소재지. 고구려는 4,5세기가 교차할 때에, 이 요동성을 탈취했다. "양서" 고구려전(권54ㆍ열전 제48ㆍ제이)에 의하면 '효무 태원 10년(385) 구려(句驪), 요동ㆍ현도군을 공격하다. 후연의 모용수, 동생 농(農)을 보내 고구려를 치고, 2군을 회복한다. 수(垂)가 죽고 아들인 보(寶)가 일어서다(396년). 고구려 왕 안(安)을 평주목으로 하고, 요동ㆍ대방 2국왕으로 봉하다. 안(安) 처음으로 장사, 사마, 참군 관을 설치하다. 손(孫)이 고련에 다다르자, 진(晉)의 안제 의희 때(의희 13년, 417)에 처음으로 표(表)를 봉하고, 공직(貢職)을 통하게 하다.'라고 보이며, "자치통람"에 의하면 '의희 원년(405) 징월, 연왕 희(熙), 고구려를 치다. 무신(26일), 요동을 공격하여 성(城)을 잠간 함락하다. 희(熙) 장군과 병사에게 명하여 먼저 오르려고 하지 말라며, (말하기를) 그 성을 평정하기를 기다려 짐(朕), 황후와 여럿이 함께 들어가려고 한다고. 이로써 성안은 대비를 단단히 할 수 있으며, 이기지 않고 돌아온다.'라고 되어 있다("태평어람" 권 336 수록 '고려연지'에 대응하는 기사가 있다). 405년에는 이미 고구려에 들어가 있었으니, 400년 전후의 일로 보인다. 요동성은 그 후 수, 당의 고구려 침략에 즈음하여 고구려의 유력한 기지가 된다(池內宏, '晉代の遼東', "滿鮮史硏究 上世第一冊" 참조).

요동성 총(塚)(평안남도 순천군 용봉리). 1934년 발견. 1935년 조사. 현재 유실(流失)'에는 내성, 외성으로 이루어진 성곽도가 그려져 있고, 외곽의 안쪽에 '요동성'이라는 묵서가 있다(고고학 자료집 제1집 '大同江流

域の古墳發掘報告' 과학원출판사. 1958년 7월. '考古' 1960년 1期).

○ 【育王塔】 육왕(育王)이라는 것은 인도, 마우리아 왕조의 아소카왕을 말하는 것이다. 한역불전에서는 '아육왕 그 외'로 옮겨, 이곳에서는 그 말을 줄인 것이다. 아소카왕에 대해서는 고중 하1, 176면 주해 536을 참조. 탑(塔)은 불탑인데 본문 가운데에 있듯이 이곳에서는 삼중(三重)의 흙 탑이다. 아소카 왕은 각지에 불탑을 세웠다고 전해진다.

○ 【三寶感通錄】 당의 도선(596-667)이 인덕 원년(664)에 찬술했다. '집신집삼보감통록' 3권("대정신수대장경" 52권 수록)을 가리킨다. '집신집삼보감통록'은 '동하삼보감통록'이라고도 한다. 간략해서 '삼보감통록'이라고도 한다. 도선에 대해서는 "송고승전" 권14에 전해진다(高雄義堅, '感應説話集として觀たる三寶感通錄', "龍谷史壇" 26; 山崎宏, '唐の西明寺道宣と感通', "隋唐佛教史の研究" 참조). 인용은 권상·雜明神州山川藏寶等縁二十, 및 권중·唐遼口山崩自熱出像縁五十, 2곳으로부터이다. '유'와의 이동(異同)을 보이면('유' … 大正藏),

昔高麗聖王按行國界……往昔高麗聖王出見案行國界

五色雲覆地徃尋雲中……五色雲覆地即往雲中

有僧執錫而立……有僧執錫住立

遠看還現……遠看還見

更徃覓僧……更往覓僧

掘尋一丈得杖幷履……掘深一丈得杖幷履

王委曲問詰答曰……王委曲問答曰

育王所統一閻浮提洲……斯則育王所統一閻浮洲

下足可恠……不足可怪

行軍薛仁貴……行軍將仁貴

徃問古老……往討問古老

圖寫來京師……圖寫傳本京師

○ 【高麗聖王】 백제에는 성왕(聖王)이라는 왕이 존재했는데, 고구려에는 존

재하지 않는다. 다만 시조 동명왕만이 '사'에서 '동명성왕'이라고 성(聖)을 붙여 적는다. 그러나 뒤에 나오듯이 이것을 동명왕이라고 볼 수는 없다. '성왕'이라는 것은 단순한 미칭(美稱)일 것이다.

○【覆釜】 뒤에 나오는 '전후소장사리' 조에 통도사 계단(戒壇)을 설명하기를 '단(壇)에 두 급이 있다. 상급(上級) 안에는 돌 뚜껑을 덮기를 큰 솥을 엎어 놓은 것 같다.'라고 있다. 통도사 계단의 사리탑은 복발형[152]으로 (현재 것은 임진왜란 이후 다시 고침), 이것과 닮은 것인가. 오쵸 에니치는 자장이 건립했다는 통도사의 계단은, 사리를 넣어 두었다는 것, 솥을 엎어 놓은 것처럼 만들었다는 것 등, 도선의 "계단도경"에 바탕을 두고 있는데, 이 책의 찬술은 667년으로, 자장의 귀국보다 20년 이상 지나서이다. 따라서 '유'의 기사는 의문이며, 자장이 죽은 후에 "계단도경"이나 당(唐)의 형식이 전해진 후에 건립되었을 것이라고 한다('戒壇について', "支那佛敎史學" 5권 2호).

○【梵書】 범(梵)은 인도 고전어인 산스크리트어 brahman의 음사(音寫). 청정한 것, 신성한 것을 의미한다. 범서(梵書)는 성스러운 언어인 산스크리트어로 적은 것을 말한다.

○【漢國】 유씨(劉氏)의 한(전한·후한)에 한정해서 생각할 필요는 없고, 일반적으로 중국을 가리킬 것이다.

○【蒲圖王】 '포도(蒲圖)'는 '집신주삼보감통록'의 기재를 그대로 옮긴 것이며, 일반적으로는 '부도' 또는 '불도라고 표기한다. 범어의 음역으로 불타이거나 불탑의 뜻이다. '감통록'에서는 불탑의 뜻으로 쓰였으며 그러한 용례로서는, 예를 들면 "낙양가람기"에 '영녕사 안에 9층의 부도가 있다.'라고 있다. '감통록' 원문에서는 '포도(蒲圖)'와 '王因生信'은 끊어 읽어야할 것이다. '유'에서는 분명히, 이어서 '蒲圖王'으로 하고 있다. 그것은 일연이 잘못 읽은 것으로 뒷글에 '稱佛爲蒲圖王'이라는 것으로 확인할 수

---

152) 탑의 노반(露盤) 위에 바리때를 엎어 놓은 것처럼 만든 부분.

있다. 또 이것에 대한 분주(分注)는 '감통록' 원문에는 없고, '유'의 주(注)인데, 蒲圖王이라고 잘못 읽은 것을 이어받아 적은 것으로, 일연 자신의 주(注)로 상상된다. 그렇지 않다면 일연의 잘못을 답습한 사람의 주라는 것이 된다.

522a○【本作休屠王祭天金人】'休屠王祭天金人'이라는 것은, 중국의 고전에 보이는 표기인데, 본래는 '(흉노의) 휴도왕이 하늘을 모시는(데에 쓴) 金人'이라는 의미일 것이다. "사기" 흉노전(권110·열전 제50)에는 기원전 121년에 곽거병(霍去病)이 '휴도왕의 제천금인을 없앴다.'라고 있다. 이 '휴도왕의 제천금인'에 대해서는 "사기정의"로 '생각건대 금인(金人)은 대개 서역에서 얻은 것으로, 아직 반드시 그 가르침을 받지 않고 이것을 제사 지냈다.'라고 있듯이, 불교 전래와 연결하지 않는 의견도 있다. 이 흉노의 왕호 '휴도왕'이 '제천금인'으로 바꾸어 말하는 것도 있는 것 같으며, "한서" 교사지(권25하, 志제5하)에는, '운양에 경로신의 제사가 있다. 휴도왕을 모시는 것이다.'라고 보인다. 그런데 '유'의 분주는 '포도왕(蒲圖王)'에 대한 주(注)로, '王'의 글자가 공통되는 것을 주목한다면, '원래 "휴도왕의 祭天金人"으로 읽는다.'라고 읽을 것이 아니고, '원래 "휴도왕"으로 읽는다. (휴도왕이라는 것은) 하늘을 모시는 금인(金人)이다.'라고 읽어야 할 것이다. '감통록' 원문의 '포도(蒲圖)'는 위에 적은 것과 같이 불탑을 말하는데, 휴도왕은 불상의 뜻으로 쓰는 일은 있어도 불탑의 뜻은 없다. 이 주(注)는 '蒲圖'를 '蒲圖王'이라고 잘못 알고, 게다가 그것을 '불(佛)'을 말하는 것이라고 이해한 일연의 생각과 완전히 궤(軌)를 같이한다고 할 수 있다. 이 분주는 일연의 원래 주일 가능성은 높다고 생각한다.

522○【佛法始至】고구려로의 불교전래는 앞서 보인 '순도조려' 조 주해 470 참조.

○【育王】아소카왕. '유'에서는 권제3 '황룡사장육' 조에 '阿育王'이라는 표기도 있다.

○【閻浮提洲】염부제는 범어 Jambu-dvipa의 한역. 수미산 남쪽에 있는 대

주(大洲)의 이름. 인간계, 또 인도를 가리킨다. '유'에서는 권제3 '황룡사 장육' 조에 '南閻浮提十六大國. 五百中國·十千小國·八萬聚落'이라는 말이 보인다. 아소카왕은 인도 동남 칼링가국을 정복하고 남쪽 끝을 제외한 전 인도를 통일 지배했다.

523○【唐龍朔中】당의 용삭은 고종 조정의 원호. 661-663. 이 연간에 있어서 요좌의 유사(有事)라는 것은, 원래(661) 4월부터 계심하력을 요동도행군대총관으로서의 고구려 원정을 가리키는 것인가. 이때 계심하력이 이끄는 당군은 압록강을 끼고 천남생이 이끄는 고구려 정예병과과 대치. '하력이 이끄는 무리를 이끌고 얼음을 타고 물을 건너, 북을 치며 나아가, 고구려 크게 무너지다. 추격하기를 수십 리, 참수하기를 3만 급, 남은 무리 모두 항복하다. 남생(男生) 가까스로 몸을 피하다. 때마침 조칙이 있어 사(師)를 보내다. 이내 돌아오다'("자치통감" 권200·당기16·高宗上之下). 그러나 설인귀 종군의 분명한 증거는 없다. 설인귀는 원년 10월에 철륵도행군대총관 정인태의 부관으로서, 철륵과 싸웠다(철륵 평정은 3년 정월). 따라서 '龍朔中'이 맞는다면 원년 10월 이선에 한정되게 된다.

○【行軍薛仁貴】'행군(行軍)'이라고 하면 행군대총관을 가리킨다고 생각할 수 있겠는데, "삼보감통록" 원문에서는 '行軍將'이라고 하고 있어 잘못된 것이다. 설인귀에 대해서는 '유' 권2 '문호왕법민' 조(고증 중권 주해 264) 참조. 그러나 설인귀는 용삭 원년 10월부터 철륵도행군대총관 정인태의 부관으로서 철륵 원정을 따라갔고(철륵의 평정은 3년 정월), 만약 '龍朔中'이 맞는다면 원년 10월 이전의 일로 생각해야 할 것이다. 설인귀가 고구려 원정에 관련되었다는 것을 확인할 수 있는 것은, 정관 19년(645)·현경 3년(658)·4년과 위의 '문호왕법민' 조에도 보이듯이, 건봉 원년(666) 이후이거나 혹은 '龍朔中'이 잘못된 것일지도 모른다.

○【隋主討遼古地】'감통록'의 제목이 '당요구산봉자연출상연오십'이기 때문에, '遼口' 즉 요하의 하구 부근으로 생각되는데 미상. '수주토요'는 문제가 한 번, 개황 18년(598)에, '遼水를 가다'(수서 권81·열전 제46·동

이 고려). 양제가 세 번. ① 대업 8년(612) 4월 '車駕, 요(遼)를 건너다.', 6월 '요동에 이르러 여러 장수를 문책하고 성의 서쪽 수 리(里)에서 멈추다 (수서 권4·帝紀제4·煬帝下). ② 同九年(613) 4월 '차가(車駕) 요(遼)를 건너다. …帝 여러 장수에게 명하여 요동을 공격하게 하다. …20여 일 이루지 못하다. 주객(主客) 죽은 자 매우 많다. …'("자치통감" 권182, 隋紀 제6, 煬帝中). ③ 10년(614) 3월 '임유궁을 가다.' 7월 '車駕, 壞遠鎭을 가다'(수서 煬帝帝紀下).

○ 【山像】 야마자키 히로시는 당 도선의 '집신주삼보감통록' 중의 권말에, 당의 용삭중에 또 고구려 토벌이 일어났을 때, 장군 설인귀가 수대(隋代) 고전장에 와서 산상(山像)을 보고, 고로(古老)에게 물었더니, '是先代所現이라고 대답을 했기 때문에 그 상(像)을 모방하여 경사(京師)에게 전한 것이 실려 있다. 이곳에서 말하는 산상(山像)은 풀이 무성하여 길이 없는 모양이었기 때문에, 아마 산 중턱에 새겨진 불상이었던 것 같고, 그것이 선대 즉 수대 것이라고 하므로 아마 양제(煬帝)가 세웠다는 요서의 도장, 사원과 관계가 있는 돌 불상이 아니었던가 생각된다.'고 한다('隋の高句麗遠征と佛敎' 전게서). 그러나 '山崩自然出像'이라고 제목을 했으니, '先代所現'은 '수대에 산이 무너져 자연스럽게 나타난 상(像)'이라고 해야 할 것으로, 수대의 작품인지 아닌지는 미상. 자연히 생긴 산의 모양이 불상처럼 보였던가. 수대 이전에 새겨진 것이 수대에 나타난 것인지. 이 가운데 하나가 아닌가.

523a○ 【若凾】 대장경은 몇 가지 경문을 모아 함(函)에 넣는데, 이때에 천자문으로 함호를 표시한다. '약(若)'은 천자문에서 제283번째 글자로, 따라서 '약함'은 283번째 함이라는 것이 된다. 함호는 대장경의 종류에 따라 다르다. 고려대장경(해인사장)에서는 '약함'에는 전법륜경 등 32종 33권의 경문이 수납되어 있는데, '집신주삼보감통록'은 없다. '유' 찬술 시에는 이미 고려대장경은 조조되었기(1251년) 때문에, 이것을 쓰는 것이 자연스러울 것이다. 그렇다면 이것은 주(注)의 잘못인가. 혹은 주를 다는

자가 본 대장경 약함에 '感通錄'이 있었던 것인지(같은 고려대장경이라도 소장자에 따라 함호가 다를지도 모른다) 이 가운데 어느 것으로 보인다. 그래서 해인사 소장본으로 '감통록'을 찾아보면 제465번 우함에 있다. '右'와 '若'은 비슷하기 때문에 이 경우에는 오사(誤寫)나 오각(誤刻)으로 생각해도 좋을 것이다. '유'에서는 이 밖에 권제3 '어산불영' 조에 '可函, 觀佛三昧經第七卷' 및 '星函, 西域記第二卷', 권제4 '錨竺諸師' 조에 '廣函, 求法高僧傳'의 여러 예가 보인다. 해인사 소장본에서는 제187번 가함에 관불삼매해경(단 다음의 복함에 걸쳐 전 10권), 제464번 성함에 대당서역기(단 앞의 의함부터 전12권), 제467번 광함에 대당서역구법고승전 전 2권이 있어, '유'는 일단 해인사본 혹은 그것과 같은 계통본을 봤다는 것을 확인할 수 있다. 덧붙여, 예를 들면 대마목판팔번궁장송판대장경에서는, '집신주탑사삼보감통록'(9권)은 성함(星函)에 있다.

524○【西漢與三國地理志】서한(西漢)은 전한(前漢)을 말한다. "한서"에는 지리지가 있는데, "삼국지"에는 지리지가 없다. '삼국지리지'라는 것은 '사'의 지리지를 가리킨다고 봐야 한다. "한서" 권28·志제8下·지리 하에는 '遼東郡(秦을 두다. 유주에 속한다). 호(戶) 55,972, 인구 272,539, 현(縣)18'이라고 보이며, '사' 권37·잡지 제6·지리4의 머리글에 '한서지(志) 말하기를, 요동군은 낙양에서 3,600리'라고 있다.

○【漢幽州】유주(幽州)의 영역은 시대에 따라 다른데, 대략 산동, 하북 두 성(省)의 동반부 및 요녕성 서남부. 전한의 유주는 요동·낙랑·현도 등 10군을 다스렸다. 요동군은 조위 이후 평주에 속한 적도 있었다.

○【東明聖帝】고구려 시조가 되는 동명왕 주몽을 말한다. '사'('여기')에 의하면, 동명왕은 '漢孝元帝 건소(建昭) 2년(기원전37)'에 즉위하여, 왕의 19년 즉 前漢成帝 홍가 2년(기원전19)에 '승하'했다. '유'에서는 권제1 '고구려' 조에 자세하다.

525○【古傳】구체적으로 무엇을 가리키는 것인지 미상. 노무라 요쇼는 '아육왕이 귀신을 부려 8만 4천 탑을 세웠다는 것, 많은 책에 보인다. 법림,

파사론(552, No2019) 도선, 집신주삼보통록(552, No2106) 등을 참조.'라고 한다(일본어역 일체경본, 156면). "파사론" 권하에는 '동천축국에 아육왕이 있었다. 불사리를 모아, 귀신 병정을 부려 8만 4천의 보탑을 일으켜, 염부제에 골고루 퍼트렸다.'라고 있다. "파사론"은 대정장 52 · 474 · No2109.

[527] 금관성파사석탑

金官城婆娑石塔

[528]金官虎溪寺婆娑石塔者. 昔此邑爲金官國時, 世祖首露王之妃許皇后名黃玉, 以東漢建武二十四年甲[153]申, 自西域阿踰陁國所載來. 初公主承二親之命. 泛海將指東, 阻波神之怒. 不克而還. 白父王. 父王命載玆塔, 乃獲利涉. 來泊南涯. 有緋帆茜旗珠玉[154]之美, 今云主浦. 初解綾袴於岡上處. 曰綾峴, 茜旗初入海涯. 曰旗出邊. 首露王聘迎之, 同御國一百五十餘年. [529]然于時海東末[155]有創寺奉法之事. 蓋像教未至. 而士人不信伏, 故本記無創寺之文. 逮第八代銍知王二年壬辰. 置寺於其地. 又創王后寺 ᵃ在阿道訥祇(祇)王之世, 法興王之前 至今奉福焉, 兼以鎭南倭, 具見本國本記. [530]塔方四面五層, 其彫鏤甚奇. 石微赤班[156]色. 其質良脆, 非此方類也. 本草所

---

153) 고증. 甲(戊). DB. 건무(建武) 24년은 무신년(戊申年).
154) DB. 규장각본과 만송문고본에는 王.
155) 고증. 末(末). DB. 규장각본과 만송문고본, 순암수택본에는 末.
156) DB. 斑의 오기로 보인다.

云, 點雞冠血爲驗者是也. 金官國亦名駕洛國, 具載本記. ⁵³¹讚曰. 載厭緋
帆茜旆輕, 乞靈遮莫海濤驚. 豈徒到岸扶黃玉, 千古南倭遏怒鯨.

풀이
527금관성파사석탑(金官城婆娑石塔)

528금관¹⁵⁷⁾ 호계사¹⁵⁸⁾의 파사석탑이라는 것은 옛날에 이 읍이 금관국
이었을 때, 시조 수로왕의 비인 허황후, 이름은 황옥이라고 하는데,
이 사람이 동한¹⁵⁹⁾ 건무 24년(48) 무신에, 서역의 아유타국에서 배에
싣고 온 것이다. 처음 황옥 공주가 부모의 명을 받들어, 바다를 건너
장차 동쪽¹⁶⁰⁾으로 노를 저어 가려 하였는데 파도신의 노여움에 막혀
이기지 못하고 돌아가 부왕에게 말하였다. 부왕이 이 탑을 싣고 가라
고 명하니, 곧 쉽게 건널 수 있어서 남쪽 해안에 정박하였다. 붉은 돛,
붉은 깃발, 주옥 등으로 아름답게 꾸며졌다. 이 선착장은 지금 주포
(主浦)라고 부른다.¹⁶¹⁾ 처음 언덕 위에서 비단 바지를 푼 곳은 능현이
라고 하며, 붉은 깃발이 처음 들어온 해안은 기출변이라고 한다. 수로
왕이 그를 맞이하고 함께 나라를 다스린 것이 150여 년이었다.

529이때에 해동(조선)에 아직 절을 세우고 불법을 받드는 일이 없었
다. 대개 불교가 아직 들어오지 못하여, 토착인들이 신복하지 않았으
므로, 본기에는 절을 세웠다는 기록이 없다.

---

157) DB. 지금의 경상남도 김해시 일대에 있었던 초기 가야의 중심지이다.
158) DB. 경상남도 김해시에 있었던 절.
159) 고증. 後漢(光武帝).
160) 고증. 金官國.
161) DB.에서는 주옥(珠玉)으로 꾸며졌기 때문에 主浦라고 한다는 취지.

제8대 질지왕 2년 임진(452년)에 이르러서야 그 땅에 절을 세웠다. 또 왕후사ª그것은 아도 눌지왕의 시대로 법흥왕대 이전이다.를 창건하여 오늘날에 이르기까지 복을 빌고, 겸하여 남쪽의 왜를 진압하고 있는데 가락국 본기에 자세히 보인다. **530**탑은 모가 4면으로 5층이고 그 조각이 매우 특이하다. 돌에 미세한 붉은색 반점이 있고, 그 질은 무르니 우리나라에서 나는 것이 아니다. "본초162)"에서 말하는 닭 벼슬의 피를 찍어 검사했다는 것이 이것이다. 금관국은 또한 가락국이라고도 하는데 본기에 자세히 실려 있다.

531찬하여 말한다.

아름드리 꾸민 배163) 붉은 돛대 휘날려 가벼운데,

아육왕께 비는 것은 그저 험한 파도가 잠잠해지는 것만 아니고,

또 황옥을 실어 안전하게 건너가는 것만을 바라는 것은 아니다.

아득히 먼 옛날에 남쪽 왜를 노여워하는 고래(성난 파도)를

막기 위한 것이다.164)

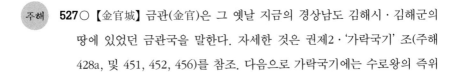

주해 **527**○ 【金官城】금관(金官)은 그 옛날 지금의 경상남도 김해시·김해군의 땅에 있었던 금관국을 말한다. 자세한 것은 권제2·'가락국기' 조(주해 428a, 및 451, 452, 456)를 참조. 다음으로 가락국기에는 수로왕의 즉위

---

162) DB. "신농본초(神農本草)"의 줄임말이다. 후한대에 쓰여진 것으로 보이는 책으로 365가지의 약초를 기록하여 상중하품으로 나누었다.

163) DB. 석탑을 실은.

164) 고증 원문을 그대로 옮겼다. DB. 석탑을 실은 붉은 돛대 깃발도 가벼운데, 신령께 빌어서 험한 물결 헤쳐 왔다. 어찌 다만 황옥(黃玉)을 도와 건넜을 뿐이겠는가. 천년 동안 남쪽 왜의 침략을 막았다.

후, 나성을 쌓은 것을 기록하고 있다. 즉 '築置一千五百步周廻羅城'이라고. 이 연대에는 의문이 있겠지만, 왕궁을 둘러싸면서 나성이 쌓이고, 다음의 파사석탑은 이 안에 들었던 것으로 보인다. 또 이 나성의 둘레가 1,500보라는 것은 너무 작다고 생각되는데, 옛 지형을 고려하면 이 이상의 것을 바랄 수는 없을 것이다. 어쨌든 '유'가 찬술되었을 때에는 성곽이 남아 있었기 때문에 금관성이라고 말했을 것이다. 그러나 지금은 그 흔적이 보이지 않는다. 더 나아가 '승람' 권31 · 김해도호부의 성곽 조에 '邑城, 石築, 周四千六百八十三尺, 高十五尺, 云云'이라고 있는데, 위의 나성과 이 성곽과의 관계는 어땠을까.

○ 【婆娑石塔】 '유'의 찬술자가 '유'를 찬하였을 때는 김해의 호계사에 파사석탑이 안치되어 있었고, 더 나아가 이 석탑이 건립되기에 이른 연기(緣起)가 전해져 있었다고 생각된다. 그리고 이 석탑이 허(許) 왕후의 아유타국으로부터의 항해 안전을 빌었다는 것으로부터 김해방면에 있어서 항해안전의 수호신적 존재가 되어 추앙받았던 걸까.

　다음으로 이 파사석탑이라는 것은 안좌(安坐)하는(婆娑) 석탑이라는 것이겠지만, 한국의 문인 이종기는 파사는 마저(媽姐)로 추정하고 있다. 파사(婆娑) · 마저(媽姐)는 음 상통한다. 중국의 복주(福州)나 대만에서 항해안전을 지키는 여신이 마저(媽姐)라는 것으로, 호계사에 안치된 석탑이 항해자의 수호신이었다고 보는 것이다.

528○ 【虎溪寺】 이 절은 호계(虎溪)의 계류 주변에 세워진 것이겠지만, 지금은 남아 있지 않다. 게다가 언제 없어졌는지에 대해서도 미상.

○ 【世祖首露工】 금관국에서는 시조인 수로왕에게 세조(世祖)라고 이름을 붙인 것 같은데, "가락국기"에는 수로왕을 원군(元君)이라고 하기도 하고, 세조라고 하기도 했는데, 원군이라고 한 경우는 다음의 거등왕을 세조라고 했다는 한마디가 있다("가락국기" 말미 왕력의 거등왕 조 참조).

○ 【計皇后名黃玉】 "가락국기"(고증 중권 소재)도 참조.

○ 【東漢建武二十四年甲(戊)申】 주지(周知)와 같이, 중국 한조(劉氏)는 전

후 약 400년간에 걸쳐 존속했는데, 왕망의 찬탈에 의해 성립된 신왕조(약 15년간 존속)를 끼워, 이 이전을 전한(수도는 장안), 이후를 후한(수도는 낙양)이라고 하는데, 이 왕조의 중심적 지반이 된 국도의 위치로부터 전한은 서한(西漢), 후한은 동한(東漢)이라고도 불렀다. "원락국기"에는 이곳의 동한은 후한이라고 적고 있다(고증 중권 참조).

다음으로 '건무'는 한(漢)을 재건한 세조 광무제의 원호로, 본문의 '建武二十四年'은 서기 48년에 해당하며, 그 간지는 '무신'이다. 본문의 갑신은 잘못이다. "가락국기"에는 이해의 간지를 무신이라고 하고 있다. 고증 중권 주해 437을 참조.

○ 【西域阿踰陀國】아유타국은 중부인도에 있었던 고대왕국인데, 자세한 것은 '유' 권제2 '가락국기' 조 및 고증 중권 주해 438 참조.

그리고 '서역(西域)'은 중국 서쪽에 있는 여러 나라를 총칭한 역사적 용어인데, 서방지역이라는 의미로 서이, 서융, 서번, 적서 등과 같은 말이다. 그리고 서역이라는 말은 '사기'에는 보이지 않고, "한서"에 처음 보인다. "한서"에는 서역전이 있어, 서역의 범위를 천산산맥과 곤륜산맥 사이에 걸치는 크림분지를 가리키는데, 이 정의는 반드시 고정된 것은 아니고, 이 분지를 통과하는 교통로에 의해 도착할 수 있는 지방을 모두 서역에 넣는 경우가 많다. 따라서 넓은 의미로 서역이라는 경우, 널리 인도를 포함한다. "대당서역기" 등이 좋은 예이다. 그래서 '西域阿踰陀國'이라는 경우는 '인도의 아유타국'이라는 의미가 된다.

○ 【有緋帆茜旗珠玉之美】이 글은 "가락국기"에 보인다. 고증 중권의 '가락국기' 조를 참조.

○ 【主浦】고증 중권의 '가락국기' 조 주해 441 주포 항목 참조.

○ 【初解綾袴於岡上處. 曰綾峴, 茜旗初入海涯. 曰旗出邊】이 글은 "가락국기"에 보인다. 고증 중권의 '가락국기' 조를 참조. 이 일련의 글은 "가락국기"에서 나온 것이다.

○ 【首露王聘迎之. 同御國一百五十餘年】이 글도 "가락국기"에 바탕을 둔

것이다.

529○ 【丁時海東末(未)有創寺奉法之事】 '유' 권제3 · 홍법 제3의 '순도조려', '난타벽제', '아도기라', '원종홍법염촉멸신' 등의 조에, 고구려 불법의 시작은 소수림왕의 시대, 백제불법의 시작은 침류왕 시대, 신라 불교의 유입은 눌지왕 시대부터, 또 법홍왕 시대에 불교가 공인되었다는 것이 기록되어 있다(고중 하1 각조를 참조).

그리고 수로왕이 죽은 해(서기 199년)를 문자 그대로 해석할 경우, 분명히 이때는 위와 같이 해동(海東, 조선)에서는 창사봉법은 없었다.

○ 【佛敎】 불상과 교법(불전)을 말한다.

○ 【本記】 "가락국기"를 말한다.

○ 【逮第八代銍知王二年壬辰. 置寺於其地. 又創王后寺】 "가락국기" 말미에 기록되어 있는 금관국의 왕력에 '銍知王. 一云金銍王. 元嘉二十八年即位. 明年爲世祖許黃玉王后. 奉資冥福. 於初與世祖合御之地. 創寺曰王后寺. 納田十結充之. 云云'이라고 보인다. 즉 제8대 질지왕 2년 임신(서기 452)[남조 송의 원가(元嘉) 29년]에 창건했다는 것이다.

'승람' 권32 · 김해도호부 고적(古跡) 조에는 '王后寺. 舊址在長遊山. 首露王八代孫銍知王. 就幔殿合婚之地. 建寺, 名曰王后寺. 後罷寺爲莊'이라고 기록하고 있다. 왕후사가 언제 없어졌는지는 불명이다. 또한 왕후사에 대해서는 고중 중권 주해 464 참조.

529a○ 【在阿道訥祇(祇)王之世, 法興王之前】 왕후사가 건립된 연대는, 아도(阿道, 我道)가 신라에 와서 불교를 전파한 눌지왕의 시대이며, 게다가 불교를 공포한 법홍왕보다도 앞이라고 말하는 것이다. 앞서 보인 "가락국기" 및 '유' 권제3 · 홍법 제3의 '아도기라', '원종홍법염촉멸신' 조를 참조.

529○ 【兼以鎭南倭】 이것은 주목해야 할 사료(史料)의 하나인가.

530○ 【塔方四面五層, 其彫鏤甚奇. 石微赤班色. 其質良脆, 非此方類】 '승람' 권三32, 김해도호부 고적 조에 보이는 파사석탑 조에, 이곳의 '유' 본문을 참조하여 '凡五層, 其色赤斑, 其質良脆, 彫鏤甚奇, 世傳許后自西域來時,

船中載此塔, 以鎭風濤'라고 전하고 있다. 현재 김해시에 허왕후릉(許王后陵)이라고 전하는 것이 있는데, 그 경내에 파사석탑의 파편이 쌓여 남아있다. 이 파편의 재질이 '유'의 위 기록과 일치한다고 한다.

○【本草】본초학(本草學) 또는 본초서(本草書)를 말한다.

⁵³²고려영탑사

高麗靈塔寺

⁵³³僧傳云, 釋普德, 字智法, 前高麗龍岡縣人也. 詳見下本傳. 常居平壤城, 有山方(房)老僧來請講經. 師固辭不免, 赴講涅槃經四十餘卷. 罷席至城西大寶山嵓穴下禪觀, 有神人來請. 宜住此地, 乃置錫杖於前, 指其地曰. 此下有八面七級石塔, 掘之果然. 因立精舍曰靈塔寺, 以居之.

풀이   ⁵³²고려영탑사(高麗靈塔寺)

⁵³³승전¹⁶⁵⁾에 석보덕(釋普德)은 자가 지법이고 전 고(구)려 용강현 사람이라고 한다. 자세한 것은 앞서 말해 둔 본전('유' 보장봉노 보덕이암)에 실려 있다.¹⁶⁶⁾ 보덕은 평소 평양성에 살고 있었는데, 어느 날 산방

---

165) DB. 고려의 승려인 각훈(覺訓)이 편찬한 "해동고승전".
166) DB. '자세한 것은 뒤의 본전에 실려 있다.'

(山房)에 있던 노승이 와서 강경(講經)을 요청하였다. 법사는 굳이 사양하다가 거절을 못하여 가서, "열반경[167]" 40여 권을 강연하였다. 강연이 끝나고 성의 서쪽 대보산 동굴 아래에 이르러 참선을 하는데, 어떤 신인(神人)이 와서 청하기를, "이 땅에 와서 살라."고 하고 곧 앞에 석장을 두고 그 땅을 가리키며 말하였다. "이 아래에 팔면칠층석탑이 있다." 그곳을 파보았더니 과연 그러하였다. 이로 인하여 정사를 세우고, 영탑사라고 하고서 그곳에서 살았다.

주해

532고려영탑사(高麗靈塔寺)

533○ 【僧傳】 '해동(海東)'을 가리킨다고 생각되는데, 현존 권1의2까지에는 보덕(普德)에 대한 이야기는 없다. '유' 권제3·흥법 제3 '보장봉노 보덕이암' 조에도 '승전'이 보이는데 같은 것을 가리킬 것이다(고증 하1 참조).

○ 【普德】 '유' 권제3·흥법제3 '보장봉노 보덕이암' 조 참조.

○ 【前高麗】 일연 당시의 고려에 대하여 이전의 고려라는 것으로, 고구려를 가리킨다. 자주 '句高麗'라고 적는다.

○ 【龍岡縣】 조선민주주의인민공화국의 평안남도 용강군을 가리키는 것인가. 다만 '승람' 권52·용강현의 건치연혁에는 '옛 황룡국. 고구려에 속하는 곳이다. 고려 황룡성이라고 한다. 나중에 금명(今名)으로 고치다.'라고 있다. 이것에 의하면 금명인 '龍岡'은, 고려 이후의 호칭이 되어, 본 항목의 기술과 맞지 않는다. 또한 같은 책 불우에 '普德寺'가 보인다(분주에 '의성산에 있다.'라고 있다). 그 점은 본 항목의 전승과 무언가 관련이 있는 것처럼 보인다.

---

167) DB. "대열반경(大涅槃經)"으로 석존의 입멸을 기록한 경전이다. 대승, 소승 두 가지의 열반경이 있다.

○【本傳】'유' 권제3·홍법제3 '보장봉노 보덕이암' 조에도 '본전'이 보인다. '본전'이라는 것은 같은 책을 가리키는 것이 아닐까.

○【平壤城】 뒷글에 '城西大寶山'이라고 있어, 그 '城'은 이 평양성을 가리키는 것으로, 이곳에서 말하는 평양성은, 대보산의 동쪽에 있는, 현재의 평양에 있었던 소위 고구려 장안성으로 생각된다. 자세한 것은 다나카 도시아키 '高句麗 長安城の位置と遷都の有無'("史林" 67권 4호, 1984년 7월)를 참조.

○【涅槃經】 석가가 입멸할 때에 묘의를 적었다고 한다. 북량의 담무식이 번역한 40권의 소위 북본열반경과 송의 혜엄·혜관·사령수 등이 찬술한 36권이 소위 남본열반경이 있다. 이곳에서는 40여 권이 있는데 권수가 맞는다고 말하기는 어려운데 북본(北本)에 해당하는가.

○【大寶山】 '승람' 권51·평양부·산천 조에 '大寶山'이 보이며, '부(府)의 서쪽 37리에 있다.'라고 보인다. 1918년 육지측량부 발행의 5만분의 1 지도 '岐陽'에 의하면 평양의 서쪽 십수km에 대보산이 보인다.

○【靈塔寺】 영탑사 그 후의 '靈' 자가 공통되는 점 등으로 혹은 후신(後身)일까라고도 생각되는데, 관계는 미상.

⁵³⁴황룡사장육

皇龍寺丈六

---

⁵³⁵新羅第二十四眞興王即位十四年癸酉二月. 將築紫宮於龍宮南, 有黃龍現其地. 乃改置爲佛寺. 號黃(皇)龍寺. ⁵³⁶至己丑年. 周圍墻宇, 至十七年. 方畢. 未幾. 海南有一巨舫. 來泊於河曲縣之絲浦. ^a_{今蔚州谷浦也.} 撿看有牒丈云, 西竺阿育王. 聚黃鐵五萬七千斤. 黃金三萬分, ^b_{別傳云, 鐵四十萬七千斤金一千兩, 恐誤. 或云三萬七千斤.} 將鑄釋迦三尊像. 未就, 載舡泛海而祝曰, 願到有緣國土. 成丈六尊容. 幷載模¹⁶⁸⁾樣¹⁶⁹⁾一佛二菩薩像. 縣吏具狀上聞, 勑使卜其縣之城東爽塏之地, 創東竺寺. 邀安其三尊. 輸其金鐵於京師, ⁵³⁷以大建六年甲午三月. ^a_{寺中記云癸巳十月十七日.} 鑄成丈六尊像. 一鼓而就. 重三萬五千七斤, 入黃金一萬一百九十八分, 二菩薩入鐵一萬二千斤, 黃金一萬一百三十六分. 安於皇龍寺. ⁵³⁸明年像淚流至踵. 沃地一尺. 大王升

---

168) DB. 규장각본과 순암수택본에는 摸.
169) DB. 규장각본과 만송문고본, 순암수택본에는 㨾.

退之兆. 或云. 像成在眞平之世者, 謬也. [539]別本云. 阿育王在西竺大香華

國. 生佛後一百年間. 恨不得供養眞身, 斂化金鐵若干斤. 三度鑄成無功.

時王之太子獨不預斯事, 王使詰之. 太子奏云, 獨力非功. 曾知不就. 王然

之. 乃載舡泛海. 南閻浮提十六大國, 五百中國, 十千小國, 八萬聚落. 靡

不周旋. 皆鑄不成. 最後到新羅國, 眞興王鑄之於文仍林, 像成. 相好畢

備. 阿育此飜無憂. [540]後大德慈藏西學到五臺山, 感文殊現身授訣. 仍囑

云, 汝國皇龍寺. 乃釋迦與迦葉佛講演之地, 宴坐石猶在. 故天竺無憂王

聚黃鐵若干斤泛海, 歷一千三百餘年. 然後乃到而國, 成安其寺. 蓋威緣

使然也. [a]與別記所載符(不)同. 像成後, 東竺寺三尊亦移安寺中. [541]寺記云, 眞

平五(六)年甲辰. 金堂造成, 善德王代. 寺初主眞骨歡喜師, 第二主慈藏國

統, 次國統惠訓, 次厢[170]律師云. 今兵火已來. 大像與二菩薩皆融没, 而

小釋迦猶存焉. [542]讚曰. 塵方何處匪眞郷, 香火因緣最我邦. 不是育王難

下手. 月城來訪舊行藏.

풀이 [534]황룡사장육(皇龍寺丈六)

[535]신라 제24대 진흥왕 즉위 14년(553) 계유 2월, 장차 궁궐을 용궁의

남쪽에 지으려 하는데, 황룡이 그 땅에 나타나서 궁을 짓는 대신 절을

짓고 황룡사라고 하였다. [536]기축년(569년)에 이르러 모든 어당(御堂)

도 갖추어지고 그것을 둘러싼 담도 다 되어, 17년 만에 바야흐로 완성

하였다. 얼마 지나지 않아 바다 남쪽에 큰 배가 하곡현 사포[a]지금 울주 곡

포(谷浦)이다.에 정박하였다. 조사하여 보니 첩문이 있었는데, 서축의 아

---

170) 고증. 厢(相). DB. 규장각본과 만송문고본에는 厢, 순암수택본에는 厢, 그 옆에 相이 가필.

육왕이 황철 5만 7천 근과 황금 3만 푼^b별전(別傳)에는 철 40만 7천 근, 금 천 냥이 라고 하는데 잘못된 것인 듯하다. 혹은 3만 7천 근이라고 한다.을 모아, 장차 석가삼존 상을 주조하려고 하였으나 아직 이루지 못했다. 그래서 미완(未完)의 상(像)을 배에 실어 바다에 띄웠고, 축원하여 원컨대 인연이 있는 나 라에 이르러 장육존용을 이루어라 하고, 아울러 일불이보살상의 모형 도 실었다. 현의 관리가 장계를 갖추어 왕에게 아뢰니, 왕은 사자를 시켜 그 현의 성 동쪽 시원하고 높은 곳을 골라 동축사를 창건하고, 그 삼존불을 맞아서 안치하였다. 그 금과 철은 경사(경주)¹⁷¹⁾로 옮겨 왔다. ⁵³⁷대건 6년 갑오(574) 3월^a사중기에는 계사 10월 17일(573년)이라고 한다.에 장육존상을 주성하여 한 번에 이루었다. 무게는 3만 5007근으로 황금 1만 198푼이 들어갔고, 두 보살에는 철 1만 2천 근과 황금 1만 136푼 이 들어갔다. 모두 황룡사에 안치하였다.

⁵³⁸다음 해(575년)에 장육존상이 눈물을 흘렸는데, 발꿈치까지 이르 러 땅 1척을 적셨다. 대왕(진흥왕)이 승하할 조짐이었다. 혹은 존상이 진평왕대에 이루어졌다고도 하는데 잘못이다.

⁵³⁹별본(別本)에는 다음과 같이 실려 있다.

아육왕은 서축의 대향화국에서 부처가 돌아가신 뒤 100년 사이에 태어났다. 석가를 공양하지 못한 것을 한스러워하여, 약간의 금과 철 을 모아 세 번이나 상(像)을 주조하였으나, 이루지 못하였다. 그때 왕 의 태자가 홀로 그 일에 참여하지 않자, 왕이 사자를 보내 그를 꾸짖 었다. 태자가 주청하기를 "혼자 힘으로는 이루지 못합니다. 일찍이 이루지 못할 것을 알았습니다."라고 하였다. 왕이 그렇게 여겨 이에

171) DB. '서울'.

배에 실어 바다에 띄웠다. 남염부제 16대국(大國), 500 중국(中國), 1만 소국(小國), 8만 취락을 두루 돌지 않은 곳이 없었지만 모두 주조하지 못하였다. 마지막으로 신라국에 이르자, 진흥왕이 그것을 문잉림에서 주조하여 불상을 완성하니 몸과 얼굴, 손발이 다 갖추어졌다. 아육은 이곳(신라)을 무우(無憂)라고 말했다.[172]

540후에 대덕 자장이 당으로 유학하여 오대산에 이르러 문수보살의 현신이 감응하여 비결을 주고 인하여 부탁하여 말하기를 "너희 나라의 황룡사는, 곧 석가와 가섭불이 강연하던 땅으로, 연좌석이 아직 있다. 그러므로 천축의 무왕이, 황금 약간 근을 모아 바다에 띄워, 1300여 년을 지난 연후에, 곧 너희 나라에 도착하여 이루어져 그 절에 안치되었다. 대개 위덕의 인연이 그렇게 만든 것이다."라고 하였다. [a]별기(別記)에 수록된 내용과도 부합하여 일치한다.[173] 불상이 조성된 후에 동축사의 삼존 또한 옮겨와 절 안에 안치하였다.

541절의 기록에는 "진평왕 5년 갑진(584년)[174]에 금당이 조성되었고, 선덕왕대 절의 첫 주지는 진골인 환희사였고, 제2주지는 자장국통이고 그다음은 국통혜훈, 그다음은 상률사이다."라고 하였다. 지금은 몽고침략의 병화(兵火)가 있어서, 큰 불상과 두 보살상은 모두 녹아서 사라졌고, 작은 석가상은 아직 남아 있다.

542찬하여 말한다.

때 묻지 않은 고향이 아닌 것은 없다.

---

172) DB. '아육은 이에 무우(無憂)라고 번역되었다.' 고증. '아육은 이곳(신라)은 무우(無憂)라고 말하지 못할 까닭이 없다.'

173) DB. '별기(別記)에 수록된 것과는 같지 않다.'

174) 고증. '(583 혹은 584)'.

향화(香火)의 인연으로는 우리나라가 으뜸이다.

아육왕이 손을 뻗쳐 (丈六의 鑄造) 이루지 못한 것이 아니다.

월성(月城)을 찾아온 것은 옛 (迦葉佛이) 설교를 했던 곳이기 때문이
다.[175]

주해 534○ 【皇龍寺丈六】 이 조(條)에는 신라 진흥왕이 호국의 절로서, 왕도에
창건한 황룡사에 관한 경위와, 이 절의 높이 1장 6척(약 5m)의 본존(석가
삼존)의 주조에 관한 연기(緣起) 등이 기록되어 있다.

지금 경주시 중심부에서 2km 떨어진 동쪽 외곽의 구황동에, 쌓은 담으
로 둘러싸인 작은 절이 있다. 이것이 분황사인데, 그 남쪽의 논 안에는 예
부터 당간지주(석조)가 남아 있다. 나아가 이 당간지주에 가까운 남쪽 너
른 곳에, 초석(礎石)이 정연하게 늘어서 있다. 이것이 분황사 터이다.

이 조의 글에 보이듯이, 이 황룡사 창건은 진흥왕의 명에 의해서, 그 14
년(553) 2월에 조영(造營)에 착수하여, 그 후 14년을 지나 진흥왕 27년
(566)에 제1차 공사를 끝내고, 35년(574)에 본존인 장육의 존상(尊像)이
주조되고, 진평왕 6년(584)에는 겨우 금당(金堂)이 완성되고, 더 나아가
선덕왕 12년(643)에 구층목탑의 건조에 착수하여, 다음 해 완공했다. 이
렇게 황룡사는 실로 90년의 오랜 세월을 거쳐 완성되었던 것이다.

이 탑에 대해서는 다음의 '황룡사구층탑' 조에, 종에 대해서는 이어서
'황룡사종 분황사약사 봉덕사종' 조에 상세하게 기록되어 있다. 그리고
황룡사 장육존상과 구층목탑은, 진평왕의 천사옥대와 함께 신라삼보로
불렸다. 과거 황룡사는 장엄하고 또 호국도장으로서 무게감을 가지고,

---

175) DB. '속세의 어느 곳이 진향(眞鄕)이 아니겠느냐만 향화(香火)의 인연은 우리나라가 으뜸
이다. 이는 아육왕이 착수하지 못한 것이 아니라 월성(月城) 옛터를 찾아온 것이다.'

고려시대에 들어와서도 융성을 자랑했는데, 고종 25년(1238) 몽고군 침탈에 의해 당탑가람, 장육존상 등 모두 재가 되었다. 그 후 재건되는 일 없이 마침내 폐허가 되어 버렸다.

절터 조사는 일본 통치시대에도 실시되었는데, 제2차 대전 후 한국에서는 1976년 이후 대대적으로 발굴조사를 계속했다. 특히 창건가람이 1탑1금당 식이었는데 통일신라에 2금당을 설치한 1탑3금당으로 바뀌었다는 것이 밝혀졌다. 또 확인된 가람배치의 규모는 8,800평으로, 지금까지의 유구(遺構)[176] 가운데에서는 동양최대의 사찰로 보이는 점 등이다. 또한 '유' 권제1 신라시조 혁거세왕 조 및 주해 113 황룡사 항목 참조.

535○ 【新羅第二十四眞興王即位十四年癸酉二月】 이 이후의 글은 '나기' (진흥왕 조)에 바탕을 두고 있다. 그래서 '나기'를 참조. 또한 '진흥왕'에 대해서는 '유' 권제1 · 기이 제1 '진흥왕' 조, 및 고증 상권 주해 197을 참조.

진흥왕 14년 계유는 서기 553년(북제의 천보 4년. 양 원제 2년)에 해당한다.

○ 【將築紫宮於龍宮南, 有黃龍現其地. 乃改置爲佛寺. 號黃(皇)龍寺】 '사'의 '나기'에는 '王命所司. 築新宮於月城東. 黃龍見其地. 王疑之. 改爲佛寺. 賜號曰皇龍'이라고 있다. 본문의 황룡사(黃龍寺)는 皇龍寺로 고쳐야 할 것이다.

536○ 【己丑年. 周圍墻宇, 至十七年. 方畢】 이 글은 '나기'에는 보이지 않는다. 본문의 '己丑年'은 진흥왕 30년(대창 2년)(서기 569)인데, 이해는 진흥왕 14년부터는 17년이 된다. 그러나 '나기' 진흥왕 조에는 왕 27년(566)에 '황룡사필공'이라고 기록하고 있다.

○ 【未幾…】 이것 이하의 글은 '나기'에 보이지 않는다.

○ 【河曲縣之絲浦】 이곳의 하곡현이라는 지역은 울산시에 포함되어 있다.

---

176) 잔존물.

'사' 권34·잡지3·지리1의 임관군(양주관내) 소속현 하곡현(하서현) 조에 '婆娑王時. 取屈阿火村. 置縣. 景德王改名. 今蔚州' 또 '승람' 권 22·울산군 건치연혁 조에는 '本新羅屈阿火村. 婆娑王始置縣. 景德王改名河曲(或作. 河西) 爲臨海郡領縣. 高麗太祖. 以縣人朴充雄有功. 乃以東津·虞風二縣來合. 陞爲興見府. 後降爲恭化縣. 又改知蔚州縣. … 本朝 … 太宗十三年. 罷鎭. 改今名爲知郡事. …'라고 있다. 사포(絲浦)의 정확한 위치는 미상.

○ 【西竺阿育王】 이 서축(西竺)은 서천축의 생략이 아니고, 서역의 천축(인도)이라고 해석해야 할 것이다. 이어서 아육왕(아소카 Asoka)은, 인도 마우리아왕조의 제3대 제왕(재위, 기원전 268-기원전 232년경)으로, 고대 인도의 가장 위대한 통치자라고 하며, 정법(正法)에 의해 나라를 통치하고 사회복지 사업에 힘썼다. 또 왕이 신봉하는 불교의 포교전도에 애써, 불교가 세계종교가 되는 기초를 닦았다. 또한 현장(玄奘)의 "대당서역기"에는 아육왕을 무우왕(無憂王)이라고 기록하고 있다.

536b○ 【別傳】 이곳 외에 뒤에 나오는 '백률사(栢栗寺)' 조의 주(注)와 '대산 오만진신' 조의 주에도 보이는데, 이곳 별전의 내용은 주기(注記) 이외에는 불명하다.

536○ 【釋迦三尊】 석가(釋迦)는 석가여래를 말한다. 석가삼존이라고 하면 석가의 협시(脇侍)[177]로 보통 왼쪽에 문수보살, 오른쪽에 보현보살을 두는데, 율(律)·선(禪) 계통에서는 가엽(迦葉)·아난이 석가를 모시는 사람이라고 하는 경우도 있다. 그 외 관자재와 금강장, 관자재와 집금강 외에, 태장현도만다라에서는 오른쪽에 허공장, 왼쪽에 관자재보살을 협시로 한다. 또 약왕보살·약상보살을 협시라고 하는 일도 있다.

○ 【一佛二菩薩】 위의 설명으로 알 것이다.

○ 【東竺寺】 서축(西竺)에 대하여 동축(東竺)이라고 이름 지었을 것이다.

---

177) 석가를 모시는 사람.

537○【大建六年甲午三月. …鑄成丈六尊像】 대건육년갑오는 서기 574년 (진흥왕 35년·대창 3년)이다. 대건(大建)은 중국남조 진(陳)의 선제의 원호. 한편 '나기' 진흥왕 35년 조에는 '三月. 鑄成皇龍寺丈六像. 銅重三萬五千斤. 鍍金重一萬一百九十八分.'이라고 있다.

537a○【寺中記】 다음의 '황룡사구층탑' 조에도 보이는데, 모두 황룡사에 전해진 기록도 보인다.

○【癸巳十月十七日】 계사(癸巳)는 갑오(甲午)의 앞에 나오는 간지. 계사년은 서기 573년.

538○【明年像淚流至踵. 沃地一尺】 이 명년(明年)은 진흥왕 36년을 말하는 것으로, '나기' 진흥왕 36년 조에는 '春夏早. 皇龍寺丈六像, 出淚至踵'이라고 보인다.

○【大王昇遐】 진흥왕의 척경(拓境)순수비인 황초령비(黃草嶺碑)·마운령비(磨雲嶺碑)(모두 서기 568년 건립)에는 진흥왕을 진흥대왕이라고 새기고 있다. 이 대왕은 왕중의 왕이라는 것으로, 진흥왕대에 신라의 발전은 뚜렷하여, 대왕에 어울린다.

또 '나기' 신흥왕 37년(576) 조에는 '秋八月王薨. 謚曰眞興. 葬于哀公寺北峯.'이라며 왕의 훙거에 대해 기록하고 있다. 그러나 글 가운데에 시호를 진흥(眞興)이라고 했다고 하는데, 앞의 비문에서도 시호는 아니라는 것을 알 수 있을 것이다.

○【或云. 像成在眞平之世者. 謬也】 지금까지의 기사를 보아 장육(丈六)의 존상이 주조하여 완성된 것은 진흥왕 때이므로, 진평왕대라고 하는 것은 문자 그대로 잘못이다.

539○【別本】 아육왕의 업적에 대하여 적은 것이겠지만, 구체적인 서명(書名)은 불명.

○【生佛後一百年間】 부처의 입멸(入滅)에서 백년 후에, 아육왕이 나타난 것으로 되어 있다.

○【眞身】 뒤에 나오는 '臺山五萬眞身' 조의 주해 649 참조.

이 진신(眞身)에 대응하는 것은 '화신(化身)'일 것이다. 참고로 적어 둔다. '化身' ① 부처의 임시 모습. 모습을 바꿔 나타난 몸. 부처의 3신(三身)(자성신, 수용신, 변화신)의 하나로, 중생을 교화구제하려고 부처 스스로 모습을 바꿔 중생의 모습이 된 것을 말한다. 응신이라고도 한역한다. 원어는 보통 nirmāna-kāya(산스크리트어)이다. ② 화엄종에서는 열반불 또는 화불이라고 한다. ③ 석존을 말한다. 석존의 몸. 등(中村元著, "佛敎語大辭典" 참조).

○ 【南閻浮提】 염부제(閻浮提, Jambu-dvipa)의 음을 옮긴 것으로 수미산 남쪽에 있는 대륙. 수미산을 중심으로 인간세계를 동서남북 사주(四洲)로 나누며, 염부제는 남주(南洲)이다. 그래서 남염부제라고 기록한 것으로 보인다. 인도 등은 염부제에 속한다고 되어 있다. 이곳은 16대국(大國), 500의 중국(中國), 10만의 소국(小國)이 있다 그리고 여러 부처가 나타나는 것은, 이 남쪽의 주(洲)만이라고 한다. 원래는 인도지역을 가리켜 말한 것인데, 나중에는 이 인간세계를 말하게 되었다. "대당서역기"에도 이것에 대해 비교적 상세하게 말하고 있다.

540 ○ 【大德慈藏】 신라의 고승 자장(慈藏)은 속세 성은 김씨, 이름은 선종랑, 아버지는 진골 무림. 그는 어려서 양친을 잃고, 처자 전원(田園)을 버리고 불도에 들어갔다. 그래서 조정에서 관료를 보내 징벌해도 응하지 않았다. 이윽고 선덕왕 5년(636)에 칙(勅)을 받고 문하생인 승실(僧實) 등 10여 명과 입당했다. 당 태종의 극진한 대우를 받았으나, 선덕왕 20년에 귀국, 왕은 그를 맞이하여 대국통이라고 하며 분황사에 살게 했다. 또 14년에 황룡사를 짓고, 나아가 통도사를 지어 계단(戒壇)을 쌓았다. 만년에는 경(京)을 떠나 강릉군의 수다사를 창건했다.

자장의 전승은 '유' 권제4 · 의해 제5 '자장정률' 조(고증 하1) 및 "속고승전(당고승전) 권24, 당신라국대승통석자장전5를 참조.

○ 【西學】 중국(唐)에 유학(遊學)하는 것. 소위 입당 구법을 말한다.

○ 【五臺山】 이 오대산에 대해서는, '유' 권제3 · 탑상제4 '대산오만진신', '명

주오대산보질도태자전기', '대산월정사오류질중'의 각조 참조.

○ 【文殊】 문수보살(文殊菩薩)을 말한다.

○ 【迦葉佛】 【宴坐石】 '유' 권제3・탑상제4 '迦葉佛宴坐石' 조(고증 하1) 주해 516 참조.

○ 【無憂王】 아육왕을 말한다. 아소카(Asoka)가 '근심(憂)이 없다.'를 의미하는 것으로 이처럼 전해졌다.

540a○ 【與別記所載符(不)同】 이곳의 부동(符同)은, 부동(不同)으로 고쳐야 할 것이다. 본문과 별기(別記)의 기재내용은 부동(符同)하지 않기 때문이다.

541○ 【寺記】 황룡사에 전해지고 있던 이 절의 기록임에 틀림없으나 상세한 것은 불명.

○ 【眞平王五年甲辰, 金堂造成】 이 갑진년은, 서기 584년으로 수의 개황 4년에 해당하므로, 이해를 유년법(踰年法)에 의하면, '眞平王五年'으로 해도 좋은데, '사' 연표나 '나기'는 즉위 칭원법(稱元法)을 따르기 때문에, '眞平王六年'이라고 해야 한다.

　　이어서 이 황룡사금당의 준공에 관한 것은, '나기'에는 보이지 않는다. 그런 까닭에 이 '유'의 기사는, '나기'의 부족을 보충하는 귀중한 사료(史料)이다.

○ 【歡喜師】 초대 지주인 환희사가 왕족 신분인 진골이었다는 것. 제2대 지주인 자장국통도 아버지가 진골이었다는 것은 모두 주목을 이끄는데, 초대지주인 환희사의 이름은 이곳에만 보이며, 또 그 기사에 대해서도 불명.

○ 【國統】 신라의 승관(僧官)으로 사주(寺主)라고도 전해진다. 뒤에 나오는 '유' 권제4 의해 제5조에 소상하게 나오므로 그곳으로 미룬다. [참고] 中井眞孝 '新羅における佛敎統制機關について'("조선학보" 제59집 昭和 46년 4월).

○ 【惠訓】 이곳에만 보이는 것으로 다른 것은 미상.

○ 【厢(相)律師】 이곳에만 보이는 것으로 다른 것은 미상.

○ 【兵火已(已)來】병화(兵火)라는 것은, 이미 말한 몽고군의 침략을 가리킨다.

542○ 【塵方】속세 세상을 말한다.

543황룡사구층탑

皇龍寺九層塔

544新羅第二十七善德王即位五年, 貞觀十年丙申. 慈藏法師西學, 乃於五
臺感文殊授法. ^a詳見本傳. 文殊又云, 汝國王是天竺刹利種王, 預受佛記. 故
別有因緣, 不同東夷共工之族. 然以山川崎嶮故, 人性麁悖. 多信邪見, 而
時或天神降禍. 然有多聞比丘在於國中, 是以君臣安泰. 萬庶和平矣. 言
已不現. 藏知是大聖變化. 泣血而退. **545**經由中國太和池邊, 忽有神人出
問. 胡爲至此. 藏荅曰, 求菩提故. 神人禮拜. 又問, 汝國有何留難. 藏曰,
我國北連靺鞨, 南接倭人, 麗濟二國迭犯封陲, 隣寇縱橫是爲民梗. 神人
云, 今汝國以女爲王. 有德而無威. 故隣國謀之. 冝速歸本國. 藏問, 歸鄉
將何爲利益乎. 神曰 皇龍寺護法龍. 是吾長子, 受梵王之命. 來護是寺, 歸
本國. 成九層塔於寺中, 隣國降伏. 九韓來貢, 王祚永安矣. 建塔之後, 設
八關會. 赦罪人, 則外賊不能爲害. 更爲我於京畿南岸. 置一精盧. 共資予
福, 予亦報之德矣. 言已. 遂奉王¹⁷⁸⁾而獻之, 忽隱不現. ^a寺中記云, 於終南山圓
香禪師處, 受建塔因由. **546**貞觀十七年癸卯十六日, 將唐帝所賜經·像·袈裟·

幣帛而還國, 以建塔之事聞於上. 善德王議於群臣, 群臣曰 請工匠於百濟
然後方可. 乃以寶帛請於百濟. 匠名阿非知. 受命而來. 經營木石, 伊于
(干)龍春. ^a一云龍樹. 幹蠱. 率小匠二百人. 初立刹柱¹⁷⁹⁾之日. 匠夢本國百濟
滅亡之狀. 匠乃心疑停手, 忽大地震動, 晦冥之中. 有一老僧一壯士. 自金
殿門出. 乃立其柱, 僧與壯士皆隱不現. 匠於是改悔. 畢成其塔. 刹柱記
云, 鐵盤已上高四十二尺, 已下一百八十三尺. 慈藏以五臺所授舍利百粒.
分安於柱¹⁸⁰⁾中. 幷通度寺戒壇. 及大和寺塔, 以副池龍之請. ^b大和寺在阿¹⁸¹⁾
曲縣南, 今蔚州, 亦藏師所創也⁵⁴⁷樹塔之後. 天地開泰. 三韓爲一, 豈非塔之靈蔭
乎. 後高麗王將謀伐羅, 乃曰 新羅有三寶. 不可犯也, 何謂也. 皇龍丈六.
幷九層塔. 與眞平王天賜玉帶, 遂寢其謀. 周有九鼎. 楚人不敢北窺, 此之
類也. ⁵⁴⁸讚曰. 鬼拱神扶壓帝京, 輝煌金碧動飛甍. 登臨何啻九韓伏. 始覺
乾坤特地平. ⁵⁴⁹又海東名賢安弘撰東都成立記云. 新羅第二十七代女王
爲主, 雖有道無威. 九韓侵勞. 若龍宮南皇龍寺建九層塔. 則隣國之災可
鎭. 第一層日本, 第二層中華, 第三層吳越, 第四層托¹⁸²⁾羅, 第五層鷹遊,
第六層靺鞨, 第七層丹國, 第八層女狄,¹⁸³⁾ 第九層獩貊. ⁵⁵⁰又按國史及寺
中古記, 眞興王癸酉創寺後, 善德王代貞觀十九年乙巳. 塔初成. 三十二
孝昭王卽位七年, 聖曆元年戊戌六月. 霹靂. ^a寺中古記云聖德王代, 誤也. 聖德王代無
戊戌. 第三十三聖德王代庚申歲. 重成. 四十八景文王代戊子六月. 第二霹
靂, 同代第三重修. 至本朝光宗卽位五年癸丑十月. 第三霹靂, 現(顯)¹⁸⁴⁾

---

178) 고증. 王(玉). DB. 玉의 오기로 보인다.
179) DB. 규장각본과 만송문고본, 순암수택본에는 拄.
180) DB. 규장각본과 만송문고본, 순암수택본에는 拄.
181) DB. "삼국유사" 권3, 탑상(塔像) 황룡사장(皇龍寺丈) 육조에는 河.
182) 고증. 托(乇). DB. "삼국유사" 권1, 기이(紀異) 마한(馬韓) 조에는 河.
183) 고증. 狄(眞). DB. "삼국유사" 권1, 기이(紀異) 마한(馬韓) 조에는 狄.

宗十三年辛酉. 第四重成. 又靖宗二年乙亥. 第四霹靂, 又文宗甲辰年. 第五重成. 又憲[185]宗末年乙亥. 第五霹靂, 肅宗丙子. 第六重成. 又高宗十六年[186]戊戌冬月, 西山兵火. 塔寺丈六殿宇皆災.

ㆍ

543황룡사구층탑(皇龍寺九層塔)

544신라 제27대 선덕왕 즉위 5년, 정관(貞觀) 10년 병신(636)에, 자장법사가 당나라에 유학하여 곧 오대에서 문수보살이 불법을 주는 것을 감응하여 얻었다. ^a자세한 것은 본전에 보인다. 그때 문수가 또 말하기를, 너희 국왕은 천축의 찰리종 왕으로 미리 불기(佛記)[187]를 받았기 때문에, 특별히 인연이 있어 동이 궁기(窮奇)[188]는 같지 않다. 그러나 산천이 험하기 때문에, 사람의 성질이 거칠고 사나워 사견(邪見)을 많이 믿어, 때때로 천신이 재앙을 내리기도 한다. 그러나 불법을 많이 듣고 수지(受持)하는 승려가 넘쳐서, 군신이 평안하고 백성이 화평하다."라고 하였다. 말이 끝나자 사라졌다. 자장은 이것이 대성(大聖)이 변화한 것을 알고, 슬피 울면서 물러났다.

545그리하여 법사가 중국의 태화지 근처를 지나칠 때, 갑자기 신인(神人)이 나와서 물었다. "어찌 이에 이르게 되었는가?"

자장이 이에 답하여 말하기를, "보리(菩提)(道·覺·智)를 구하기 때

---

184) 고증. 現(顯). DB. '現宗', "고려사"에는 顯.
185) 고증. 憲(獻). DB. 憲, "고려사"에는 獻.
186) 고증. '二十六'을 가필. DB. 몽골의 침략으로 황룡사가 불탄 것은 1238년 고종 25년 戊戌의 일.
187) 고증. 부처가 예언한 글을 받았다.
188) 고증. '행실이 천박하고 취향이 기이'라고 풀었다.

문입니다."라고 하였다. 신인이 예를 갖춰 절하고 또 묻기를, "너희 나라는 어떤 어려움에 빠져 있는가?"라고 하니 자장이, "우리나라는 북쪽으로 말갈을 연하고 남쪽으로 왜국을 접하고 있고 고구려와 백제 두 나라가 번갈아 변경을 침범하여 이웃나라의 침략이 종횡하니 이것이 백성의 걱정입니다."라고 하였다.

신인이 말하기를, "지금 너희 나라는 여자가 왕이 되어 덕은 있으나 위엄은 없다. 그러므로 이웃나라가 꾀하는 것이다. 그대는 속히 본국으로 돌아가라."라고 하였다.

자장이 "본국으로 돌아가면 장차 무엇이 이익이 되겠습니까?"라고 물으니, 신인이 "황룡사 호법룡은 나의 장자로 범천왕의 명을 받아 그 절에 가서 호위하고 있으니, 본국으로 귀국하여 절 안에 9층탑을 조성하면, 이웃나라가 항복하고 구한(九韓)이 와서 조공하여 왕업이 영원히 평안할 것이다. 탑을 건립한 후에 팔관회를 베풀고 죄인을 사면하면 곧 외적이 해를 가할 수 없을 것이다. 또 나를 위하여 경기(京畿) 남쪽 해안에, 정려 하나를 세워 함께 나의 복을 빌어 주면 나 역시 덕을 갚을 것이다."라고 하였다.

말이 끝나자 드디어 옥을 받들어 바치고 홀연히 사라져 보이지 않았다. ^a사중기(寺中記)에는 종남산(終南山) 원향선사(圓香禪師)의 거처에서 건탑의 이유를 받았다고 한다. ⁵⁴⁶정관 17년(643) 계묘 16일에 당 황제가 하사한 경전·불상·가사·폐백을 가지고 귀국하여, 탑을 건립하는 일을 왕에게 아뢰었다. 선덕왕이 군신에게 의논하였는데, 신하들이 "백제에서 공장(工匠)을 청한 연후에야 바야흐로 가능할 것입니다."라고 하여 이에 보물과 비단을 가지고서 백제에 청하였다.

공장 아비지(阿非知)가 명을 받고 와서, 목재와 석재를 경영하였고 이간 용춘^a혹은 용수라고 쓰기도 한다.이 주관하여 소장(小匠) 200명을 이끌었다.

그런데 처음 찰주를 세우는 날에, 공장이 본국 백제가 멸망하는 모습을 꿈꾸었다. 공장은 곧 의심이 나서 손을 멈추었는데, 갑자기 큰 지진이 나서 어두컴컴한 속에서 한 노승과 한 장사가 금전문서 나와, 곧 그 기둥을 세우고, 노승과 장사는 모두 사라져 보이지 않았다. 공장은 이에 마음을 고쳐먹고, 그 탑을 완성하였다. 찰주기(刹柱記)에는 "철제 노반 위의 높이가 42척이고 이하는 183척이다."라고 했다.

자장이 오대에서 받은 사리 100알을, 기둥 안과 통도사 계단과 태화사 탑에 나누어 안치하였는데[일찍이 중국에 유학을 갔을 때, 지나던 대화지의 신인(神人)과 그 아들인], 이것은 호법룡의 청을 따른 것이다.[189]

^b태화사는 아곡현(阿曲縣) 남쪽에 있는데 지금의 울주이며 또한 자장이 창건한 것이다.

547구층탑을 세운 후에 천지가 형통하고 삼한이 하나가 되었으니, 어찌 탑의 영험이 아니겠는가. 후에 고려왕이 장차 신라를 치려고 하다가 곧 "신라에는 삼보(三寶)가 있어서 침범할 수 없다고 하는데 무엇을 말하는 것인가?"라고 하였다. "황룡사 장육상과 구층탑, 그리고 진평왕의 천사옥대(天賜玉帶)입니다."라고 하니 드디어 그 계획을 멈추었다. 주(周)나라에 구정(九鼎)이 있어서, 초(楚)나라 사람이 감히 엿보지 못하였다고 하였는데, 이것이 비슷한 것이다.

548찬하여 말한다.

귀신이 힘을 합쳐 제경(帝京)을 누르니,

황금벽옥을 휘감는 찬란함이 있고, 용마루는 날아오를 듯하다.

189) DB. '지룡(池龍)의 청을 따른 것이다.'

자리에 오르는 임금은, 그저 구한을 항복시키려는 것만은 아니다. 천하가 한층 더 평화로워진 것을 비로소 깨달았다네.[190]

549또 해동의 명현 안홍이 편찬한 "동도성립기"에 다음과 같이 말한다. "신라 제27대에 여왕이 왕이 되니, 도(道)는 있으나 위엄이 없어 구한(九韓)이 침략하였다. 만약 용궁 남쪽 황룡사에 구층탑을 세우면, 곧 이웃나라의 침입이 진압될 수 있다. 제1층은 일본, 제2층은 중화, 제3층은 오월, 제4층은 탁라, 제5층은 응유, 제6층은 말갈, 제7층은 거란, 제8층은 여적, 제9층은 예맥이다."

550또 국사와 사중고기를 살펴보면, 진흥왕 계유에 절을 세운 후, 선덕왕대 정관 19년 을사(645년)에 탑이 처음 이루어졌다. 32대 효소왕 즉위 7년, 성력 원년 무술 6월(698년)에 벼락이 쳤다. ᵃ사중고기에는 성덕왕대라고 하는데 잘못이다. 성덕왕대에는 무술년이 없다. 제33대 성덕왕 경신(720년)에 다시 세웠다. 48대 경문왕 무자(868년) 6월에 두 번째로 벼락이 쳤고, 같은 왕대에 세 번째로 다시 세웠다. 본조 광종 즉위 5년 계축 10월(953년)에 세 번째로 벼락이 쳤고, 현종(顯宗) 13년 신유(1021)에 네 번째로 다시 세웠다. 또 정종(靖宗) 2년 을해(1035)에 네 번째로 벼락이 쳤고, 또 문종 갑진년(1064)에 다섯 번째로 다시 세웠다. 또 헌종 말년 을해(1095)에 다섯 번째로 벼락이 쳤고, 숙종 병자(1096)에 여섯 번째로 다시 세웠다. 또 고종 25년 무술(1238) 겨울에 몽고의 병화로 탑, 장육존상, 절의 전우(殿宇)가 모두 타 버렸다.

---

190) DB. '귀신이 부축하여 제경(帝京)을 누르니, 휘황한 금벽으로 대마루는 움직이는 듯하다. 여기에 올라 어찌 구한의 항복만을 볼 것인가. 건곤이 특별히 편안한 것 비로소 알았다.'

543황룡사구층탑(皇龍寺九層塔)

544○ 【慈藏法師】 자장에 대해서는 '유' 권제4 · 의해 제5의 '자장정률' 조 참조.

○ 【西學】 중국(唐)에 유학(遊學)한 것. 즉 입당구법을 말한다. 이곳에서는 '善德王即位五年貞觀十年丙申'(636)으로 하고 있는데, '유'에서는 그 외에 권제3 · 탑상 제4 '대산오만진신' 조(고증 하1, 346면) 및 권제4 · 의해 제5 '자장정률' 조에 보이며, 모두 같은 해로 하고 있다. 또 '사'에서도 '나기' 제5 · 선덕왕 5년 조에 '慈藏法師入唐求法'이라고 보인다. 그러나 "속고승전" 권24 · 석자장에서는 정관 12년(638)으로 하고 있으며, '황룡사찰주본기'(뒤에 나옴)에서도 '大王即位七年 · 大唐貞觀十二年 · 我國仁平五年戊戌歲, 隨我使神通, 入於西國'이라고 있다. 2년의 차이가 있는 것이다. '유'는 '대산오만진신' 조의 분주(分注)에 '唐僧傳云十二年. 今從三國本史'라고 하고 있으며, 정관 12년설이 있는 것을 알면서, '삼국본사'('사'를 가리킨다고 생각해도 좋다)에 의해 정관 10년설을 채용했던 것으로 의식적인 것이었다. 실제로는 정관 12년설이 유력하다고 생각되는데, 자세한 것은 권4 · 의해 제5 '자장정률' 조 참조.

○ 【五臺】 오대산을 말한다. '유' 권제4 · 의해 제5의 '자장정률' 조 참조.

○ 【文殊授法】 '유' 권제3 · 탑상 제4 '대산오만진신' 조에서는 '大聖授四句揭'라고 있고, '자장정률' 조에서는 '(萬壽臺聖像) 授梵揭'라고 있다. '法'이라는 것은 '사구게', '범게'를 말할 것이다. 그 내용은 '대산오만진신' 조 참조.

544a○ 【本傳】 권제4 · 의해 제5 '자장정률' 조를 가리킬 것이다.

544○ 【利利】 산스크리트어 Ksatriya의 음역이다. 찰제리의 약어. 고대 인도의 4성(姓)의 하나. 왕족 · 무사계급.

○ 【佛記】 부처의 미래. 혹은 제자의 미래 과보에 대해 예언한 것(中村元 "불교어대사전).

○ 【共工】 이병도에 의하면 공공(共工)이라는 것은, 본래 순(舜) 시대의 4흉(凶)의 하나이며, 이곳에서는 동이야만의 뜻이라고 했다(이병도 "삼국유

사" 322면). 공공(共工)은 "상서" 요전(堯典)의 정주에 의하면, 요 시대의 수관을 말하는 것 같은데, "상서" 순전에 '流共工于幽州'라고 있으며, 이것에 의하여 공공이 유주(幽州), 더 나아가 그 동방으로 들어왔다는 전승이 생긴 것일까. 만일 그렇다면 '東夷共工之族'이라는 것은, 흘러들어간 공공의 후손이라는 의미일 것이다. 야만이라는 뜻은 아닐 것이다. 후고(後考)로 넘긴다.

545○ 【大(太)和池】 태화지(太和池)는 '유'에서는 권제3·탑상 제4의 '대산 오만진신' 권제4·의해 제5의 '자장정률', 권제5·피은 제8의 '낭지승운 보현수'의 각조에 보인다. 상세한 것은 '자장정률' 조로 미룬다.

○ 【北連靺鞨】 '유' 권제1·기이 제1의 '말갈 발해' 조에도, '羅人云. 北有靺鞨. 南有倭人. …'이라고 보이며, 신라인의 관념으로서 북쪽에 말갈이 있다는 것을 말하고 있다. '사'에도 '말갈'이 자주 보이는데, 그것에 의하면 중국 사료에서 '말갈'이 나타나는 것보다도 이전의 시기에도 이미 '말갈'이 있었으며, 자주 고구려와 함께 신라를 공격하고 있다. 이것은 쓰다 소기치가 일찍이 지적했던 것처럼 중국 사료에서 말하는 '말갈'이라는 것과 다르며, 사실은 한반도 동해안의 예족을 가리킨다고 보아야 할 것이다. 즉 '사'에서는 중국 사료에서 말하는 중국 동북지방의 말갈과 한반도의 예족과 두 개의 다른 실체에 대하여, 같은 '말갈'로 표기한 것이 된다. '유'의 '말갈'도 두 가지로 생각할 필요가 있을 것이다. 이곳의 경우에는 당대(唐代)의 것이므로 중국 동북지방의 말갈을 가리킨다고 보아도 좋을 듯한데, 자장이 고구려에 대해서도 언급하고 있는 것처럼 고구려가 아직 존재하고 있는 시기이고, 신라·말갈은 '이어진다.'고는 말할 수 없다. '連'의 용법도 포함하여 한층 더 검토할 필요가 있을 것이다.

○ 【皇龍寺護法龍】 황룡사의 용에 대해서는 '유' 권제3·탑상 제4의 '가섭불 연좌석' 참조.

○ 【九韓】 뒷글에서 '海東名賢安弘撰東都成立記'를 인용하여 열거하는, 아홉 가지의 '한국(韓國)'을 가리킨다.

○【八關會】불교도가 지켜야 할 계율로서 오계·팔계·십계·구족계가 있으며, 이 가운데 오계·팔계는 속세 사람의 계(戒)이다. 팔계는 팔제계 혹은 팔관제라고도 하며, 속인이 일일일야에 한하여 지켜야 할 계율인데, 이 계(戒)를 받는 것과 관련하여 행하는 법회를 팔관제회·팔관회라고 말한다.

545a○【寺中記】뒷글에는 '사중고기'가 있으며, '황룡사장육' 조에는 '사중기'가 보인다. '절에 있는 기록'이라는 의미일 것이므로 같은 문서라고는 한할 수 없다.

○【終南山】당의 수도 장안(長安, 西安)에서 20㎞ 남쪽에 있는 산. 당시부터 산속에 절이 많았다. 자장이 이 산을 찾았던 것은, "속고승전" 권24·석자장에도 보인다. '황룡사찰주본기'(뒤에 나옴)에서는 '남산(南山)'이라고 한다.

○【圓香禪師】미상. "속고승전"에는 보이지 않는다. '황룡사찰주본기'에는 보이며, 자장에게 '吾以觀心, 觀公之國, 皇龍寺建九窣堵坡, 海東諸國渾降汝國'이라고 말했다고 한다.

546○【貞觀十七年癸卯十六日】정관은 당 태종대의 원호. 정관 17년은 계묘년에 해당하며, 서기 643년, 16일에 대해서는 뒤의 주(注)를 참조.

○【唐帝所賜經像袈裟幣帛】당제(唐帝)는 연대적으로 보아 태종을 말하는 것이 된다. 그 '所賜'에 대해서는 권제3·탑상 제4 '전후소장합리사리' 조 (고증 하1)를 참조.

○【還國】입당 연차와는 달리 이견은 없으며 모두 '貞觀十七年癸卯'='善德王十二年(643)'으로 하고 있다. 다만 월일(月日)은 이곳에서 단순히 '16일'이라고 할 뿐으로 월(月)을 적지 않았는데, '나기' 권5·선덕왕 12년 조에서는 '三月, 入唐求法高僧慈藏還'이라고 있어 맞추어 보면 3월 16일이 된다. 그러나 이것으로 될지는 모르겠다.

○【阿非知】'황룡사찰주본기'에는 '(선덕대왕) 乃命監君伊干龍樹·大匠□濟□非等, 率小匠二百人, 造斯塔焉'이라고 보인다. 이 □에는 '百'과 '阿'

가 들어갈 것이다. 그러나 '非'와 '等'과의 사이에는 빠진 글자가 없어 '知'가 들어갈 여지가 없다. 이것은 '知'가 탈락했든지[그 경우 '등(等)'은 'ㅎ[191]'], '知'는 '等'인데 이 가운데 어느 것일 것이다. '知'가 인명의 경칭어미로서 사용되는 것은 잘 알려진 대로인데, '等'에 대해서도 같은 설이 있으며, 그것에 의하면 '知'는 '等'이라는 것이 된다. 따라서 스승 이름은 아비(阿非)이다.

○【伊于(干)龍春】이우(伊于)=이찬(伊湌). 용춘에 대해서는 '유' 권제1·기이 제1 '대종춘추공' 조를 참조.

○【刹柱記云云】황룡사구층목탑의 찰주본기의 발견·해설은 1972년부터 황수영에 의해 이루어졌다. 이 찰주본기에는 '其十四年歲次乙巳始構建四月□□立刹柱, 明年乃畢功, 鐵盤已上高□□, 已下高卅步三尺 … 舍利一百枚 … 라고 있다. [글 가운데의 某十四年은 선덕왕 14년을 말하며, 또 卅步는 30보(步), 1보는 6척(尺)이니, 모두 180척으로 본문과 맞다.]

○【通度寺戒壇】'유' 권제4·의해 제5 '자장정률' 조를 참조.

546b○【阿曲縣南. 今蔚州】아곡현에 대해서는, 앞서 나온 '황룡사장육' 조의 주 536 참조.

547○【眞平王天賜玉帶】'유' 권제1·기이 제1 '천사옥대' 조를 참조.

○【周有九鼎】구정(九鼎)은 우(禹)나라 때에 구주의 금을 바치게 하여 주조한 솥(鼎)으로 하(夏)·은(殷) 이후 전해진 천자의 보물로 되어 있다. 아홉 개의 솥과 또 하나의 솥이라고도 한다. "사기" 봉선서에는 '禹收九牧之金, 鑄九鼎'이라고 있다.

549○【海東名賢安佛撰東都成立記】'유' 권제1·기이 제1 '마한'(고증 상권 주해 32)의 '해동안홍기·구한' 조 참조.

○【新羅第二十七代女王】선덕여왕을 말한다.

550○【國史】'사'를 말한다.

---

191) 일본어 복수 접미어 '…들'.

○【眞興王發酉創寺】이 발유(發酉)는 진흥왕 14년(개국 3년)(553)에 해당한다.

○【善德王代貞觀十九年乙巳. 塔初成】당의 정관 19년 을사는 서기 645년·선덕왕 14년(인평 12)에 해당한다. 이해에 황룡사의 탑이 준공된 것은 앞서 말한 것과 같이 '나기'에도 보인다.

○【三十二孝昭王即位七年, 聖曆元年戊戌】이해는 서기 698년에 해당한다. 성력(聖曆)은 측천무후의 주(周)의 원호. '나기' 효소왕 7년 조에는 '二月, 京都地動, 大風折木'이라고 보이기는 하는데, 구월벽력에 관한 것은 보이지 않는다. 효소왕에 대해서는 '유' 권제2 '효소왕대죽지랑' 조(고증 중권 주해 281) 참조.

○【第二(三)十三聖德王代庚申成. 重成】이 경신년은 성덕왕 19년(720)에 해당하는데, 황룡사 중성에 관한 것은 '나기'에는 보이지 않는다. 성덕왕에 대해서는 '유' 권제2 '성덕왕' 조(고증 중권 주해 285) 참조.

○【四十八景文王代戊子六月. 第二霹靂】이것은 경문왕 8년 무자(868)의 일이다. '나기' 경문왕 8년 조에는 '夏六月, 震皇龍寺塔'이라고 보일 뿐이다. 경문왕에 대해서는 '유' 권제2 '사십팔경문대왕' 조(고증 중권 주해 334) 참조.

○【本朝光宗即位五年癸丑】이해는 서기 953년에 해당한다. "고려사"는 유년법을 따르기 때문에 광종 4년이 된다. 광종(재위 949-975)은 고려 제4대 왕. 시호로 홍도선열평성대왕, 휘(諱)는 소(昭), 자(字)는 일화, 정종(定宗) 어머니의 동생.

○【現(顯)宗十三年辛酉】이 신유년은 서기 1021년에 해당한다. 또 현종 13년은 즉위칭원법에 따른 것이다. "고려사"의 기술 방법에 의하면 현종 12년이다. 현종은 고려 제8대의 왕(재위, 1009-1031)이며 휘(諱)는 순(詢), 자(字)는 안세로 원문대왕이라고 시호를 받았다. 아버지는 욱(郁), 사촌동생 목종의 뒤를 이어 왕위에 올랐다. 왕의 즉위 이후 고려는 자주 거란의 침입을 받아, 도읍을 양주, 한양 등으로 옮겼는데, 그 사이 대외적으로

는 수교에 힘쓰는 한편 정신용·강감찬 등의 명장으로 하여금 거란을 격퇴시켜 나라를 잘 지켰다. 더 나아가 국내로는 관제·세제의 정비, 양전의 실시, 의창수감법의 제정 등 많은 성과를 거두었다.

○【靖宗二年乙亥】이 을해는 서기 1035년. 즉위칭원법에 의하면 단종원년이라고 해야 할 것이다. 단종은 고려 제10대 왕(재위 1034-1046). 휘(諱)는 형(亨), 자(字)는 신조이며 덕종 어머니의 동생.

○【文宗甲辰年】이 갑진년은 서기 1064년으로 문종 18년(유년칭원)에 해당한다. 이어서 문종은 현종의 세 번째 아들로 고려 11대 왕(재위 1046-1083). 휘(諱)는 휘(徽), 자(字)는 촉유, 장성인효대왕이라고 시호를 받았다. 문종은 한(漢)의 문제에 대비되는 명군이라고 평가를 받았다. 재위연수도 비교적 길었는데 그 치세 가운데에는 고려 전기의 문화가 꽃 피어 황금기라고 불렀다.

○【憲(獻)宗末年乙亥】헌종(憲宗)은 헌종(獻宗)의 잘못. 헌(憲)은 헌(獻)과 같은 음이기 때문에 잘못 적었을 것이다. 또 이 을해년은 서기 1095, 헌종 원년(유년법)에 해당한다. 헌종은 고려 제14대 왕(1094-1095)인데, 그 재위연간이 짧아 원년도 말년이 될 것이다. "고려사"(世家) 권10, 헌종 원년(乙亥) 8월 조에는 '甲申, 命修東京皇龍寺塔'이라고 있다.

○【肅宗丙子】이 병자 해는 서기 1096년, 숙종 원년(유년법)에 해당한다. 숙종은 고려 제15대 왕(재위 1095-1105)로 휘(諱)는 순(順), 자(字)는 천상, 명효대왕이라고 시호를 받았다. 왕은 문종의 세 번째 아들로 순종(제13대의 왕)과 같은 어머니의 동생, 헌종(獻宗, 순종의 아들)의 숙부가 된다.

○【高宗十六(二十六)年乙戌戌冬月. 西山兵火. 塔寺丈六殿宇皆災】고종 16년의 간지는 무술이 아니고 을축(서기 1229년)이다. 고려 고종대의 무술년은 고종 25년(1236)밖에 없다. 그러나 25년은 즉위칭원법으로는 26년이다. 본문은 '유'의 기술 방법으로 하면 '高宗即位二十六戊戌'이라고 적었을 것인데, 잘못하여 '即位二'를 빠트리고 '高宗十六年戊戌'로 적었다고 생각된다. 그리고 이 16년(1229)에는 아직 몽고군의 침입은 없었다.

1236년에 이르러 몽고병사가 동경(경주)에 침입하여 황룡사를 불태웠다. "고려사"(권22) 세가 · 고종 25년 조에는 '蒙兵至東京, 燒黃龍寺塔'이라고 보인다. 고종은 고려 23대 왕(재위 1192-1159). 강종의 맏아들로 휘(諱)는 철(瞮), 자(字)는 대명, 안효대왕이라고 시호를 받았다. 만 46년에 걸친 고종의 치세는, 그대로 최씨 4대에 걸치는 집권정치이었다. 또 거란 · 몽고 등의 외적으로 힘들었는데, 특히 몽고에 의한 피해는 막대하였다. 그러나 그 말년에는 최씨를 무너트리고 강화도에서 환도하여 태자 준(僑)(元宗)을 몽고에 보내 화친을 강구하며 시국의 수습에 힘썼다.

⁵⁵¹황룡사종 · 분황사약사 · 봉덕사종
皇龍寺鍾 · 芬皇寺藥師 · 奉德寺鍾

⁵⁵²新羅第三十五, 景德大王. 以天寶十三甲午. 鑄皇龍寺鍾, 長一丈三寸, 厚九寸, 入重四十九萬七千五百八十一斤. 施主孝貞伊王三毛夫人, 匠人里上宅下典. 肅宗朝重成新鍾, 長六尺八寸. ⁵⁵³又明年乙未. 鑄芬皇藥師銅像, 重三十萬六千七百斤, 匠人本彼部強古乃未. ⁵⁵⁴又捨黃銅一十二萬斤, 爲先考聖德王. 欲鑄巨鍾一口, 未就而崩, 其子惠恭大王乾運. 以大曆庚戌十二月, 命有司鳩工徒. 乃克成之, 安於奉德寺. 寺乃孝成王開元二十六年戊寅, 爲先考聖德大王奉福所創也. 故鍾銘曰. 聖德大王神鍾之銘.

^a聖德乃景德之考, 典(興)光大王也. 鍾本景德爲先考所施之金, 故稱云聖德鍾爾. 朝散大夫前(兼)太(太)子司(朝)議郎翰林郎金弼粤(奚)奉敎撰. 鍾銘文煩. 不錄.¹⁹²⁾

---

192) DB. ‘朝散大夫前(兼)太(太)子司(朝)議郎翰林郎金弼粤(奚)奉敎撰鍾銘, 文煩不錄.’

551황룡사종 · 분황사약사 · 봉덕사종(皇龍寺鍾 芬皇寺藥師 奉德寺鍾)

552신라 제35대 경덕대왕이, 천보 13년 갑오(754)에 황룡사 종을 주조하였다. 길이는 1장 3촌이요, 두께는 9촌, 무게는 49만 7581근이었다. 시주는 효정이왕삼모부인이요, 장인(匠人)은 이상택 하전이었다. (고려) 숙종 때 다시 새로운 종을 완성하니, 길이가 6척 8촌이었다. **553**또 이듬해 을미에 분황사의 약사여래동상을 주조하였는데, 무게가 30만 6700근이요, 장인은 본피부 강고내말이었다.

　554또 (경덕왕은) 황동 12만 근을 희사하여, 부왕이신 성덕왕을 위하여 큰 종 하나를 주조하고자 하였으나, 완성하지 못하고 세상을 떠나니, 그 아들 혜공대왕 건운이 (唐 代宗의) 대력 경술 12월에, 유사에게 명하여 공인들을 모아 능히 그것을 완성하여 봉덕사에 안치하였다. (이) 절은 곧 효성왕 개원 2년 무인(738년)[193]에, 부왕인 성덕대왕의 명복을 빌기 위하여 창건한 것이다. 그러므로 종명(鍾銘)에는 '성덕대왕신종지명'이라 하였다. [a]성덕대왕은 곧 경덕의 아버지로 전광대왕[194]이다. 종은 본래 경덕대왕이 아버지를 위하여 시주한 금이었으므로 성덕종이라 한다. 조산대부 전태자사의랑[195] 한림랑 김필월이, 임금의 교지를 받들어 종명을 지었는데, 글이 많아 수록하지 않는다.

주해　**551**○【皇龍寺鍾】이 종은 남아 있지 않은데, 뒤 글에 보이는 규모로 보아,

---

193) DB. '효성왕(孝成王) 개원(開元) 26년'.
194) DB. 전광(典光)대왕, 성덕왕의 이름이 흥광(興光)이므로 홍광대왕(興光大王)의 오기로 보인다. 고증. '홍광(興光)대왕'.
195) 고증. '朝散大夫兼太子朝議郞'이라고 했다.

다음의 봉덕사 종의 약 4배이었다는 것을 살필 수 있다.

○ 【芬皇寺藥師】 경주 분황사는 선덕왕 3년(677)이나 원효(617-686)가 살았던 것으로도 유명한 명찰로서, 통일신라시대의 5교(敎)의 하나였던 법성파의 본 도장으로서 번성했다. 지금은 쇠퇴하여 석탑을 남긴 것뿐이나, 일찍이 대가람은 그 초석으로 미루어 짐작할 수 있다. 또한 뒷글에도 보이지만, 경덕왕이 주조하여 바친 약사여래(銅像)는 남아 있지 않다.

○ 【奉德寺種】 봉덕사는 효성왕이, 그 2년(738)에 부왕인 성덕왕을 위하여 세운 절인데, 종은 혜공왕 때에 주조 봉납되었다(770년 12월). 이 봉덕사 종은 성덕대왕신종이라고 새겨져 있기 때문에, 성덕대왕신종이라고 부르는 것이 맞다. 이 종은 현재 한국은 물론 동양최대의 종으로, 구경 2.27m, 높이 3.3m, 두께 23㎝ 정도의 큰 종이다. 그리고 새겨진 조각은, 뛰어나고 웅장하며 음향은 절묘한 것으로 한국종의 대표이다. 또한 한국 예술의 극치를 나타내는 것일 것이다.

또 승람(중종 25년, 1530년)을 펼치면, 권21 경주부의 고적 조, 봉덕사 종 항목에는, '新羅惠恭王鑄鍾, 銅重十二萬斤, 撞之聲聞百餘里, 後寺淪於 北川. 天順四年庚辰. 移懸于靈妙寺. … (新增) 府尹芮椿年, 移置南門外, 構屋以懸, 凡徵軍擊之'라고 보인다.

또 "동경잡기"(현종 11년, 1670년)에는 '奉德寺鐘, 新羅惠恭王鑄鐘, 銅 重十二萬斤, 撞之聲聞百餘里, 後寺淪北川, 天順四年康辰移懸于靈妙寺, 府 尹芮椿年移置南門外, 構屋以懸, 凡徵軍及城門開閉時擊之'라고 보인다.

지금 이것을 정리하면 이 종은 봉덕사에 봉납되어 걸려 있는데, 이것을 치면 종소리는 백여 리까지 들렸다. 그러나 나중에 절은 근처에 흐르는 북천의 범람으로 절은 없어지고, 천순 4년(명의 영종 중조 4년, 조선 세조 5년, 1460)에 영묘사로 옮겨졌는데, 이 절도 없어졌기 때문에, 경주 부윤 예춘년이 읍성 남문의 봉황대 아래에 종루를 세워 이곳에 걸고, 군대를 모집할 때나 아침저녁으로 성문 개폐 시에 종을 울렸다는 것이다. 이윽고 1915년에 경주 박물관 설치와 함께 이곳으로 옮겨졌다. 그리고

1975년에 한국국립경주 박물관이 개관함에 따라, 그 정원에 설치한 현재의 종각(鐘閣)에 걸려 공개되고 있다. 이 종은 일반인에게 에밀레종이라고 널리 알려져 있는데, 이것은 주조하기 위하여 아이가 희생되었다는 일화가 남아 있기 때문이다.

552○ 【景德大王】신라 제35대 왕(재위 742-765년)으로 율령체재 확립과 문화 융성에 가장 뜻을 다한 국왕. 상세한 것은 고증 중권 주해 296 참조.

○ 【天寶十三甲午】경덕왕 13년(754)에 해당한다. 천보는 당 현종 조의 원호.

○ 【孝貞伊王三毛夫人】이 종의 시주는 효정이왕과 삼모부인으로 보아야 할지, 효정이왕의 삼모부인으로 보아야 할지는 불명하다. 효정이왕이라는 인물도 불명하다. 삼모부인은 '유' 왕력의 제35 경덕왕 조에 '先妃三毛夫人出宮无後'에 보이는 경덕왕의 선대 왕비인 삼모부인과 같은 인물일까(경덕왕의 후비는 만월부인으로 나중에 혜공왕을 낳는다) 그렇다면 '유' 권제2 '찬기파랑가왈' 조에 '王(景德王) … 無子. 廢之. 封抄梁夫人.' (고증 중권 주 302)이라고 있는데, 이 사량부인의 사량은 삼모(三毛)와 통하기 때문에, 삼모부인과 사량부인은 같은 인물이다. 그리고 부인은 '봉(封)되다'라는 것으로 보아, 단순한 폐립은 아니다. 그래서 효정이왕은 삼보부인의 시호이거나, 이것에 상당하는 존칭이었던 것으로 보인다.

○ 【里上宅】'유' 권제1 · 기이제1 '진한' 조, 고증 상권 주해 103 '三十五金入宅' 항목 참조. 금입택은 부윤의 대택으로 풀이되며, '里上宅'은 그 가운데의 하나이다.

○ 【肅宗朝. 重成新鍾. 長六尺八寸】이 글은 원래는 주기(注記)되어 있었던 것으로 보인다. 숙종은 고려 제15대 왕, 고증 주해 550 참조.

553○ 【明年乙未】경덕왕 14년(755).

○ 【本彼部】신라왕도 6부(區制)의 하나.

○ 【乃末】나마(奈麻)(신라 12등의 관위)인가.

554○ 【惠恭大王乾運】혜공대왕은 신라 제36대 왕(재위 765-780년). 건운은 왕의 휘(諱). 자세한 것은 '유' 권제2 · 기이 제2 '혜공왕' 조, 고증 중권

의 주해 305 참조.

○ 【大曆庚戌】이해는 서기 770년(혜공왕 6년)(대력 5년)에 해당한다. 대력 은 당의 대종 조의 원호.

○ 【孝成王開元二十六年戊寅】이해는 효성왕 2년(738).

○ 【聖德大王神鐘之銘】종에 새긴 '朝散大夫前太子朝議郎翰林郎金弼粤奉 教撰'이라는 글은, 많은 연구자에 의해 고증되어 왔는데. 최근 황수영이 교정한 "한국금석유문"(1976년, 일지사)에 수록되어 있으므로 참고. 또 김필월은 앞서 인용한 '승람'에는 김필해라고 되어 있다. 이마니시 류는 월(粤)은 해(奚)의 잘못이라고 했는데 "新羅史の研究"(이병도도 계승), 가쓰라 기스에지는 월(粤)을 지지하고 있다("조선금석고" 황수영도 월 (粤)이라고 보고 있다].

554a○ 【典(興)光大王】홍광(興光)대왕의 잘못이다. 성덕왕의 휘(諱)가 홍 광이기 때문에 홍광대왕이라고 했다. 처음 왕의 휘는 융기이었는데, 당 현종의 휘와 같아서 홍광으로 고쳤다.

⁵⁵⁵영묘사장육

靈妙寺丈六

⁵⁵⁶善德王創寺塑像因緣, 具載良志法師傳. 景德王即位二十三年. 丈六改

金, 租二萬三千七百碩. ^a良志傳作像之初成之費. 今兩存之.

풀이   ⁵⁵⁵영묘사장육(靈妙寺丈六)

⁵⁵⁶선덕왕이 절을 창건하여 소상을 만든 인연에 관하여는, 모두 "양지
법사전"에 자세히 실려 있다. 경덕왕 즉위 23년(764)에 (영묘사의) 장육
존상을 금으로 칠을 하였는데, (그 비용으로) 조(租)가 2만 3700섬이었
다. ^a양지전에는 소상을 처음 만들 때의 비용이라고 하였다. 지금 두 설을 그대
로 써 둔다.

주해   **555**○【靈妙寺】영묘사(靈廟寺)라고도 적는다. 묘(妙)와 묘(廟)는 음 상통

인가. 이 절은 선덕왕 4년(635)에 지어졌는데, 이것은 '나기'(第五) 선덕왕 4년 조에 '靈廟寺成'이라고 보이는 대로이다.

또 '사'(권38) 잡지 제7의 직관(上)에는 영묘사 성전인 관사가 실려 있다. 설치된 연대는 적혀 있지 않은데, 이것은 영묘사 창건에 즈음하여 조영을 위하여 설치된 것으로 보인다. 이것은 일본의 조지시(造寺司)[196]와 같은 성격으로 보인다. '사'에는 영묘사 이외의 사천왕사, 봉성사, 감은사, 봉덕사, 봉은사, 영흥사를 짓기 위하여 성전(成典)을 설치하고 있다. 모두 관사(官寺)이었다는 것을 알 수 있다. 그리고 이 관사(官司)는 모두 경덕왕 때에 개명되고 있다. 사천왕사 성전은 감사천왕사부, 다른 것은 수영봉성사사원, 수영영묘사사원과 같이 '수영○○사사원'으로 되어 있다. 이 개명된 수영○○사사원은 한층 더 관사(官司)의 역할을 선명하게 해 준다. 그리고 수영영묘사사원의 경우는 경덕왕 18년(759)에 개명한 것이 명기되어 있다. 이 영묘사는 신라시대에 번창했던 것 같은데, 앞서 말한 봉덕사가 북천의 범람으로 문을 닫자, 그 성덕대왕신종이 이 절로 옮겨져 1460년부터 울리게 되었다. 그러나 어떠한 사정으로인지, 그 후 폐사되었다. 그리고 지금은 매우 근소하게 그 절터로 추정되는 것이 서악리에 남아 있을 뿐이다. 또 이 절의 본존이었던 장육의 존상(尊像)에 대한 소식도 알 방법이 없다.

'승람'(권21) 경주부불우 조에, '靈妙寺, 在府西五里, 唐貞觀六年(632), 新羅善德王建. 殿宇三層, 體制殊異, 羅時殿宇非一, 而他皆頹廢. 獨此宛然如昨, 諺傳寺址本大澤, 豆豆里之衆, 一夜塡. 遂建此殿'이라고 전하고 있다.

556○ 【良志法師傳】'유' 권제4 · 의해 제5 '양지사석' 참조.

○ 【景德王卽位二十三年】 서기 746년.

556a○ 【良志傳作像之初成之費】 앞서 나온 '양지사석' 참조.

---

196) 나라 · 헤안시대. 사원의 조영 · 수선, 조불(造佛) · 사경 등을 위하여 설치된 임시관청.

⁵⁵⁷사불산·굴불산·만불산
四佛山·掘佛山·萬佛山

⁵⁵⁸竹嶺東百許里. 有山屹然高峙. 眞平王九年甲申. 忽有一大石. 四面方
丈. 彫四方如來. 皆以紅紗護之. 自天墜其山頂. 王聞之命駕瞻敬. 遂創寺
嵓側. 額曰大乘寺. 請比丘亡名誦蓮經者主寺. 洒掃供石. 香火不廢. 號曰
亦德山. 或曰四佛山. 比丘卒旣葬. 塚上生蓮. ⁵⁵⁹又景德王遊幸栢栗寺.
至山下聞地中有唱佛聲. 命掘之. 得大石. 四面刻四方佛. 因創寺. 以掘佛
爲號. 今訛云掘石. ⁵⁶⁰王又聞唐代宗皇帝優崇釋氏. 命工作五色氍毹. 又
彫沉檀木與明珠美玉爲假山. 高丈餘. 置氍毹之上. 山有巉嵓恠石㵎冗
(穴). 區隔. 每一區內. 有歌舞伎樂列國山川之狀.¹⁹⁷⁾ 微風入戶. 蜂蝶翺
翔. 鷰雀飛舞. 隱約視之. 莫辨眞假. 中安萬佛. 大者逾方寸. 小者八九分.
其頭或巨黍者. 或半菽者. 螺髻白毛. 眉目的皪.¹⁹⁸⁾ 相好悉備. 只可髣髴.

---

197) DB '山有巉嵓恠石㵎冗區隔. 每一區內有歌舞伎樂列國山川之狀.'
198) DB '螺·髻·白毛·眉·目的皪.'

莫得而詳. 因號萬佛山. 更鏤金玉爲流蘇幡蓋菴羅薝葍花果莊嚴. 百步樓閣. 臺殿堂樹. 都大雖微. 勢皆活動.[199] 前有旋遶比丘像千餘軀. 下列紫金鍾三簴. 皆有閣有蒲牢. 鯨魚爲撞. 有風而鍾鳴. 則旋遶僧皆仆拜. 頭至地. 隱隱有梵音. 盖關棙在乎鍾也. 雖號萬佛. 其實不可勝記. [561]既成. 遣使獻之. 代宗見之. 嘆曰. 新羅之巧天造. 非巧也. 乃以九光扇. 加置嵓岫間. 因謂之佛光. 四月八日. 詔兩街僧徒. 於内道場. 禮萬佛山. 命三藏不空. 念讚密部眞詮千遍. 以慶之. 觀者皆嘆伏其巧. [562]讚曰. 天糚滿月四方裁. 地湧明毫一夜開. 妙手更煩彫萬佛. 眞風要使遍三才.

풀이 [557]사불산 · 굴불산 · 만불산(四佛山 · 掘佛山 · 萬佛山)

[558]죽령 동쪽 1백 리가량 떨어진 마을에 높은 산이 있다. 진평왕 9년[200) 갑신에 홀연히 큰 돌이 나타났다. 돌은 사면으로 일장사방이나 되었고, 각각의 면에 여래를 조각하고, 모두 붉은 비단으로 감싼 것이 하늘로부터 그 산 정상에 떨어진 것이 분명했다. 왕은 그 말을 듣고 (그곳에) 가서 쳐다보고 예경한 후, 드디어 그 바위 곁에 절을 창건하고 이름을 대승사라 하였다. "법화경"을 외우는, 이름이 전하지 않는 비구를 청하여, 절을 맡게 하여 깨끗하게 하고, 돌을 공양하며 향불이 끊어지지 않게 하였다. 그 산을 역덕산이라고 하며. 혹은 사불산이라고도 한다. 비구가 죽자 장사 지냈더니 무덤 위에서 연(蓮)이 났었다.

[559]또한 경덕왕이 백률사에 행차하여 산 아래에 다다랐을 때, 땅속

---

199) DB '更鏤金玉爲流蘇幡蓋 · 菴羅 · 薝葍 · 花果 · 莊嚴百步樓閣 · 臺殿 · 堂樹都大. 雖微勢皆活動.'

200) DB '46년'.

에서 염불하는 소리가 들리므로 사람을 시켜서 파 보라고 하니, 큰 바위가 있는데 사면에는 조각되어 있었다. 그러므로 절을 창건하고 그 이름을 굴불이라 하였는데. 지금은 와전되어 굴석사(掘石寺)라고 한다.

560경덕왕은 또 당(唐)나라 대종황제가 특별히 불교를 숭상한다는 말을 듣고, 장인(匠人)에게 명하여 오색 모직물을 만들고, 또 침단목을 조각하여 맑은 구슬과 아름다운 옥으로 꾸며 높이가 한 발 남짓한 가산을 만들어, (그것을) 모직물 위에 놓았다. (그) 산에는 험한 바위와 괴석이 있고 개울과 동굴이 구간을 지어 있는데. 한 구역마다 춤추고 노래 부르며 음악을 연주하는 모양과 여러 나라의 산천모양을 꾸몄다. 미풍이 창으로 들면 벌과 나비가 훨훨 날고. 제비와 참새가 춤을 추니 얼핏 봐서는 진짜인지 가짜인지 분간할 수 없었다. (그) 속에는 또 만불(萬佛)이 안치되었는데. 큰 것은 한 치 남짓하고 작은 것은 8,9 푼이었다. 그 머리는 큰 것은 기장 탄알만 하고 혹은 콩알 반쪽만 하였다. 나발·육계·백모와 눈썹과 눈이 선명하여 서로 잘 갖춰져 있었다. (그 형상은) 다만 비슷하게는 말할 수 있어도, 자세히는 다 형용할 수 없다. 이로 인해 만불산이라고 하였다.

다시 금과 옥을 새겨 수실이 달린 번개와 암라·담복·화과의 장엄한 것과 누각. 대전. 당사들이 비록 작기는 하지만 위세가 모두 살아 움직이는 것 같았다. 앞에는 돌아다니는 비구상(旋遶比丘)이 천여 구 있고, 아래에는 자금종²⁰¹⁾ 세 구를 벌여 놓았는데. 모두 종각이 있고 포뢰가 있었으며, 고래모양으로 종 치는 방망이를 삼았다. 바람이 불어 종이 울리면 곁에 있던 돌아다니는 스님들은, 모두 머리를 땅에

---

201) 붉은 동(銅)으로 만든 종.

닿도록 절을 하였고 은은하게 범음이 있었으니, 대개 활동의 중심체 (關楗)는 종에 있었다. 비록 만불이라고 하나, 그 실상은 일일이 기록할 수가 없다.

[561]그것이 완성되자 사신을 보내어 당나라에 헌상하니, 대종은 이것을 보고 감탄하면서 말하길 "신라의 기교는 하늘의 조화이지 사람의 재주가 아니다." 하였다. 곧 구광선을 바위 산봉우리 사이에 더하여 두고는, 그로 인하여 불광(佛光)이라고 하였다. 4월 8일에는 양가의 승도에게 명하여, 내도량(內道場)에서 만불산에 예배하게 하고, 삼장불공에게 명하여 밀부의 진전을 천 번이나 외워서 이를 경축하니, 보는 자가 모두 그 기교에 감탄하였다.

[562]찬하여 말한다.

하늘은 만월(滿月)에 장엄하게 꾸며 사방불을 마련하고

땅은 하룻밤에 명호(明毫)를 솟구쳐

교묘한 솜씨로 번뇌 끝에 만불을 조각하시니

진풍(眞風)은 반드시 하늘, 땅, 인간(三才)에 두루 퍼질 것이라.

주해

557○【四佛山】대승사(大乘寺)의 산 이름. 또 역덕산(亦德山)이라고도 했다.

○【掘佛山】굴불사의 산 이름. 굴불사라는 절 이름의 유래는, 백률사가 있는 소금강산 기슭의 땅속에서 돌로 만든 사면불을 파낸 것에서 왔다. 현재는 당시의 굴불사는 아니고, 그 절터에 이 사면불이 비에 젖은 채로 방치되어 있다. 현재의 굴불사는 소금강산의 서쪽 기슭에 있는 작은 절이다. 이 절의 옆길을 북쪽으로 가면 굴불사 절터에 이르고, 이곳에서 더 나아가 계단 모양의 급경사를 오르면 백률사에 도달한다.

558○【竹嶺】지금의 경상북도 풍기(영주군)와 충청북도 단양을 잇는 길목

에 있다. 소백산맥을 횡단하는 고개로, 경북과 충북의 경계선에 걸쳐 있다. 이 죽령은 예부터 중요한 길목의 요충이었다. '사'에는 아달라왕 5년에 죽령을 열었다는 기사('나기' 권2)가 보이는 것이 처음이다. 이 연대에는 의문도 있는데, 어쨌든 예부터 존재했다는 것은 사실일 것이다. 그리고 475년 이후에는 고구려의 진출로 고구려·신라가 이곳에서 대치했는데, 진흥왕 12년(551)에 거칠부와 여덟 장군이 이끄는 신라군은 백제와함께 북진하여 고구려 영내에 공격해 들어갔는데, 신라군은 승기를 타고죽령 이외 고현(高峴) 이내 10군의 땅을 탈취했는데, 이곳에 죽령이라는이름이 보인다('史' 항권44·열전 제4).

또한 '승람'(권14) 단양군 산천 조에는 '竹嶺. 在郡東三十里. 慶尙道豊基郡'. 같은 책(권25) 풍기군 산천 조에는 '竹嶺. 在郡西二十四里, 新羅阿達羅五年. 始開路'. 더 나아가 같은 책(권 44) 삼척군 호부 고적 조에는, '古竹嶺縣. 在府南一百九里. 本高句麗竹嶺縣. 新羅景德王. 改竹嶺. 爲三陟郡領縣. 諺傳沃原驛, 是縣之古基.'라고 있다.

○ 【眞平王九年甲申】진평왕 9년은 신라에서는 건복 4년이며, 또 수(隋) 문제 개황 7년·진(陳) 후주 정명 원년, 서기 587년인데, 이 해의 간지는 갑신이 아니고 정미이다.

그래서 진평왕대의 갑신년은 그 46년(건복 41)(624)이다. 또 이해부터 1갑자 올리면 진흥왕 25년(개국 14)(564)이 된다. 왜 진평왕 9년을 갑신이라고 했을까.

○ 【忽有一大石 … 自天墮其山頂】사불산(四佛山)의 연기는 신라나 가야의 시조신인 강림신화와 같은 유형이다.

○ 【四面方丈. 彫四方如來】이러한 것은 사면불(四面佛)이라고 하는데, 통일신라시대에 했던 것으로 연대가 분명하게 오래된 작품은 연화사무인명사면불(蓮花寺戊寅銘四面佛)(678)이라고 한다. 이곳의 대승사 사불산의 사불암은 연화사 불상보다 약 90년이나 앞서 만든 것이 되는데, 사실은 연대가 내려가는 것이 아닌가라고 한다(진홍섭, "한국의 석불", 소화

58년, 곤도출판).

○【連經】묘법연화경을 줄인 말.

559○【聞地中有唱佛聲. 令掘之. 得大石】탐라도의 시조신이 신성한 산 아래에서 출현하는 이야기와 같은 유형이다.

○【四面刻四方佛】굴불사 사면불은 사면에 아미타삼존, 동면에 약사여래 좌상, 남면에 삼존[석보살의 전신과 본존의 머리 부분은 닳아 존명(尊名)은 불명], 북면은 부조의 보살입상과 선으로 만든 여래입상 2개가 조각되어 있다. 그리고 이것은 8세기의 작품이라고 한다(앞서 보인 "한국의 석불").

560○【代宗】당 제8대 황제(재위 762-779). 현종의 적자(嫡子) 손자. 숙종의 장자. 15세에 광평군왕에 올라, 안록산의 난이 일어났을 때, 756년에 천하병마 원수가 되어 그다음 해 곽자의 등과 함께 양경을 탈환하는 등으로 공을 쌓았다. 758년에 황태자가 되고 이어서 아버지 숙종의 죽음과 함께 즉위했다. 황제로 있을 때 안시의 난은 평정했는데, 토번, 위구르의 침입, 조조역제의 붕괴, 절도사의 지방권력화가 진행되었다.

○【菴羅】범어 amra, amara의 음역으로 과일 나무 이름. 암라과와 같다. 망고를 말한다. 유마경에 보인다.

561○【九光】도가(道家)의 말로 아름다운 빛을 말한다.

○【兩街】당의 낙양(동경)과 장안(서경)을 말하는가.

○【內道場】궁궐 안에 설치된 불교의 도장. 중국에서는 동진 효무제 때에, 이것과 비슷한 것이 설치되었는데, 내도장은 북위에서 있었고 수 양제 때에 확립되었다. 이후 남송까지 국가불교의 거점으로서 불공, 징관 등 고승이 활약하는 자리가 된다(이와나미 불교사전).

○【三藏】학삼장(學三藏)에 정통하며, 삼계의 욕구를 끊고 삼명의 지혜를 얻은 사람. 원래는 경장, 율장, 논장 세 가지를 말하며, 불교 전적을 총칭한 것이다.

○【不空】705-774년. 범명은 아모가바지라,[202] Amoghavajra(阿目佉跋折

羅). 불공금강이라고 번역되며, 불공은 약칭. 시호는 대변정광지불공삼장화상. 아버지는 북인도의 바라문계, 어머니는 사말간드 지방사람. 불공은 서역에서 태어나 13세에 아버지와 함께 장안에 들어가, 금강지에게 출가 수형(受刑)하였으며, 주로 금강정경 계통의 밀교를 배워 스승의 번역을 도왔다. 불공에 대해서는 또 실론 사람[203]으로 어릴 때 남해에 이르러 720년에 금강지를 따라 당에 들어갔다고도 전한다.

금강지가 죽은 뒤, 혼자 인도에 가서 경론 500여 부를 가지고 와 다수의 밀교경전을 번역하는 한편, 당의 현종, 숙종, 대종의 두터운 신뢰를 얻어 호국의 종교로서 밀교가 자리 잡고, 중국사회에 밀교를 정착시키는 데 큰 역할을 했다. 더 나아가 일본의 밀교에도 영향을 끼쳤다. 불공 전(傳)은 "송고승전" 권제1에도 보인다.

○【眞詮】진정한 깨우침. 진해(眞解). 진리를 나타내는 글을 말한다.

562○【萬佛山】이 만불산 이야기는 당 소악의 "두양잡편"에서 나온 것으로 보인다. "전당문" 권813에 소악에 대하여 '鶚字德祥. 京兆武功人. 光啓二年進士.'라고 보이며 이어서 '두양잡편서'가 실려 있다.

○【三才】천지인 삼재를 말한다.

---

202) 고증. アモーガヴァジラ. 원문 그대로.
203) 고증. セイロン. ceylon, 영국 식민지에서 1948년 독립. 현재 스리랑카.

⁵⁶³생의사석미륵

生義寺石彌勒

⁵⁶⁴善德王時. 釋生義常住道中寺. 夢有僧引上南山而行. 令結草爲標. 至
山之南洞. 謂曰.²⁰⁴⁾ 我埋此處. 請師出安嶺上. 旣覺. 與友人尋所標. 至其
洞掘地.²⁰⁵⁾ 有石彌勒出. 置於三花嶺上. 善德王十二(三)年甲辰歲. 創寺
而居.²⁰⁶⁾ 後名生義寺. ^a今訛言性義寺. 忠淡(談)師每歲重三重九烹茶獻供者. 是此尊也.

풀이 ⁵⁶³생의사석미륵(生義寺石彌勒)

⁵⁶⁴선덕왕 때 생의라는 스님이, 항상 도중사에 거주하였다. (하루는)
꿈에 (한) 스님이 그를 데리고 남산으로 올라가 풀을 묶어서 표를 하
게 하고. 산의 남쪽 마을에 이르러서 말하길. "내가 이곳에 묻혀 있으

---

204) DB '至山之南洞謂曰.'
205) DB '旣覺與友人尋所標至其洞掘地.'
206) DB '善德王十二年甲辰歲創寺而居.'

니, 스님은 꺼내어 고개 위에 안치해 주시오."라고 하였다. 꿈을 깬 후 친구와 더불어 표시해 둔 곳을 찾아, 그 골짜기에 이르러 땅을 파 보니, 석미륵이 나오므로 삼화령 위에 안치하였다.

선덕왕 13년 갑진년(644)에, (그곳에) 절을 짓고 살았으니, 후에 생의 사라 이름하였다. [a]지금은 잘못 불러 성의사라고 한다. 충담스님이 매년 3월 3일과 9월 9일에, 차를 달여 공양한 것이 바로 이 삼화령 미륵 존상이다.

 563○【生義寺石彌勒】이곳은 경주 남산의 삼화령에 있던, 생의사의 돌로 만든 미륵과 생의사 창건 유래에 대한 전승을 적은 것이다. 그러나 돌미륵은 남아 있는데 지금 생의사는 흔적도 없다.

564○【善德王】재위 632-647년. 자세한 것은, '유' 권제1 '선덕왕지기삼사' 및 고증 상권의 주해 214 참조.

○【釋生義】생의(生義)에 대한 것은 이곳에만 보인다.

○【道中寺】이곳에만 보이는데 상세한 것은 불명.

○【石彌勒】돌로 만든 미륵보살상. 이 삼화령 돌미륵은 삼존불로 지금도 남아 있다.

○【三花嶺】경주 남산에 있던 산봉우리. '유' 권제2 '경덕왕 충담사 표훈대덕' 조에는 남산삼화령이라고 보인다. 또한 고증 중권 주해 298 참조. 이곳은 화랑이 쉬는 곳이었다.

○【善德王十二(三)年甲辰】이 갑진년은 서기 644년에 해당한다. 그래서 유년칭원법을 따르면 선덕왕 12년이다. 즉위칭원법을 취하는 신라에서는 십삼(十三)으로 고쳐야 할 것이다. '유' 필법으로는 '善德王即位十三年甲辰'이라고 적어야 하는데, 십이(十二)년이라고 한 것은 어떤 이유일까. 이것은 '유' 가 참고한 문헌이 유년칭원법을 따른 것일까.

564a○【忠淡(談)師每歲重三重九烹茶獻供者. 是此尊也】앞서 보인 '유' 권

제2 '경덕왕 충담사 표훈대덕' 조 및 고증 중권의 주해 296의 '충담사' 참조. 또 중삼(重三)은 3월 3일, 중구(重九)는 9월 9일, 차존(此尊)은 돌미륵(石彌勒)을 말한다.

⁵⁶⁵흥륜사벽화보현

興輪寺壁畫普賢

⁵⁶⁶第五十四景明王時. 興輪寺南門. 及左右廊廡災焚. 未修. 靖和·弘繼
二僧募緣將修. 貞明七年辛巳五月十五日. 帝釋降于寺之左經樓. 留旬日.
殿塔及草樹土石皆發異香. 五雲覆寺. 南池魚龍喜躍跳擲. 國人聚觀. 嘆
未曾有. 玉(王)帛梁稻施積丘山. 工匠自來. 不日成之. 工旣畢. 天帝將還.
二僧白曰. 天若欲還宮. 請圖寫聖容. 至誠供養. 以報天恩. 亦乃因玆留
影. 永鎭下方焉. 帝曰. 我之願力. 不如彼普賢菩薩. 遍垂玄化. 畫此菩薩
像. 虔設供養而不廢宜矣. 二僧奉敎. 敬畫普賢菩薩於壁間.²⁰⁷⁾ 至今猶存
其像.

---

207) DB '二僧奉敎敬. 畫普賢菩薩於壁間.'

565흥륜사벽화보현(興輪寺壁畫普賢)

566제54대 경명왕 때, 흥륜사 남문과 좌우 낭무가 불에 탄 채 아직 수리하지 못하고 있던 차에, 정화와 홍계 두 스님이 장차 시주를 모아서 수리하려고 하였다. 정명 7년 신사 5월 15일에 제석이 절의 왼쪽 경루에 내려와서 10일 동안 머무르니. 불전과 불탑 및 풀과 나무 흙과 돌들이 모두 이상한 향기를 풍기고. 오색구름이 절을 덮으며 남쪽 못의 어룡이 기뻐서 뛰놀았다. 나라 사람들이 모여서 보고 전에 없던 일이라고 감탄하면서, 옥과 비단과 곡식을 산더미처럼 시주하였다. 공장(工匠)이 스스로 와서 며칠 안 되어 그것을 완성하였다. 공사가 끝나자 천제(天帝)가 막 돌아가려고 하니. 두 스님이 아뢰기를

"천제께서 만약 궁으로 돌아가시기를 바란다면, 성스러운 모습을 그려서 지성으로 공양하여 천은을 갚게 하시기를 바랍니다. 또한 이로 인하여 영상을 남겨서, 오랫동안 아래의 세계를 진호하게 하소서."

라고 하였다. 그러나 천제가 말하길

"나의 원력(願力)은 보현보살이 두루 현화를 펴는 것만 같지 못하니, 이 보살상을 그려서 정성스럽게 공양하여 그치지 아니함이 좋을 것이다."

라고 하였다. 두 스님은 가르침을 받들어, 보현보살을 벽 사이에 공손히 그렸는데, 지금도 그 상이 남아 있다.

565○ 【興輪寺壁畫普賢】이곳에서는 경명왕 때에 흥륜사 남문·좌우의 회랑이 불타 없어졌기 때문에, 정화·홍계 두 승려가 기부를 모아 수리에 들어갔는데, 이때 제석(帝釋)의 도움으로 이 사업이 성공하여, 그 은혜를 갚고자 제석이 머물었던 벽 사이에 보현보살 상을 그렸다는 것을 전하고

있다.

　홍륜사 건립은 영흥사와 함께 신라 사원사(寺院史) 가운데, 가장 이른 시기에 속하는데, 이 홍륜사에 대해서는 고증 상권 주해 170 참조. 또한 '유' 권제3, 홍법 제3 '아도기라, '원종홍법 염촉멸신' 조 참조. 더 나아가 홍륜사 금당에는 미타삼존의 소상불이 있으며, 모두 금을 칠한 것이 '유' 권제5 · 신주 제6 '밀본최사'에 보이는데, 이 금당에는 언제부터인지 동벽에는 아도 · 염촉 · 혜숙 · 안함 · 의동 5인, 서벽에는 표훈 · 사파 · 원효 · 혜공 · 자장 5인 모두 10인의 소상이 있고 이어서 좌 경루에는 보현보살의 벽화가 있었다. 이 장엄했던 절도 언제인지 먼지가 되었다('유' 찬술 때에는 아직 남아 있었는데). 지금 경주 시내에서 남쪽으로 통하는 언양 길을 지나 남천 앞 오른쪽에 있는 절터에는 먼지만 날릴 뿐이다.

566○【第五十四景明王】신라 제54대 왕으로 박씨(?). 재위 917-924년. '유' 권제2 '경명왕' 조 및 고증 중권 주해 358을 참조.

○【靖和 · 弘繼】이 두 승려는 이곳에만 보이며 다른 것은 미상.

○【貞明七年辛巳】이 신사년은 신라 경명왕 5년. 서기 921년. 정명은 중국 오대 최초 왕조인 후량(朱梁)의 마지막 황제 원호이다. 이 정명은 6년으로 끝나고, 이다음 용덕으로 개원했다. 그래서 용덕 원년이라고 해야 하는데, 본문이 인용한 원서에는 개원을 모르고 정명 7년이라고 했을 것이다.

○【帝釋】베다 신화에서 가장 유력한 신이었는데 나중에 불교에 사로잡혀 범천(梵天)과 함께 불법을 수호하는 선신(善神)이 되었다. 그의 이름은 속어로 Sakka라고 하기 때문에 석(釋)이라고 번역되었으며 여러 신들의 제왕으로 인정받았기 때문에 '제(帝)'라고 한다. 불교신화에서는 도리천의 주인으로 수미산 꼭대기 희견성에 산다.

○【梁】이곳의 양(梁)은 '양(粱)'의 잘못. 양(粱)은 기장. 또 좋은 곡식, 맛있는 곡물을 말한다.

○【普賢菩薩】문수보살과 함께 석가여래를 모시는 협시. 자비를 다스리는 보살.

삼소관음 중생사

三所觀音 衆生寺

568新羅古傳云, 中華天子有寵姬美艷無雙. 謂古今圖畵尠有如此者, 乃命
善畫者寫眞. **a**畫工傳失其名, 或云張僧繇. 則是吳人也. 梁天監中爲武陵王國侍郎直秘閣知畵事,
歷右將軍吳興太守, 則乃中國梁・陳間之天子也. 而傳云唐帝者海東人凡諸中國爲唐爾. 其實未詳何代帝
王, 兩存之. 其人奉勅圖成, 誤落筆汚赤. 毁於臍下. 欲改之而不能, 心疑赤誌
必自天生. 功畢獻之, 帝目之曰. 形則逼眞矣, 其臍下之誌乃所內秘, 何得
知之幷寫. 帝乃震怒. 下圓扉將加刑, 丞相奏云. 所謂伊人其心且直, 願赦
宥之. 帝曰, 彼旣賢直, 朕昨夢之像畫進不差則宥之." 其人乃畫十一面觀
音像呈之恊於所夢, 帝於是意觧赦之. **569**其人旣免. 乃與博士芬節約曰,
吾聞新羅國敬信佛法, 與子乘桴于海, 適彼同修佛事. 廣益仁邦. 不亦益
乎. 遂相與到新羅國. 因成此寺大悲像. 國人瞻仰. 禳禱獲福. 不可勝記.
570羅季天成中, 正甫崔殷誠久無胤息. 詣玆寺大慈前祈禱. 有娠而生男.
未盈三朔. 百濟甄萱襲犯京師. 城中大潰. 殷誠抱兒來告曰. 隣兵奄至. 事
急矣. 赤子累重. 不能俱免. 若誠大聖之所賜. 願借大慈之力覆養之, 令我

父子再得相見. 涕泣悲惋. 三泣而三告之, 褁以襁褓. 藏諸猊座下. 眷眷而
去. 經半月寇退. 來尋之. 肌膚如新浴. 貌體嬅好. 乳香尚痕於口. 抱持歸
養. 及壯聰惠過人. 是爲永魯. 位至正匡. 永魯生郎中崔肅. 肅生郎中齊顏
焉, 自此繼嗣不絶. 殷誠隨敬順王入本朝爲大姓. **571** 又統和十年三月. 主
寺釋性泰跪於菩薩前自言, 弟子久住玆寺. 精勤香火. 晝夜匪懈.208) 然以
寺無田出. 香祀無繼, 將移他所. 故來辭爾. 是日假寐. 夢大聖謂曰, 師且
住無遠離. 我以緣化充齋費. 僧忻然感寤. 遂留不行. 後十三日. 忽有二
人. 馬載牛馱到於門前. 寺僧出問, 何所而來, 曰. 我等是金州界人, 向有
一比丘到我云, 我住東京衆生寺久矣, 欲以四事之難緣化到此, 是以歛施
隣閭, 得米六碩塩四碩. 負載而來. 僧曰此寺無人緣化者, 爾輩恐聞之誤.
其人曰, 向之比丘擧我輩而來, 到此神見井邊曰, 距寺不遠. 我先徃待之,
我輩隨逐而來. 寺僧引入法堂前, 其人瞻禮大聖. 相謂曰, 此緣化比丘之
像也. 驚嘆不已. 故所納米塩追年不廢. **572** 又一夕寺門有火災. 閭里奔救,
升堂見像. 不知所在, 視之已立在庭中矣. 問其出者誰, 皆曰不知, 乃知大
聖靈威也. **573** 又大定十三年癸巳間, 有僧占崇. 得住玆寺, 不解文字. 性本
純粹. 精勤火香. 有一僧欲奪其居. 訴於襯衣天使曰, 玆寺所以國家祈恩
奉福之所, 宜選會讀文䟽者主之. 天使然之, 欲試其人. 乃倒授䟽(疏)文,
占崇應手披讀如流. 天使服膺. 退坐房中. 俾之再讀, 崇鉗口無言. 天使
曰. 上人良由大聖之所護也. 終不奪之. 當時與崇同住者. 處士金仁夫傳
諸鄉老, 筆之于傳.

---

208) 고증. '主寺釋性泰跪於菩薩前. 自言弟子久住玆寺. 精勤香火. 晝夜匪懈.'

567 삼소관음 중생사(三所觀音 衆生寺)

568 신라고전에 전하길

"중국의 천자(天子)에게 총애하는 여자가 있었는데, 아름답고 고운 것이 좀처럼 유례가 없을 정도였다. 천자는 고금의 그림에 이와 같은 사람은 적으리라 하여, 이에 그림을 잘 그리는 사람에게 명하여 진영(眞影)을 그리게 하였다.  ᵃ화공은 그 이름이 전하지 않는데 혹은 장승요라고도 한다. 그렇다면 이는 오나라 사람이다. 그는 양나라 천감 중에 무릉왕국의 시랑 직비각지화사가 되었고, 우장군과 오흥태수를 역임하였으니, 이는 중국 양(梁), 진(陳) 무렵의 천자일 것이다. 그런데 전(傳)에 당(唐)나라 황제라 한 것은 우리나라(海東) 사람이 중국을 모두 당이라고 하기 때문이다. 실상은 어느 시대 제왕인지 알 수 없으므로 두 가지를 다 적어 둔다.

그 화공은 칙서를 받들어 그림을 완성했는데, 붓을 잘못 떨어뜨려 (그림의) 배꼽 아래에 붉은 점이 찍혀졌다. 다시 고치고자 하였으나 되지 아니하므로, (화공이) 마음속으로 의심하기를 아마 붉은색 표시는 틀림없이 날 때부터 생긴 것이 아닐까 하고 생각하였다. 그림을 다 그려서 바치니, 황제가 그것을 보고 말하길, "형상은 곧 진실에 가까운데 그 배꼽 아래의 표시는 곧 몸 안에 감추어진 것이거늘 어찌해서 알고 그것까지 그렸느냐?"라고 하였다. 황제는 크게 진노하여서 (그를) 옥에 가두고 장차 형벌을 가하려고 할 때, 승상이 주청하여 말하길, "저 사람은 그 마음이 또한 정직한 사람이니, 그를 사면하여 용서해 주시기 바랍니다."라고 하였다. 황제가 말하길, "그가 어질고 정직하다면 짐이 어젯밤 꿈에 본 형상을 그려 올려서 다름이 없으면 그를 용서할 것이다."라고 하였다.

그 화공은 즉시 십일면관음보살상을 그려서 바치니 꿈에서 본 것과 일치하므로 그제야 황제의 뜻이 풀려서 그를 놓아주었다.

569그 화공은 화를 면하게 되자, 박사 분절과 약속하여 말하기를, "내가 듣기를 신라국은 불법을 공경하고 믿는다고 하니, 그대와 함께 바다에 배를 타고 그곳에 가서 함께 불사를 닦아 널리 인방을 이롭게 하는 것이 또한 공덕이 아니겠는가?"라고 하고 드디어 서로 신라국에 와서, 이 절(衆生寺)의 대비상을 이룩하니, 나라 사람들이 우러러 공경하고 기도하여 복을 얻음을 이루 다 기록할 수 없다.

570신라 말기 천성(후당의 명종) 연간(926-930)에, 정보[209] 최은함은 오래도록 후사를 이을 아들이 없어, 이 절의 관음보살 앞에서 기도를 하였더니, 태기가 있어 아들을 낳았다. 태어난 지 석 달이 안 되어, 백제의 견훤이 서울을 습격하니, 성안이 크게 어지러웠다. 은함은 아이를 안고 (이 절에) 와서 고하기를, "이웃나라 군사가 갑자기 쳐들어와서, 사세가 급박한지라 어린 자식이 누가 되어, 둘이 다 죽음을 면할 수 없사오니, 진실로 대성(大聖)이 보내신 것이라면 큰 자비의 힘으로 보호하고 길러 주시어, 우리 부자로 하여금 다시 만나 보게 해 주소서."라고 하고 눈물을 흘려 슬프게 울면서 세 번 고하고, (아이를) 강보에 싸서 관음보살의 사자좌(猊座) 아래에 감추어 두고 뒤돌아보며 돌아갔다. 반달이 지나 적병이 물러간 후 와서 아이를 찾아보니, 살결은 새로 목욕한 것과 같고 모습도 어여쁘고 젖 냄새가 아직도 입에 남아 있었다. (아이를) 안고 (집에) 돌아와 길렀더니, 총명하고 은혜로움이 남보다 뛰어났다. 이 사람이 곧 승로이니, 벼슬이 정광에 이르렀다. 승로는 낭중 최숙을 낳고, 숙은 낭중 제안을 낳았으니, 이로부터 후손이 계승되어 끊이지 않았다. 은함은 경순왕을 따라, 본조(本朝)에 들

---

209) 재상(宰相)을 말한다.

어와 신분이 높은 귀족이 되었다.

571또 통화 10년 3월 절의 주지인 석(釋) 성태는 보살 앞에 꿇어앉아 아뢰기를, "제자가 오랫동안 이 절에 거주하면서 향화를 부지런히 하여 밤낮으로 게을리하지 않았지만, 절에는 밭에서 나는 것이 없으므로 향사를 이을 수가 없는지라, 장차 다른 곳으로 옮기려 하므로 와서 하직하려고 하나이다."라고 하였다. 이날 어렴풋이 잠을 자는데 꿈을 꾸니 대성이 이르기를, "법사는 아직 머물러 있을 것이지 멀리 떠나지 말라. 나는 인연이 있는 것으로써 재 드리는 비용을 충당하리라."고 하니, 스님은 기뻐하면서 감사하고 잠에서 깨어나서는 마침내 떠나지 않았다.

그 후 13일 만에, 홀연히 두 사람이 말과 소에 짐을 싣고 문 앞에 이르렀다. 절의 스님이 나가서 묻기를 "어디서 왔느냐?"라고 하니, 말하길 "우리들은 금주 지방 사람인데, 지난번에 한 스님이 우리에게 찾아와서 말하길 '나는 동경 중생사에 오랫동안 있었는데, 시주를 받기 위하여 여기(금주)에 왔습니다.²¹⁰'고 하므로 이웃 마을에 시주를 거두어 쌀 여섯 섬과 소금 네 섬을 얻어서 실어 왔습니다."고 하였다. 스님이 말하길 "이 절에서는 시주를 나간 사람은 없었는데 당신들은 아마 잘못들은 것 같소."라고 하였다. 그 사람이 말하기를, "스님이 이끄는 방향으로 우리들은 왔는데 이 신현정 물가에 이르러서 말하길 '절의 거리가 (이곳으로부터) 멀지 않으니 내가 먼저 가서 기다리겠다.'고 하여 우리들은 뒤쫓아서 마침내 온 것입니다."고 하였다. 절의 스님이 (그들을) 인도하여 법당 앞까지 들어가니, 그들은 대성을 우러러보고

---

210) DB. '네 가지의 어려운 일로 연화를 위하여 여기에 왔습니다.'

예배하며 서로 말하기를, "이 부처님이 시주를 구하던 스님의 상입니다."고 하고 놀라서 감탄해 마지않았다. 이 때문에 쌀과 소금을 바치는 것이, 해를 더하여도 그치지 않았다.

572또 하루 저녁은 절 대문에 불이 나서, 마을사람들이 달려와서 구하는데, 법당에 올라와 관음상을 찾았으나 간 곳을 알지 못하여 살펴보니, 이미 정원의 가운데에 서 있었다. 누가 그것을 밖에 내놓았는지를 물었으나, 모두들 모른다고 말하므로 이제야 대성의 신령스런 위력임을 알았다.

573또 대정(金의 세종대의 연호) 13년 계사(癸巳) 연간(고려 명종 3년, 서기 1173년)에, 점숭이라는 스님이 이 절에 살고 있었는데, 글자는 알지못하지만 성품이 본래 순수하여 향화를 부지런히 받들었다. 어떤 스님이 그의 거처를 빼앗으려고 친의천사에게 하소연하길 "이 절은 국가에서 은혜를 빌고 복을 받드는 장소이니, 마땅히 문소를 읽을 수 있는 사람을 뽑아서 주관하게 해야 할 것입니다."라고 하니 천사가 옳다고 생각하여 그를 시험하고자 소문(疏文)을 거꾸로 주니, 점숭은 받은즉시 펴들고 거침없이 읽었다. 천사는 탄복하고 물러나 방안에 앉아다시 읽으라 하니, 점숭이 입을 다물고 말이 없었다. 천사가 말하기를, "상인(上人)은 진실로 대성의 보살핌을 받고 있다."고 하고 끝내절을 빼앗지 않았다. 당시 점숭과 같이 살던 처사 김인부가, 이러한일을 고을의 노인들에게 전하였으므로 이것을 전에 적었다.

주해 **567**○ 【三所觀音】관음은 관음보살을 말한다. 삼소관음이라는 것은 관음보살상을 안치하는 당우211) 3곳의 관음을 말한다.

'유'에는 관음신앙에 관한 기록이 적어 지금 이것을 적은 곳을 열거하면 다음과 같다. 우선 본권(本卷)에는

(1) 권제2 '문호왕 법민' 조.

고구려 토멸 후, 신라와 당이 대립하여 전쟁에 들어갔을 때, 종종 당에 유학하였던 김인문(문무왕 동생)은 당의 감옥에 갇혔기 때문에, 신라에서는 인문을 구하려고 인용사를 세워 관음도장을 열었는데 이것을 본문 가운데 말하고 있다.

(2) 권제3·탑상 제4 '삼소관음 중생사' 조.

이어서

(3) 권제3·탑상 제4 '백률사' 조.

(4) 권제3·탑상 제4 '민장사' 조.

(5) 권제3·탑상 제4 '남백월이성 노힐부득 달달박박' 조.

(6) 권제3·탑상 제4 '분황사천수대비 맹아득안' 조.

(7) 권제3·탑상 제4 '낙산이대성 관음 정취 조신' 조.

(8) 권제3·탑상 제4 '대산월정사오류성중' 조.

(9) 권제4·의해 제5 '자장정률' 조.

(10) 권제5·감통 제7 '욱면비염불서승' 조.

(11) 권제5·감통 제7 '경흥우성' 조.

위의 각조에 보이는데, (7)에는 낙산사의 연기(해변성굴의 관음)(의상법사나 원효법사 관련)에 관한 설화와, 승려 조신이 꿈에 보인 대자(觀音)의 가르침에 참회를 하고 정토사를 세워 수도에 전념한 설화가 실려 있어 모두 12가지 설화가 보이는 것이다.

○【衆生寺】'승람' 동경잡기에는 보이지 않는다.

568○【新羅古傳】'유' 권제2 '대종춘추공' 조, 및 고증 상권 주해 252 참조.

568a○【張僧繇】그의 전(傳)은 당 선종의 대중 초년(847) 상서사부원외랑,

---

211) 큰 집과 작은 집.

희종의 건부연간(884-879)에 대리경에 올랐으며, 글이나 시문도 능숙한 장언원의 "저력대명화기" 권제7에 보인다.

　　즉 '張僧繇上中品吳中人也. 天監中, 爲武陸王國侍郎, 直秘閣 知盡事. 歷右將軍·吳興太守. 武帝崇飾佛寺, 多命僧繇書之. 云云'이라고. 그래서 본문의 주(注)는 "명화기"를 참조한 것일까.

○【吳人】위의 장승요 전에는 吳中人이라고 되어 있는데 이 吳人, 吳中人은 중국강남지방 사람이라는 의미이다.

○【梁天監中】천감(天監)은 양(중국남조) 무제(소연)의 원호(502-519).

○【武陵王國】무릉왕은 양 무제의 제8자 소기를 말한다. 자는 세순. 학문을 좋아했고 기골이 있었다. 천감 13년(514)에 무릉군왕이 되고, 나중에 익주 자사가 되어 촉(蜀)으로 부임되어 부강을 누렸다. 후경이 양군을 포위했을 때 그는 구원을 가지 않았다가 아버지(무제)가 죽은 후, 촉으로부터 자립하여 제(帝)라고 자칭하고, 연호를 천정이라고 했다. 태청 5년(551)에는 강릉에 있던 형 원제를 습격하기 위해 강을 내려갔는데, 그 가운데 촉의 땅은 서위의 손에 들어가고, 본인은 원제의 군사에게 패하여 죽었다(553년 7월). [참조] "양서"(53) 무릉왕기열전. "남사"(53) 무릉왕기열전.

○【侍郞】차관직.

○【直秘閣】관명. 비각에서 모신다는 말에서 유래.

○【知畫事】관명일 것이다. 그림에 관한 것을 다루었다고 생각된다.

○【右將軍】좌장군에 이은 군관.

○【吳興太守】오흥은 현재의 절강성 호주에 해당한다. 양대에는 이 땅에 오흥군이 놓여 있었다. 그리고 태수는 군(郡)의 장관.

○【中國梁陳間之天子】이 주(注)는 본문에 보이는 '中華天子'라는 것은 중국의 양(梁)에서 진(陳)으로의 교체기에 재위했던 천자라고 설명한 것이다.

○【唐帝】해동 사람은, 중국 여러 나라를 말할 때에, 당조(唐朝)의 당(唐)을 말할 때에는, 설명이 필요 없다. 이곳의 당제(唐帝)는 당조(唐朝)의 천자

를 가리키는 것은 아니고, 단순히 중국의 천자를 말하는 것이다.

568○ 【赤誌】 지(誌)는 같은 음 지(痣)를 말하는 것인가. 즉 적지(붉은 상처)일 것이다.

○ 【圓扉】 옥문(獄門)을 말한다.

○ 【十一面觀音】 11면에 사람들의 번민을 구제하는 힘을 가진 관음.

569○ 【博土芬節】 미상.

○ 【仁邦】 인자가 사는 나라라는 것인데, 이곳은 신라를 가리킨다.

○ 【此寺】 중생사를 말한다.

○ 【大悲像】 대비관음보살 상인가.

570○ 【羅季天成中】 천성은 중국오대 후당 제2대 명종 조의 원호(926-929). 신라 멸망은 935년이므로 천성연간은 신라말기 즉 나계(羅季)일 것이다.

○ 【正甫】 '사' 직관지(하)에는 정보(正甫), '고려사'에는 원보(元甫)이다.

○ 【崔殷誠】 최은함(崔殷誠)은 최은함(崔殷含)을 말한다. 함(誠)과 함(含)은 음 상통. 은함은 승로의 아버지.

○ 【大慈】 부처의 자비. 많은 사람들의 번민을 구제하려는 부처나 보살의 자비심.

○ 【三朔】 삭(朔)은 매월 초하루. 삼삭은 3개월을 의미한다.

○ 【百濟甄萱犇犯京師】 후백제왕 견훤이 신라왕도(경주)에 침입하여 경애왕을 자진하게 한 것은, 서기 927년인데 상세한 것은 '유' 권제2 '후백제 견훤' 조 및 고증(중권) 주해 411 참조.

○ 【猊座】 모상(猊床)이라고도 한다. 사자좌, 즉 부처가 앉는 자리. 사자가 백수 위에 있는 것과 비슷하기 때문이라고 한다. 이곳에서는 고승의 좌석을 말한다.

○ 【丞魯】 승로를 말한다. 승로(承老), 승로(丞魯)는 음 상통. 최승로(崔承老) chö Sūng-ro(927-989)(시호는 문정, 경주 사람)는 고려 성종대 정치가로 관직은 문하수시중까지 올라 청하후에 봉해졌다. 성종 원년(981)에 부름을 받고 5품 이상의 관직으로 시정(時政)의 득실을 논할 때에, 승로

는 ‘봉사이십팔조’를 받들었다. 현재는 22조가 남아 있는데, 태조 이후 전치의 득실, 외교, 지방제도, 불교문제 등이 소상하게 다루어져 있고, 성종이 행한 개혁도 대부분은, 이 상서문에 의한다. [참고] “고려사” 93 · 최승로 전. “고려사절요”.

○【正匡】지위는 2품으로 재상의 지위에 해당한다.

○【郎中】각부의 각사의 수장을 말한다.

○【崔肅, 齊顔】숙(肅)은 승로의 아들. 그 치적은 불명. 제안(齊顔)은 숙(肅)의 아들로 고려의 현종 · 덕종 · 정종 · 문종의 4조정을 섬기고, 관직은 ‘태사문하시중’에 이른다. 문종 때에 죽어 우대받았는데 한층 더 선종 3년에 문종 종묘에 모셔졌다. “태조신서훈요”를 제안이 최항의 집에서 얻어 이것을 바쳤기 때문에 이에 세상에 전해지게 되었을 따름이다. [참고] “고려사” 최승로 전.

○【殷誠隨敬順王入本朝馬大姓】신라 마지막의 경순왕(김부)이, 고려에 항복하고 왕도 개경(개성)에 가자 은함(殷誠)(含)도 왕을 따라 고려조를 섬겼다. 그리고 그 자손이 발전하여 대족(大族)이 되었던 것은 앞서 보인 주해로 알 수 있을 것이다. 이어서 신라 경순왕에 개해서는, ‘유’ 권제2 ‘김부대왕’ 조, 고증(중권) 주해 364 이하 참조.

571○【統和十年】통화는 요(遼)(거란) 제6대 성종조의 원호에서부터 29년(1011)까지 이어진다. 통화 10년은 서기 992년.

○【主寺】사주(寺主)를 말한다.

○【釋性泰】사적 불명.

○【香火】소향과 등향으로 절이나 종묘에 바치는 것.

○【然以寺無田出】이것은 ‘그러나 절의 밭에서 나는 것이 없어’라고 읽어야 할 것인데, 전출(田出)은 밭에서 나는 수입이라는 의미로 볼 수 있어 ‘그렇지만 절에는 밭에서 나는 수입이 없어’라고 풀어야 할 것이다.

○【金州】지금의 경상남도 김해시 지역. 자세한 것은 고증(중권) 주해 452의 ‘임해현 · 임해군 · 김해부’의 항목을 참조.

○【四事之難】 본문에서는 사사(四事)가 공양 받지 못하여라는 의미일까. 사시(四時)는 수행 승려의 일상에 필요한 4가지 물건. 음식, 옷, 침구와 탕약(의약).

○【緣化】 인연이 있는 자를 교화하는 것.

○【施】 보시를 말한다.

○【神見井】 미상.

○【大聖】 위대한 성자. 부처를 말한다. 보살을 가리키는 경우도 있다.

573○【大定十三年癸巳】 서기 1173년. 대정은 금(完顔氏) 세종조의 원호.

○【僧占崇】 미상.

○【襯衣天使】 미상.

○【會讀文疏】 회독은 회통. 문소(文疏)는 경문·장소를 말한다.

○【處士金仁夫】 처사는 조정을 섬기지 않고 민간에 있는 자라는 의미. 김인부에 대해서는 이곳에만 보인다.

574백률사

栢栗寺

575雞林之北岳曰金剛嶺, 山之陽有栢栗寺. 寺有大悲之像一軀, 不知作始.
而靈異頗著. 或云. 是中國之神匠. 塑衆生寺像時幷造也. 諺云. 此大聖曾
上忉利天. 還來入法堂時. 所履石上脚迹至今不刓.[212] 或云. 救夫(失)禮
郞還來時之所視迹也. **576**天授三年壬辰九月七日, 孝昭王奉大玄薩喰(湌)
之子夫(失)禮郞爲國仙. 珠履千徒. 親安常尤甚. 天授四年 長壽二年癸巳暮
春之月, 領徒遊金蘭. 到北溟之境, 被狄賊所掠而去. 門客皆失措而還, 獨
安常追迹之, 是三月十一日也. **577**大王聞之. 驚駭不勝. 曰. 先君得神笛傳
于朕躬, 今與玄琴藏在内庫, 因何國仙忽爲賊俘. 爲之奈何. ^a琴笛事具載別傳
時有瑞雲覆天尊庫. 王又震懼使撿之, 庫内失琴笛二寶. 乃曰. 朕何不予.
昨失國仙. 又亡琴笛. 乃囚司庫吏金貞高等五人. 四月. 募於國曰. 得琴笛
者. 賞之一歲租. **578**五月十五日. 郞二親就栢栗寺大悲像前. 禋祈累夕.[213]

---

212) DB. '所履. 石上脚迹至今不刓.'

忽香卓上得琴笛二寶, 而郎·常二人來到於像後. 二親顚喜. 問其所由來,
郎曰. 予自被掠[214]爲波(彼)國大都仇羅家之牧子, 放牧於大烏羅尼野. ^a一
本作都仇家奴, 牧於大磨之野. 忽有一僧. 容儀端正, 手携琴笛來慰曰, '憶桑梓乎',
予不覺跪于前曰, '眷戀君親. 何論其極.' 僧曰 '然則冝從我來', 遂率至海
壖, 又與安常會. 乃批笛爲兩分. 與二人. 各乘一隻, 自乘其琴. 泛泛歸來,
俄然至此矣. ⁵⁷⁹於是具事馳聞. 王大驚使迎郎, 隨琴笛入內. 施鑄金銀五
噐二副各重五十兩, 摩衲袈裟五領. 大綃三千疋. 田一萬頃納於寺. 用
荅[215]慈庥焉. 大赦國內. 賜人爵三級. 復民租三年. 主寺僧移住奉聖. 封
郎爲大角干 ^a羅之冢宰爵名, 父大玄阿喰(湌)爲大(太)大角干. 母龍寶夫人爲沙
梁部鏡井宮主, 安常師爲大統, 司庫五人皆免. 賜爵各五級. ⁵⁸⁰六月十二
日. 有彗星孛于東方, 十七日. 又孛于西方, 日官奏曰, 不封爵於琴笛之瑞.
於是冊號神笛爲萬萬波波息. 彗乃滅. 後多靈異. 文煩不載. 世謂安常爲
俊永郎徒, 不之審也. 永郎之徒. 唯眞才·繁完等知名, 皆亦不測人也. ^a詳
見別傳.

![풀이] ⁵⁷⁴백률사(栢栗寺)[216]

　⁵⁷⁵계림의 북쪽 산을 금강령이라고 하는데, (그) 산의 남쪽에 백률사

---

213) 고증. '郎二親就栢栗寺大悲像前禱祈累夕.'
214) DB. 椋으로 되어 있고, 掠의 오기로 보인다고 했다.
215) 고증. 荅.
216) DB. 다음과 같이 주(註)(290)를 달았다. 경상북도 경주 동천리에 있는 절로, 528년(법흥왕
　　15)에 이차돈(異次頓)의 순교를 기념하기 위해 창건하였다. 817년(헌덕왕 9)에 이차돈의 순
　　교를 추모하여 석당(石幢)을 세웠으며 1377년(고려 우왕 3) 서루(西樓)를 중건했다. 지금의
　　대웅전은 조선시대에 재건한 것이며 이 절에 있던 금동약사여래입상(金銅藥師如來立像)은
　　국보로 현재 국립경주박물관에 진열되어 있다.

가 있다. 절에는 대비의 상(像) 한 구(軀)가 있는데, 언제 만든 것인지는 알 수 없으나, 영험하고 이로움이 자못 현저하였다. 혹은 중국의 신장(神匠)이 중생사의 불상을 조성할 때 함께 만든 것이라고 한다. 속설에는 이 대성(大聖)[217]이 일찍이 도리천 위에 올라갔다가 돌아와서 법당에 들어갈 때 밟았던 돌 위에는, 발자국이 지금까지 마멸되지 않고 남아 있다고 한다. 혹은 부례랑을 구해서 돌아올 때의 자취라고도 한다.

576 천수 3년(692년) 임진 9월 7일에, 효소왕은 대현살찬의 아들 부례랑을 국선으로 삼았다. 부례랑의 주변에는 뛰어난 화랑이 많았는데 그중에서도 안상과 더욱 친하였다. 천수 4년 [a]장수(長壽) 2년 계사(693) 늦은 봄에, 낭도들을 거느리고 금란으로 출유하여 북명 근처에 이르러, 적적들에게 붙잡혀 가 그 행방을 몰랐다. 화랑도들은 모두 어찌할 줄을 모르고 돌아왔으나, 안상만이 홀로 그것을 추적하였는데, 이는 3월 11일(693년)의 일이었다.

577 대왕(효소왕)이 이 소식을 듣고 놀라고 놀라면서 말하기를, "선왕께서 신적을 얻어서 짐에게 몸소 전하여 지금 현금과 함께 내고에 간직해 두었는데, 무슨 일로 국선이 갑자기 적의 포로가 되었는가? 이 일을 어찌하여야 좋단 말인가?"라고 하였다. [a]거문고와 피리에 관한 일은 별전(別傳)에 자세히 실려 있다. 때마침 그때 상서로운 구름이 천존고를 덮었다. 왕은 더욱 놀라고 두려워서 사람을 시켜 조사해 보니, 창고 안에 있던 거문고와 피리 두 보물이 없어졌다. 이에 (왕이) 말하기를 "내 어찌 복이 없어 어제는 국선을 잃고 지금은 또 거문고와 피리를 잃게 되었는

---

217) 대비상(大悲像).

가?"라고 하면서 창고를 지키던 관리 김정고 등 다섯 명을 가두었다. 4월(693년)에는 국내에 (현상을) 모집하여 말하기를, "거문고와 피리를 찾는 자는 1년의 조세를 상금으로 주겠다."고 하였다.

5785월 15일 부례랑의 두 부모님이, 백률사의 대비상 앞에 나아가서 며칠이나 저녁 천제에게 기도를 드렸더니, 갑자기 향탁 위에 거문고와 피리 두 보물이 놓여 있고, 부례랑과 안상 두 사람도 불상 뒤에 도착해 있었다. (낭의) 두 부모님은 너무나 기뻐서 그 까닭을 물으니, 부례랑은 말하길 "저는 붙잡혀 간 뒤부터, 그 나라 대도구라의 집에 목동이 되어서 대오라니의 들판에서 방목을 하고 있었습니다. ^a다른 책에는 도구의 집종이 되어 대마의 들판에서 방목했다고 하였다. (그런데) 홀연히 모습과 용모와 뜻이 단정한 한 스님이 있었는데, 손에 거문고와 피리를 들고 와서 위로하면서 말하기를, '고향생각을 하느냐?'고 하기에, 저는 자신도 모르게 (그의) 앞에서 무릎을 꿇고 말하기를, '임금과 부모님을 그리워함을 어찌 다 말할 수 있겠습니까?'라고 했습니다. (이에) 스님이 말하기를, '그렇다면 나를 따라오라'고 하고는 저를 데리고 해변가에 이르렀는데, 또한 안상도 만났습니다. 이에 피리를 두 쪽으로 나누어 두 사람에게 주면서, 각기 한쪽씩 타게 하고, 자신은 그 거문고를 타고 둥둥 떠서 돌아왔는데, 잠깐 사이에 이곳까지 왔습니다."라고 하였다.

579이에 모든 일을 급히 알렸더니, 왕은 크게 놀라며 사람을 보내어 낭을 맞아들이고, 거문고와 피리도 대궐 안으로 옮기게 하였다. (왕은) 무게 50량으로 된 금과 은으로 만든 다섯 개의 그릇 두 벌과 마납가사 다섯 필과, 비단²¹⁸⁾ 3천 필, 밭 1만 경(頃)을 백률사에 시주하여 대비의 은덕에 보답하였다. 국내에 크게 사면을 내리고 사람들에게는 관작 3급을 올려 주고, 백성들에게는 3년간의 조세를 면제해 주었다. (그) 절의 주지를 봉성사에 옮겨 살게 하였다. (또한) 부례랑을 봉하여 대각간 ^a<small>신라 재상의 관작명으로</small> 삼고, (그의) 아버지 대현 아찬을 태대각간으로 삼았다. 어머니 용보부인은 사량부 경정궁주로 삼고, 안상법사를 대통으로 삼았으며, 창고 관리 다섯 명은 모두 석방하여 관작을 각기 5급씩 올려 주었다.

⁵⁸⁰6월 12일에 혜성이 동방에 나타나고, 17일에는 또 서방에 나타나므로, 일관이 아뢰기를, "거문고와 피리의 상서에 대하여, 관작을 봉하지 않아서 나타나는 것입니다."라고 하였다. 이에 신적을 책호하여, '만만파파'라고 하니 혜성이 이내 물러갔다. 그 후에도 금적에 신령하고 이로움이 많이 있지만, 글이 번거로우므로 싣지 않는다. 세상에서는 안상을 일러 준영랑의 낭도라고 하나, 자세히 알 수 없다. 영랑의 낭도에는 다만 진재, 번완 등의 이름이 알려져 있으나, 이들 역시 알 수 없는 사람이다. ^a<small>별전에 자세히 보인다.</small>

주해

574○【栢栗寺】경주시 북쪽 약 2km 되는 곳에 있는 소금강산의 중턱에 있고, 지금도 법등을 밝히고 있다. 지금은 규모가 매우 작아져 있다. 그러나 1919년까지는 서루라는 건물이 있었고, 또 1929년에 국립경주박물관에 옮겨진 동조약사여래상이, 이 절의 금당에 있었던 것을 생각하면, 신라시대에는 중요한 절이었다는 것을 살필 수 있다. 또 '유' 권제1·기이제1 '신라시조혁거세왕' 조 및 고증 상권 주해 114a의 백률사 항목 참조.

575○【雞林】이곳에서는 신라의 왕도(경주)를 말한다. 또한 '유' 권제1 '김

---

218) DB. 대초(大綃).

알지 탈해왕대' 조 및 고증 상권 주해 163, 163b '始林(一作鳩林)'의 항목 참조.

○ 【金剛嶺】소금강산을 말한다. '유' 권제1 '신라시조 혁거세왕' 조 및 고증 (상권)의 주해 114a '금강산'의 항목 참조.

○ 【大悲之像】대비는 앞 장의 '삼소관음 중생사' 조 참조.

○ 【衆生寺】앞 조의 '삼소관음 중생사' 조에도 보인다.

○ 【忉利天】33천(天)을 말한다. 도리(忉利)는 Trāyastrimsa, Tavatimsa 삼십삼의 음을 옮긴 것. 33천이라고 한역한다. 속세의 6천(天) 가운데 제2. 수미산 정상에 있고, 제석천은 이곳에 산다. 사방에 봉우리가 있으며 봉우리마다 팔천(八天)이 있으므로 삼십이천. 제석과 합쳐 삼십삼천(天)이 된다.

○ 【夫(失)禮郎】이 부례랑은 '만파식적' 조에 보이는 화랑의 실례랑(失禮郎)을 잘못 옮긴 것(아유가이 후사오신) '花郎攷', "雜攷" 제4집 실례랑(失禮郎)은 또 같은 음차로 술랑(述郎)이라고도 기록되었다.

576○ 【天授三年壬辰九月七日】천수 3년은, 장수 원년(692)으로 고쳐야 할 것이다. 중국 당에서는 영휘 2년(683) 12월에, 제3대 황제 고종이 죽자, 측천무후가 실권을 쥐고 이윽고 690년 2월에는 스스로 황제가 되어, 국호를 주(周)라고 하고 천수로 개원했다. 그러나 천수 3년(692년)에 이르러 4월에는 여의, 나아가 9월에는 장수라고 개원했다. 그래서 이곳의 天授三年壬辰九月七日은, 앞서 말한 것과 같이 長壽元年壬辰九月七日로 고쳐야 할 것이다.

○ 【孝昭王】신라 제32대 왕(재위 692-702). '유' 권제2 · 기이 제2 '효소왕대 죽지랑'의 조 및 고증(중권)의 주해 281 참조.

○ 【大玄薩湌】대현은 화랑 실례랑의 아버지. 살찬(薩湌)은 신라 관위 제8 계급의 사찬을 말한다. 살(薩)과 사(沙)는 음 상통.

○ 【國仙】화랑을 말한다. '유' 권제1 '김유신' 조 및 고증 상권의 주해 229 참조.

○ 【珠履千徒】주리(珠履)는 화랑도가 신던 구두로 구슬로 장식을 한 것 같

다. 화랑 실례랑의 곁에는, 천 명의 화랑도가 있었다는 셈이다.

○ 【安常】 고증. 미시나 아키히데는 사선전설 가운데의 안상(安詳)인 것 같다고 뒤에서 말하는 책에서 적고 있다.

576, 576a○ 【天授四年長壽二年癸巳】 서기 694년. 당에서는 이미 전년에 개원했다는 것은 앞서 말했다. 그런 까닭에 이곳은 '長壽二年癸巳'라고 적어야 할 것이다.

576○ 【暮春之月】 3월을 말한다.

○ 【金蘭】 좁은 의미로는 지금의 강원도 통천 지역. 넓은 의미로는 강원도 일대 동해안을 가리키는 것으로 보아야 할 것이다. 이 금란이라는 지명은 "역계사상"의 '二人同心, 其利斷金, 同心之言, 其臭如蘭'의 구문에서 나온 것이다. 즉 금란은 화랑의 유락지를 가리키는 것으로 특히 명주(강릉)는 유명했다. 또한 고증. 아키히데 논문집 제6권 "新羅花郎の研究" 수록 '花郎の遊娛地' 참조.

○ 【北溟之境】 명주는 신라 9주의 하나로 지금의 강원도에서 함경남도 남부에 걸치는 일본해안 지역을 차지하고 있었다. 그래서 북명(北溟)의 경(境)은 지금의 원산만 근처일까.

○ 【狄賊】 중국에서는 북방민족을 북적이라고 한 예로 보아, 신라 북방의 적대민족인 북적은 말갈(靺鞨)족이다. 발해국의 건국은 신라 효소왕대의 일이다. 그러나 이곳의 적적은 동예인가.

577a○ 【琴笛事具載別傳】 '유' 권제1 '사금갑' 조, 및 권제2 '만파식적' 조를 가리킨다.

577○ 【天尊庫】 천존은 신선·부처의 다른 말인데, 천존고에 대해서는 미상. 앞서 나온 내고, '유' 권제2 '원성대왕' 조에 보이는 내황전은 같은 것으로 보인다. 또한 '유' 권제2 '만파식적' 조, 및 고증 중권 주해 280 참조.

○ 【司庫吏金貞高】 내고사는 천존고에 소속된 직원인가. 이 김정고는 이곳에만 보인다.

578○ 【大都仇羅家】 주(注)에는 '都仇家'라고도 되어 있다.

○【大烏羅尼野】다른 책에는 '大磨之野'라고도 되어 있는데, 그 장소는 정확하게 보일 수 없다.

○【桑梓】고향이라는 의미.

579○【磨衲袈裟】삼베(麻)로 만든 승복.

○【大赦國內】이것은 '나기'에는 보이지 않는다.

○【賜人爵三級. 復民租二年】모두 3급 관작을 받고, 백성에게는 3년간의 조세를 면제했다고 한다.

○【主寺僧】주지승.

○【奉聖】봉성사를 말한다. 이 절은 신문왕대에 창건되었다.

○【大角干】신라 관위 17등의 최상위는, 이벌찬(角干, 舒發翰 등으로도 적는다)이었는데, 태종 무열 7년(661)에 백제를 멸망시킨 공으로, 대장군 김유신에게 대각간(혹은 대서발한)이라는 관작을 하사했는데, 이 관작의 기원이며 비상위로 되었다.

579a○【羅之家宰爵名】중국사료에는 신라 상대등을 재상(家宰)이라고 기록하고 있다. 중대쯤에서 집사성의 장관 시중이 재상의 역할을 하고 있다. 그러나 상대등이나 시중이 된 인물의 관직이 대각간이었던 예는 적다. 그래서 본문같이 태각간이 가재의 관작이라는 것은 보이지 않는다.

579○【阿喰(湌)】아찬(阿湌)은 신라 제6등의 관직.

○【大(太)大角干】문무왕 8년(668), 신라가 고구려를 멸망시켰을 때에, 김유신에게 태대각간(太大角干)을 내리며, 극진한 대우를 했는데, 이 관작의 기원이 된다.

○【龍寶夫人】이곳에만 보인다. 신라의 용신신앙, 호국사상과 화랑의 관계가 깊은데, 화랑인 실례랑의 어머니 이름이 용보라는 것은 우연의 일치일까.

○【沙梁部】신라왕도의 제도. 6부의 하나.

○【鏡井宮主】경정궁(鏡井宮)의 재주.[219]

○【大統】승려직. 자세한 것은 '유' 권제4, 의해 제5 '자장정률' 조로 미룬다.

○【賜爵各五級】각각 5급의 관직을 주었다는 것.

580○【六月十二日. 有彗星孛于東方. 十七日. 又孛于西方】'나기' 효소왕기에는 이것에 대한 것은 보이지 않는데, 8년(699) 춘이월 조에 '白氣竟天, 星孛于東.' …秋七月. 東海水血色. 五日復舊. 九月, 東海水戰. 聲聞王都. 兵庫中鼓角自鳴.'이라는 기사가 있다.

○【日官】천문이나 점괘를 관장하는 관직. '유' 권제2 '만파식적' 조 및 고증(중권) 주해 280 참조.

○【萬萬波波息】신적(神笛)의 '만파식적'에게 관작을 내려 '만만파파식'이라고 했다고 한다.

○【俊永郎徒】이곳은 '俊永郎의 徒' 혹은 '俊永의 郎徒'로 읽어야 할 것이다. 준영랑 혹은 준영은 화랑으로 사선의 한 사람이었다. 그 이름은 오래토록 전해졌다. 낭도는 화랑에게 통솔된 집단의 구성원이라고 한다.

○【永郎之徒】영랑(永郎)은 준영랑을 말한다. 1970년 12월에 경남 울주군 두동면 천전리에서 발견된 '新羅의 書石'에는 영랑의 이름이 새겨져 있다.

○【眞才】【繁完】미상.

580a○【別傳】미상.

---

219) 불공을 올리는 주인.

⁵⁸¹민 장 사

敏藏寺

⁵⁸²禺金里貧女寶開. 有子名長春. 從海賈而征, 久無音耗. 其母就敏藏寺 ^a寺乃敏藏角干捨家爲寺 觀音前克祈七日, 而長春忽至. ⁵⁸³問其由緖. 曰, 海中風 飄舶壞. 同侶皆不免, 予乘隻板歸泊吳涯. 吳人收之俾耕于野. 有異僧如 鄕里來, 予慰勤勤. 率我同行, 前有深渠. 僧掖我跳之. 昏昏間如聞鄕音與 哭泣之聲, 見之乃已屆此矣. 日晡時離吳. 至此纔戌初. 即天寶四年乙酉 四月八日也. ⁵⁸⁴景德王聞之, 施田於寺. 又納財幣焉.

풀이 ⁵⁸¹민장사(敏藏寺)

⁵⁸²우금리의 가난한 여자 보개에게, 이름이 장춘이라고 하는 아들이
있었다. 바다의 장사꾼을 따라다녔는데, 오랫동안 소식이 없었다. 그
의 어머니가 민장사 ^a이 절은 민장 각간이 (자신의) 집을 내놓아 절로 삼은 것이다. 관음
보살 앞에 나아가서 7일 동안 지극히 기도드렸더니 장춘이 갑자기 돌

아왔다.

583그 까닭을 물으니 (장춘이) 말하기를, "바다 가운데 회오리바람을 만나 선박이 부서져서 동료들은 모두 죽음을 면하지 못하였습니다만, 저는 한 장의 널판쪽을 타고, 오(吳)나라 해변에 가서 닿았습니다. 오나라 사람들이 저를 데려가서 들에서 농사를 짓게 했습니다. (하루는) 고향마을에서 온 것 같은 이상한 스님이 와서, 불쌍히 여기고 위로하며 저를 데리고 동행하는데, 앞에 깊은 도랑이 있어서 스님이 겨드랑이에 저를 끼고 뛰었습니다. 정신이 희미한 가운데, 향음과 우는 소리가 들리므로 살펴보니, 벌써 여기 와 있었습니다. 초저녁 때(哺時) 오나라를 떠났는데, 여기에 이른 것은 겨우 술시(戌時) 초였습니다." 하였다.

(그때는) 즉 천보 4년 을유(745) 4월 8일이었다.

584경덕왕은 이 소식을 듣고서, 절에 밭을 주고 또 재물을 바쳤다.

주해

581○【敏藏寺】 '유' 권제5 피은 제8 '염불사' 조에도 보인다. 지금의 경주시에 있었다고 생각되는데, 그 위치는 불명.

582○【禺金里】 미상. "법화영험전"에는 우금리(隅金里)라고 보인다.

○【寶開】【長春】 말미에 적힌 "법화영험전" 참조.

582a○【敏藏角干】 각간은 신라관위 17계의 제1계. 이벌찬을 말한다. 민장에 대해서는 '사'에는 보이지 않는다.

○【捨家爲寺】 사(捨)는 희사한다는 것. 민장사는 자기 집을 희사하여 절로 했다는 것이다.

583○【吳涯】 오(吳)의 끝. 오(吳)는 여기에서는 중국 강남지방을 말한다.

○【日哺時】 신시(申時). 오후 4시.

○【戌初】술(戌)은 지금의 오후 7시에서 9시 사이. 이 술초(戌初)는 술시 (戌時)의 초. 즉 오후 7시에서 8시까지를 가리킨다.

○【天寶四年乙酉】서기 745년. 천보는 당 현종조의 원호인데, 이곳의 4년 은 四載로 고쳐야 할 것이다.

○【四月八日】소위 석가의 날이다. 즉 석가 탄신일.

584○【景德王】신라 제35대 왕. 상세한 것은 고증 중권 주 296을 참조.

○【聞之. 施田於寺. 又納財幣焉】이것은 '나기' 경덕왕기에는 보이지 않는다.

참고

"法華靈驗傳"黑風吹其船舫 條.

新羅時. 有女名寶開. 居王京隅金坊. 有一子名長春. 隨商舶汎海而去. 過期不知所之. 朝夕思念. 至於憔悴. 幸聞普門. 示顯神通之力. 假使黑風吹其船舫. 漂墮羅利鬼國. 稱 其名故即得解脫. 便生深信. 就敏藏寺觀音像前. 約一七日精析躊. 至七日忽憨. 長春 執母手驚喜哭泣. 寺僧恠問所由. 春曰. 離家汎海. 忽値惡風. 同船之人. 皆葬魚腹. 余 獨乘一板. 至於吳. 吳人收之. 奴使之. 耕於野田. 忽有異僧. 來謂曰. 憶汝國乎. 余即 跪曰. 有孝母在恋慕无極. 僧曰. 若欲見母. 隨我而來. 言記東行. 余隨之有一渠. 僧乃 執手超之. 昏々如夢. 忽聞羅語. 到此敏藏寺像前. 雖審知我母. 猶疑夢中矣. 即天寶 四年乙酉四月八日. 申時離吳. 戌時到此堂中. 景德王聞而此敬重優須信賭永充供養. 每 於月生八日. 幸寺禮讚. 永爲定式. 寶關與長春約結鄰里. 清信士女. 特成金字蓮經一 部. 每至春卷三月. 爲立道場. 敷宣妙理精修禮敬仰賽玄恩. 見敏藏寺記及雞林吉記. 略見傳引錄.

⁵⁸⁵전후소장사리

前後所將舍利

⁵⁸⁶國史云. 眞興王大(太)清三年己巳. 梁使沈湖送舍利若干粒. ⁵⁸⁷善德王代貞觀十七年癸夘. 慈藏法師所將佛頭骨·佛牙·佛舍利百粒·佛所著緋羅金點袈裟一領. 其舍利分爲三. 一分在皇龍塔. 一分在太和塔. 一分幷袈裟在通度寺戒壇. 其餘未詳所在. 壇有二級. 上級之中安石蓋如覆鑊. ⁵⁸⁸諺云. 昔在本朝. 相次有二廉使. 禮壇擧石鑊而敬之. 前感脩蟒在函中. 後見巨蟾蹲石腹. 自此不敢擧之. 近有上將軍金公利生·庾侍郎碩. 以高廟朝受旨指揮江東. 仗節到寺. 擬欲擧石瞻禮. 寺僧以往事難之. 二公令軍士固擧之. 內有小石函. 函襲之中貯以瑠璃筒. 筒中舍利只四粒. 傳示瞻敬. 筒有小傷裂處. 於是庾公適蓄一水精函子. 遂奉施兼藏焉. 識之以記. 移御江都四年乙未歲也. 古記稱. 百枚分藏三處. 今唯四爾. 旣隱現隨人. 多小不足怪也. ⁵⁸⁹又諺云. 其皇龍寺塔災之日. 石鑊之東面始有大(火?)斑. 至今猶然. 即大遼應曆三年癸丑歲也. 本朝光廟五(四)載也. 塔之第三災也. 曹溪無衣子留詩云. 聞導(道)皇龍災塔日. 連燒一面示無間. 是

也. **590**自至元甲子已來. 大朝使佐. 本國皇華. 爭來瞻禮. 四方雲水. 輻湊來衆. 或擧不擧. 眞身四枚外. 變身舍利. 碎如砂礫. 現於礦外. 而異香郁烈. 旀(彌)日不歇者. 比比有之. 此末季一方之奇事也. **591**唐大中五年辛未. 入朝使元弘所將佛牙. **ᵃ**今未詳所在. 新羅文聖王代. **592**後唐同光元年癸未. 本朝大(太)祖即位六年. 入朝使尹質所將五百羅漢像. 今在北崇山神光寺.

593大宋宣和元年己夘(亥) **ᵃ**睿廟十五年入貢使鄭克永·李之美等所將佛牙. 今內殿置奉者是也. **594**相傳云. 昔義湘法師入唐. 到終南山至相寺智儼尊者處. 隣有宣律師. 常受天供. 每齋時天厨送食. 一日律師請湘公齋. 湘至坐定旣久. 天供過時不至. 湘乃空鉢而歸. 天使乃至. 律師問. 今日何故遲. 天使曰. 滿洞有神兵遮擁不能得入. 於是律師知湘公有神衛. 乃服其道勝. 仍留其供具. 翌日又邀儼湘二師齋. 具陳其由. 湘公從容謂宣曰. 師旣被天帝所敬. 嘗聞帝釋宮有佛四十齒之一牙. 爲我等輩請下人間. 爲福如何. 律師後與天使傳其意於上帝. 帝限七日送與. 湘公致敬訖. 邀安大內. **595**後至大宋徽宗朝. 崇奉九(左)道. 時國人傳圖讖曰. 金人敗國. 黃巾之徒諷日官. 奏曰. 金人者佛敎之謂也. 將不利於國家. 議將破滅釋氏. 坑諸沙門. 焚燒經典. 而別造小舡. 載佛牙泛於大海. 任隨緣流泊. 于時適有本朝使者至宋. 聞其事. 以天花茸五十領. 紵布三百疋. 行賂於押舡內史. 密授佛牙. 但流空舡. 使臣等旣得佛牙來奏. 於是睿宗大喜. 奉安于十貟殿左掖小殿. 常鑰匙殿門. 施香燈于外. 每親幸日. 開殿瞻敬. **596**至壬辰歲移御次. 內官忩遽中. 忘不收撿. 至丙申四月. 御願堂神孝寺釋蘊光請致敬佛牙. 聞于上. 勅令內臣遍檢宮中. 無淂220)也. 時栢臺侍御史崔冲命薛伸. 急徵于諸謁者房. 皆未知所措. 內臣金承老奏曰. 壬辰年移御時紫

---

220) 고증. 득(得).

門日記推看. 從之. 記云. "入內侍大府卿李白全受佛牙函云. 召李詰之. 對曰. 請歸家更尋私記. 到家檢看. 得左番謁者金瑞龍佛牙函准受記來呈. 召問瑞龍. 無辭以對. 又以金承老所奏云. 壬辰至今丙申. 五年間. 御佛堂及景靈殿上守等囚禁問當. 依違未決. 隔三日. 夜中. 瑞龍家園墻裏. 有投擲物聲. 以火(大)[221]檢看乃佛牙函也. 函本內一重沉香合. 次重純金合. 次外重白銀函. 次外重瑠璃函. 次外重螺鈿函. 各幅子如之. 今但瑠璃函爾. 喜得之. 入達于內. 有司議. 金瑞龍及兩殿上守皆誅. [597]晉陽府奏云"因佛事不合多傷人. 皆免之. 更勅. 十貟殿中庭. 特造佛牙殿安之. 令將士守之. 擇吉日. 請神孝寺上房薀光. 領徒三十人. 入內設齋敬之. 其日入直承宣崔弘. 上將軍崔公衍·李令長·內侍茶房等. 侍立于殿庭. 依次頂戴敬之. 佛牙區穴間. 舍利不知數. 晉陽府以白銀合貯而安之. 時主上謂臣下曰. 朕自亾[222]佛牙已來. 自生四疑. 一疑. 天宮七日限滿而上天矣. 二疑. 國亂如此. 牙旣神物. 且移有緣無事之邦矣. 三疑. 貪財小人. 盜取函幅. 棄之溝壑矣. 四疑. 盜取珍利. 而無計自露. 匿藏家中矣. 今第四疑當之矣. 乃放聲大哭. 滿庭皆洒涕. 獻壽. 至有煉頂燒臂者不可勝計. 得此實錄於當時內殿焚修前祇(祇)林寺大禪師覺猷. 言親所眼見. 使予錄之. [598]又至庚午出都之亂. 顚沛之甚過於壬辰. 十貟殿監主禪師心鑑. 亡身佩持. 獲免於賊難. 達於大內. 大賞其功. 移授名刹. 今住氷山寺. 是亦親聞於彼. [599]眞興王代天嘉六年乙酉. 陳使劉思與釋明觀載送佛經論一千七百餘卷. [600]貞觀十七年 慈藏法師載三藏四百餘函來. 安于通度寺. [601]興德王代大(太)和元年丁未. 入學僧高麗釋丘德. 賷佛經若干函來. 王與諸

---

221) 고증. '火'만 보인다.
222) 고증. 亡.

寺僧徒. 出迎于興輪寺前路. **602**大中五年. 入朝使元弘賫佛經若干軸來.
603羅末. 普耀禪師再至吳越. 載大藏經來. 即海龍王寺開山祖也. 大宋元
祐甲戌. 有人眞讚云. 偉哉初祖. 巍乎眞容. 再至吳越. 大藏成功. 賜衘普
耀. 鳳詔四封. 若問其德. 白月淸風. 又大定中. 漢南管記彭祖逖留詩云.
水雲蘭若住空王. 况是神龍穩一場. 畢竟名藍誰得似. 初傳像敎自南方.
有跋云. 昔普耀禪師始求大藏於南越. 泊旋返次. 海風忽起. 扁舟出没於
波間. 師即言曰. 意者神龍欲留經耶. 遂呪願乃誠. 兼奉龍歸焉. 於是風靜
波息. 旣得還國. 遍賞山川. 求可以安邀處. 至此山忽見瑞雲起於山上. 乃
與高第(弟)弘慶. 經營蓮社. 然則像敎之東漸. 實始乎此. 漢南管記彭祖
逖. 題. 寺有龍王堂. 頗多靈異. 乃當時隨經而來止者也. 至今猶存. **604**又
天成三年戊子. 默和尚入唐. 亦載大藏經來. **605**本朝睿廟時. 慧照國師奉
詔西學. 市遼本大藏三部而來. 一本今在定惠寺. **a**海印寺有一本. 許祭政宅有一本.
606大安二年. 本朝宣宗代. 祐世僧統義天入宋. 多將天臺敎觀而來. 此外
方冊所不載. 高僧信士. 往來所賫. 不可詳記. 大敎東漸. 洋洋乎慶矣哉.
607讚曰. 華月夷風尚隔烟. 鹿園鶴樹二千年. 流傳海外眞堪賀. 東震西乹
共一天. **608**按此録. 義湘傳云. 永徽初. 入唐謁智儼. 然攄223)浮石本碑.
湘武德八年生. 卅(廾)224)歲出家. 永徽元年庚戌. 與元曉同伴欲西入. 至
高麗. 有難而廻. 至龍朔元年辛酉. 入唐. 就學於智儼. 總章元年. 儼遷化.
咸享二年. 湘來還新羅. 長安二年壬寅. 示滅. 年七十八. 則疑. 與儼公齋
於宣律師處. 請天宮佛牙. 在辛酉至戊辰七八年間也. 本朝高庙(廟)入江
都壬辰年. 疑天宮七日限滿者. 誤矣. 忉利天一日夜. 當人間一百歲. 且從

---

223) 고증. 攄(據).
224) 고증. 卅(廾).

湘公初入唐辛酉. 計至高庙(廟)壬辰. 六百九十三歲也. 至庚子年. 始滿七
百年. 而七日限已滿矣. 至出都至元七年庚午. 則七百三十年. 若如天言.
而七日後還天宮. 則禪師心鑑出都時. 佩持出獻者. 恐非眞佛牙也. 於是
年春出都前. 於大內集諸宗名德. 乞佛牙舍利. 精勤雖切. 而不得一枚. 則
七日限滿. 上天者幾矣. **609**二十一年甲申. 修補國淸寺金塔. 國主225)與莊
穆王后幸妙覺寺. 集衆慶讚訖. 右佛牙. 與洛山水精念珠. 如意珠. 君臣與
大衆皆瞻奉頂戴. 後并納金塔內. 予亦預斯會. 而親見所謂佛牙者. 長三
寸許. 而無舍利焉. 無極記.

풀이 **585**전후소장사리(前後所將舍利)

586"국사"에 전하길, 진흥왕 태청 3년 기사년에, 양(梁)나라에서 심호
를 보내어 사리 몇 알을 보내왔다. **587**선덕왕 때인 정관 7년 계묘(643)
년에, 자장법사가 가지고 온 부처님의 두골과 어금니와 불사리 1백
알과 부처님이 입던 붉은색 깁에 금점이 있는 가사 한 벌이 있었는데,
그 사리는 세 부분으로 나누어, 한 부분은 황룡사 탑에 두고, 한 부분
은 태화사 탑에 두고, 한 부분은 가사와 함께 통도사 계단(戒壇)에 두
었다. 나머지는 둔 곳이 상세하지 않은데, 통도사의 계단은 단이 두
층으로 되었는데 윗층 가운데에는 솥을 엎어 놓은 것과 같은 돌 뚜껑
이 있는 용기를 안치하고 있다. **588**민간에 전하기를, 옛날 본조(本朝)
에서 전후로 두 안렴사(廉使)226)가 와서 계단에 예배하고 공손히 돌

---

225) 고증. 主(王).
226) 고증. 안찰사(按察使). 후에 안렴사라고 부르는 것이다.

뚜껑을 들어 보았는데, 한 사람은 큰 함 속에 큰 뱀이 있는 것을 보았고, 다른 한 사람은 큰 두꺼비가 돌 중앙에 웅크리고 있는 것을 보았다. 이로부터는 감히 그 돌 뚜껑을 열어 보지 못했다.

근래 상장군 김이생과 시랑 유석이, 고종 때 왕의 명을 받아 강동을 지휘할 때, 장절을 가지고 절에 와서 돌 뚜껑을 들어 우러러 예를 하고자 하였는데, 절의 스님이 예전의 일로 만류했다. 그러나 두 사람은 군사를 시켜 이것을 들었더니, (그) 속에는 작은 석함이 있고 겹쳐 있는 돌함 속에는 유리통이 들어 있는데, 통 속에는 사리가 다만 네 알뿐이었다. 서로 돌려보며 우러러 공경하였는데, 통이 조금 상하여 금이 간 곳이 있었다. 이에 유공이 마침 수정함 하나를 가지고 있었으므로 시주하여 함께 간직해 두게 하고, 그 일을 자세히 기록하였으니 (그때는) 강화도(江都)로 도읍을 옮긴 지 4년째인 을미년(1235)이었다.

고기(古記)에는 사리 백 개를 세 곳에 나누어 간직해 두었다고 하는데, 지금은 오직 4개뿐이다. 이미 사람에 따라 (그 수가) 없어졌다고도 하고 나타나기도 하는 것은 괴이하게 여길 것이 아니다.

[589]또 민간에서는 황룡사탑이 불타던 날에, 돌 뚜껑의 동쪽 부분에 처음으로 큰 반점이 생겼는데 지금도 그대로 있다고 한다. 그때는 요(大遼)나라 응력 3년 계축(953)년이며, 본조는 광종 5년이니 이것은 황룡사 탑이 세 번째 화재를 당하던 때였다. 조계 무의자가 남긴 시에 "들건대 황룡사탑이 불타던 날에 이어 탄 일면에도 틈난 데가 없었다네."라고 한 것이 이것이다.

[590]지원 갑자(1264) 이래로부터 원나라(大朝) 사신과 본국 사신이 다투어 와서 예배하고, 사방의 운수(雲水)[227]들이 몰려와서 참례하였는데, 혹은 (이 돌을) 들어 보기도 하고 들어 보지 못하기도 하였다.[228]

진신 사리 4매 이외에 변신(變身)의 사리가 모래조약돌같이 부서져서 돌함 밖으로 나와 있었는데, 이상한 향기가 짙게 풍기며 오랫동안 마르지 않는 일이 종종 있었으니, 이는 말세에 나타난 한 지방의 기이한 일이었다.

591당(唐)나라 대중 5년 신미에, 당나라에 사신으로 갔던 원홍이, 부처님 어금니[a]지금은 있는 곳을 알 수 없으나 신라 문성왕(文聖王) 때이다.를 가져왔다.

592후당 동광 원년 계미(923), (곧) 본조 태조 즉위 6년 양나라에 사신으로 갔던 윤질이, 가져온 오백나한상은 지금 북숭산 신광사에 있다.

593송나라 선화 원년 기묘(기해의 잘못) [a]예종 15년 조공을 바치려고 갔던 사신 정극영, 이지미 등이 가지고 온 부처님의 어금니는 지금 내전에 모셔 두고 있는 그것이다.

594자세히 전하는 말에는, 옛날 의상법사가 당나라에 들어가서 종남산 지상사 지엄존자가 있는 곳에 머무르고 있었는데, 이웃에 도선율사가 있어 늘 하늘의 공양(天供)을 받고 매번 재를 올릴 때마다, 하늘의 주방에서 음식을 보내왔다. 하루는 도선율사가 의상법사를 청하여 재를 올리는데, 의상법사는 이미 와서 바르게 앉아 있는데, 하늘의 공양은 때가 지나도 이르지 않았다. 의상은 빈 바리때로 돌아가니 천사(天使)는 이제야 다다랐다. 율사가 "오늘은 어째서 늦었는가."라고 물으니, 천사가 말하기를, "온 골짜기에 신병(神兵)이 가로막고 있어 들어올 수 없었습니다."라고 하였다.

이에 율사는 의상법사에게 신의 호위가 있음을 알고 그의 도력이

---

227) DB. 행각승(雲水).
228) 고증. 뚜껑(蓋)을 열어 보는 자가 있는가 하면, 그렇지 않은 자도 있었다.

자기보다 나음에 탄복하여 그 공양물을 그대로 남겨 두었다가 다음 날 또 지엄과 의상 두 대사를 재(齋)에 청하여 그 사유를 자세히 말하였다. 의상법사가 도선율사에게 조용히 말하기를, "스님은 이미 천제의 존경을 받고 계시는 것이 분명합니다. 그런데 일찍이 듣건대 제석궁에는 부처님의 40개 이 가운데 한 어금니가 있다고 하니, 우리들을 위하여 (이것을) 청해서, 인간에 내려 보내어 복이 되게 하는 것이 어떻습니까?"라고 하였다. 율사가 후에 천사와 함께 그 뜻을 상제(上帝)에게 전했더니 상제는 7일을 기한으로 (의상에게) 보내 주었다. 의상이 예경하기를 마치고 (이것을) 대궐에 모셨다.

595그 후 송나라의 휘종 때 와서 좌도를 받드니 그때 나라 사람들은 도참을 퍼뜨려 말하기를, "금인(金人)이 나라를 멸망시킨다."라고 하였다. 황건의 무리들이 일관을 움직여 아뢰기를, "금인이란 불교를 말하는 것이니, 장차 국가에 이로움이 없을 것입니다."라고 하였다. (그러자 나라에서) 의논하기를 장차 불교를 파멸시키고, 모든 승려를 묻어 죽이고, 경전을 불사르고, 별도로 작은 배를 만들어 부처님 어금니를 실어 바다에 띄워 어디든지 인연을 따라서 흘러가게 하였다.

이때 마침 본조의 사신이, 송나라에 가 있다가 그 사실을 듣고, 천화용 50벌과 저포 3백 필로써 배를 호송하는 관원(內史)에게 뇌물을 주어, 몰래 부처님의 어금니를 받고, 다만 빈 배만 띄워 보냈다. 사신들은 이미 부처님의 어금니를 얻어 가지고 와서 위에 아뢰었다. 이에 예종은 크게 기뻐하고, 십원전 왼쪽 소전(小殿)에 모시고, 항상 전각문은 자물쇠로 걸고, 밖에는 향을 피우고 등불을 밝혔는데, 친히 행차하는 날에는 매번 전각문을 열고 공손히 예배하였다.

596임진년 (강화도로) 서울을 옮길 때, 내관이 바쁜 가운데 (부처님 어금니를 그만) 잊어버리고 챙기지 못하였다.

병신년(1236) 4월에 이르러 왕의 원당인 신효사의 석(釋) 온광이 부처님의 어금니에 예경하기를 청하여 왕에게 아뢰니, 왕은 내신에게 칙령으로 궁 안을 두루 살펴보게 하였으나 찾지 못하였다. 이때 백대시어사 최충이 설신에게 명하여 급히 여러 관리의 방을 살펴보게 했는데, 모두 어찌할 바를 알지 못하였다.[229] 내신 김승로가 아뢰기를, "임진년 어가를 옮길 당시 자문일기를 찾아 그대로 따라 해보소서." 라고 하여 그의 말대로 하였더니, 일기에는, "입내시대부경 이백전이 부처님의 어금니가 든 함(佛牙函)을 받았다."고 하였다. 즉시 이백전을 불러 그를 힐문하였더니, 대답하기를 "집으로 돌아가서 다시 저의 일기를 찾아보도록 해 주시오."라고 하고는 집으로 와서 찾아보고, 좌번알자 김서룡이 부처님의 어금니가 든 함을 받은 기록을 발견하고 가져와 바쳤다. 김서룡을 불러 물으니 대답하지 못하였다. 또 김승로가 아뢰는 대로 임진에서 지금 병신까지 5년 동안의 어불당과 경영전의 상수 등을 잡아 가두고 마땅히 심문하였으나, 이렇다 할 결말이 나지 않았다. 그로부터 3일이 지나 밤중에 김서룡의 집 담장 안으로 물건을 던지는 소리가 있어 불을 켜서 살펴보니 부처님의 어금니가 든 함이었다. 함은 본래 속 한 겹은 침향합이고, 다음 겹은 순금합이며, 다음 바깥 겹은 백은함이고, 그다음 바깥 겹은 유리함이며, 또 그다음 바깥 겹은 나전함으로서 각 (함의) 폭은 서로 맞게 되어 있었는데, 지금은 다만 유리함뿐이었다. 그래도 유리함을 찾은 것을 기뻐하여 대궐에 들어가서 아뢰었다. 유사(有司)는 (죄를) 논의하여 김서룡과 양전

---

229) DB. '여러 알자(謁者)의 방에 물었더니 모두 어찌할 바를 알지 못하였다.'

(兩殿)의 상수들을 모두 죽이려고 했다.

597그러나 진양부에서 아뢰기를 "불사(佛事) 때문에 사람을 많이 죽이는 것은 옳지 않습니다."고 하여 모두 면해 주었다.

다시 명을 내려 십원전 뜰 안에 특별히 불아전을 만들어 그것을 봉안하고 장사에게 명하여 지키게 하고, 또 길일을 택하여 신효사의 상방(上房) 온광을 청하여, 그의 승도 30명을 대궐 내로 들여, 재를 올리고 정성을 드리게 했다. 그날 입직한 승선 최홍과 상장군 최공연, 이영장, 내시, 다방 등이, 불아전 뜰에서 시립하여 차례로 정대(頂戴)하여 공경하였는데, 부처님 어금니가 든 함의 구멍 사이의 사리는 수를 알 수 없었으나, 진양부에서는 백은합에 담아 모셨다.

이때 임금이 신하에게 일러 말하기를, "짐은 부처님 어금니를 잃어버린 이래로 네 가지의 의심이 생겼소. 첫째는 천궁(天宮)의 7일 기한이 차서 하늘로 올라갔는가 의심하였고, 둘째는 원(元)의 침략으로 나라가 이렇게 어지러운데 부처님 어금니는 이미 신물(神物)이니 또 인연이 있는 아무 일 없는 평온한 나라로 옮겨 간 것이 아닌가 의심하였고, 셋째는 재물을 탐내는 소인이 함만 훔치고 부처의 어금니는 도랑에 버렸을까 의심하였고, 넷째는 도적이 사리를 훔쳐갔으나 스스로 밖에 드러내 놓을 수 없어서 집안에 감추어 놓은 것은 아닌가 의심하였더니 이제 넷째 의심이 맞았소."라고 하고는 소리를 내어 크게 우니, 온 뜰에 있던 사람들도 모두 눈물을 흘리고 헌수하며, 연정230)과 소비231)하는 자가 이루 헤아릴 수 없었다.

---

230) 머리나 수염을 불에 지져 참회하는 불교의식.
231) 팔에 향을 피우며 기도하는 불교의식.

이 실록(實錄)은 당시 내전에서 향을 사르고 기도하던, 전 기림사의 대선사 각유에게서 얻은 것인데, (그때) 친히 본 일이라고 말하면서 나[232])에게 그것을 기록하게 하였다.

598또 경오의 (강화에서 개경으로) 환도할 때의 난리는, 낭패의 심함이 임진(1232)보다도 심하였는데, 십원전의 감주였던 선사 심감은 위험을 무릅쓰고, (부처님의 어금니가 든 함을) 가지고 나왔으므로 적난에서 화를 모면하게 되었다. (이 사실이) 대궐 내에 알려져 그 공을 크게 포상하여 이름난 절로 옮겨 주었으니, 지금 빙산사에 거주하고 있으니, 이 역시 그에게서 친히 들은 것이다.

599진흥왕 때인 천가 6년 을유에, 진(陳)나라 사신 유사가 승려 명관과 함께 불교의 경론 1천 7백여 권을 배에 실어 왔다.[233])

600정관 17년[234])에는 자장법사가, 삼장(三藏) 4백여 함을 싣고 와서 통도사에 안치하였다.

601흥덕왕 때인 태화 원년 정미에는, (당나라에) 유학하였던 승려인 고구려(高麗)의 승려 구덕이, 불경 및 상자를 가지고 왔으므로, 왕은 여러 절의 승려들과 함께 흥륜사의 앞길에서 (그를) 맞이하였다.

602대중 5년(851)에, 당나라에 사신으로 간 원홍이, 불경 몇 축을 가지고 왔으며, **603**신라 말기에는 보요선사가, 두 번이나 오월에 가서 대장경을 가져오니, (그가) 곧 해룡왕사의 개산조이다.

송나라 원우 갑술년(고려 선종 11년)(1094)에, 어떤 사람이 (선사의) 진영을 기려 찬하여 말하였다.

---

232) 일연(一然).
233) 일명 박재(舶載).
234) 선덕여왕 12년.

위대하서라 시조스님 빼어나셨구나. 그 모습

두 번이나 오월에서 대장경을 가져오셨네.

보요란 작호 주시고 조서를 네 번이나 내리셨구나.

만일 그의 덕을 말하라면 명월과 청풍이라 하겠네.

또 대정 연간에 "한남관기" 팽조적의 시는 다음과 같다.

수운의 고요한 난야(水雲蘭若)는 부처님 계신 곳

신룡(神龍)이 보살펴 절 안은 평화롭다.

이것이 명찰이라 해도 무엇이 이와 같을 수 있을까

처음 불교는 남방에서 왔도다.

(그) 발문이 있으니, 다음과 같다

옛날 보요선사가 처음으로 남월에서 대장경을 구해 돌아올 때, 해
풍이 갑자기 일어 작은 배가 위태로웠다. 보요선사가 말하기를, "아마
신룡이 대장경을 (여기에) 머물게 하려는 것인가."라고 하고, 드디어
주문으로 정성껏 축원하여 용까지 함께 받들고 돌아오니, 이에 바람
은 고요해지고 물결이 가라앉았다. 이윽고 본국에 돌아와서 산천을
두루 돌아보며, (장경을) 안치할 만한 곳을 구하다가, 이 산에 이르러
홀연히 산 정상에 상서로운 구름이 산 위에서 일어남을 보고, 이에 수
제자 홍경(弘慶)과 함께 (이곳에) 절(蓮社)을 세웠으니, 불교의 동방전
래는 실로 이때 시작되었다. 한남 관기 팽조적은 제(題)한다. 이 절에
는 용왕당이 있는데, 자못 신령하고 이상한 일이 많았으니, 당시 대장
경을 따라와서 머물렀던 것인데, 지금도 남아 있다.

604또 천성 3년(고려태조 11년) 무자(928)에, 묵화상이 당나라에 들어

가 역시 대장경을 싣고 왔으며, [605]본조 예종 때 혜조국사가 조칙을 받들고 서쪽으로 유학 가서, 요나라 판본인 대장경 3부를 사 가지고 왔는데, (그) 한 본은 지금 정혜사에 있다. [a]해인사에 한 본이 있고, 허참정 댁에 한 본이 있다.

[606]대안 2년(1086) 본조 선종 때는, 우세승통 의천이 송나라에 들어가서 천태종의 교관을 많이 가지고 왔으며, 이 외에도 서책에 실리지 않은 고승이나 거사(信士)가 왕래하면서 가지고 온 것은, 상세히 기록할 수도 없다. 불교의 동방전래는 (그 전도가) 양양했으니 경사로운 일이다.

[607]찬하여 말한다.

중국과 동방이 연진(煙塵)[235]으로 막혔는데

녹원(鹿園)의 학수(鶴樹)는 어느덧 2천 년이 되었구나.

해외로 유전(流傳)해 오니 참으로 경하일세.

동국(東震)[236]과 서천축(西乾)이 한 세상이 되었구나.

[608]이상의 기록을 의상전에서 살펴보면, "영휘 초년에 당나라로 들어가 지엄법사를 뵈었다."고 하나, 부석사의 본비(浮石本碑)에 의하면, 의상은 무덕 8년(625)에 탄생하여 20세에 출가하여, 영휘 원년 경술에 원효와 함께 당에 들어가려고 고구려에까지 이르렀으나, 어려움이 있어 돌아왔다. 용삭 원년 신유(661)에, 당으로 들어가 지엄법사에게 나아가 배웠다. 총장 원년(668)(문무왕 8) 지엄법사가 세상을 떠나자, 함

---

235) 고증. 연운(煙雲).
236) 고려를 의미할 것이다. 고증. 東震(조선).

형 2년(671, 문무왕 11)에 의상은 신라로 돌아와서, 장안 임인(702, 성덕 왕 원년)에 세상을 떠났으니, 나이 78세라고 하였다. 그러면 의상이 지엄과 함께 도선율사가 있는 곳에서 재를 올리고, 천궁의 부처 어금니를 청했던 일은 신유(661)에서 무진(668)에 이르는 7,8년 사이가 될 것이다. 본조 고종이 강화도로 들어간 임진년(고종 19, 1232)에 (왕이) 천궁의 7일 기한이 다 찼다고 의심한 것은 잘못이다. 도리천의 하루 밤낮은 인간 세계의 1백 년에 해당되는데, 또 의상법사가 처음으로 당나라에 들어간 신유(661)로부터 (본조) 고종의 임진(1232)까지를 계산하면 693년이요, (고종의) 경자년(1249)에 이르러야 비로소 7백 년이 되어, 도리천에서 말하는 7일 기한이 찬다. 강화도로부터 나오던 지원 7년(고려원종 11) 경오(1270)까지는 730년이니, 만약 천제의 말과 같이 7일 후에 (부처님의 어금니가) 천궁으로 돌아갔다고 한다면, 선사 심감이 강화도를 나올 때 가지고 와서 바친 것은 아마 부처님 진짜 어금니가 아닌 듯하다. 이해 봄 강도를 나오기 전에 (왕은) 대궐에서 모든 종파의 고승을 모아서, 부처님 어금니와 사리를 얻고자 정성껏 빌었으나, 한 개도 얻지 못하였으므로 7일의 기한이 다 차서 하늘로 올라갔다는 것도 그럴듯하다.

609지원 21년 갑신(1284)에, 국청사 금탑을 보수하고 임금은 장목왕후와 더불어 묘각사에 행차하니, 대중이 모여 경찬하고는 부처님 어금니와 낙산(洛山)의 수정염주와 여의주를 임금과 신하들과 대중이 모두 떠받들어 예배한 뒤에 함께 금탑 속에 넣었다. 나[237] 또한 이 모임에 참례하여 이른바 부처님의 어금니라는 것을 친히 보았는데, 그

---

237) 무극(無極)을 말한다.

길이가 3촌 가량 되었으며 사리는 없었다. 이상은 무극이 기록했다.

585○【前後所將舍利】이 조는 '전후, 가져온 곳의 사리'라는 제목인데, 이 곳에서는 신라 진흥왕대부터 고려 충렬왕대 초기까지, 중국에서 가져온 사리에 관한 사실(史實)이나, 이것과 더불어 나온 전승 외에 불전·오백 나한상(불전 속에 들어 있지만) 대장경의 전래[238] 등, 폭 넓게 기록한 장문의 글이다.

그리고 전회(前回)에는 사리·불아(佛牙)와 불전, 후회(後回)에는 불아 (사리와 구분한다), 오백나한경, 대장경 등이다.

전회(前回)

A. 사리에 대하여

(1) 양(梁)으로부터의 송부(진흥왕대) … 단절(段切) 586

(2) 자장 전래 … 단절(段切) 587

(3) 의상 장래(將來)(문무왕대) … 단절(段切) 594

위의 자장 전래의 것에 대해서는 고려시대에 들어 검증한 것이나, 그 행 방에 대하여(본문의 단절 588, 589, 590)에서 말하고 있다.

B. 불아(佛牙)에 대하여

(1) 입당사 원홍의 전래(문성왕대) … 단절(段切) 591

C. 불전에 대하여

(1) 진사와 석명관에 의해 전래(진흥왕대) … 단절(段切) 599

(2) 자장 전래(선덕왕대) … 단절(段切) 600

(3) 입학승석구덕 전래(흥덕왕대) … 단절(段切) 599

---

238) 고증 본문에는 '장래(將來)'로 보인다.

(4) 입조사 원홍 전래(문성왕대) … 단절(段切) 602

후회(後回)

A. 불아(佛牙)에 대하여

(1) 송 휘종에게 간 사신의 전래(예종) … 단절(段切) 593, 595

위에 대해서는 고종시대(무신정권과 몽고침략)의 혼란, 나아가 궁을 옮기는 것과 삼별초의 난 등으로 혼란상이 단절 597, 598에 여실히 그려져 있다. 이 부분은 일연이 살아 있을 때의 일로 기술이 생생하다. '유'에 동시대 역사적인 면이 많은 것도 잘 이해된다.

B. 오백나한상에 대하여

(1) 사신 윤질, 후량(後梁)에서 전래(태조) … 단절(段切) 592

C. 대장경에 대하여

(1) 보요선사, 오월에서 전래(태조) … 단절(段切) 603

(2) 묵화상, 후당에서 전래(태조) … 단절(段切) 604

(3) 혜조국사, 요장을 전래(태조) … 단절(段切) 605

D. 불전(天臺敎觀)

(1) 의천 · 송으로부터 전래(선종대) … 단절(段切) 606

586○ 【國史】 '사'를 말한다.

○ 【眞興王大(太)淸三年己巳】 이 기사(己巳)년은 549년으로 진흥 10년, 양의 태청 3년이다. 태청은 양 무제의 원호.

○ 【梁使沈湖送舍利】 '유' 권제3 · 흥법 제3 '원종흥법 염촉멸신' 조 및 주해 493 참조.

587○ 【善德王代貞觀十七年癸卯】 정관(貞觀) 17년 계묘는 서기 643년이며, 신라에서는 선덕왕 12년이다. 이어서 선덕왕에 대해서는 '유' 권제1 기이 제1 '선덕왕지기삼사' 조 및 주해 214 참조.

○ 【慈藏法師】 '유' 권제4 · 의해 제5 '자장정률' 조 참조.

○【其舍利分爲三. 一分在皇龍塔. 一分在太和塔. 一分幷袈裟在通度寺戒壇】앞서 나온 '유' 권제4·탑상 제3 '황룡사구층탑' 조에 '刹柱記云. …慈藏以五臺所授舍利百粒. 分安於柱中. 幷通度寺戒壇. 及大和寺塔. …'이라고 보인다.

○【通度寺戒壇】금강(金剛) 계단(戒壇)이라고 한다. 통도사는 자장이 장(藏)에서 가져와 수계의 장(場)으로 삼으려고 세웠는데, 특히 그의 정열을 보이는 것은, 금강계단을 쌓은 것이다. 자세한 것은 '유' 권제4·의해 제5 '자장정률' 조로 미룬다.

588 ○【本朝】고려조를 말한다.

○【廉使】안렴사를 말한다. "고려사"(권77) 지(志) 백관이의 외직·안렴사 조에 '專制方面. 以行黜陟. 即國初節度使之任, 顯宗三年罷節度使, 後置按察使. 文宗十八年改爲都部署, 睿宗八年復改爲按察使, 忠烈王二年改按察使. 爲按廉使 …'라고 보인다.

○【石䥱】앞서 나온 '遼東城育王塔' 조(주해 522 '覆釜' 항목)를 참조.

○【上將軍】고려 최고의 군관. 각 위(衛)에 상장군 1명을 두었는데, 그 위계는 정고중. 이 아래에 대장군(종고중) 1명, 장군(정사품), 중랑장(정오품) 등이 이어졌다.

○【金公利生】김이생공(金利生公)을 말한다. 김이생은 고종 14년(1227) 11월에 북쪽 변방에서의 공로에 의해 낭장에서 자문지론이 되었다. 나아가 22년(1235) 9월에 안동의 반란민이 모반하여 몽고군을 이끌고 동경으로 향했다. 이때 상장군 김이생이 동남도지휘사로, 충청주도안찰사 유석이 부지휘사로 임명되었다. 이상은 고려사(권23)의 고종세가에 기록되어 있다. 그러나 이 열전에는 김이생전은 없다.

○【庾侍郞碩】시랑 유석(庾碩)을 말한다. 시랑은 중앙관청의 차관. 위와 같이 동남도부지휘사에 유석이 되어 있으니 이 관직은 차관에 해당하므로 시랑이라고 전해졌을 것이다. 유석의 전승에 대해서는 위에 보이는 곳 이외에는 미상.

○ 【高麗朝】고종조를 말한다. 고종은 고려 제23대 왕.

○ 【江東】이 강은 낙동강으로 보인다.

○ 【移御江都四年乙未】몽고군의 침입으로, 서울을 강화도로 옮긴 것은 1232년의 일이었다. 이때부터 4년째인 을미년은 고종 22년(1235년)이다.

589○ 【曹溪無衣子】조계(曹溪)는 선종의 조계종을 말한다. 무의자는 진각 국사(1175-1234)의 호이며, 고종 대에는 대선사가 되었다.

590○ 【至元甲子已來】지원은 원(몽고) 세조조의 원호. 이 지원갑자는 지원 원년으로 서기 1264년, 고려 원종 5년에 해당한다.

○ 【大朝】원조(元朝)를 말한다. 모화사상에 근거한 호칭이라고 할까. 혹은 종주국에 대한 존칭일까.

○ 【皇華】"시경" 소아의 황황자화의 생략. 혹은 천자의 사신, 칙사를 말한다.

○ 【雲水】선종의 행각승. 행운유수처럼 다니기 때문이다.

○ 【眞身】불타 그 자체.

○ 【變身】변화신. 부처의 3신(身), 4신(身)의 하나.

591○ 【唐大中五年辛未】이해는 서기 851년. 신라 문성왕 13년. 대중은 당(제16대) 선종조의 원호.

○ 【入朝使元弘】'나기'(제11) 문성왕 13년 조에는 '夏四月. 隕霜. 入唐使阿湌元弘賣佛敎幷佛牙來. 王出郊迎之'라고 보인다.

591a○ 【文聖王代】문성왕(재위 839-857)에 대해서는 '유' 왕력 '제46문성왕' 조의 주해, '유' 권제2·기이 제2 '旱雪' 조 및 주해 327 참조.

592○ 【後唐同光元年癸未. 本朝大(太)祖即位六年】이 계미년은 서기 923년, 신라 경명왕 7년, 중국 후당의 동광(同光) 원년, 고려 태조 즉위 6년에 해당한다. 이어서 후당은 후량을 잇는 중국오대 두 번째 왕조(923-935)로, 그 선조는 사타돌궐의 이사로, 흑심을 품을 때에 당으로부터 이국창이라는 이름을 하사받았다. 그 아들 이극용은 당말에 북방 호족으로 옹립되고 황소의 난에 당으로부터 하동절도사가 되었고, 895년에 진왕(晉王)으로 봉해져, 주전충(후량의 태조)과 싸웠는데 말년에는 그다

지 힘을 쓰지 못했다. 게다가 908년에 그 아들 이존욱이 진왕을 잇자 위세를 떨쳐 923년에 황제에 올라 당(唐)이라고 부르고 같은 해 10월 후량(後梁)을 멸망시키고 낙양을 도읍으로 했다. 이 당을 후당이라고 부르는 것이다. 그리고 '동광'은 왕조 초대 장종(이존욱) 조정의 원호.

더 나아가 고려 태조(왕건)(877-943)에 대해서는 '유' 권제2 · 기이 제2 '후백제 견훤'의 조, 고증 중권 주해 407 및 "고려사"(권1) 세가 권제1, 제2의 태조세가 등 참조.

○ 【入朝使尹質所將五百羅漢橡. 今在北崇山神光寺】 "고려사"(권1) 세가(권제1)의 태조 6년조에는 '夏六月癸未(十日) 福府卿尹質使梁. 還獻五百羅漢像. 命置于海州嵩山寺.'라고 보인다. 입조사(入朝使) 윤질이 사신으로 간 것은 양(梁) 즉 후량(後梁)이었고 후당(後唐)이 아니다. 이것은 위에서 말한 대로 후량이 망한 것은 10월이기 때문이다.

이어서 입당사 윤질의 전승은 이곳 및 위의 글에 보이는 것 이외에는 미상이다. 또 '승람' 권43 · 해주목의 불자(佛字)[239] 조에 '神光寺(注) 在北嵩山, 至正二年(1342) 元帝爲願[240]刹. 遣太監宋骨兒. 率工匠三十七人. 與高麗待中金石堅 · 密直副使李守山等. 監督營建. 至今殿堂像設金銀丹雘'. 宛然如昨.'

나아가 윤질이 전래한 것은, 오백나한상인지 오백나한화상인지 분명하지 않지만, 이것이 놓여 있는 것은 북숭산신광사라고 한다. 이 신광사는 해주(황해도)에 있었던 것은 분명하다. 그러나 신광사가 위치한 곳은, 위의 '승람'에는 북숭산이라고 되어 있다. 또 "고려사"(권12) 숙종 7년 10월 경진(29일) 조에는, '王次北崇山神護寺, 設五百羅漢齋'라고 보인다. 위의 북숭산 신호사와 북숭사 신광사는 같은 것일까. 신광(神光)과 신호(神護)는 음 상통일까. 또 북숭산(北崇山)과 북숭산(北嵩山)은 어떤 관계일까.

---

239) 고증 원문 그대로.
240) 원문에는 '刱'.

의문이 남아 있어 후고를 기다린다.

마지막으로 오백나한이라는 것은 아라한과를 수행한 500명의 성자를 말한다. 특히 선종사원에서는 호법과 변도의 평안을 기도하고, 산문의 누상에 오백 혹은 십육나한상을 안치하는 것이 항례가 되었다. 또한 나한은 아라한(阿羅漢)(산스크리트어 arhan)의 생략어. 존경받을 만한 수행자를 가리킨다.

593○【大宋宣和元年己卯(卯)(亥)】북송 휘송(徽宋)조의 선화 원년의 간지는 기해로, 서기 1119년. 본문의 기묘는 기해로 고쳐야 할 것이다. 대송(大宋)은 모화사상의 호칭이다.

593a○【睿廟十五(四)年】예묘는 예종(睿宗)을 말한다. 북송의 선화 원년 기해가 예종 15년이라는 것은 즉위칭원법에 의한 것이나, "고려사" 기록 방식으로는 14년이라고 해야 할 것이다.

593○【入貢使鄭克永, 李之美】북송의 선화 원년(1119)에, 두 사람이 입공 사신으로 북송에 가서, 불아(佛牙)를 전래한 것에 대해서는, "고려사"(권14) 세가(권제14)의 예종 14년 조에는 보이지 않는다. 그러나 그 전년의 예종 13년(1118) 6월 조에는 '戊寅(27일) 御宴親殿置酒. 餞入宋使鄭克永・李之美. 召諸王宰枸樞侍宴.'이라고. 이어서 8월 조에는 '戊午(8일) 遣鄭克永・李之美宋, 謝賜權適等制科還國御筆詔書. 王親製表文. 手書. 云云'이라며 두 사람이 사신으로서 송에 간 것이 보이지만, 귀국이나 불아 전래에 관한 것은 "고려사"에 기록되어 있지 않다(이다음 해 6월에 정극영이 국자제주좌간의대부가 된 것은 기록되어 있지만).

정극영 이야기는 "고려사"(권98) 열전(제11)에 있으니 참조. 이지미(李之美)에 대해서는 이곳 이외에는 미상.

594○【義湘法師入唐. 到終南山至相寺智儼尊者處】'유' 권제3・의해 제5 '儀湘傳敎' 조 참조. 종남산에 대해서는 주해 545a, '유' 권제3 탑상 제4 참조. 또 의상에 대해서는 '유' 권제3・탑상 제4 '낙산이대성 관음 정취 조신' 조 및 주해 634도 참조.

○ 【宣律師】 선(宣)은 도선(道宣)의 생략인가. 남산 율종(律宗)의 선조, 도선(596-667)은 중국의 오흥(절강성) 사람. 혹은 진강(강소성) 사람이라고도 한다. 일반적으로는 남산율사 혹은 남산대사라고 불렸다. 도선의 이야기는 "송고승전"에도 실려 있는데, 그는 남조 진(陳)의 이부상서 전신의 아들로, 16세에 출가하여 수(隋)의 대업(605-617) 때, 지수의 문하에서 율(律)을 배우고 선관도 닦았다. 당의 무덕 7년(624)에는, 종남산에 들어가 연찬에 매진함과 동시에 강설과 저술에 종사했다. 나중에 율(律)의 이전을 구하러 여러 지방으로 다녀, 정관 9년(635)에는 율종, 상부종의 선조인 법려를 찾아가 깨달음을 얻고, 642년에 종남산으로 돌아왔는데, 649년에 인도에서 현장이 돌아오자, 부름을 받고 장안의 홍복사의 역장에 나란히 했다.

영휘 3년(652)에 당 고종의 칙(勅)으로 서명사가 건립되자, 그 상좌(上座)로 초대받았다. 도선은 "속고승전"의 저자로서 유명할 뿐만 아니라 그 저서는 다수이며, 또 제자도 많았다. 일본에 와 율종을 전한 감진은 이 계통에 속하는 것이다. 또한 "송고승전"(14), "광홍명집", 浦井公敏 "どうせん"("アジア歴史事典" 제7권, 平凡社刊)을 참조.

이어서 '율사'라는 것은 계율에 정통한 승려, 이것을 굳게 지키는 승려 등을 말하며, 율사, 논사, 선사 등에 대응하는 호칭. 일본에서는 승강직의 제3위에 놓인 승려의 위계(位階)였다.

595○ 【徽宗】 중국 북송의 황제(제8대) 휘종(1082-1135) 성명은 조길, 아버지는 제6대 황제 신종(神宗)이었다. 형인 철종 황제가 죽은 뒤, 자리를 물려받아 황제에 올랐다(1100). 다음 해 섭정 황태후가 죽자, 친히 정사를 보고 아버지가 그만두었던 신법(新法)을 채용했다. 그러나 정치에 큰 뜻이 없어, 채경 등의 중신에게 맡긴 채, 호사스런 생활을 보내 국비를 축냈다. 당시 새롭게 북만주에서 일어난 금(여진족)과 요(거란)를 협공하여, 연운(燕雲) 16주의 회복을 도모했다. 이 책략은 어떤 면에서는 성공한 것처럼 보였으나, 송(宋)은 오히려 강대한 금(金)의 공격을 받았다. 휘종은

금의 군대가 남하한다는 소식을 접하자, 서둘러 황태자(흠종)에게 자리를 물려주고(1125), 다음 해 남쪽으로 도망갔다. 금이 돌아간 뒤, 도읍(개봉)으로 돌아갔으나, 또다시 금의 포위 공격을 받아 개봉은 함락되고, 이듬해(1127) 그는 흠종, 후비, 황족과 함께 금의 군대에 잡혀 북방으로 보내어졌다. 나아가 1130년에는 오국성(흑룡강성 의란현)으로 옮겨져, 1135년에 이 땅에서 죽었다. 그러나 휘종은 문화인으로서 뛰어난 재능의 소유자였으며, 특히 서화(書畫)에 뛰어나 후세에 큰 영향을 끼쳤다. 또 보호자로서 작가 양성에 힘써 선화시대라는 융성기를 나타냈다. 그러나 화석강이라고 하는 것처럼 악명도 남겼다. 또 도교를 숭상하여 만재산에 도관241)을 만드는 것 등으로도 유명하다.

○ 【左道】 좌(左)에는 되돌아온다는 의미가 있어, 불도로에서 도교(道敎)를 말한다.

○ 【圖讖】 미래의 길흉을 기록한 예언서. 도(圖)는 하도(河圖)의 생략. 식(讖)은 식위(讖緯)의 생략.

○ 【金人敗國】 북송은 흠송의 정강 2년(1127)에 금의 침략을 받고 멸망했다. 앞서 말한 휘종 항목 참조.

○ 【黃巾之徒】 이곳에서는 도교의 신도를 말한다. 중국 후한시대, 민간신앙 등을 중심으로 태평도・오두미도의 종교가 일어나 발전했다. 이들은 나중에 도교의 모체가 되었는데, 태평도의 창시자 장각(하남성 거록)이, 서기 184년(갑자년)에 반란을 일으켰다. 이때 태평도 무리는 황색 조각을 표지로 삼았기 때문에, 황건(黃巾)적이라고 불렸다. 황색을 징표로 삼은 것은, 한(漢)의 화덕을 대신하여 토덕(황색)의 왕조 출현을 나타낸 것이다(오행상생설에 근거한 것이다).

○ 【釋氏】 석가의 제자라는 뜻. 석(釋)은 석가의 생략. 이곳에서는 불교를 가리키고 있다.

---

241) 도교의 사원.

○ 【天花茸】천화(天花)는 눈의 다른 이름. 그래서 이곳에서는 천하융(눈처럼 하얀 모직물)으로 바뀌야 할 것이다. 융(絨)은 두껍고 부드러운 모직물. 찬자(撰者)는 융(絨)과 용(茸)은 같은 음으로 잘못되었을 것이다.

○ 【睿宗】앞서 나온 주해 593a 참조.

596○ 【壬辰歲】서기 1232년(고려 고종 19년, 몽고 태종 4년).

○ 【移御】강화도로의 천도를 말한다.

○ 【丙申】고려 고종 23년(1236).

○ 【願堂】불사(佛事)를 수행하는 당우(堂宇).[242]

○ 【神孝寺】'승람'(권4) 개성부(上) 불우 조에, '神孝寺(注) 在廣德山, 一號 墨寺'만 보이고, 개창 시기는 불명. "고려사" 세가에는 충렬왕 이후 공민왕대까지의 시기에, 비교적 빈번하게 이 절의 이름이 보인다.

○ 【釋蘊光】이곳에 보이는 것 이외는 미상.

○ 【柏臺】어사대. 한대(漢代)에 어사부 안에 백수[243]를 심었던 것에 유래. 청대(清代)에는 안찰사의 다른 말이 되었다.

○ 【侍御史】고려 어사대의 3등관으로 종5품. "고려사" 직관지(1), 사헌부 조를 참조. 사헌부는 사헌대, 어사대, 감찰사 등으로 변천해 왔다.

○ 【崔沖】최충의 이야기는 "고려사"(권95) 열전(권제8)에 있다.

○ 【薛伸】미상.

○ 【金承老】미상.

○ 【紫門】궁중.

○ 【入內侍大府卿李白全】이백전이 고려 고종 시대에 내시 직에 있었던 것이 고려사에 보이는데, 그 외에 대해서는 불명.

○ 【左番】좌우 2반으로 나누어진 곳의 좌반의 숙직자를 말하는가. 혹은 상번(上番), 하번(下番)이라는 경우의 상번에 해당하는 것일까.

---

242) 법사(法事), 법업(法業)을 행하는 곳(집). 불당.
243) 측백나무. 잣나무.

○ 【金瑞龍】 미상.

○ 【上守】 기인(其人)[244]을 말한다. 기인에 대해서는 '유' 권제2 '문호왕법민' 조 및 주해 275 참조.

597○ 【晉陽府】 최우의 무신정권의 막부. 이병도 역주 "삼국유사"(廣曺出版社) 참조.

○ 【上房】 이곳에서는 절의 책임자가 있는 방으로 보인다. '상방(上方)'이라면 선원의 주지를 말한다.

○ 【承宣】 원(元)의 지배하에 있던 고려의 밀직사에는 정3품의 좌우 승선, 좌우 부승선의 관직이 있었다.

○ 【崔弘】 "고려사"(권103) 열전(권16) 조충 전에는 판관 조충이라고 보인다.

○ 【崔公衍桁】 이곳 이외에는 미상.

○ 【李令長】 위와 같은 이름

○ 【祇林寺】 지(祗)는 기(祇)의 잘못. 기림사는 경주 교외의 함월산에 있다. 또한 '유' 권제2 만파식적 조 및 주해 280 참조.

○ 【大禪師學猷】 뒤에 나오는 '낙산이대성 관음, 정취, 조신' 조에도 보인다. 대선사에 대해서는 뒤의 선사 항목을 참조.

598○ 【庚午出都之亂】 경오년은 고려 원종 11년(1270). 이해에 강화도를 나와 왕도 개경으로 돌아올 때의 혼란을 말한다.

○ 【禪師】 선종의 고승. 원래는 좌선을 수행하는 사람. 선정(禪定)[245]에 통달한 사람. 이러한 법사에 대한 경칭. 일반 고승에게 쓰는 경칭이 되었다. 대선사는 당의 중종 때, 신수에게 대선사호를 하사한 것에서 유래.

　일본에서는 겐쵸[246] 5년(1253)에 겐쵸지의 개조(開祖) 란케이도류에게 대각선사 호를 하사한 것에서 시작된다. 조선에서는 고려시대에 지종

---

244) 고려, 조선시대에 지방 향리의 자제로 중앙에 볼모로 뽑혀 와 그 출신지방의 행정 고문을 맡아 보던 사람.
245) 속세와의 인연을 끊고 삼매경에 빠짐.
246) 겐쵸(建長). 일본 원호의 하나, 1249-1256년.

(-1018?), 혹은 목종으로부터 광천편소지각지만엔묵선사 호를 하사받았
는데 이것이 최초인가.

○【心鑑】이곳에 보이는 것 이외의 사적(事績)에 대해서는 미상.

○【賊難】이병도 역주 삼국유사에는 삼별초의 난이라고 주를 달고 있다.

○【氷山寺】'승람' 권25, 의성현(경상도) 불우 조에는 '冰山寺, (注)在冰山'
이라고 보인다. 이 빙산사는 이곳의 영산사일까.

599○【眞興王代天嘉六年乙酉. 陳使劉思與釋明觀. 載送佛經論一千七百餘
卷】천가육년을유(天嘉六年乙酉)는 진흥왕 26년(565)에 해당한다. 천가
는 남조 진(陳) 문제 조의 원호. '나기'(제4) 진흥왕 26년 8월 조에는 '陳遣
使劉思及僧明觀. 送釋氏經論千七百餘卷'이라고 보인다.

또 '해동'(권제2, 유통(流通) 1의2) 승학덕전에 들어 있는 '명관전'이 있
고, 그곳에는 '後二十六年, 陳遣使劉思及入學僧明觀. 送釋氏經論無慮二
千七百餘卷'이라고 되어 있다.

600○【貞觀十七年. 慈藏法師載三藏四百餘函來. 安于通度寺】정관 17년은
서기 643년. 신라 선덕왕 12년에 해당한다. '나기'(제5) 선덕왕 12년 조에
는 '三月. 入唐求法高僧慈藏還.'이라고만 되어 있다. 상세한 것은 '유' 권
제4·의해 제5 '자장정률' 조를 참조. 어쨌든 이것은 대장경이 중국에서
전래된 최초의 기록이다.

601○【興德王代大(太)和元年丁未. 入學僧高麗釋丘德. 賷佛經若干函來. …
出迎于興輪寺前路】태화는 당 문종 조의 원호. 그리고 태화 원년 정미는
서기 827년이며 신라에서는 흥덕왕 2년이 된다. '나기'(제10) 흥덕왕 2년
조에는 '三月, 高句麗僧丘德入唐賷經至. 王集諸寺僧徒. 出迎之.'라고 있다.

602○【大中五年. 入朝使元弘賷佛經若干軸來】대중(大中)은 당 선종 조의
원호. 그 5년은 서기 815년이며, 신라에서는 문성왕 13년이 된다. 이어서
'入朝使元弘云云'은 앞서 말한 대로이다.

603○【羅末. 普耀彈師再至吳越. 載大藏經來. 即海龍王寺開山祖也】오월
(吳越)은 오월국. 주해 414 참조. 보요선사에 대해서는 이곳 이외는 불명.

○【大宋元祐甲戌. …】원우(元祐)는 북송 철종 조의 원호. 이 원우 갑술년은 서기 1094년, 고려에서는 선종 11년에 해당한다. 북송에서는 고태후가 죽어 10월부터 철종이 친정할 때이고, 다음 해 1094년 소성이라고 개원했다. 그래서 이곳은 '大宋紹聖甲戌…'이라고 해야 할 것이다.

○【又大定中】이 대정(大定)은 금(金) 세종조의 원호로 서기 1161년부터 1189년에 걸친다.

○【漢南管記】미상.

○【彭祖逖】이병도는 전게서에 "고려사" 선거지에 보이는 인종 18년 급제의 팽희망의 별명이 아닐까라고 생각한다고 적고 있다.

○【蘭若】aranya의 阿蘭若의 생략어. 사원을 말한다.

○【初傳像敎自南方】중국으로의 불교 전래는, 북전(北傳) 외에 남방으로부터의 전래도 생각이 안 드는 것은 아니다. 인도에서 바닷길로 일찍부터 현재의 베트남 지방과의 교류로 유포되고 나아가 남쪽 지방에 침투한 것 등이다. 그러나 이곳은 고려로의 대장경 유입이 중국의 남방, 즉 강남지역으로부터라고 해석해야 할 것이다. '상교'는 불상과 경전.

○【昔普耀禪師始求大藏於南越】대장(大藏)을 구한 나라는 앞서 오월이라고 했는데, 지금은 남월이라고 되어 있다.

○【弘慶】보요선사의 고제[247) 홍경의 이야기는 이곳에만 보인다.

○【蓮社】여산 혜원의 백련사를 본뜬 것이다.

○【像敎之東漸, 實始乎此】불교의 동전(東傳)에 관한 하나의 견해일 것인데, 상경(像經)은 불교와 불전·경론이므로 대장경의 한반도로의 전래에 한해서 보면, '實始乎此'라는 것도 가능하다고 해야 할까.

604○【又天成三年戊子. 黙和尙入唐. 亦載大藏經來】천성(중국오대) 후당, 명종(嗣源) 조의 원호. 천성 3년 무자는 서기 928년. 신라 경순왕 2년. 고려태조 11년에 해당. 이어서 장경 전래에 관한 것은 나기에는 보이지 않

247) 고족제자(高足弟子)의 준말. 학식과 품행이 뛰어난 제자.

는데, "고려사"(권1, 세가 권제1) 태조 11년 8월 조에 '新羅僧洪慶. 自唐閩府航. 載大藏經一部. 至禮成江. 王親迎之. 置于帝釋院.'이라고 되어 있다. 홍경은 본문의 묵화상을 말하는 것일까.

605○ 【本朝客廟時. 慧照國師. …】 고려 제16대왕 예종(문효대왕)은 자(字)는 세민, 숙종의 장자로 숙종의 뒤를 이어 왕에 오른다. 재위 1105-1122. "고려사" 예종 세가에는 본문의 기사는 보이지 않는데, 대장경 전래에 관한 기사는 예종세가("고려사" 권12·세가 권제12)의 예종 2년(1107) 춘정월 조에는 '庚寅(三日) 遼遣高存壽來賀生辰. 仍賜大藏經'이라고 보이며 또 "고려사절요"에도 이것과 같은 기사가 있다. 이 대장경은 두말할 것도 없이 거란(契丹) 장경이다.

○ 【遼本大藏】 거란대장경을 말한다. 우선 대장경이라는 것은 한역불전의 대총서를 말하는 것으로 생략하여 장경(藏經)이라고 한다. 이것은 장(藏)·율(律)·논(論)의 삼장(三藏)을 골자로 하며, 이것에 약간의 중국 찬술의 서적을 더해 불교이 기본적 총서로 수대(隋代) 이후의 호칭. 근세 이후 한어 이외의 삼장도 가리키게 되었다. 또 장경은 일체경이라고도 하는데, 이 호칭은 중국에서는 남북조시대부터 사용되었다. 그리고 대장경에 편입되어 있지 않은 불전은 장외(藏外)라고 불렀다.

원래 장경의 조각은 북송의 태조의 칙령에 의해 개보 4년(971)에 시작되어, 태종의 태평흥국 8년(983)에 완성된 소위 '촉판'이 최초의 것이다. 이 송과 북에서 재림한 것은 요(遼)(거란)인데, 요에서도 약간 뒤늦게 장경의 조각을 행했다. 이것은 거란에 있어서의 불교 문화적 사업 가운데 가장 중요한 것인데, 이 단장(丹藏)이 조각은 대개 숭불 왕인 홍종 시대(1031-1055)의 25년간에 국가적 사업으로서 추진되었고, 다음의 도종 초기 청녕 5년(1059)까지 완성을 본 것 같다. 그 후에도 새롭게 불교전적이 편찬되기도 하여 진본 비적이 발견됨에 따라 장경 가운데 편입된 것도 상상할 수 있는데, 지금은 모두 소멸되어 안타깝다. 그러나 거란장경의 내용이 뛰어난 것은, 고려 제2회째 장경 조조(彫造) 때에 저본이 된 것으로 입증이 되는 것이다. 또 도종시대에는 단장(丹藏)이 자주 고려에 전래되었는데 요(遼)와 고려의 불교적 관계는 밀접한 것이 있었다.

○【定惠寺】'승람'(권40) 순천도호부 불우 조에 정혜사 이름이 보이며, '在鷄足山. 寺有佛齒'라고 주를 달고 있다. 혜(惠)와 혜(慧)는 음 상통에 의한 것이라고 한다면, 정혜사(定惠寺)는 이 정혜사(定慧寺)를 말하는 것일까.

605a○【海印寺】경상남·북도에 걸치는 가야산은 표고 1430m인데, 이 절의 본방(本坊)은 중턱에 있다. 행정적으로는 경상남도 합주군 가야면에 속한다. 이 절에는 신라 말의 석학 최치원, 고려의 명승 대각국사 의천이 살았던 것으로도 알려져 있는데, 이 절이 현재에도 유명한 것은 고려 고종대에 몽고군의 침략으로부터 호국을 기원하여 조조(彫造)한 대장경[제2회째 조조(彫造)]의 경판 8만여 장이 있기 때문이다(따라서 팔만대장경이라고 한다). '유' 권제4·의해 제5 '의상전교' 조에 상세하므로 그곳으로 미룬다. 이 해인사는 의상대사가 화엄종을 넓힌 십찰(十刹)의 하나로 되며, 또 한국삼대찰(佛의 통도사, 僧의 송광사, 法의 해인사)(法이라는 것은 대장경을 의미한다)의 하나로 되어 있다. 지금도 예불하는 자가 끊이지 않고 있다.

606○【大安二年. 本朝宣宗代. 祐世僧統義天入宋. 多將天臺敎觀而來】'대안(大安)'은 요(遼) 도종 조의 원호로, 이 대안 2년(1086)은 고려에서는 선종 3년, 북송에서는 철종 원우(元祐) 원년에 해당한다. 그러나 대각국사 의천의 입송은 이 전년(선종 2년, 송에서는 신종 원풍 8년) 4월의 일이다. "고려사" 권10 선종세가의 선종 2년 조에는 '夏四月庚午(七日), 王弟釋煦(의천의 속세 휘) 逃入宋'이라고 보인다. 본문의 연대는 의천의 귀국(6월) 연대에 해당하는 것이다.

○【祐世僧統義天】고려 명승 의천(1055-1101)에 대해서는 앞서 나온 '법장봉로. 보덕이암' 조(주해 510) 참조. 의천은 자(字)이고 휘는 후(煦), 시호는 대각국사이다. 의천은 문종(고려 11대왕)의 제4자로 11세에 낙채[248]

하고 13세에 당시 제1등 승관인 우세승통이 되었다.

607○ 【華月】숙어로서는 ① 아름다운 달, ② 성시(盛時) 등의 뜻인데, 김사엽의 삼국유사에서는 중국을 가리킨다고 하고 있다.

○ 【夷風】이곳에서는 동방(東方)을 가리킨다.

○ 【鹿園】석존이 처음으로 설법을 한 녹야원을 말한다.

○ 【鶴樹】사라쌍수. 석존이 구시아국249)에서 입적할 때, 천지가 하얗게 마르고 흰 학이 떼를 지어 보였다는 수림을 학림이라고 한다. 석존의 입멸, 귀인의 죽음 등을 의미한다.

○ 【東震】진(震)은 동쪽을 나타내는 괘사. 옛 인도에서 중국을 진단이라고 불렀다. 이곳에서는 중국이라기보다는 넓은 동국(東國)을 가리키는 것일까.

○ 【西軋(乾)】알(軋)은 건(乾)의 속자. 방향으로는 북서를 가리키는데, 이곳에서는 동진(東震)에 대비하여 인도를 가리키는 것으로 보인다.

608○ 【按此錄. …】이하는 일연의 제자, 무극(無極)의 부기(付記)이다.

○ 【義湘傳云】자세한 것은 '유' 권제4·의해 제5 '의상전교', "속고승전(唐高僧傳)" 등을 참조.

○ 【智儼】중국, 당의 명승(602-668). 천수(지금의 감숙성 天水市)의 사람. 성은 조(趙), 지상대사, 운화존자라고도 불렀다. 그는 두순을 이어 화엄종의 기초를 닦아 화엄종 제2자로 되어 있다. 자세한 것은 '유' 권제4·의해 제5 '의상전교' 조로 미룬다.

○ 【俘石本碑】부석사 의상본비를 말한다. 뒤에 나오는 '의상전교' 조에 보이는 '최후소찬본전'(祖致遠所撰義湘本傳)은 이 비석의 명문을 가리키는 것일 것이다. 그러나 비석은 일찍이 없어져 전해지지 않고 있다. [참고]

---

248) 머리를 깎다.

249) Kuśinagara 산스크리트어. ① 쿠시나가라, ② 인도의 힌두스탄 평야에 있었던 고대인도 말라국[末羅國, 구시나국(拘尸那國)이라고도 함]의 대표적인 도시의 하나.

末松保和, "靑丘史草(第二)" 수록 '三國遺事の經籍關係記事'. '부석사'는 경상북도 영주군 부석면 북기리에 있다. 명승 의상은 재당(在唐) 10년. 불교학의 연구를 끝내고 671년에 귀국했는데, 676년에 문무왕의 명에 의해 부석사를 창건하고 화엄의 근본도장으로 했다. 자세한 것은 '유' 권제4·의해 제5 '의상전교' 조로 미룬다.

○ 【武德八年生】 무덕(武德)은 당 고종조의 원호. 의상이 태어나던 해 무덕 8년은 서기 625년. 신라에서는 진평왕 47년이다.

○ 【永徽元年庚戌】 서기 650년. 신라에서는 진덕여왕 4년에 해당한다. 영휘는 당 고종조의 원호.

○ 【與元曉同伴欲西入】 서(西)는 중국(당). 위의 650년에 의상은 원효와 함께 당에 들어가려고 고구려에 들어갔으나, 지장이 생겨 귀국했다. 원효에 대해서는 '유' 권제4·의해 제5의 '원효불기' 조로 미룬다.

○ 【龍朔元年辛酉】 서기 661년, 신라에서는 문무왕 원년. 용삭은 당 고종조의 원호.

○ 【總章元年】 서기 668년. 문무왕 11년. 총장(總章)은 당 고종조의 원호.

○ 【咸亨二年】 서기 671년. 문무왕 11년. 함형(咸亨)은 당 고종조의 원호.

○ 【長安二年壬寅】 서기 702년. 신라 성덕왕 원년. 장안(長安)은 측천무후조의 원호.

○ 【在辛酉至戊辰七八年間】 신유(661)부터 무진까지는 7,8년간이 된다.

○ 【本朝高庙(廟)入江都壬辰年. 疑天宮七日限滿者. 誤矣】 고려 고종(高廟)이, 강화도로 옮긴 1232년(임진)에 천궁(天宮)이 약속한 7일의 기한이 만기가 되었다는 것은 잘못이라고 하는 것이다.

○ 【湘公初入唐辛酉. 計至高庙(廟)壬辰. 六百九十三歲也. 至庚子年. 始滿七百年. 而七日限已滿矣】 의상(상공)이 처음으로 당에 간 신유(661년)부터 계산하면 고려 고종의 임진년(1232)까지는 571년이므로 원본의 추산은 잘못이다. 이하도 같다. 경자년은 서기 1240년.

○ 【至出都至元七年庚午. 則七百三十年】 강화도(江都)에서 나와 지원칠월

경오(至元七年庚午)(1270, 고려 원종 11년)에 이르는 동안은 730년이 된다. 이 730년도 추산 잘못. 지원(至元)은 몽고 세조조의 원호(다음 해부터 몽고는 국호를 원(元)으로 고쳤다).

○ 【二十一年甲申. 修補國淸寺金塔】원(元)의 세조 21년 갑신은 서기 1284년, 고려 충렬왕 10년이다. '국청사'는 고려사(권10) 선종 세가 6년 조에 '冬十月辛酉, 王太后始創國淸寺'를 최초로 하여, 이하 종종 고려사에 보인다. 위의 왕태후라는 것은 인예순덕(시호)을 말하는데, 그녀는 중서령으로 한때 고려 왕조에서 위세를 떨친 인주 이자연의 장녀로, 문종의 왕비가 되고, 나중에 순종, 진종. 숙종, 대각국사(義天) 등을 낳았다. 그리고 불교를 좋아하여 국청사를 창건하였다. 그러나 고려사, 고려사절요에는 충렬왕 10년에 '修補國淸寺金塔'에 관한 것은 기록이 되어 있지 않다.

이 충렬왕 10년은 '유'의 찬술자 일연이 죽기 5년 전이므로, 생생한 자료를 전할 것이다. 그러나 이 국청사도 조선시대에 들어가 황폐화되었는지, '승람'에는 그 흔적조차 남기지 않았던 것인지 절터 이름조차 보이지 않는다. 다만 권4, 개성부 상(上), 산천 조에 국청현(國淸峴) 이름이 보이는데, 국청서와 연고가 있는지 어떤지는 불명.

○ 【莊穆王后】충렬왕의 부인. 제국대장공주(이름은 忽魯揭里迷失)(元 세조의 딸)는 죽은 뒤, 장목인명왕후라고 휘를 받았다. 그 아들 충선왕이 자리에 오른 후, 인명태후라고 추존했는데, 나중에 한층 더 황고제국대장공주고려국왕비로 봉해졌다("고려사" 권89, 열전 제2 후비 제2 참조).

○ 【無極】휘(諱)는 혼구(옛 이름은 청분). '유' 찬술자 일연의 제자. 무극혼구법사는 고종 38년 신해년(1251)에 출생하여 충숙왕 9년 임술(1322)에 입적했다(72세). 무극의 실적은 이재현(益齋)의 봉의찬 "有元高麗國曹溪宗慈氏山瑩源寺寶鑑國師碑銘幷序"['益齋集" 益齋亂藁(7) 碑銘, 所載)]에 자세하다.

'유'에는 무극이 부기(付記)한 기록이 두 군데 있다. 그 하나는 이 조의 '按此錄. …' 이하 말미에 '無極記'라고 하고 있다. 그 두 번째는 '유' 권제4

의해 제5 '關東楓岳鉢淵藪石記'이다. 이 무극의 부기가 있는 것으로 보아 '유'의 간행은 일연의 입적 후, 20여 년 지나서, 제자 무극에 의해 간행된 것으로 보인다. 찬술자 일연의 사후 20여 년이 지난 1310 간행이라는 것은 무극이 스스로 무극이라고 한 것은 이 직전부터였기 때문이다.

[보유(補遺)]

589○ 【即大遼應曆三年癸丑歲也. 本朝光廟五(四)載也.】 이 황룡사의 탑이 불에 탄 것은 요(遼) 제4대 예종의 응력 3년 계축년(서기 953), 본조(고려) 제4대 광종 5년이었다는 것인데, 이 광종 5년은 즉위칭원법에 의한 것이다. "고려사"의 기술법(유년칭원)에 의하면 광종 4년이다. 그러므로 이 5년이라고 한 것은 잘못이 아니다. '유'의 찬술자는 고려사에 대해서도 즉위칭원법에 바탕을 둔 연표를 따른 것으로 추정할 수 있다.

미륵선화 · 미시랑 · 진자사
彌勒仙花 · 未尸郎 · 眞慈師

611第二十四眞興王姓金氏, 名乡麦(麥)宗, 一作深麦(麥)宗. 以梁大同六年
庚申即位. 慕伯父法興之志. 一心奉佛. 廣興佛寺, 度人爲僧尼. **612**又天性
風味多尚神仙擇人家娘子美艷者. 捧爲原花. 要聚徒選士. 敎之以孝悌忠
信, 亦理國之大要也. 乃取南毛娘. 峧(俊)貞娘兩花,250) 聚徒三四百人. 峧
(俊)貞者嫉妬毛娘. 多置酒飮毛娘, 至醉潛昇去北川中. 擧石埋殺之. 其徒
罔知去處. 悲泣而散. 有人知其謀者. 作歌誘街巷小童唱於街. 其徒聞之,
尋淂其尸於北川中. 乃殺峧(俊)貞娘. 於是大王下令廢原花. 累年. 王又念
欲興邦國. 湏(須)先風月道, 更下令, 選良家男子有德行者. 攺爲花娘(郎).
始奉薛原郎爲國仙, 此花郎國仙之始. 故竪碑於溟州. 自此使人悛惡更善,
上敬下順, 五常 · 六藝 · 三師 · 六正廣行於代. **ᵃ**國史眞智王大建八年庚(丙)申始奉
花郎, 恐史傳乃誤. **613**及眞智王代. 有興輪寺僧眞慈**ᵃ**一作貞慈也. 每就堂主彌勒像

---

250) DB. '乃取南毛娘峧姣貞娘兩花.' 고증. 俊이 보이지 않는다.

前發原(願)誓言, 願我大聖化作花郎. 出現於世, 我常親近睟容. 奉以周旋.

其誠懇至禱之情. 日益(益)彌篤. 一夕夢有僧. 謂曰, 汝往熊川^b今公州水源

寺. 得見彌勒仙花也. 慈覺而驚喜, 尋其寺行十日程. 一步一禮. 及到其

寺, 門外有一郎. 濃纖不爽. 盼倩而迎. 引入小門. 邀致賓軒. 慈且升且揖

曰, 郎君素昧平昔. 何見待殷勤如此. 郎曰, 我亦京師人也. 見師高蹈遠

屆. 勞來之尒. 俄而出門, 不知所在. 慈謂偶爾. 不甚異之. 但與寺僧敍囊

昔之夢與[251]來之之意. 且曰, 暫寓下榻. 欲待彌勒仙花, 何如. 寺僧欺其

情蕩然. 而見其款悰. 乃曰, 此去南隣有千山, 自古賢哲寓止. 多有冥感.

盍歸彼居. 慈從之. 至於山下, 山靈變老人出迎曰, 到此奚爲. 答[252]曰, 願

見彌勒仙花尒. 老人曰, 向於水源寺之門外. 已見彌勒仙花, 更來何求. 慈

聞即驚汗. 驟還本寺. ⁶¹⁴居月餘, 眞智王聞之. 徵詔問其由. 曰, 郎既自稱

京師人, 聖不虛言, 盍覓城中乎. 慈奉宸旨會徒衆. 遍於閭閻間. 物色求

之. 有一小郎子, 斷紅齊具(貝). 眉彩秀麗, 靈妙寺之東北路傍樹下. 婆娑

而遊. 慈迓之驚曰, 此彌勒仙花也. 乃就而問曰, 郎家何在, 願聞芳氏. 郎

答曰, 我名未尸. 兒孩時爺孃俱没. 未知何姓. 於是肩輿而入見於王, 王敬

愛之. 奉爲國仙. 其和睦子弟. 禮義風敎. 不類於常. 風流耀世. 幾七年.

忽亾所在. 慈哀懷[253]殆甚. 然飲沐慈澤, 昵承清化. 能自悔改. 精修爲道,

晚年亦不知所終. ⁶¹⁵說者曰, 未與彌聲相近, 尸與力形相類, 乃託其近似

而相繼也. 大聖不獨感慈之誠歟也, 抑有緣于玆土. 故比比示現焉. 至今

國人稱神仙曰彌勒仙花, 凡[254]有媒係於人者曰未尸. 皆慈氏之遺風也. 路

---

251) DB. 여(與)의 오기(誤記)로 지적.
252) DB. 본문에는 답(荅)이 보이고, 답(答)의 오기(誤記)라고 지적.
253) DB. 본문에는 괴(壞)라고 하고, 회(懷)의 오기라고 지적.
254) DB. 본문에는 범(凡).

傍樹至今名見郎, 又俚言似如樹 ^a一作印如樹. 讚曰. 尋芳一步一瞻風, 到處
栽255)培一樣功. 羃地春歸無覓處, 誰知頃刻上林紅.

풀이 **610**미륵선화 · 미시랑 · 진자사(彌勒仙花 · 未尸郎 · 眞慈師)

611제24대 진흥왕의 성은 김씨요, 이름은 삼맥종(三麥宗)인데, 또는 심
맥종(深麥宗)이라고도 한다. 양(梁)나라의 대동 6년 경신년(540)에 즉
위하였다. 왕은 백부 법흥왕의 뜻을 흠모하여 일념으로 불교를 받들
어 널리 불사(佛寺)를 일으키고, 사람들을 제도하여 승려가 되게 하였
다. **612**그리고 (왕은) 천성이 풍미하고 신선을 매우 숭상하여 민가의
낭자 중에서 아름답고 예쁜 자를 택하여 받들어 원화로 삼았다. 그리
고 스스로 무리를 모아서 인물을 뽑고 그들에게 효도와 우애, 그리고
충성과 신의를 가르치려 함이었으니, 또한 나라를 다스리는 대요(大
要)이기도 하였다. 이에 남모랑과 준정랑256)의 두 원화를 뽑았는데,
모여든 무리가 3,4백 명이었다. 준정랑은 어째서인지 남모랑을 질투
하였다. (그래서) 술자리를 마련하여 남모랑에게 (술을) 많이 마시게
하고, 취하게 되자 몰래 북천으로 메고 가서 돌로 때려 죽이고 묻어
버렸다.257) 남모랑의 무리들은 남모랑의 행방을 알지 못해서 슬프게
울다가 헤어졌다. (그러나) 그 음모를 아는 사람이 있어서 노래를 지어
동네 아이들을 꾀어 거리에서 부르게 하였다. 남모랑의 무리들이 노
래를 듣고, 그 시체를 북천 중에서 찾아내고 곧 준정랑을 죽였다. 이

255) 고증. 栽(栽).
256) DB. 본문에는 모두 교정랑(峧貞娘).
257) DB. 본문에는 돌로 묻어서 죽였다.

런 일이 있고 나서 왕은 영을 내려 원화를 폐지시켰다.

여러 해 뒤에 왕은 또 나라를 흥하게 하려면, 반드시 풍월도를 먼저 해야 한다고 생각하여, 다시 명령을 내려 좋은 가문 출신의 남자로서, 덕행이 있는 자를 뽑아 (명칭을) 고쳐서 화랑이라고 하였다. 처음 설원랑을 받들어 국선으로 삼았는데, 이것이 화랑 국선의 시초이다. 이 때문에 설원의 비를 명주에 세웠다.258) 이로부터 사람들로 하여금 악을 고쳐 선행을 하게 하고, 윗사람을 공경하고 아랫사람에게 온순하게 하니, 오상(五常) 육예(六藝) 삼사(三師) 육정(六正)이 왕의 시대에 널리 행해졌다. ᵃ"국사"에는 진지왕(眞智王) 대건(大建)259) 8년 병신년(576)에 비로소 화랑을 받들었다고 하였으나, 아마도 사전(史傳)의 잘못일 것이다.

613진지왕대에 흥륜사에는 진자ᵃ혹은 정자라고도 한다.라는 승려가 있었다. (그는) 항상 당주 미륵상 앞에 나아가 무릎을 꿇고 기도하여 말하기를, 원컨대 우리 대성(大聖)은 화랑으로 화하시어 세상에 출현하셔서 제가 항상 거룩하신 모습을 가까이 뵙고 받들어 시중들 수 있도록 하시옵소서라고 하였다. 그의 정성스럽고 간절하게 기도하는 마음은 날이 갈수록 더욱 독실해졌다. 어느 날 밤 꿈에 한 승려가 그에게 말하기를, 그대가 웅천ᵇ지금의 공주의 수원사로 가면 미륵선화를 볼 수 있을 것이다."라고 하였다. 진자는 (꿈에서) 깨자 놀라고 기뻐하며, 그 절을 찾아 열흘 동안의 여정을 한 걸음마다 한 번씩을 절하며 갔다. 그 절에 이르자 문밖에 복스럽고 섬세하게 생긴 한 도령이 있었다. (그는) 고운 눈매와 입맵시로 맞이해서 작은 문으로 인도하여 객실로 영

---

258) DB. 본문에는 이 때문에 명주(溟洲)에 비를 세웠다. 누구의 비(碑)인지 기재가 없다.
259) DB. 진(陳) 선제(宣帝)의 연호로 569-582년.

접하였다. 진자는 한편으로 올라가면서 한편으로는 절을 하면서 말하기를, "그대는 평소에 잘 모르면서 어찌하여 (나를) 대접함이 이렇게도 정중한가?"라고 하였다.

낭이 말하기를, "저도 또한 서울 사람입니다. 스님께서 속세를 떠나 몸을 정결하게 하고 지금 먼 곳에서 오심을 보고 위로를 드릴 뿐입니다."라고 하였다. 잠시 후 (그는) 문밖으로 나갔는데, 간 곳을 알 수 없었다.

진자는 우연한 일이라고만 생각하고 그다지 이상하게 여기지 않았다. 다만 (그) 절의 승려들에게 지난밤의 꿈과 (자신이) 이곳에 온 뜻을 이야기하고는 또 말하기를, "잠시 이 절의 구석에서라도 몸을 붙여 미륵선화를 기다리고 싶은데, 어떻겠습니까?"라고 하였다.

절의 승려들은 그의 정상을 허황된 것으로 여기면서도 그의 은근하고 정성스러운 태도를 보고서 말하기를, "여기서 남쪽으로 가면 천산(千山)이 있는데, 예부터 현인과 철인이 살고 있어 명감(冥感)이 많다고 합니다. 그곳으로 가지 않겠습니까?"라고 하였다.

진자가 그 말을 좇아 산 아래에 이르니, 산신령이 노인으로 변하여 나와서 맞으면서 말하기를, "여기에는 무슨 일로 왔소?"라고 하였다. 대답하기를, "미륵선화를 뵙고자 합니다."고 하였다.

노인이 말하기를, "조금 전 수원사 문밖에서 이미 미륵선화를 뵈었는데, 또다시 와서 무엇을 구한다는 말인가?"라고 하였다. 진자는 (그 말을) 듣고 깜짝 놀라 (곧장) 달려서 본사(흥륜사)로 돌아왔다.

614한 달 정도 후에 진지왕이 그 소식을 듣고 진자를 불러 그 연유를 묻고 말하기를, "낭이 스스로 서울 사람이라고 했다면, 성인은 거짓말을 하지 않는데, 왜 성안을 찾아보지 않았소?"라고 하였다. 진자는 왕의 뜻을 받들어 무리를 모아 두루 마을을 다니면서 찾았다. 이윽고 한 소년이 있었는데, 화장을 하지도 않았는데 용모가 수려하고 이목구비가 빼어났다.[260] 그리고 소년은 영묘사 동북쪽 길가 나무 밑에서 그저 걷고 있었다.[261] 진자는 그를 보자 놀라면서 말하기를, "이분이 미륵선화다."고 하였다. 이에 다가가서 묻기를, "낭의 집은 어디에 있으며, 성은 무엇인지 듣고 싶습니다."고 하였다. 낭이 대답하기를, "내 이름은 미시입니다. 어릴 때 부모님이 다 돌아가셔서, 성은 무엇인지 알지 못합니다."고 하였다. 이에 그를 가마에 태우고 들어가서 왕에게 뵈었다.

왕은 미시를 존경하고 사랑하여 받들어 국선으로 삼았다. 그는 화랑의 무리들에 대한 화목과 예의와 풍교는 보통과는 달랐다. (그의) 풍류가 세상에 빛난 지 거의 7년이 되더니 문득 간 곳이 없었다. 진자는 슬퍼하고 (그를) 생각함이 매우 심하였다.

그러나 (그의) 자비로운 은택에 흠뻑 젖었고, (그의) 맑은 교화를 친히 접했으므로 스스로 (잘못을) 뉘우치고 고쳐서 정성으로 도를 닦아, 만년에는 (그) 또한 세상 마친 곳을 알 수 없다.

615이가 말하기를, "미(未)는 미(彌)와 음이 가깝고, 시(尸)는 역(力)과 (글자)모양이 서로 비슷하므로 그 근사함에 가탁하여 수수께끼처럼 한 것이다. 대성(彌勒)이 유독 진자의 정성에 감동된 것만이 아니라, 아마 이 땅에 인연이 있었으므로 때때로 나타나 보인 것이다."고 하였다.

---

260) DB. 본문에는 화장을 곱게 하고 용모가 수려하였으며.
261) DB. 본문에는 이리저리 돌아다니면서 놀고 있었다.

지금도 나라 사람들이 신선(화랑)을 가리켜 미륵선화라고 하고 남에게 중매하는 사람을 미시라고 하는 것은 모두 미륵[262]의 유풍이다. 길옆에 섰던 나무를 지금도 견랑이라고 이름하고, 또 항간의 말로는 사여수[a]혹은 인여수라고 한다.라고 한다.

[616]찬하여 말한다.

향기로운 자취 찾아 옮기는 걸음걸이 그 모습 우러러

간 곳마다 심은 공덕은 더 없는 큰 것일세.

봄은 가고 찾을 곳 없더니

이때 상림(上林)이 붉을 줄을 누가 알았으랴.

주해 **610**○【彌勒仙花】 이 이야기의 줄거리는, 흥륜사의 승려 진자라는 자가, 미륵존에 기원하여 그 영험으로 영묘사 길가 나무 아래에 용모가 수려한 소년을 만났는데, 이것이 미륵보살의 화신인 미륵선화이었고, 진지왕은 이를 경애하여 국선으로 삼았다고 하는 것이다.

미륵(彌勒)은 범어 마이트레야Maitreya의 음역으로, 아일다(阿逸多)라고 적기도 한다. 미륵보살을 말한다. 마이트레야는 '자(慈)로부터 생긴 것'이며, 이 뜻으로 중국에서는 자씨(慈氏)·자존(慈尊)이라고도 한역한다. 또 당래불이라고도 한다. 즉 현재는 보살인 채로, 그 정토의 도솔천에서 사람을 위하여 설법을 하지만, 석가불의 예언에 의해 그 수명이 4천 년(인간의 56억 7천만 년)에 달했을 때, 이 세상에 내려와 용수(龍樹) 아래에서 성불하고 삼회의 설법을 하는 약속이다. 이때는 부처의 자격을 얻으므로 미륵불(여래)이라고도 부른다.

---

262) 고증. 진자(眞慈).

후술하겠지만, 신라에서는 진흥왕에 의해, 국가를 위한 청년을 이루기 위해, 화랑제도가 세워졌다. 이 화랑의 정신적인 교육은, 유(儒)·불(佛)·도(道) 3교사상이 깔려 있었으며, 특히 불교 영향이 강했는데, 화랑집단의 지도원리가 된 것은 미륵신앙이었다. 그래서 화랑집단은 미륵신앙으로 단결하고, 화랑은 미륵이 환생한 자라고 스스로 믿으며 또 미륵이 보호해 준다는 확신을 가지고 있었기 때문에, 전장에 가서도 물러설 줄을 몰랐다.

이어서 '선화(仙花)'는 신선의 화랑이라는 뜻으로 화랑의 다른 말. 선화의 선(仙)은 "최치원난랑비서"에 '國有玄妙道, 曰風流, 設敎之源, 備詳仙史'라고 있듯이 신라고유의 현묘한 행위인 풍류를 말하는 것으로, 도교의 선과 비슷한 바가 있기에 차자한 것으로 보인다. 뒤에 나오는 '국선', '신선'도 모두 화랑의 다른 이름으로 사용되었고, 불교에서 나와 미륵선화로도 가능했던 것이다.

○ 【未尸郎】 진지왕이 화랑으로 삼았다는 설화에 나오는 소년. 미시(未尸)의 尸의 원음은 '시'로, 향찰에서는 '사', 'ㅅ'으로 음차되는 것 외에 고지명이나 향가에는 r, l로 쓰인다. 그래서 미시(未尸)는 mil, mili의 차자로 미륵, 용(龍)을 의미하고 있다. 뒤에 나오는 설자(說者)가 말하는 시(尸)와 역(力)의 글자 모양이 닮았으니까 하는 것은 부회(付會)설에 지나지 않는다.

○ 【眞慈師】 뒤에 나오는 본문에는 진자(眞慈)에 주를 달고 '一作貞慈'라고 했다. 이 진자(혹은 정자)는 진지왕대에 신라 왕도에 있었던 흥륜사에서 살았던 승려로, 그 사적(事績)은 본문에 보이는 대로이다.

611○ 【第二十四眞興王姓金氏, 名彡麦(麥)宗, 一作深麦(麥)宗】 신라 제24대 왕. 진흥왕(재위 540-576)의 휘(諱)는 삼맥종(彡麥宗), 혹은 심맥종(深麥宗)('나기' 진흥왕 조). 또 신라 왕실이 성 김씨를 부른 것은 이 왕부터이다(진흥왕 주해 김씨 항목을 참조). 나아가 삼맥종의 능(麦)은 맥(麥)의 와전으로 보인다. 또한 '왕력' 및 권제1 '진흥왕' 조 참조.

이어서 진흥왕 및 뒤에 나오는 진지왕 관련 족보표에 대해서는, 주해

444의 표를 참조.

○ 【染大同六年庚申】서기 540년. 진흥왕 즉위 해는 '유', '나기' 모두 일치.

○ 【慕伯父法興之志. 一心奉佛. 廣興佛寺. 度人爲僧尼】앞서 보인 족보표로
도 알 수 있듯이, 법흥왕은 진흥왕의 아버지의 형이므로 백부이다. 그러
나 여자 쪽에서 보면 어머니 김씨가 법흥왕의 딸이므로 조부(祖父)가 된
다. 진흥왕은 유년에 즉위했는데, 불교를 숭앙하여, 그 만년에는 삭발하
여 호칭을 법운이라고 했다. '나기'에 이하면 진흥왕 5년(544) 3월에 일반
인이 출가하여 승니가 되어 부처를 모시는 것을 허락했는데, 불사(佛寺)
에 대해서는 그 5년 2월에 흥륜사를 건립, 14년(553) 2월부터는 황룡사
건립을 시작하고, 27년(566) 2월에는 기원사, 실제사를 건립하고 있다.
이 외에 영흥사등도 이 왕에 의해 건립되었다. 이러한 진흥왕의 업적에
대해서는 고증상권 주해 197, 198 및 홍법 제3 '원종흥법 염촉멸신' 조를
참조.

612, 612a ○ 【天性風味多尚神仙. …三師・六正. 廣行於代. 國史眞智王大建八年
庚(丙)申始奉花郎, 恐史傳乃誤】이 기사는 화랑의 발생에 대한 전승이다. 화랑
은 신라 농촌에 있던 쌍분(雙分)조직과 비슷한 청년남자의 조직으로, 신
라왕조는 국가형성이 진전되는 과정에서, 이 농촌조직을 국가제도로서
다루었다. 처음에는 그 중심에 원화(原花)라는 미녀를 추천했으나, 유교
나 불교 등을 수용함에 의해 조직의 중심인물을 여성에서 나이 어린 남아
(男兒)로 하는 등의 변화가 보였다. 화랑제도는 신라하대까지 존속하는
데, 그 성과가 가장 큰 것은 귀족연합체제의 삼국시대에서 통일전쟁에 있
어서였다. 이 조의 기사는 '나기' 진흥왕 37년(576) 춘(春) 조에 의한 것으
로 그 기사는 다음과 같다.

始源花. 初君臣病無以知人. 欲使類聚群遊以觀其行義. 然後擧而用之.
遂簡美女二人. 一曰南毛. 一曰俊貞. 聚徒三百餘人. 二女爭娟相妬. 俊貞
引南毛於私第. 强勸酒至醉. 曳可投河水以殺之. 俊貞伏誅. 徒人失和罷散.
其後更取美貌男子. 粧飾之. 名花郎以奉之. 徒衆雲集. 惑相磨以道義. 惑

相悅以歌樂. 遊娛山水. 無遠不至. 因此知其人邪正. 擇其善者. 薦之於朝.
….

또한 '유' 권제1 '김유신' 조도 참조.

○【南毛娘. 峧(俊)貞娘兩花】 교정(峧貞)은 '나기'에서는 俊貞(준정)으로 되어 있다. 또 양화(兩花)는 남모와 교정인데, 두 사람의 이름에 붙어 있는 낭(娘)은, 남성 귀인의 이름에 붙는 부(夫), 종(宗)과 같이 여성의 이름에 붙는 존칭.

○【北川】 신라왕도(경주)의 북쪽 교외를 서쪽으로 흘러 서천(형산강 상류)으로 들어가는 작은 강으로 알천이라고도 하며, 신라 역사에 자주 나온다.

○【風月道】 풍월을 즐기는 풍류의 행위를 말하며, 화랑의 하나의 특징이 되었던 것에서 이윽고 화랑의 행위를 가리키게 된다.

○【花娘(郎)】 화랑(花郎)의 잘못으로 보인다.

○【薛原郎】 미상.

○【溟州】 지금의 강원도 강릉시 지역에 해당하는데. 연혁에 대해서는 '유' 권제1 '마한' 조(주해 28).

○【五營六禮】 유교의 기본적인 윤리와 기술을 말한다. 오상(五常)은 옛날 아버지의 신의·어머니의 자애·형의 우정·동생의 공순·자식의 효행을 말하며 나중에 인(仁)·의(義)·예(禮)·지(智)·신(信)을 말한다. 육예(六藝)는 지배자가 되기 위하여 배우는 6종류의 기예로, 의례·음악·궁술·기마·서도·산술을 말한다.

○【三師六正】 최고 관직명 내지 군직명 삼사(三師)는 천자의 스승이 될 만한 태사, 태부, 태보의 3관직을 말하는 것이 보통인데, 전국 군대의 사령 장관을 말하는 경우도 있다. 육정(六正)은 전군의 사령관을 말하며, 또 가신이 지켜야 할 여섯 가지 도리를 갖춘 신하, 즉 성신·양신·충신·지신·정신·직신을 말하는 경우도 있다.

612a○【國史. 眞智王大建八年庚(丙)申始奉花郎. 恐史傳乃誤】 국사(國史)는 '사'를 가리키는 것으로 보인다. 대건(大建)은 진(陳)(중국남조)의 원

호로, 그 8년은 서기 576년에 해당한다. 이해의 간지는 병신으로 경신은 잘못이다. 이해에 신라에서는 진흥왕이 죽고, 진지왕이 즉위한다. '나기'에서는 앞서 보인 대로 이 조의 기사와 비슷한 것이 진지왕 말년에 모아 기록되어 있다. 화랑창설을 진지왕대라고 한 근거는 불명한데, 혹은 화랑창설의 기사가 진흥왕 재위의 말년(37년, 서기 576)에 게재되어 있는 것으로부터, 이것과 즉위년이 같은 진지왕대의 일로 잘못한 것일까.

613○【眞智王】'왕력' 신라 제25대 진지왕 조 및 권제1 '桃花女 鼻荊郞' 조(주해 202) 참조.

○【興輪寺】'유' 권제1 '미추왕 죽엽군' 조의 주해 170 및 권제3·홍법 제3 '원종홍법 염촉멸신' 조 참조.

613, 613a○【眞慈一作貞慈也】주해 610 참조.

○【堂主】절의 본존(本尊). 이 절에서는 미륵상.

○【願我大聖化花郞云云】신라 불교수용의 한 형태로, 불교를 본지(本地)로 하는 수적설263)이다.

613, 613b○【熊川今公州】'원종홍법 염촉멸신' 조를 참조. 그러나 진지왕대에는 웅천은 아직 신라 영역이 되어 있지 않았다.

○【水源寺】'승람' 권17·공주목·불우 조에 '수원사(水原寺)는 월성산에 있다.'라고 되어 있다. 이 수원사를 수원사(水源寺)라고 한다면, 현재의 공주읍 동쪽의 월성산에 있었던 것이 된다.

○【慈】이곳의 자(慈)는 진자사(眞慈師)의 진자를 생략한 것이다.

○【山靈變老人云云】산신·산령이 사람 모습으로 이 땅에 나타나, 사람들에게 신의(神意)를 말하는 이야기는, '사', '유' 등에 많이 보인다. '유' 권제2 '처용랑 망해사' 조나 '사'(권41) 열전 제1·김유신(上) 조 등에 그 예가 보인다. 조선의 산신신앙은 후세 오래토록 계승되어 있다.

614○【靈妙寺】'유' 권제3·홍법 제3 '아도기라' 조(주해 483f) 및 탑상 제4

---

263) 부처나 보살이 중생을 위하여 화신(化身)의 모습을 나타내는 것.

'영묘사 장육' 조 참조.

○ 【慈澤】 미시랑의 자애(慈愛)와 은택(恩澤)을 말한다.

615○ 【至今國人稱神仙曰彌勒仙花】 신선 즉 고유의 신을 미륵선화라고 불렀다고 한다. 당시의 속신(俗信)은 주의해야 한다. 신령과 교류하고 영감이 빙의되어 있다고 생각하는 화랑이, 현실의 이 땅에 내려온다고 믿는 미륵세존의 화신이라고 하여 미륵선화라고 불렀던 것이다. 미륵선화라는 자체가 화랑신선 및 불교적 풍습을 말하며, 또 미륵이 일체 지광선인이라는 한자 이름을 가지고 있었던 것도 이 풍습에 편승했을 것이다.

○ 【慈氏之遺風】 미륵(彌勒)Maitreia는 자씨(慈氏)라고도 의역한다는 것은 이미 말했는데, 이곳에서는 문맥으로 보아 진자사(眞慈師)(생략하여 慈氏)의 유풍(遺風)으로 보는 것이 좋다.

615a○ 【路傍樹至今名見郎. 又俚言似如樹一作印如樹】 여기에 미륵선화를 '尋芳一步一瞻風. 到邊, 栽培一樣功. 幕地春歸無覓處. 誰知頃刻上林紅.' 이라고 칭찬하고 있다. 즉 미륵선화가 출현한 곳의 신령한 나무를, 견랑(見郎) 혹은 사여수(似如樹)라고 부르며, 후대까지 전승되었다는 것인데, 아마 당시 그러한 신령한 나무를 둘러싼 전설로서 미륵선화라는 것이 전해져 왔을 것이다. 신령 나무 아래에 동자 모습으로 신령이 내려온다는 고유의 신앙과 용화수(龍華樹) 아래에 미륵불이 나온다는 교의(敎義)가 담긴 민간신앙으로 해석할 수 있을 것이다.

더 나아가 신동 미시령이 나무 아래에서 발견된다는 생각은 혁거세나 김알지 전설에서 신동이 나무 아래에 나타난다는 이야기와 완전히 같은 것으로 소위 화랑의 신앙 성격은 이와 같이 설명될 만하다는 것을 생각하게 한다. 신의 출현에 대한 관념은 불교 이전부터 가지고 있던 것이며 소위 미륵신앙은 그 위에 덧붙인 겉옷에 지나지 않는다.

○ 【見郎】 진자가 영묘사 동북의 길가 나무 아래에서 노는 미시(未尸)를 만난 고사에 유래한다.

○ 【似如】 【印如】 양쪽 모두 Koč, Kos의 훈차로 여(如), 완(完)의 뜻인데,

이곳에서는 Kos, Koč과 같은 용(龍), 미륵의 표기로 화랑, 미륵선화를 말할 것이다.

616○ 【上林紅】 상림(上林)은 진(秦)의 정원으로 전한 무제(武帝)가 확대 정리한 것으로(上林苑), 그 유적은 중국 섬서성 서안시(西安市)에 있다. 또 후한의 명제(明帝) 등이 종종 수렵을 했던 곳도 상림이라고 하며, 현재의 하남성 낙양시에 있다. 이곳에서는 신라왕궁의 정원을 중국을 본떠 상림(上林)이라고 했을 것이다.

더 나아가 '홍(紅)'은 제왕의 은총이 두텁다는 것을 말하며, 상림의 홍(紅)은 화랑이 신라왕의 은총을 받고 있는 모양을 말한다.

남백월이성 · 노힐부득 · 달달박박

南白月二聖 · 努肹夫得 · 怛怛朴朴

618白月山兩聖成道記云, 白月山在新羅仇史郡之北. ^a古之屈自郡, 今義安郡. 峰

巒奇秀, 延袤數百里 眞巨鎮也. 古老相傳云. 昔唐皇帝嘗鑿一池, 每月望

前 月色滉朗中, 有一山嵓石. 如師子隱映花間之影,²⁶⁴⁾ 現於池中. 上命盡

(畫)工圖其狀, 遣使搜訪天下, 至海東. 見此山有大師子嵓. 山之西南二步

許. 有三山, 其名花山^b其山一體三首, 故云三山.與嵓相近. 然未知眞僞. 以隻履

懸於師子嵓之頂. 使還奏聞. 履影亦現池. 帝乃異之. 賜名曰白月山, ^c望前

白月影現, 故以名之. 然後池中無影. **619**山之東南三千步許有仙川村, 村有二人.

其一曰努肹夫得^a一作等, 父名月藏, 母味勝. 其一曰怛怛朴朴, 父名修梵,

母名梵摩. ^b鄕傳云雉山村誤矣. 二士之名方言, 二家各以二士心行騰騰苦節二義名之爾. **620**皆風

骨不凡, 有域外遐想. 而相與友善. 年皆弱冠, 往依村之東北嶺外法積房.

剃髮爲僧. 未幾, 聞西南雉山村法宗谷僧道村有古寺. 可以栖眞, 同往大

---

264) DB. 每月望前月色滉朗, 中有一山, 嵓石如師子隱映花間之影.

佛田・小佛田二洞各居焉. 夫得寓懷眞庵, 一云壤寺, ^a今懷眞洞有古寺基. 是也.
朴朴居瑠璃光寺 ^b今梨山上有寺基. 是也. 皆挈妻子而居. 經營産業. 交相來往.
棲265)神安養. 266) 方外之志. 未常暫廢. 觀身世無常. 因相謂曰, 腴田美歲
良利也, 不如衣食之應念而至. 自然得飽煖也, 婦女屋宅情好也, 不如蓮池
花藏千聖. 共遊鸚鵡孔雀. 以相娛也. 267) 況學佛當成佛, 修眞必得眞. 今
我等既落彩爲僧, 當脫略纏結. 成無上道, 豈冝汨没風塵. 與俗輩無異也.
遂唾謝人間世. 將隱於深谷. 夜夢白毫光自西而至. 光中垂金色臂. 摩二
人頂. 及覺說夢. 與之符同, 皆感嘆久之. ⁶²¹遂入白月山無等谷^a今南藪洞也.
朴朴師占268)北嶺師子嵓. 作板屋八尺房而居. 故云板房, 夫得師占東嶺磊
石下有水處. 亦成方丈而居焉. 故云磊房, ^b鄉傳云. 夫得處山北瑠璃洞. 今板房, 朴朴
居山南法精洞磊房. 與此相反. 以今驗之. 鄉傳誤矣. 各庵而居. 夫得勤求彌勒, 朴朴禮念
彌陁(陀).

　　⁶²²未盈三載. 景龍三年己酉四月八日, 聖德王即位八年也. 日將夕. 有
一娘子年幾二十. 姿儀殊妙. 氣襲蘭麝. 俄然到北庵^a鄉傳云南庵請寄宿焉, 因
投詞曰. 行遲269)逢日落千山暮, 路隔城遥絶四隣. 今日欲投庵下宿, 慈悲
和尚莫生嗔. 朴朴曰, "蘭若護淨爲務, 非爾所取近. 行矣. 無滯此處. 閉門
而入. ^b記云, 我百念灰冷270)無以血囊見試. ⁶²³娘歸南庵 ^a傳曰北庵又請如前, 夫得曰,
汝從何處犯夜而來, 娘答曰, 湛然與大虛同體, 何有往來. 但聞賢士志願深
重. 德行高堅, 將欲助成菩提. 因投一偈曰. 日暮千山路. 行行絶四隣. 竹

265) DB. 교감에 규장각본과 순암수택본에는 捿로 되어 있다.
266) DB. 養으로 되어 있다.
267) DB. 不如蓮池花藏千聖共遊, 鸚鵡孔雀以相娛也.
268) 고증. 右(占).
269) DB. 逢.
270) 고증. 今.

松陰轉邃, 溪洞響猶新. 乞宿非迷路, 尊師欲指津, 願惟從我請, 且莫問何
人. 師聞之驚駭謂曰, 此地非婦女相汚. 然隨順衆生. 亦菩薩行之一也, 況
窮谷夜暗. 其可忽視歟. 乃迎揖庵中而置之. 至夜淸心礪操. 微燈半壁. 誦
念猒猒. 及夜將艾. 娘呼曰, 予不幸適有産憂. 乞和尙排備苫草. 夫得悲矜
莫逆. 燭火殷勤. 娘旣産. 又請浴. 弩肹慚懼交心. 然哀憫之情有加無已.
又備盆槽. 坐娘於中. 薪湯以浴之. 旣而槽中之水香氣郁烈. 變成金液. 弩
肹大駭,[271] 娘曰, 吾師亦宜浴此. 肹勉強從之, 忽覺精神爽凉. 肌膚金色.
視其傍忽生一蓮臺. 娘勸之坐. 因謂曰, 我是觀音菩薩. 來助大師. 成大菩
提矣. 言訖不現. **624** 朴朴謂肹今夜必染戒. 將歸听之. 旣至. 見肹坐蓮臺.
作彌勒尊像放光明. 身彩檀金. 不覺扣頭而禮曰, 何得至於此乎. 肹具敍
其由. 朴朴嘆曰, 我乃障重. 幸逢大聖而反不遇. 大德至仁. 先吾著鞭, 願
無忘昔日之契. 事須同攝. 肹曰, 槽有餘液. 但可浴之. 朴朴又浴. 亦如前
成無量壽. 二尊相對儼然. 山下村民聞之. 競來瞻仰. 嘆曰, 希有希有, 二
聖爲說法要. 全身躡雲而逝. **625** 天寶十四年乙未. 新羅景德王卽位 **ᵃ**古記云.
天鑑二十四年乙未法興卽位, 何先後倒錯之甚如此. 聞斯事, 以丁酉歲遣使創大伽藍. 號
白月山南寺. **626** 廣[272]德二年 **ᵃ**古記云大曆元年, 亦誤. 甲辰七月十五日. 寺成. 更
塑彌勒尊像. 安於金堂. 額曰. 現身成道彌勒之殿. 又塑彌陁像安於講堂,
餘液不足. 塗浴未周. 故彌陁像亦有斑駁之痕. 額曰. 現身成道無量壽殿.
627 議曰. 娘可謂應以婦女身攝化者也. 華嚴經. 摩耶夫人善知識. 寄十一
地生佛如幻解脫門, 今娘之㮈産微意在此. 觀其投詞. 哀婉可愛. 宛轉有
天仙之趣. 嗚[273]呼, 使娘婆不解隨順衆生語言. 陁羅尼其能若是乎. 其末

---

271) 고증. 駭.
272) 고증. 德(廣).
273) DB. 명(鳴)이 보이며 오(嗚)가 오기(誤記)라고 지적.

聯宜云 淸風一榻莫予嗔. 然不爾云者. 盖不欲同乎流俗語爾. **628**讚曰. 滴
翠嵓前剝啄聲, 何人日暮扣雲扃. 南庵且近宜尋去, 莫踏蒼苔汚我庭. 右
北庵. 谷暗何歸已暝煙, 南窓274)有蕈且流連. 夜闌百八深深轉, 只恐成喧
惱客眠. 右南庵. 十里松陰一徑迷, 訪僧來試夜招275)提. 三槽浴罷天將曉,
生下雙兒擲向西. 右聖娘.

풀이 **617**남백월이성 · 노힐부득 · 달달박박(南白月二聖 · 努肹夫得 · 怛怛朴朴)

618백월산양성성도기에는 "백월산은 신라 구사군의 북쪽에 있다. **ᵃ**옛
굴자군으로 지금의 의안군이다. 봉우리는 기이하고 빼어났는데, 그 산줄기는
수백 리에 뻗쳐 있어 참으로 큰 진산이다."고 하였다. 옛 노인들이 말
하기를 "옛날 당(唐)나라의 황제가 일찍이 못을 하나 팠는데, 달마다
보름 전에 달빛이 밝고, (못) 가운데에 산과 같은 바위가 하나 나타났
는데, 그 사자처럼 생긴 바위가 꽃 사이로 은은히 비쳐서, (그) 그림자
가 못 가운데 나타났다. 황제는 화공에게 명하여 그 형상을 그리게 하
고, 사신을 보내 천하를 돌면서 찾게 했는데, 해동(海東)에 이르러 (이)
산에 큰 사자암(師子嵓)이 있는 것을 보았다. 이 산의 서남쪽 2보쯤 되
는 곳에 삼산(三山)이 있었는데, 그 이름이 화산(花山)**ᵇ**그 산의 몸체는 하나지
만 봉우리가 셋이어서 삼산이라고 하였다.으로서 그림과 서로 비슷하였다. 그러
나 그 진위를 알 수 없었으므로, 신발 한 짝을 사자암 꼭대기에 걸어
두고 사신이 본국으로 돌아가서 황제에게 아뢰었다. (그) 신발의 그림

---

274) 고증. 穴+忽 옆에 窻이 붙어 있다.
275) 고증. □(招)(菩)로 되어 있다.

자가 역시 연못에 나타났다. 황제가 이것을 이상하게 여겨 이름을 백월산이라고 지어 주었더니 ᶜ보름 전에는 흰 달의 그림자가 못에 나타나기 때문에 그렇게 이름한 것이다. 그 뒤에는 연못 가운데에 그림자가 없어져 버렸다."라고 하였다.

619(이) 산에서 동남쪽 3천 보쯤 되는 곳에 선천촌이 있었다. (그) 마을에는 두 사람이 살고 있었다. 한 사람은 노힐부득ᵃ득(得)은 등(等)이라고도 한다.인데, 아버지의 이름은 월장이고, 어머니는 미승이었다. 또 한 사람은 달달박박인데, 아버지의 이름은 수범이고, 어머니의 이름은 범마였다.ᵇ향전에서 치산촌이라고 한 것은 잘못이다. 두 사람의 이름은 방언인데, 두 집에서 각각 다 두 사람의 마음 수행이 오르고 또 올라 지조를 지켰다는 두 가지 뜻으로써 이름 지은 것이다.

620(이들은) 모두 풍채와 골격이 범상치 않았으며, 세속을 벗어날 고원한 생각이 있어서, 서로 더불어 좋은 친구가 되었다. 나이가 모두 스무 살이 되자, (그들은) (그) 마을의 동북쪽 고개 밖에 있는 법적방276)을 찾아가서, 머리를 깎고 승려가 되었다. 얼마 후, 두 사람은 서남쪽의 치산촌 법종곡 승도촌에, 옛 절이 있어 정신을 수련할 만하다는 말을 듣고, 함께 가서 대불전·소불전의 두 마을에 각각 살았다. 부득은 회진암에 살았는데, 혹 양사ᵃ지금의 회진동에 있는 옛 절터가 이것이다.라고 했다.

박박은 유리광사ᵇ지금 이산(梨山) 위에 있는 절터가 이것이다.에 살았다. 모두 처자를 데리고 와서 살면서277) 산업을 경영하고 서로 왕래하면서 정신을 수양하고 마음을 편안히 하면서 방외(方外)의 생각을 잠시도 버

---

276) 고증. 방적방(方積房).
277) 고증. 두 사람 모두 처자식이 없다.

리지 않았다. (그리고) 육신과 세상의 무상함을 관조하고 서로 말하기를, "기름진 논밭도 좋은 해에는 많은 것을 얻지만, 의식(衣食)이 마음 먹은 대로 생겨서 저절로 배부르고 따뜻함을 얻는 것만 못하고, 또 부녀와 한 집에 사는 것도 진정으로 좋지만, 연지화장(蓮池花藏)[278)에서 여러 많은 성인들과 함께 놀고, 앵무새나 공작새와 함께 서로 즐기는 것만 못하다. 하물며 불법을 배우면 마땅히 성불(成佛)해야 하고, 참된 것을 닦는다면 반드시 진정한 세계에 들어갈 것을 생각한다면 더 말할 것도 없다.[279) 지금 우리들은 이미 머리를 깎고 승려가 되었다. 마땅히 얽힌 인연들로부터 벗어나 무상의 도를 이루어야지, 어찌 풍진에 골몰하여 세속의 무리들과 다름이 없어서야 되겠는가?"라고 하였다. 드디어 이들은 인간 세상을 떠나서 장차 깊은 골짜기에 숨으려고 하였다. (어느 날) 밤 꿈에 백호(白毫)의 빛이 서쪽으로부터 비치면서 빛 가운데서 금색의 팔이 내려와 두 사람의 이마를 만져 주었다. 깨어나 꿈 이야기를 하였더니, 두 사람이 꼭 같았으므로 모두 오랫동안 감탄했다.

621드디어 두 사람은 백월산 무등곡[a]지금의 남수동(南藪洞)이다.으로 들어 갔다. 박박스님은 북쪽 고개의 사자암을 차지하여 판잣집 8자 방을 짓고 살았으므로 판방(板房)이라고 하고, 부득스님은 동쪽 고개의 첩첩한 바위 아래 물이 있는 곳에 역시 방장(方丈)을 만들고 살았으므로 뇌방(磊房)이라고 하여 [b]향전에는 부득은 산 북쪽의 유리동에 살았는데 지금의 판방이고, 박박은 산 남쪽의 법정동 뇌방에 살았다고 했으니, 이 기록과는 상반된다. 지금 살펴보면 향전이

278) 고증. 연지(蓮池)의 극락세계에서.
279) DB. 참된 것을 닦으면 반드시 참된 것을 얻어야 함에 있어서랴.

잘못되었다. 각자의 암자에 살았다.

부득은 부지런히 미륵불(彌勒)을 구했고, 박박은 아미타불(彌陀)을 예배하고 염송하였다. ⁶²²그런 일이 있고나서 3년이 채 안 된 경룡(709) 3년 기유(己酉) 4월 8일, 즉 성덕왕 즉위 8년이었다. 날이 저물 무렵에 나이 스무 살쯤 된 아름다운 자태를 한 낭자가 난초의 향기와 사향을 풍기면서 뜻밖에 북암(北庵)^a향전에는 남암(南庵)이라고 하였다.에 와서 묵기를 청하면서 글을 지어 바쳤다.

가는 길 해지고 첩첩 산은 어두운데
길 막히고 인가 멀어 이웃도 없네
오늘은 이 암자에 묵어가려 하오니
자비로운 화상이시여 노하지 마소서.

박박이 말하기를, "난야(蘭若)는 청정을 지키는 것을 의무로 삼으니, 그대가 가까이할 곳이 아니오. 이곳에 지체하지 마시오."라고 하고는 문을 닫고 들어가 버렸다.^b기(記)에서 말하기를, "나는 온갖 생각이 재처럼 식었으니 혈낭(여색)으로 (나를) 시험하지 말라."고 하였다. ⁶²³그래서 낭자는 남암^a향전에는 북암이라고 하였다.으로 돌아가서 다시 앞서와 같이 청하자, 부득이 말하기를, "그대는 어디로부터 이 밤에 왔소?"라고 하니, 낭자가 대답하기를, "담연하기가 태허와 같은데, 어찌 오고감이 있겠습니까? 다만 현사(賢士)께서 바라는 뜻이 깊고 덕행이 높고 굳다는 것을 듣고 장차 도와서 보리(菩提)를 이루어 드리려 할 뿐입니다."고 하였다. 이에 게 (偈) 한 수를 주었다.

첩첩 산길280)에 해는 저물고
가도 가도 인가는 없네.

소나무와 대나무 그늘은 더욱 깊고

골짜기 시냇물 소리 더욱 새로워라

자고 가기를 청함은 길 잃은 탓 아니고

높으신 스님을 인도하려 함인 것

원컨대 그저 나의 청 들어만 주시고

또한 누구냐고 묻지 마소서.

부득스님이 게를 듣고 놀라면서 말하기를, "이곳은 부녀자가 더럽힐 곳이 아니오. 그러나 중생을 수순(隨順)함도 역시 보살행의 하나인데, 하물며 궁벽한 산골에 밤이 어두우니 어찌 홀대할 수야 있겠소?"라고 하고, 이에 그를 맞아 읍하고 암자 안에 있도록 하였다. 밤이 되자 (부득은) 마음을 맑게 하고 지조를 가다듬었다. 등불은 벽 한쪽을 희미하게 비추고 있었다. 부득은 염송에만 전념하며 편안하고 고요한 경지에 들어갔다. 밤이 이슥하여 낭자가 (부득을) 불러 말하기를, "제가 불행히도 마침 해산기가 있으니, 화상께서는 짚자리를 좀 깔아주십시오."라고 하였다. 부득은 놀란 나머지 괴로웠으나, 거절하지 못하고 촛불을 은은히 밝혔다. 그러던 사이 낭자는 벌써 해산하고 또다시 목욕할 것을 청하였다. 노힐의 마음에는 부끄러움과 두려움이 교차하였다. 그러나 불쌍한 생각이 더욱 더해서, 또 통을 준비하여 (그) 속에 낭자를 앉히고 물을 데워 목욕을 시켰다.

조금 있다가 통 속의 물에서 향기가 강렬하게 나고 물이 금빛으로 변하였다. 노힐이 깜짝 놀랐다. 게다가 낭자가 말하기를, "우리 스님

___
280) DB. 한길.

께서도 여기에서 목욕하십시오."라고 하였다. 노힐이 마지못해 그 말대로 좇았더니, 홀연히 정신이 상쾌해지는 것을 깨닫고 살갗이 금빛으로 변하였다. 그 옆을 보니 문득 하나의 연화대(蓮臺)가 나타나자, 낭자는 그에게 앉기를 권했다. 그러고 나서 낭자는 말하기를, "나는 다름 아닌 관음보살인데 (이곳에) 와서 대사가 대보리를 성취하도록 도운 것입니다."고 말을 마치자 보이지 않았다. [624]박박은 노힐이 오늘밤에 틀림없이 계를 더럽혔을 것이니, 그를 비웃어 주어야겠다고 생각하였다. 이르러 보니 노힐은 연화대에 앉아 미륵존상이 되어 광명을 발하고 (그) 몸은 금빛으로 단장되어 있어 자신도 모르게 머리를 조아려 예를 드리면서 말하기를, "어째서 이렇게 되었는가?"라고 하니, 노힐이 그 연유를 자세히 말하였다. 박박이 탄식하면서 말하기를, "나는 업장(障)이 무거워서 다행히 대성을 만나고도 도리어 만나지 못한 것이 되었습니다. 대덕은 지극히 인자하여 나보다 먼저 뜻을 이루었으니, 원컨대 옛날의 약속을 잊지 마시고 일을 모름지기 함께했으면 합니다."고 하였다. 노힐이 말하기를, "통에 남은 물이 있으니 목욕할 수 있습니다."고 하였다. 박박이 또 목욕했더니 역시 앞서처럼 무량수를 이루어, 두 존상이 엄연히 상대하였다. 산 아래 마을 사람들이 이 소식을 듣고 다투어 와서 우러러보고 감탄하면서 말하기를, "드물고 드문 일이다."고 하니, 두 성인이 (그들을) 위하여 법요(法要)를 설해 주고 온 몸으로 구름을 타고 가 버렸다.

[625]천보 14년 을미년(755)에, 신라 경덕왕이 즉위하여 [a]고기(古記)에는 천감 24년 을미에 법흥왕이 즉위했다고 했는데, 어쩌면 이렇게도 그 앞뒤가 뒤바뀐 것이 심할 수 있을까? 이 일을 듣고 정유년(757)에 사자를 보내 대가람을 창건하고 백월산남사라고 하였다.

626광덕 2년 ^a고기에는 대력 원년이라고 했는데, 또한 잘못이다. 갑진(경덕왕 23년, 764) 7월 15일에 절이 완성되었다. 다시 미륵존상을 조성하여 금당에 봉안하고 편액을 현신성도 미륵지전이라고 하였다. 또 아미타불상을 조성하여 강당에 봉안했는데, 남은 물이 모자라 (몸에) 두루 바르지 못했기 때문에 아미타상에는 역시 얼룩진 흔적이 있다. (그) 편액은 현신성도무량수전이라고 하였다.

627논의하여 말한다. 이 낭자는 부녀의 몸으로 감응하여 섭화한 것이라고 하였다. "화엄경"에 마야부인은 선지식(善知識)의 사람[281]으로 십일지[282]에 중생뿐만 아니라 부처에게도 권하여, 일체 모든 법이 꿈처럼 공허하다는 것을 깨닫게 하여, 해탈의 경지에 들어가는 문으로 이끌었다고 했다.[283] 이제 낭자가 산기가 있다고 전한 그 미묘한 뜻도 마야부인의 그것과 같다. 낭자가 박박에게 준 글을 보면 애절하고 완곡하여 사랑스러우며 완연히 천선(天仙)의 의취가 있다. 아! 만일 부처의 화신이었던 낭자가 만일 중생을 따르게 하는 말을 이해하지 못하고 다라니로서 말을 했다면, 어떻게 이와 같이 중생을 인도할 수 있었겠는가![284] 또 박박에게 주었던 시의 끝 구절은 마땅히 '맑은 바람이 한 자리함을 꾸짖지 마소서.'라고 했어야 할 것이지만, 그렇게 하지 않은 것은, 대개 유속(流俗)의 말과 같이 하고 싶지 않았기 때문이다.

---

281) 설교하여 불도로 인도하는 사람.
282) 좌선(坐禪)하여 진리를 추구하고 삼계(三界)의 번뇌를 멀리하는 것.
283) DB. 부처를 낳음이 환해탈문(幻解脫門)과 같다고 했으니.
284) DB. 아! 낭자가 만일 중생을 수순함과 다라니(陁羅尼)를 이해하지 못했더라면 능히 이와 같이 할 수 있었겠는가!

628찬하여 말한다.

푸른 빛 드리운 바위 앞에 문 두드리는 소리

날 저문데 어느 길손이 찾아 왔는가. 구름사립 두드리는 소리가

난다.

남암(南庵)이 가까우니 그곳으로 갈 것이지

나의 뜰 푸른 이끼 밟아 더럽히지 마소서.

이상은 북암을 (기린 것이다.)

골짜기 어두운데 무엇 하러 찾아 왔는가.285)

남창(南窓) 아래 짚 멍석에 머물다 가오.

깊은 밤 백팔염주 가만가만 굴리노니

길손이 시끄러워 잠 못 들까 두려워라.

이상은 남암을 (기린 것이다.)

십 리 소나무 그늘 오솔길 더듬어서

밤 절간 방문하여 스님을 시험하네.

세 차례 목욕 끝나 날 새려 하는데

두 아이 낳아 놓고 서쪽으로 갔다네.

이상은 성랑(聖娘)을 (기린 것이다.)

---

285) DB. 어디로 가는가.

주해

617○ 【南白月二聖】 이 조는 뒤에 나오는 감산사('유' 탑상 제4, 남월산 조
의 경우와 같이 미륵·미타(彌陀)의 2존(尊)을 모시게 된 연기를 말하는
것이다. 백월산 남사(南寺)의 창건은, 당의 광덕(廣德) 2년 갑진(764)의
일이라고 하는데, 2존(尊)이 함께 안치된 일은 이 절뿐만 아니고 이미 당
시보다 반세기 이전에 창건된 위의 감산사에 있다. 신라에서는 불교수용
이래 미륵신앙 쪽이 미타신앙보다 성하여, 이 백월산 2성(聖)의 연기에서
도 미륵의 봉신자 노힐부득이 역할을 맡고 있다.

○ 【努肹夫得】【怛怛朴朴】 뒤에 나오는 본문의 분주(分注)에 '二士之名方
言. 二家各以二士心行膽膽苦節二義名之爾.'라고 보이듯이, 전자는 음차
로 Nophčūtur(Noph-tori) 즉 등등(騰騰)의 뜻을 보이고 또 후자는 음차
로 Tatar-pakpak 즉 굳은 절개를 형용한 부사가 된다. 미륵, 미타의 신앙
이 반드시 세속의 일반적인 것은 아니고, 은둔적이었던 것과 동시에 등등
(騰騰), 고절(苦節)을 의미하는 속어로 두 사람을 불렀던 것처럼 수행자
적인 측면이 한층 더 세속의 사람의 주목을 받았던 것을 말하고 있다.

618○ 【白月山兩聖成道記】 이 서명(書名)은 달리 보이지 않는데, 이 조의
중심이 되는 원전(原典)으로 보인다. 또 '양성(兩聖)'이라는 것은 노힐부
득, 달달박박 두 사람을 말한다.

○ 【白月山】 '승람'(권32) 창원도호부·산천 조에 '白月山在府北十五里'라고
있다. 현재의 경상남도 창원군 북면 월촌리에 있다.

618, 618a○ 【仇史郡】【古之屈自郡. 今義安郡】 현재의 경상남도 창원 지
역. 이 땅은 '사' 지리지2 의안군 조나 '승람'(권32) 창원도호부·건치연혁
조에 있듯이, 신라시대 초기에는 굴자군이었는데, 경덕왕 16년(757)에
의안군이 되었다. 위 2서(書)에는 구사군의 이름은 보이지 않는데, 구사
(仇史)·굴자(屈自)는 동음이자로 보이며, 굴자군은 구사군이라고도 불
렀을 것이다. "고려사"(권1) 세가 제1의 태조 3년 동(冬) 10월 조에 '후백
제 견훤이 신라를 침공하여 대량·구사 2군을 차지하고 진례군에 이르렀
다.'라는 기사가 있는데, 이 구사군의 이름이 보인다. 위의 대량군(大良

郡)은 지금의 경남 합천, 진례군은 충남 금산군이다. 우의 구사군은 전후로 보아 창원군 지역으로 보인다.

618○ 【唐皇帝】 당의 몇 대 황제인지 불명. 또한 '유' 권제3 · 탑상 제4 '삼소관음 중생사' 조의 분주에 보이는 것처럼 중국을 당이라고 하는 것도 있으며, 이 경우도 막연하게 중국의 황제를 가리킨다고 보아도 좋지 않을까.

○ 【海東】 이곳이 해동은 조선반도를 가리킨다. 원래 해동은 중국을 중심으로 발해의 동쪽에 있는 지역을 가리키는데, 동국(東國) · 대동(大東) 등과 같이 조선의 이칭 혹은 아명(雅名)이 되어 있다.

○ 【大師子嵓】 '승람'(권32) 창원도호부의 고적 조에 '師子嚴. 在白月山南. 新羅僧努肸夫得及怛怛朴朴修道之所'라고 있으며, 이 설화는 15,6세기까지 이 지방에 전해졌다는 것을 알 수 있다.

618, 618b○ 【有三山, 其名花山 其山一體三首, 故云三山】 화산(花山)은 분주에 있듯이 삼산(三山)이라고도 말한 것 같으며 백월산의 옛 이름. 또 삼화산이라고도 하며 화랑도가 숭배한 산으로서 화랑은 미륵의 화신이라고도 하는 미륵신앙으로 자리를 잡았다('유' 권제2 '경덕왕 충담사 표훈대덕'). 화랑기파랑의 찬가를 지은 충담사사 '每重三重九日, 烹茶饗南山三花嶺彌勒世尊'이라고 전해지고 있으며, 또 '유' 권제9 수록의 융천사혜성가(화랑가의 하나) 가운데 '三花矣岳音見賜烏尸聞古'라고 보이는 삼화의악(三花矣岳)(矣는 지격[286]조사ǔi, 일본어 'の'은 이 삼화산을 가리키는 것이다. 또 한편 화랑의 풍습은 도교와 융합한 면도 가지고 있다. [참고] 고증. 미시나 '新羅の浄上教', "塚本博士頌壽記念 佛教史學論集"(昭和三六年二月).

619○ 【仙川村】 【月藏】 【味勝】 【修梵】 【梵摩】 이들의 지명 · 인명은 이곳 이외는 보이지 않는다.

619b○ 【雉山村】 이곳 이외는 보이지 않는다.

620○ 【法積房】 【法宋(宗)谷】 미상.

---

286) 지격(持格). 소유격을 의미.

○ 【栖眞】천(栖)은 서(栖)의 잘못. 栖=棲. 이곳은 서신(棲神)(마음을 가라 앉혀 안정시킨다)인가.

○ 【大佛田小佛田二洞】대불전동, 소불전동의 현재 지역은 불명. 동(洞)은 촌리를 말한다.

○ 【懷眞庵. 一云壞寺】백월산 근방에 있었다고 생각되는데, 미상. 낭사(壞寺)는 회사(懷寺)의 잘못인가.

620a○ 【懷眞洞有古寺基. 是也】회진동은 백월산 기슭에 있었던 촌락으로 보이는데 추정곤란. 또 '유'가 편찬되었던 때는 절터가 있었는데, 이 옛 절은 회진암(懷眞庵)(寺)을 말할 것이다.

620○ 【瑠璃光寺】【今梨山上有寺基. 是也】유리광사도 이산(梨山)도 미상.

○ 【棲神安養】위의 서진(栖眞)의 주해를 참조.

○ 【方外之志】속세를 버린 사람을 의미하는 것으로 이곳에서는 승려가 되려는 의지를 말한다.

621○ 【彌勒】미륵보살을 말한다.

○ 【彌陁(陀)】아미타불(阿彌陀佛).

622○ 【景龍三年巳(己)酉】【聖德王即位八年】양자 모두 서기 709년에 해당한다. 경룡은 당 중종 조의 원호. 성덕왕은 신라 제33대 왕(702-737). '왕력' 신라 제33 성덕왕 조(주해 285-287 및 '유' 권제2·성덕왕 조(주해 285-287) 참조. 처음에 경룡 3년 사유(巳酉)는 기유(己酉)의 잘못.

○ 【蘭若】아란약(阿蘭若)의 생략으로 절을 말한다.

622b○ 【記云】남백월이성(南白月二聖)의 본문기사는 "백월산양성성도기"를 중심으로 한 것이며, 뒤에 나오는 고기(古記)와는 기술 형식이 다르므로 이 기사는 두 서적과 다른 것으로 보는 것이 좋을 것이다.

623a○ 【傳曰北庵】조금 전의 분주(分注)에 '鄕傳南庵'이라고 있는 것에 대응해서 이 이야기는 향전(鄕傳)을 생략한 말로 보인다.

623○ 【菩薩行】혼자만의 깨달음을 얻어 수행하는 것이 아니고 더 나아가 깨달음의 진리에 의해 현실사회의 정토화에 애쓰는 것.

625○【天寶十四乙未. 新羅景德王即位. …聞斯事. …】천보(天寶)는 당 현종의 원호. 천보14년 을미는 서기 755년에 해당한다. 이 해는 신라에서는 경덕왕 즉위 14년에 해당하기 때문에 본문에서는 즉위(即位) 뒤에 '十四年'의 3글자를 넣어야 할 것으로 생각되지만, 이곳은 오히려 '即位'의 2글자를 삭제해야 할 것이다. 그러면 이곳은 '천보 14년 을미에 경덕왕이 이 일을 듣고 운운 …'이라는 것이 될 것이다.

625a○【古記云. 天鑑二十四年乙未法興即位. …】이 고기(古記)는 어떤 성질인지 불명. 다음으로 천감이라는 연호는 없다. 법흥왕대의 연차로 보아, 양 무제 조의 원호인 천감(天監)으로 해야 할 것이다. 그러나 천감(天監)은 18년에 끝난다.

천감 14년 을미(515)는 법흥왕 2년이다. 법흥왕의 즉위 연차는, 천감 13년 갑오년이라고 '사', '유' 모두 일치하는데, 이것은 즉위칭원법에 의한 것으로 유년칭원법에 의하면 천감 14년 을미년이 법흥왕 즉위년이다. 또한 서울 민족문화추진위원회가 서울대본 '유'를 축소영인한 고전총서(1)의 '유'(고전총서본 '유')의 두주(頭注)에는 법흥왕 즉위 아래에 '二年'의 2글자가 탈락했다고 적고 있는데 이것은 '사', '유'의 즉위연차를 따른 것이다.

625○【丁酉歲】앞서 말한 을미의 2년 후로, 경덕왕 16년(757), 당 숙종(현종의 아들)의 지덕(至德) 2년에 해당한다.

○【白月山南寺】이 절 이름은 다른 서적에 보이지 않는다. 그러나 백월산 부근에 신라시대의 절터로 보이는 것이 있다. "문화유적총람 중권"(문화공보부문화재관리국)에는 경상남도 창원군 17번 '남백사지' 18번 '남백사지삼층석탑', 19번 '남백사지마애불좌상'의 항목에 자세하게 적고 있다. 이것에 의하면 남백사지는 창원군 북면 북계리의 백월산 북쪽 기슭의 골짜기에 있고, 이 지역에는 많은 건물터나 석탑 재료가 흩어져 있다. 이것의 제작기법으로 보아 통일신라시대의 것으로 추정되며, 이 백월남사와 같은 시대의 절터라고 전해지고 있다.

626○【德(廣)德二年 … 甲辰】광덕은 당 대종(代宗) 조의 원호로, 그 2년

갑진은 서기 764년, 신라 경덕왕 23년에 해당한다.

626a○【古記云大曆元年. 亦誤】대력은 당의 대종(代宗) 조의 원호로, 그 원년 병오는 신라 혜공왕 2년, 서기 766년이다.

626○【餘液不足. 塗浴未周. 故彌陁像亦有斑駁之痕】【現身成道無量壽殿】 현신성불의 연기에 유래하는 미타여래상의 도색이 미완성이라는 것은, 반금색의 모습으로 인해서 와전된 이야기가 아닐까. 혹은 박박이 남은 물로 성불했다는 이야기도, 이 사실을 설명하기 위해 나온 것이 아니었을 까. 다음으로 현신성도라는 절 이름은 일본의 법륭사의 다른 이름, 현신 왕생소를 상기시키는 것과 동시에 현신성불적이었다는 것을 보이고 있 다. [참고] 고증. 미시나의 전게 논문.

627○【華嚴經】한역으로는 대방광불화엄경, 생략해서 화엄경이라고 한다. 대승경전. 한역으로는 3가지 있다. ① 동진(東晉)의 불타발타라[287](覺 賢)가 번역한 것(418-429)은 60권이고, 생략하여 60화엄경, 진경(晉經)이 라고도 한다. ② 당의 시타샤 난타(學喜)가 번역한 것(695-699)은 80권이 며 줄여서 80화엄경, 당경(唐經)이라고도 한다. ③ 당의 프라즈나(般 若)[288]가 번역한 것(795-798)은 40권으로, 상세하게로는 대방광불화엄경 입불사의해탈경계보현행원품(大方廣佛華嚴經入不思議解脫境界普賢行 願品)이라고 한다. 사십화엄(四十華嚴)·정원경(貞元經)이라고 하는 일 도 있는데, 앞의 60화엄이나 80화엄과는 달리 위의 두 가지 번역의 마지 막 '入法界品'에 해당하는 부분만을 번역한 것이다. 구역은 34품, 신역은 39품으로 이루어진다. 티베트언어 번역도 현존하며, 그 내용은 80화엄경 과 유사하다. 범어의 완본은 발견되고 있지 않는데, 처음부터 화엄경이 라는 하나의 경전으로 이루어진 것은 아니고, 각 장(章)이 각각 독립된 경전으로서 성립하고 나중에 화엄경으로서 집대성된 것으로 생각되며,

---

287) 佛陀跋陀羅.
288) 프라즈나(prajna).

그 시기는 4세기경이라고 추정된다("総合佛敎大辭典" 法藏館 참조).

○【摩耶夫人善知識. 寄十一地生佛如幻解脱門】 이 글은 대방광불화엄경(팔십화엄) 권76, 입법계품 39의 17에 바탕을 두고 있다. 화엄교 가운데에도 구역경 제22의 '십지품'은 선재동자가 55인의 선지식(善知識)을 찾아 보현의 행원을 이루는 구도(求道) 이야기가 상세하게 나와 있으며, 이 두 가지 품(品)은 화엄경 가운데에서도 성립이 오래되었고, 교의적으로도 특히 중요하여 한문으로의 이역(異譯)도 많다. '마야부인' 석존의 어머니의 이름. 석가족의 슈도다나(净飯王)의 비(妃). 석가족 인근의 고리야족[289] 출신. 그녀는 석존을 임신할 때, 백상(白象)이 태내에 들어오는 꿈을 꾸었는데, 석존은 룸비니 정원에서 그녀의 오른 쪽 옆구리로부터 출생했다. 그리고 그녀는 석존이 태어나고 7일째에 죽어 도리천(忉利天)에 태어났다고 전해지고 있다.

'善知識' 고승(高僧)을 말한다. 앞서 '입법계품'에 있어서, 선재동자는 오오(五五)(실제는 五三)의 선지식을 찾아 구법(求法)의 여행을 나섰는데, 마야부인은 오삼 선지식 가운데 들어 있다.

○【陁羅尼】 산스크리트어 dhărani의 음을 옮긴 것으로 '총지(総持)'라고 한역한다. 수행자가 마음의 산란을 막고 집중하여 교법(敎法)이나 교리를 기억하고 유지하기 위하여 쓰는 주문(呪文).

628 ○【□(招)(菩)提】 이 빠진 글자에 대하여 대정신수대장본 '유'는 '招'를 대고 있다. 또 서울대본 '유'에는 '六堂新訂本 提字上補入招字'라고 두주(頭注)를 달고 있다. 노무라(野村)는 일본어역 일체경본(一切經本) '유'에서 '菩'의 글자를 대고 있다.

○【雙兒】 노힐부득을 미륵보살로 하고, 달달박박을 무량수불로 한 것을 비유한 것이다.

---

289) Koliya.

⁶²⁹분황사천수대비 · 맹아득안

芬皇寺千手大悲 · 盲兒得眼

⁶³⁰景德王代漢歧里女希明之兒. 生五稔而忽盲. 一日其母抱兒. 詣芬皇寺
左殿北壁畫千手大悲前, 令兒作歌禱之, 遂得明. ⁶³¹其詞曰. 膝肹古召旀,
二尸掌音毛乎支内良, 千手觀音叱前良中. 祈以支白屋尸置内乎多. 千隱
手. 叱千隱目肹. 一等下叱放一等肹除惡支. 二于萬隱吾羅, 一等沙隱賜
以古只内乎叱等邪, 阿邪也, 吾良遺知支賜尸等焉, 放冬矣用屋尸慈悲也
根古. ⁶³²讚曰. 竹馬葱笙戲陌塵, 一朝雙碧失瞳人. 不因大士迴慈眼, 虛度
楊花幾社春.

풀이 ⁶²⁹분황사천수대비 · 맹아득안(芬皇寺千手大悲 · 盲兒得眼)

⁶³⁰경덕왕 때 한기리의 여인 희명의 아이가 태어난 지 5년이 지나자
문득 눈이 멀었다. 하루는 그 어머니가 아이를 안고, 분황사 좌전 북
쪽 벽에 그린 천수대비 앞에 나아가서, 아이로 하여금 노래를 불러 빌

게 하니, 마침내 눈이 밝아졌다.

[631]그 노래는 다음과 같다.

천의 손을 가진 부처님이시여

천수관음 앞에 무릎을 구부리고

두 손 모아 비나이다

천의 손을 가지며 천의 눈 가운데

하나를 내놓고 하나를 덜어 주시길 (바라나이다)

둘이면서도 온전하지 못한 우리에게

하나라도 주시어 나에게 내려 주십시오.

비나이다. 베풀어 주시는 그 자비야말로 한량없어라.

[632]찬하여 말한다.

죽마 타고 파 피리 불며 언덕에서 놀더니

하루아침에 두 눈에 총기를 잃었구나.

천수관음의 자비로운 눈길 아니시면

버들가지 날리는 숱한 봄날을 얼마나 헛되이 보냈을까.

 주해 **629**○【芬皇寺】 '유' 권제3 · 홍법제3 '아도기라' 조(주해 483e) 및 탑상 제4 '황룡사종 분황사약사 봉덕사종' 조(주해 551) 참조.

○【千手大悲】 천수관음. 이 보살은 서약에 의해 몸에 천수천안을 가지는 까닭에 천수천안관자재보살이라고 하는데, 보통 천수관음이라고 한다. 관음은 본래 자비를 으뜸으로 하는데, 천수관음은 천의 자비, 천의 자수를 가지고 중생을 제도하기에 중국에서 일찍부터 대비관음으로 압도적인 신앙을 받은 존상으로, 일본에서는 나라시대부터 신앙을 가져 당초제

사금당의 목조입상은 실제로 천의 손을 가지고 있다.

630○ 【景德王】 '유' 왕력 신라 제35 경덕왕 조 및 '유' 권제2 '경덕왕 충담사
표훈대덕' 조(주해 296) 참조.

○ 【漢岐里】 한기부. '유' 권제1 '신라시조혁거세왕' 조(주해 114) 참조.

○ 【五稔】 5년을 말한다. 임(稔)은 연(年)이며, 도(稻)는 한 번 숙성하는 기
간을 말한다.

○ 【左殿】 단순하게 왼쪽의 불전이라고 해야 할까.

632○ 【大士】 관음 대사(大士).

○ 【社春】 입춘 · 입추 후의 술(戌)의 날을 사일(社日)이라고 한다.[290] 즉 사
춘(社春)으로 봄을 말한다.

---

290) 여러 한국 측의 사전에는 무(戊)의 날로 설명.

⁶³³낙산이대성 · 관음 · 정취 · 조신
洛山二大聖 · 觀音 · 正趣 · 調信

⁶³⁴昔義湘法師 始自唐來還. 聞大悲眞身住此海邊崛內 故因名洛山. 盖西域寶陁洛伽山. 此云小白華. 乃白衣大士眞身住處 故借此名之. 齋戒七日. 浮座具晨水上 龍天(神)八部侍從引入崛內. 參禮. 空中出水精念珠一貫給之. 湘領受而退. 東海龍亦獻如意寶珠一顆. 師捧出 更齋七日. 乃見眞容. 謂曰, 於座上山頂 雙竹湧生, 當其地作殿宜矣. 師聞之出崛 果有竹從地湧出. 乃作金堂塑像而安之 圓容麗質. 儼若天生 其竹還没. 方知正是眞身住也. 因名其寺曰洛山, 師以所受二珠. 鎭安于聖殿而去. ⁶³⁵後有元曉法師. 繼踵而來. 欲求瞻禮 初至於南郊水田中 有一白衣女人刈稻. 師戲請其禾, 女以稻荒戲荅之. 又行至橋下. 一女洗月水帛. 師乞水. 女酌其穢水獻之. 師覆棄之. 更酌川水而飮之. 時野中松上有一靑鳥. 呼曰休醍□(醐)和尚. 忽隱不現. 其松下有一隻脫鞋. 師旣到寺. 觀音座下又有前所見脫鞋一隻. 方知前所遇聖女乃眞身也. 故時人謂之觀音松. 師欲入聖崛更覿眞容 風浪大作. 不得入而去. ⁶³⁶後有崛山祖師梵日. 太和年中入

唐. 到明州開國寺 有一沙彌. 截左耳. 在衆僧之末, 與師言曰, 吾亦鄉人
也. 家在溟州界翼嶺縣德耆坊, 師他日若還本國. 須成吾舍. 旣而遍遊叢
席, 得法於盐(鹽)官[a]事具在本傳.以會昌七年丁卯還國, 先創崛山寺而傳敎.
大中十二年戊寅二月十五日夜. 夢昔所見沙彌到窓下. 曰. 昔在明州開國
寺. 與師有約. 旣蒙見諾, 何其晚也. 祖師驚覺. 押數十人. 到翼嶺境. 尋
訪其居. 有一女居洛山下村. 問其名, 曰德耆. 女有一子. 年才八歲, 常出
遊於村南石橋邊, 告其母曰, 吾所與遊者, 有金色童子. 母以告于師, 師驚
喜. 與其子尋所遊橋下, 水中有一石佛. 昇(昇)出之. 截左耳. 類前所見沙
彌, 即正趣菩薩之像也. 乃作簡子卜其營構之地, 洛山上方吉. 乃作殿三
間安其像. [b]古本載梵日事在前. 相・曉二師在後. 然按湘曉二師爾[291]於高宗之代, 梵日在於會昌
(去)之後. 相昌(去)一百七十餘歲. 故今前却而編次之. 或云. 梵日爲相之門人, 謬妄也.[637]後百餘
年. 野火連延到此山, 唯二聖殿獨免其災. 餘皆煨燼. 及西山大兵已來. 癸
丑・甲寅年間. 二聖眞容及二寶珠移入襄州城. 大兵來攻甚急. 城將陷.
時住持禪師阿行[a]古名希玄以銀合盛二珠. 佩持將逃逸, 寺奴名乞升奪取. 深
埋於地. 誓曰, 我若不免死於兵, 則二寶珠終不現於人間. 人無知者, 我若
不死. 當奉二寶獻於邦家矣. 甲寅十月二十二日. 城陷, 阿行不免, 而乞升
獲免. 兵退後掘出. 納於溟州道監倉使. 時郞中李禄綏爲監倉使, 受而藏
於監倉庫中. 每交代傳受. 至戊午十一月. 本業老宿祇林寺住持大禪師覺
猷奏曰, 洛山三珠.[292] 國家神寶. 襄州城陷時. 寺奴乞升埋於城中, 兵退
取納監倉使. 藏在溟州營庫中. 今溟州城殆不能守矣, 宜輸安御府. 主上
允可, 發夜別抄十人. 率乞升, 取於溟州城. 入安於內府. 時使介十人. 各

---

291) DB. 尒□.
292) 고증. 二珠.

賜銀一斤米五石. **638**昔新羅爲京師時, 有世達(達)寺ᵃ今興敎寺也.之莊舍. 在

溟州㮈李郡ᵇ按地理志, 溟州無㮈李郡. 唯有㮈城郡, 本㮈生郡. 今寧越. 又牛首州領縣有㮈靈郡, 本

㮈已郡. 今剛州. 牛首州今春州(川).²⁹³⁾ 今言㮈李郡. 未知孰是. 本寺遺(遣)僧調信爲知莊.

信到莊上. 悅□(太)守金昕公之女. 惑之深. 屢就洛山大悲前.

潛祈得幸. 方數年間. 其女已有配矣. 又往堂前怨大悲之不遂已. 哀泣至日暮. 情思

倦憊, 俄成假寢. 忽夢金氏娘容豫入門. 粲然啓齒而謂曰, 兒早識上人於

半面. 心乎愛矣. 未嘗暫忘, 迫於父母之命强從人矣. 今願爲同穴之友故

來爾. 信乃顚喜, 同故(皈)²⁹⁴⁾鄕里. 計活四十餘霜.²⁹⁵⁾ 有兒息五. 家徒四

壁. 藜藿不給. 遂乃落魄. 扶携. 糊其口於四方. 如是十年. 周流草野, 懸

鶉百結. 亦不掩體. 適過溟州蟹縣嶺. 大兒十五歲者忽餒死. 痛哭收瘞於

道. 從孿²⁹⁶⁾餘四口到羽曲縣 ᶜ今羽縣也. 結茅於路傍而舍. 夫婦老且病. 飢

不能興. 十歲女兒巡乞, 乃爲里獒所噬. 號痛臥於前, 父母爲之歔欷. 泣下

數行. 婦乃. □澘拭涕.²⁹⁷⁾ 倉卒而語曰, 予之始遇君也. 色美年芳. 衣袴

稠鮮. 一味之甘得與子分之, 數尺之煖得與子共之. 出處五十年, 情鍾莫

逆. 恩愛綢繆. 可謂厚緣. 自比年來. 衰病歲益深, 飢寒日益迫, 傍舍壺漿.

人不容乞, 千門之耻. 重似丘山. 兒寒兒飢. 未遑計補, 何暇有愛悅夫婦之

心哉.²⁹⁸⁾ 紅顏巧笑. 草上之露, 約束芝蘭. 柳絮飄風. 君有我而爲累, 我爲

君而足憂. 細思昔日之歡, 適爲憂患所階. 君乎予乎. 奚至此極. 與其衆鳥

之同餒. 焉知(如)²⁹⁹⁾隻鸞之有鏡. 寒棄炎附. 情所不堪. 然而行止非人. 離

---

293) DB. 以(州).

294) 고증. 귀(歸).

295) DB. 세월을 의미하는 星霜에서 星이 누락된 것으로 보인다.

296) DB. 규장각본과 만송문고본, 순암수택본에는 亂.

297) DB. □澘拭涕로 보인다.

298) 재(哉)의 이체자. 고증. 哉.

合有數, 請從此辭. 信聞之大喜. 各分二兒將行, 女曰, 我向桑梓. 君其南
矣. 方分手進途而形開. 殘燈翳吐, 夜色將闌. 及旦鬢髮盡白. 惘惘然殊無
人世意. 已猒勞生. 如飫百年辛苦. 貪染之心. 洒然氷釋. 於是慚對聖容.
懺滌無已. 歸撥蟹峴300)所埋兒. 乃石彌勒也. 灌洗奉安于隣寺. 還京師.
免莊任. 傾私財創淨土寺, 懃修白業. 後莫知所終. **639**議曰. 讀此傳. 掩卷
而追繹之, 何必信師之夢爲然. 今皆知其人世之爲樂. 欣欣然. 役役然, 特
未覺爾. 乃作詞誡之曰. 快適須臾意已閑, 暗從愁裏老蒼301)顏. 不須更待
黃粱302)熟, 方悟勞生一夢間. 治303)身臧否先誠意, 鰥夢蛾眉賊夢藏. 何似
秋來清夜夢. 時時合眼到清涼.

풀이 **633**낙산이대성·관음·정취·조신(洛山二大聖·觀音·正趣·調信)

634옛날 의상법사가, 처음으로 당나라에서 돌아와, 관음보살의 진신
이 이 해변의 굴 안에 산다고 듣고, 이로 인하여 낙산이라고 이름하였
다. 대개 서역의 보타낙가산이 있는 까닭이다. 이것을 소백화라고 하
는 것은, 백의보살의 진신이 머물러 있는 곳이므로, 이를 빌려 이름
지은 것이다. (의상이) 재계한 지 7일째에, 좌구를 새벽 물위에 띄웠더
니, 용천의 팔부(八部)304) 시종이, 굴속으로 (그를) 인도하였다. 공중을

---

299) 고증. 知(如).
300) DB. 앞부분에는 縣으로 되어 있다.
301) DB. 규장각본과 만송문고본, 순암수택본에는 倉으로 되어 있다.
302) DB. 粱의 오기로 보인다.
303) DB. 규장각본에는 治 앞이 두 개의 빈칸으로 되어 있다.
304) DB. 팔부중을 이르는 말로 용신팔부(龍神八部)라고도 한다. 불법을 수호하는 여러 신장(神
將), 즉 천(天), 용(龍), 야차(夜叉), 아수라(阿修羅), 가루라(迦樓羅), 건달바(乾闥婆), 마후라가
(摩睺羅迦)를 말한다.

향하여 예배를 드리니, 수정염주 한 꾸러미를 내어 주므로, 의상이 받아 물러났다. 동해의 용 역시 여의보주 한 알을 바치므로, 법사가 받들고 나왔다. 다시 7일을 재계하고 나서 곧 (관음의) 진용을 보았다. (관음이) 말하기를, "자리 위의 산정에 한 쌍의 대나무가 솟아날 것이니, 그 땅에 불전을 지음이 마땅하리라."고 하였다. 법사가 그 말을 듣고 굴 밖으로 나오니, 과연 대나무가 땅에서 솟아 나왔다. 이에 금당을 짓고 (관음) 상을 빚어 모시니, (그) 원만한 모습과 고운 자질은, 엄연히 하늘이 낸 듯하였다. 그 대나무는 다시 없어졌다. 그제야 그 땅이 (관음) 진신의 주처임을 깨달았다. 이로 인해 그 절 이름을 낙산이라고 하고, 법사는 받은 두 구슬을 성전에 모셔 두고 떠났다.

635후에 원효법사가 뒤이어 와서 (관음의 진신을) 보고 절하고, 당초에 남쪽 교외에 이르니, 논 가운데서 흰옷을 입은 한 여인이 벼를 베고 있었다. 법사가 희롱삼아 벼를 달라고 하였더니, 여인이 장난으로 마른 벼를 건네줬다.305) (법사가) 또 길을 가서 다리 밑에 이르니, 한 여인이 월수건306)을 빨고 있었다. 법사가 마실 물을 청하니 여인은 그 더러운 물을 떠서 드렸다. 법사는 이를 엎질러 버리고 냇물을 떠서 마셨다. 때마침 들 가운데 소나무 위에서 파랑새 한 마리가 불러 말하기를, "제호화상은 그만두시오?"라고 하고는 홀연히 숨어 버리고 나타나지 않았다. 그 소나무 아래에 벗은 신발 한 짝이 있었다. 이윽고 법사가 절에 이르니, 관음(상)의 자리 아래에 또 이전에 본, 벗은 신발 한 짝이 있었다. 그제서야 앞에서 만난 성스러운 여인이 (관음의) 진신

---

305) DB. 여인이 장난말로 벼가 흉작이라고 대답하였다.
306) DB. 여자가 월경할 때 사용하던 도구이다.

임을 알았다. 이 때문에 당시 사람들은, 그 소나무를 관음송이라고 하였다. 법사가 성굴(聖崛)에 들어가서, 다시 (관음의) 참모습을 보고자 하였으나, 풍랑이 크게 일어 들어가지 못하고 돌아갔다.

636후에 굴산조사 범일이 태화 연간에 당에 들어가 명주 개국사에 이르렀는데, 왼쪽 귀가 떨어진 한 사미가 여러 중의 말석에 앉았다가 조사에게 말하기를, "저도 역시 고향사람입니다. 집은 명주 지경 익령현 덕기방에 있사오니, 조사께서 훗날 본국에 돌아가시거든 꼭 저의 집에 와 주십시오.[307]"라고 하였다. 그런 일이 있은 후 (범일은) 총석을 두루 다니다가, 염관에게서 법을 얻어 [a]이 일은 본전(本傳)에 자세히 실려 있다. 회창 7년 정묘에 고국으로 돌아와, 먼저 굴산사를 창건하여 불교를 전하였다. 대중 12년 무인 2월 15일 밤 꿈에 전에 보았던 사미가 창 아래에 와서 말하기를, "옛날 명주 개국사에 있을 때 조사가 (나와) 약조하여 이미 허락한 바 있거늘 어찌하여 그리 지체하십니까?"라고 하였다. 조사가 놀라서 깨어나 수십 인을 데리고 익령 지경에 가서 그의 집을 찾았다. 한 여인이 낙산 아랫마을에 살고 있어 그 이름을 물으니, 덕기(德耆)라고 하였다. 그 여인에게 한 아들이 있는데 나이가 겨우 여덟 살이었는데, 항상 남쪽 돌다리 주변에 나가 놀더니, 그 어머니에게 고하기를, "나와 함께 노는 아이 가운데 금빛 나는 아이가 있다."고 하였다. (그) 어머니가 조사에게 이 사실을 알리니, 조사가 놀라고 기뻐하여 그 아들과 함께 다리 밑에 가서 찾으니, 흐르는 물 가운데 돌부처 하나가 있어 꺼내었다. 왼쪽 귀가 떨어진 것이 이전에 본 사미와 같았는데 이는 곧 정취보살의 상이었다. 이에 점치는 괘쪽

---

307) DB. 꼭 저의 집을 지어 주십시오.

을 만들어 절 지을 터를 점쳐 보니, 낙산 위가 길하므로 (그곳에) 불전 세 칸[308]을 짓고 그 보살상을 모셨다. [b]고본에는 범일(梵日)의 사적(事跡)이 앞에 적혀 있고, 의상과 원효 두 법사의 (사적이) 뒤에 적혀 있으나, 살펴보면 의상과 원효 두 법사의 일은 (당)고종 때의 일이요, 범일의 사적은 회창(841-846) 이후의 일이니 서로 떨어지기가 170여 년이나 된다. 그러므로 지금 먼저의 것은 버리고 차례를 바로 잡아 엮었다. 혹은 범일을 의상의 문제(門弟)라고 하나 잘못된 것이다.

[637]그 뒤 백여 년이 지나, 들불이 이 산에까지 옮아 붙었으나, 오직 두 성전(聖殿)만은 화재를 면하고, 나머지는 모두 불타 버렸다. 몽고의 큰 병란(西山大兵)이 있은 이후 계축·갑인년 사이에 두 보살의 진용과 두 보주를 양주성으로 옮겼다. (몽고) 대군의 공격이 심히 급박하여 성이 바야흐로 함락할 즈음에, 주지선사 아행(阿行)[a]옛 이름은 희현(希玄)이 은합에 두 보주를 담아서 몸에 지니고 도망하려고 하니, 걸승(乞升)이라는 절의 종이 (이를) 빼앗아 땅에 깊이 묻고 서원하기를, "내가 만약 병란에 죽음을 면하지 못한다면, 두 보주(寶珠)는 끝내 세상에 나타나지 못하여 아는 사람이 없게 될 것이며, 내가 만약 죽지 않는다면 마땅히 두 보물을 받들어 나라에 바칠 것이다."고 하였다. 갑인(1254) 10월 22일 성이 함락되자 아행은 죽음을 면하지 못하였으나, 걸승은 죽음을 면하고 적병이 물러간 뒤, (땅속에서) 파내어 명주도 감창사에게 바쳤다. 이때 낭중(郞中) 이녹수가 감창사였는데, 받아서 감창고 안에 간직하고 있다가 관리직을 교대할 때에 받아 갔다.[309]

무오(1258) 11월에 이르러, 본업의 노숙(老宿) 기림사 주지 대선사

---

308) 고증. 二棟의 佛堂이라.
309) DB. 감창고(監倉庫) 안에 간직하고 교대할 때마다 물려받았다.

각유가 (왕께) 아뢰며 말하기를, "낙산사의 두 보주는 국가의 신보(神寶)입니다. 양주성이 함락될 당시에 절의 노비인 걸승이 성 가운데 묻어 두었다가, 병사들이 물러간 뒤에 감창사에 봉납했기 때문에, 그 이후에는 명주(溟州) 군영의 창고 가운데 간직하여 왔습니다. 그러나 지금 명주성이 위태로워 지키지 못하겠으니, 마땅히 어부(御府)로 옮기어 안치하여야 합니다."라고 하였다. 임금이 윤허하여 야별초 10명을 보내어, 걸승과 함께 가서 명주성에서 보주를 거두어, 내부(內府)에 모셔 두었다. 이때 심부름한 관원 열 명에게, 각각 은(銀) 1근과 쌀 다섯 섬을 주었다.

638옛날 신라가 수도였을 때 세달사^a지금의 흥교사이다.의 장사(莊舍)가 명주 내리군^b지리지에 의하면 명주에는 내리군은 없고 다만 내성군이 있을 뿐인데, (이것은) 본래 내생군(柰生郡)으로 지금의 영월이다. 또 우수주 영내의 고을에 내령군이 있는데, 본래는 내이군으로 지금의 강주(剛州)이다. 우수주는 지금의 춘주(春川)이다. 여기서 내리군이라고 하는 것이 어느 것인지 알 수 없다.에 있었다. 본사(세달사)에서 승려 조신을 보내 장사의 관리인으로 삼았다. 조신이 장사에 와 있는 동안, 태수(太守) 김흔 공의 딸을 좋아하여 깊이 매혹되어 있었다. (그는) 낙산사의 관음보살 앞에 여러 번 나아가 희망한 바를 얻도록 몰래 빌었다. 그 사이 수년 동안 김흔의 딸은 출가하였으므로, 이미 짝이 생겼다. (조신은) 다시 불당 앞에 가서 관음보살이 (자기의 소원을) 이루어 주지 않음을 원망하여, 날이 저물도록 슬피 울었다. 그립고 원망스러운 마음이 있었는데, 그 사이 깜빡 잠이 들어 버렸다. 그때 홀연히 김씨의 딸이 의젓하게 문을 열고310) 들어서며, 웃는 얼굴로 흰 이를 드러내 보이며

---

310) DB. 문득 꿈에 김씨의 딸이 의젓하게 문을 열고라고 했다.

말하기를, "내가 일찍이 상인의 얼굴을 알고 마음으로 사랑하여 잠시도 잊지 못하였으나, 부모의 명에 못 이겨 억지로 다른 사람을 따랐습니다. (그러나) 지금은 (대사님과 죽어서) 한 무덤에 묻힐 반려가 되고자 이렇게 왔습니다."라고 하였다. 조신은 대단히 기뻐하며 함께 고향으로 돌아가, 사십여 년을 살고 자녀 다섯을 두었다. 그러나 집은 다만 네 벽뿐이요. 나물죽으로도 끼니를 잇지 못하였다. 참다못해 실의에 빠진 두 사람은, 서로 손을 잡고 입에 풀칠하기 위해 사방을 떠돌아 다녔다. 이와 같이 10년을 사는 동안에 두루 초야를 유람하니, 입은 옷은 갈갈이 찢어져 몸을 가리기에도 부족할 판이었다. 마침 명주의 해현령을 지날 때, 십오 세 된 큰 아이가 홀연히 굶어 죽었다. 통곡하며 (주검을) 거두어 길에 묻었다. 남은 네 자녀를 거느리고 (두 부부는) 우곡현ᶜ지금의 우현이다.에 이르렀다. 길가에 띠풀을 묶어 집삼아 살았다. 부부는 늙고 또 병들고 굶주려서 일어나지도 못하였다. 열 살짜리 딸아이가 밥을 빌러 돌아다녔는데, 마을 개에게 물려 앞에 누워 아픔을 호소하니, 부모가 목이 메어 흐느껴 울며 눈물을 줄줄 흘렸다.

부인이 괴로워 머뭇거리며 눈물을 훔치고 나서 창졸히 말하기를, "내가 당신과 처음 만났을 때, 당신은 얼굴도 아름답고 나이도 젊고 옷차림도 훌륭했습니다. 맛 좋은 한가지의 음식이라도 당신과 나누어 먹고, 얼마 안 되는 옷가지도 당신과 나누어 입으면서 함께 산 지 50년, (그 사이) 정은 더할 수 없이 깊어졌고, 사랑은 얽히고 묶였으니 가히 두터운 연분이라고 하겠습니다. (그러나) 근년에 와서 노쇠와 병고가 해가 거듭될수록 심해지고, 추위와 배고픔은 날로 더욱 절박해지니 (한 칸의) 곁방살이, 한 병의 마실 것도 사람들이 용납하여 주지 않으니, 수많은 집 문 앞에서 당하는 그 수모는 산더미같이 무겁기만

합니다. 아이들은 추위에 떨고 굶주림에 지쳤어도 면하게 할 수 없으니, 어느 틈에 사랑이 있고 부부의 즐거움이 있겠습니까? 이런 때인데 부부간의 애정을 즐길 겨를이 어디에 있겠습니까? 젊은 얼굴에 예쁜 웃음은 풀잎 위의 이슬 같고, 지란 같은 백년가약은 회오리바람에 날리는 버들가지 같습니다. 당신은 제가 짐이 되고, 저는 당신 때문에 근심이 됩니다. 옛날의 즐거움을 곰곰이 생각해 보니, (그것이) 다름 아닌 우환에 접어드는 길목이었습니다. 당신과 제가 어찌하여 이 지경이 되었는지요? 새떼가 함께 굶어 죽는 것과 같습니다. 차라리 짝 잃은 난새가 거울을 향하여 짝을 부르며 슬퍼하는 것만 같지 못할 것입니다. 어려울 때 버리고, 좋을 때 가까이하는 일은 인정으로 차마 할 일은 아니겠습니다만, 행하고 그치고 하는 것은 사람의 뜻대로 되는 것이 아니며, 헤어지고 만나는 것도 운명이 있는 것이니, 청컨대 내 말을 좇아 헤어지기로 합시다."라고 하였다. 조신이 이 말을 듣고 크게 기뻐하여, 각각 아이 둘씩을 나누어 막 가려고 할 때 아내가 말하기를, "저는 고향으로 가겠습니다. 당신은 남쪽으로 가시지요."라고 하며 서로 잡았던 손을 막 놓고 갈라서 길을 떠나려 했다.

그때 조신은 꿈을 깼다. 쇠잔한 등불은 가물거리고, 밤은 비로소 새려고 하였다.

새벽이 되어서 보니, (하룻밤 사이에) 머리카락이 모두 하얗게 세어 있었다. 넋 잃은 사람 모양으로, 더 이상 인간 세상에 뜻이 없었다. 세상살이의 괴로움에 이미 염증이 난 것이, 마치 백 년의 쓰라림을 겪고 난 것 같았다. 탐욕하는 마음도 깨끗이 얼음 녹듯 사라져 버렸다. (관음보살의) 거룩한 모습을 부끄럽게 여겨 참회했다. 해현으로 가 (꿈속에서) 큰 아이를 파묻었던 자리를 파 보았더니 돌미륵이 나왔다. 깨끗이 씻어서 이웃 절에 봉안하였다. 서울로 돌아가 장사관리의 책임을 벗고 나서, 사재를 기울여 정토사를 세우고, 부지런히 착한 일을 닦았다. 그 뒤 어디서 세상을 마쳤는지 알 수 없다.

⁶³⁹논의하여 말한다. 이 (조신의) 전기를 읽고 나서 책을 덮고 곰곰이 생각해 보니, 어찌 반드시 조신스님의 꿈만 그렇겠는가? 현재도 모든 사람들이 인간세상이 즐거운 줄만 알고, 기뻐 날뛰며 애쓰고 있으니, (이는) 오로지 깨닫지 못한 까닭이다. 이에 시를 지어 경계한다.

한때는 즐겁고 한가로웠는데
젊었던 얼굴은 늙어 가는구나.
한 끼 조밥 익기를 다시 기다릴 것도 없이
괴로운 인생이 한 마당 꿈인 것을 깨달아야 한다.
몸 다스림의 잘잘못은 참된 뜻에 있거늘
홀아비는 여인을, 도둑은 창고를 꿈에 그린다.
어째서 가을이 왔다고 해서 맑은 밤의 꿈을 바랄까.
때때로 눈감고 청량(淸凉)에 이르자.311)

주해 **633**○【洛山】낙가산, 낙산사. 이 낙산사는 강릉시 북서쪽 약 70㎞ 남짓한 지점에 있는, 강원도 양양군 강현면 전진리 해안의 토대 위에 있다. 그리고 낙산 및 낙산사라는 이름의 유래는, 이하의 본문에 기록이 되어 있는데, 나아가 당시의 창건은 신라 문무왕 11년(671)에, 당에서 귀국한 명승 의상에 의한 것이라고 전해지고 있다. 그러나 실제로 새로 지은 것은, 뒷글에 보이는 범일(梵日)(810-887) 때라고, 가마다 시게오는 말하고 있다

---

311) DB. 어떻게 하면 가을날 맑은 밤의 꿈이 올까. 때때로 눈감고 청량(淸凉)에 이르네.

[韓國の古寺巡禮(新羅編), 1991년, 일본방송출판협회]. 또 이곳은 예부터 관음신앙의 신성한 곳이며, 의상이 수행한 곳의 하나였는지도 모르며, 이절의 개창 연기도 역사적 사실이 아니고, 후대에 지어진 의상에 관한 설화라고 한다. 그러나 우리는 설화가 태어난 배경을 깊게 생각해야 한다.

또한 이곳은 858년 이후 자주 재건, 수리가 있었는데. 다 나아가 1950년의 한국전쟁 때에도 불에 타 없어져, 지금의 당우(堂宇) 대부분이 1953년 이후에 복구한 것이다. 본전은 대비관음을 모시기 때문에 원통보전이라고 하며, 또 앞면에는 1467년에 재건된 칠층석탑(보물 제499호)이 남아 있다. 또 1978년에 세워진 동양최대(높이 17m)의 해수관음상이 있으며, 동해안으로 돌출된 절벽 위에 있는 의상대에서 해안을 북쪽으로 더 가면, 절벽에 관음을 모신 보타굴과 홍련암이 있다. 이 근처는 천하의 절경이라고 할 수 있다.

○ 【二大聖】 이곳에서는 관음과 정취(勢至)를 가리킨다. 이 관음과 세지 양보살은, 아미타여래의 극락정토에 사는 보살로, 소위 미타(彌陀)의 호위무사로서 최고 지위에 있었다("無量壽經", "觀無量壽經" 등).

○ 【觀音】 관음은 관세음의 약칭이라고 생각되는데, 산스크리트(범어)에서는 아발로키테스바라(Avalokiteśvara)의 약칭일 것이며, 이것을 한역하면 아박로지저습벌라(阿縛盧枳低濕伐羅)가 된다. 이것을 구역에서는 광세음, 관음, 관세자재 등으로 번역하고, 신역에서는 관자재로 번역한다. 어쨌든 관음은 자비구제를 특색으로 하는 보살의 이름이다. 그리고 자유자재의 신력으로, 중생의 다양한 고뇌를 구제하는 관음은, 현세내세를 통하여 평안을 주는 아미타여래의 호위신하로 걸맞고 한다.

○ 【正趣】 정취는 세지와 통하며, 대세지보살(Mahā-sthāma-prāpta)을 말한다. 또 세지는 대부분 극락세계의 의지처로서, 관음과 함께 아미타의 호위신하 모습으로 만들어져, 아미타를 중심으로 왼쪽에는 관음, 오른쪽에는 세지가 있어, 이것을 아미타삼존이라고 한다.

○ 【調信】 조신에 대해서는 이곳에만 보인다.

634○ 【義湘法師】 신라 명승으로 해동화엄종의 개조(開祖)(625-702). 자세한 것은 '유' 권제4, 의해 제5 '의상전교' 및 "송고승전" 권제4, 당신라국의 상전 참조.

○ 【大悲】 관세음보살을 말한다.

○ 【西域寶陁洛伽山】 이 서역은 인도를 말한다. 보타락가산(寶陁洛伽山)은 산 이름으로 범어로는 Potalakah라고 하며, 보타락가산(捕陀落迦山)이라고 차자표기하는 예가 많다. 또 매잠산, 보타산, 소백화산 등으로도 적는다. 정토교 관계의 경전은 관음이 사는 곳을 극락으로 하는데, 이것에 대해서 관음은 보타락산(光明山)에 산다고 말하는 경전도 있다. '화엄경' 입법계품에는 구도(求道)의 여행을 계속하는 선재동자라는 젊은이가, 보달락가라는 바다를 접한 아름다운 산에서, 살아 있는 육신의 관음을 우연히 만나, 대자비의 설법을 듣는다는 한 구절이 있다. 7세기 전반에 인도를 찾은 현장삼장은, 마라야산 동쪽에 포다라카(布呾洛迦)라는 산이 있고, 이곳이 관음의 영장(靈場)으로, 또 세론으로 흐르는 바닷길에 가깝다고 기록하고 있다(대당서역기 권10). 현재는 산의 출발점이 되는 포다라카라는 것은, 인도 남단의 고모린에 가까운 마라야산의 동쪽 언덕에 실재했던 관음의 영장일 것이라고 추정하고 있다. 이 언덕이 관음이 살던 곳이라고 하게 된 것은, 수행설법에 어울리는 명승지인 것과 함께 당시 인도에서 관음이 항해수호신으로서 중요시되었던 것에도 의한 것으로 보인다. 보문품에는 '만일 넓은 물에 길을 잃었을 때 관음의 이름을 암송하면 뭍에 닿을 수 있다. 만일 보물을 구하러 큰 바다에 들어가 흑풍(黑風)에 밀려 나찰귀국을 떠다녀도, 혼자서 관음의 이름을 암송하면, 모두 나찰의 난(難)을 면할 수 있다.'라고 말하고 있다. 나찰귀국이라는 것은 사람을 잡아먹는 마귀인 나찰이 살고 있다고 전해지는 사자도(세론)를 말하는 것으로, 조선(造船) 기술이 부족하던 당시 남해 무역에 종사하던 상인들이 가장 두려워하는 풍파수난을 구하는 것으로서, 관음을 신앙으로 하고 있다는 것을 알 수 있다. 세론 등과의 무역항로와 꽤 가깝고, 바다에서도

잘 보이는 산언덕은 항해수호신으로서의 관음의 주소(住所)에 어울린다고 생각했던 것일 것이다.

　이처럼 '화엄교' 등이 말하는 보타락산(補陀落山)은, 인도에 실재했던 관음 도장(道場)을 상정한 것으로 생각되는데, 관음신앙이 인도 이외의 지역에도 전해짐에 따라, 각지에 보타락의 이름을 쓰는 영장(靈場)이 생겼다. 중국에서는 절강성 영파부 정해현의 열도 가운데의 보타산이 이것으로, 일본, 한국 등과의 해상교통의 길잡이가 되었다. 나아가 티베트에서는 포타라, 일본에서는 구마노나지(熊野那智)나 닉코(日光)가 그 대표적인 예이다. [참고] 淸水侑 "觀音信仰", "菩薩".

○【此云小白華. 乃白衣大士眞身住處】 소백화는 보타락가의 한역으로, "독사방여기요"에도 '범명의 보타락가는 중국어로는 소백화이다.'라고 보인다. 그러나 소백화라고 한 것에 대해서는 출전이 불명하다. 이곳의 백의대사(白衣大士)는 물론 관세음보살을 가리킨다.

○【龍天(神)八部】 이것은 용신팔부(龍神八部)의 오기(誤記)일 것이다. 팔부(八部)는 팔부중(八部衆)을 말한다. 팔부중은 불법을 수호하는 여덟 종류의 신들을 말하며, 천신(Deva), 용신(Nagā), 야차(Yakṣa), 건달파(Gandhava), 아수라(Asura), 가루라(Garuda), 긴나라(Kinnara), 마후라가(Mahoraga)가 있다.

○【東海龍】 용(龍)은 수신(水神)으로, 몬순지대의 농업신으로서 널리 믿고 있다. 신라의 경우, 농업신으로 용신 이외, 왜병 침입을 저지하는 호국신으로서의 동해의 용신 신앙이 발달되었다. 자세한 것은 '유' 권제1 '신라 시조 혁거세왕', '제4 탈해왕' 및 권제2 '문호왕법민', '만파식적'(주해 120b, 154) 및 주해 270, 279 등을 참조.

○【雙竹湧生】 용신이 여의보주를 신에게 바쳐, 쌍죽이 하나가 된다는 설화가 '유' 권제2 '만파식적'에도 보인다.

635○【元曉法師】 '유' 권제4·의해 제5 '원효불기' 및 "송고승전" 당신라국 황룡사원효전을 참조.

○【休醍□(醐)和尚】 □ 부분은 이미 아오야나기 쓰나타로("原文和譯對照·三國遺事"), 노무라 요쇼('國譯一切經本'), 이민수, '한국고전간행회본' 등이 지적하고 있듯이 '醐'를 넣어야 할 것이다. 제호(醍醐)는 다섯 가지 맛(유·낙·생수·숙수·제호) 가운데 가장 맛있고 게다가 좋은 약이라고 한다. 이 의미로 불설의 심묘한 것이나, 인물이 뛰어난 것에 대한 비유로 쓰인다. 그래서 '休醍醐和尚'은 노무라가 번역했듯이 '그만두시오. 훌륭한 화상(和尚)님'이라는 뜻일 것이다.

636○【崛山粗師梵日】 범일(梵日)은 신라 승려로 헌덕왕 2년(810)에 태어나, 진성여왕 2년(889)에 서거했는데, 통효 대사 혹은 품일(品日)이라고도 한다. 굴산사의 개조. 범일에 대해서는 '유' 권제3·탑상 제4의 '태산오만진신' 및 '태산월정사오류성중'에, 그 문하생으로서 두타신의라는 이름이 보인다.

○【大(太)和年中】 태화(太和)는 당 문종 조의 원호로, 서기 827년(신라 흥덕왕 2년)부터 836년까지 이어진다.

○【明州】 명주(明州)는 당대에 현재의 절강성 영파시에 놓였다(738). 이름은 경계선에 있는 사명산에 기인한 것이다.

○【冥州界翼嶺顯】 명주(溟州)에 대해서는, '유' 권제1·기이 제1 '마한'의 주해 28을 참조. 신라시대에 명주는 지금의 강원도 강릉에 놓였으며, 명주도독(都督)(장관)의 관할에는 1주(州) 9군(郡)이 있었고, 익령현은 그 가운데 수성군 소속 현이었다. 이곳은 고구려 시대 이후 익현현이라고 했는데, 경덕 16년(757)에 익령현으로 이름을 고쳤다['사' 지리지(2)]. 그리고 고구려시대 전반까지 이 이름이 이어졌는데, 1221년에 거란군을 격퇴한 공적으로 승격하여, 양주 방어사가 파견되기에 이르렀다. 그러나 1257년에 몽고군에게 항복했기 때문에, 강등하여 덕령감무로 되었다가, 1260년에 부활하여 지양주사가 파견되었다고, 고려사 지리지(3)은 전하고 있다. 1416년 조선왕조 태종이 양양(襄陽)이라는 이름을 내렸다. 이것은 현재의 강원도 양양군의 지역에 해당한다.

○ 【德耆坊】 뒤에 나오는 덕기(德耆)라는 여성의 이름을 딴 승방(僧坊).

○ 【盐(鹽)官】 염관(鹽官)의 오각일 것이다. 염관현은 지금의 중국 절강성 영해현에 해당한다.

636a○ 【本傳】 "송고승전" 권제4 · 당신라 의상전인가.

636○ 【會昌七年丁卯】 회창(會昌)은 당 무종 조정의 원호. 그 7년은 정묘이고 서기 874년(신라 문성왕 9년). 당에서는 이해에 대중(大中)으로 개원했다.

○ 【大中十二年戊寅】 대중(大中)은 당 무정 조정의 원호. 그 12년은 무인년, 서기 858년(신라 헌강왕 2년).

636b○ 【古本】 상세한 것은 불명. 승전(僧傳)에 관한 것인가.

○ 【相曉二師】 상(相)은 의상법사, 효(曉)는 원효법사. 상(相)은 상(湘)과 음 상통에 의한 것인가.

○ 【高宗之代】 당의 제3대 황제. 고종의 치세(신라 선덕왕 3년-신문왕 3년) 35년간을 말한다.

○ 【梵日在於會去(昌)之後. 相昌(去)一百七十餘歲】 거(去)는 창(昌)의 잘못. 창(昌)은 거(去)의 잘못. 당 고종의 대에서 회창(會昌)까지 170여 년 은 맞다.

637○ 【西山大兵】 고려는 고종 22년(1235)에 몽고군의 제3회 침략을 당해 전국토가 황폐해지고, 심지어 25년에는 동경(경주)까지 미쳐 황룡사 탑도 소실되었다. 이 몽고군의 침략을 말한다.

○ 【癸丑, 甲寅年間】 계축년은 고종 40년(1253). 갑인년은 41년(1254). 몽고군의 제5차 침략이 계축, 갑인 양 연간에 일어났다.

637, 637a○ 【禪師阿行古名希玄】 미상.

637○ 【甲寅十月二十二日. 城陷】 "고려사" 세가(世家) 24, 고종 40년(계축) 10월 병인(丙寅, 21일)에, 몽고군이 양주(襄州)를 함락했다고 한다. 또 고려사 지리지(3)에는 고종 41년(갑인(甲寅))에게 항복했다고 되어 있어, 서로 1년의 차이가 보인다. 고증에서는 지리지 계통의 역사자료에 의한

것으로 보이는데, 이 갑인은 고종 41년(1254)에 해당한다.

○【溟州道監倉使】 "고려사" 권77 · 백관지(2) '외직'에 ① '監倉使. 東西北面 置之.'라고 보이며, ② '明宗三年七道按察使(注略) 五道監倉使(注)北界, 雲中道, 興化道, 東界, 溟州道, 朔方道, 沿海道 皆兼勸農使.'라고 있다.

○【郎中】 당 관직명에서 비롯되어 신라 경덕왕대에 중앙관청의 제3등 관 명이 된 것으로, 고려 초기에도 중앙관청의 육조(六曹) 등의 3등 관명으 로 사용되었다. 이 중앙관의 직명은 1275년에 정랑(正郎)으로 개칭되었 는데, 1298년 이후 낭중(郎中)의 직명이 부분적으로 사용되고, 1356년 이 후 전면적으로 부활했다.

한편 고려건국 이래 지방관직명에도 이 낭중(郎中)의 관직명이 사용되 었다. 당시의 지방관직은 총무, 병사(兵事), 징세 3부로 나뉘어, 낭중은 총부 부장격의 관직명이었다. 983년의 지방제도 개혁 때에 낭중의 관직 명을 호정(戶正)으로 했다.

○【李禄綏】 "고려사" 권24, 고종 45년 7월 조에, 이녹수는 제4등관의 원외 랑으로서, 몽고군과의 교섭에 임했다는 것을 기록하고 있다. 이곳에 제3 등관 낭중이라고 되어 있는 것은, 그 후 승격했던 것으로 보인다.

○【戊午】 이 무오(戊午)는 고종 45년(1258)에 해당한다.

○【本業老宿】 학덕이 뛰어난 승려라는 뜻인가.

○【祇林寺】 '유' 권제2 '만파식적'(주해 280) 참조.

○【大禪師覺猷】 미상.

○【襄州】 지금의 강원도 양양군 지역에 해당한다. '승람' 권44 · 양양도호 부의 '건치연혁'에는 '本高句麗翼峴縣(一云伊文縣). 新羅改翼嶺. 爲守城 郡領縣. 高麗顯宗置縣令. 高宗八年. 以禦丹共有功. 陞爲襄州防禦使. 四 十四年. 以降賊. 降爲德寧監務. 元宗元年. 復知襄州事. 本朝太祖六年. 以 上之外鄕. 陞爲府. 太宗十三年. 例改爲都護府. 十六年改今名.'이라고 보 인다. 조선 태종 16년에, 양주에서 지금의 양양(襄陽)이 되었다는 것을 알 수 있다.

○ 【御府】 궁궐의 창고.

○ 【夜別抄】 고려에서는 12세기 말에, 도적이 수도나 지방에 많이 있었기 때문에, 야간 경비를 위해 왕도 개성을 비롯하여, 지방의 주요 주현(州縣)에 야별초를 설치했다. 야별초는 야간 경비를 하는 별초군이라는 뜻으로, 별군초는 징병에 의한 정규군과 달리 용병이나 모병제에 의한 군대로, 최씨 정권시대에 만들어진 사병(私兵)적 성격을 가진 것이다. 야별초가 발전하여 신의군과 좌우양별초의 삼별초가 되었다. 이 좌우 2별초를 마별초(기병대)와 야별초(보병대)로 나눈다는 설도 있다.

○ 【內府】 어부(御府)와 같이 궁궐의 창고.

638 ○ 【昔新羅爲京師時】 이곳에서는 '옛 신라시대에'라고 해석해야 할 것이다.

○ 【世達(達)寺】 규(達)는 달(達)의 잘못인가. 세달사는 '사' 권50에 보이는 것처럼, 궁예가 열몇 살에 입문했던 절로, 그는 삭발하여 선종(善宗)이라고 하며 수행을 하다가, 이윽고 이곳을 거점으로 세력을 확대했다.

638a ○ 【今興(興)敎寺】 '승람'에는 흥교사가 두 곳에 전해지고 있다. 하나는 권13 · 풍덕군 불우(佛宇) 조에 '興敎寺在白蓮山'이라고 보이므로, 지금의 경기도 개풍군 봉동면 지역에 있었다. 다른 하나는 권46 · 영월군 불우 조에 '興敎寺(注)在大華山西, 高麗僧沖曦碑, 曦仁宗之子. 云云'이라는 것으로, 지금의 강원도 영월군 하동면에 있었다. 이곳에서는 후자(後者)를 가리킬 것이다.

638 ○ 【莊舍】 장원(莊園)을 말한다.

○ 【溟州㮝李郡】 내이군(㮝李郡)은 '사', '고려사', '승람' 어디에도 보이지 않는다.

638b ○ 【按地理志】 이 지리지는 '사' 지리지를 말할 것이다.

○ 【㮝城郡】【㮝生郡】【寧越】 지금의 강원도 영월군 지역. 고려사 권56 · 원주목 영월군 조에 의하면, 이 지역은 고구려시대에 내생군(奈生郡)이라고 했고, 신라경덕왕대에 내성군(奈城郡)으로 고쳤다가, 고려시대에

영월군으로 바뀌었다. '사' 지리지 및 '승람' 권46에도, 거의 마찬가지로 전하고 있다. 다만 이곳의 내성(棕城), 내생(棕生)의 내(棕)는, 다른 책에는 내(奈)로 되어 있다.

○【牛首州】지금의 강원도 춘천이다. '유' 권제1 '마한'(주해 29) 참조.

○【棕靈郡】【棕己郡】【剛州】'사' 지리지2 삭주 내령군 조에 '本百濟奈己郡. 婆娑王取之. 景德王改名. 今剛州.'라고 있다. '승람' 권25, 영천군 건치연혁에도 유사한 기사가 있다. 지금의 경상북도 영주군.

○【春州】위의 '午首州'의 주해를 참조.

638○【遺(遣)僧調信】유(遺)는 견(遣)의 잘못. 조신(調信)에 대해서는 본서 머리글 주해 633을 참조.

○【知庇】장원(莊園)의 관리자를 말한다.

○【□(太)守金昕公】결자(缺字)는 문맥으로 보아 '太'를 넣어야 할 것이다. 김흔(金昕)에 대해서는 미상.

○【蟹縣嶺】후문에 해현(蟹峴)이라고 보인다.

638, 638C○【羽曲縣今羽縣也】미상.

638○【蟹峴】해현령(蟹縣嶺)을 말한다.

○【淨土寺】당시 신라에 정토신앙이 있었다는 증거를 보이는 것이다.

○【白業】선행을 말한다.

639○【黃粱熟. 方悟勞生一夢間】황량일취몽을 말한다.

⁶⁴⁰어산불영

魚山佛影

⁶⁴¹古記云. 萬魚寺(山)者. 古之慈成山也. 又阿耶斯山. ^a當作摩耶斯. 此云魚山也. 傍有呵囉國. 昔天夘(卵)下于海邊. 作人御國. 即首露王. 當此時. 境内有 玉池, 池有毒龍焉. 萬魚山有五羅刹女. 徃來交通. 故時降靈雨. 歷四年五 穀不成. 王呪禁不能, 稽首請佛說法. 然後羅刹女受五戒而無後害. 故東 海魚龍遂化爲滿洞之石, 各有鍾磬之聲. ^b已上古記. ⁶⁴²又按, 大定十二(二十) 年庚子. 即明宗十一年也. 始創萬魚寺. 棟梁寶林狀奏所稱. 山中奇異之 迹. 與北天竺訶羅國佛影事. 符同者有三.³¹²⁾ 一. 山之側近地梁州界玉池. 亦毒龍所蟄. 是也. 二. 有時自江邊雲氣始出來到山頂, 雲中有音樂之聲. 是也. 三. 影之西北有盤石. 常貯水不絶, 云是佛浣濯袈裟之地是也. ⁶⁴³已 上皆寶林之說, 今親來瞻禮. 亦乃彰彰可敬信者有二. 洞中之石凡三分之 二. 皆有金玉之聲. 是一也, 遠瞻即現. 近瞻不見. 或見. 覔(不見)等. 是一

---

312) DB. 棟梁寶林狀奏, "所稱山中奇異之迹與北天竺訶羅國佛影事符同者有三. …."

也. 北天之文具錄於後. **644**可函. 觀佛三昧經第七卷云. 佛到耶乹(乾)訶羅

國. 古仙山. 舊菩花林. 毒龍之側, 青蓮花泉北. 羅刹穴中. 阿那斯山南.

尒(爾)時彼穴有五羅刹, 化作女龍. 與毒龍通, 龍復降雹, 羅刹亂行. 飢饉

疾疫. 已歷四年. 王驚懼. 禱祀神祇, 於事無益. 時有梵志. 聰明多智. 白

言大王, 伽毗羅淨飯王子. 今者成道號釋迦文. 王聞是語. 心大歡喜. 向佛

作禮曰, 云何今日佛日已興(興), 不到此國. 尒(爾)時如來勅諸比丘得六神

通者. 隨從佛後, 受那乹(乾)訶羅王弗婆浮提請. 尒時世尊頂放光明. 化作

一萬諸大化佛. 徃至彼國. 尒時. 龍王及羅刹女. 五體投地. 求佛受戒. 佛

即爲說三歸五戒, 龍王聞已. 長跪合掌. 勸請世尊常住此間, 佛若不在, 我

有惡心. 無由得成阿耨菩提. 時梵天王復來禮佛. 請婆伽婆爲未來世諸衆

生, 故莫獨偏爲此一小龍. 百千梵王皆作是請. 時龍王出七寶臺. 奉上如

來. 佛告龍王, 不湏此臺, 汝今但以羅刹石窟. 持以施我, 龍歡喜. 云云. 尒

時如來安慰龍王, 我受汝請. 坐汝窟中. 經千五百歲. 佛湧身入石. 猶如明

鏡. 人見面像, 諸龍皆現, 佛在石內. 映現於外. 尒時諸龍合掌歡喜. 不出

其地. 常見佛日. 尒時世尊結伽趺坐在石壁內, 衆生見時. 遠望即現. 近則

不現. 諸天供養佛影, 影亦說法. 又云, 佛蹵嵓石之上. 即便成金玉之聲.

645高僧傳云, "惠遠聞天笁有佛影, 昔爲龍所留之影, 在北天笁月支國那竭

呵城南古仙人石室中 云云. **646**又法現(顯)西域傳云, 至那竭國界. 那竭城南

半由旬. 有石室, 愽(博)(搏)山西南面313)佛留影. 此中去十餘步觀之, 如佛

眞形. 光明炳著.314) 轉遠(近)轉微. 諸國王遣工摹寫, 莫能髣髴. 國人傳

云, 賢劫千佛皆當於此留影, 影之西百步許. 有佛在時剃髮剪爪315)之地 云

---

313) DB. "고승법현전(高僧法顯傳)"에는 向. 고증. 面.

314) 고증. 착(着).

315) 고증. 瓜(爪).

云.. **647**星㘩. 西域記第二卷云. 昔如來在世之時. 此龍爲牧牛之士. 供王
乳酪, 進奏(奉)失冝(宣). 旣獲譴嘖. 心懷恚恨. 以金錢買花供養, 授記窣堵
婆, "願爲惡龍. 破國害王." 特316)趣石壁投身而死. 遂居此窟爲大龍王. 適
起惡心. 如來鑑此. 變317)神通力而來至此, 龍見佛. 毒心遂止. 受不殺戒.
因請, "如來常居此穴318) 常受我供. 佛言, 吾將寂滅, 爲汝留影. 汝若毒
忿. 常319)觀吾影. 毒心當止. 攝神獨入石室, 遠望320)即現. 近則不現. 又
令石上蹙爲七寶 云云. **648**已上皆經文大略如此. 海東人名此山爲阿那斯,
當作摩那斯. 此飜321)(**䰇**)爲魚, 盖取彼北天事. 而稱之爾.

640어산불영(魚山佛影)

641고기(古記)에 말하길, "만어산322)은 옛 자성산이다. 또 아야사산^a마
야사(摩耶斯)로 써야 한다. 이는 물고기를 말한다.인데 그 곁에 가라국(訶囉國)이 있
었다. 옛날에 하늘에서 알이 바닷가에 내려와 사람이 되어 나라를 다
스렸으니 곧 수로왕이다. 이때 경내에 옥지(玉池)가 있어 (그) 못 안에
독룡이 살고 있었다. 만어산에 다섯 나찰녀가 있어 (독룡과) 왕래하고
서로 사귀었다. 때문에 때로 번개와 비를 내려 4년 동안 오곡이 익지
않았다. 왕은 주술로 (이를) 금하려고 했으나, 능히 할 수 없게 되자 머

---

316) DB. "대당서역기(大唐西域記)"에는 卽.
317) DB. "대당서역기(大唐西域記)"에는 運.
318) 고증. 因請如來常居此穴으로 보인다. DB. "대당서역기(大唐西域記)"에는 窟.
319) DB. "대당서역기(大唐西域記)"에는 當.
320) 고증. 淫(望).
321) 고증. 飜(**䰇**).
322) DB. 만어사가 아니라 만어산으로 표기해야 맞다. 만어산은 밀양시 단장면 법흥리와 삼랑
    진읍 우곡리·용전리의 경계선에 있다고 했다.

리를 조아리며 부처께 설법을 청한 후에, 나찰녀가 오계(五戒)323)를 받고 그 뒤에는 재해가 없어졌다. 이로 인하여 동해(東海)의 어룡이 마침내 골짜기에 가득한 돌로 화하여 각기 종과 경쇠의 소리를 내었다."라고 하였다. ^b이상은 고기이다.

642또 생각건대 대정324) 20년 경자(1180), 곧 명종 10년에 처음으로 만어사를 창건하였다. 동량 보림이 장계를 올린 글에, "(이) 산중의 기이한 자취가 북천축 가라국(呵羅國)의 부처 그림자 사적과 꼭 부합하는 것이 세 가지가 있습니다. 첫째는 산 가까운 곳인 양주(梁州) 지경 옥지에도 독룡이 숨어 산다는 것이요. 둘째는 때때로 강가로부터 구름이 일어나 산정에까지 이르는데, 그 구름 가운데서 음악소리가 나는 것이요. 셋째로 (부처)그림자의 서북쪽에 반석이 있는데, 항상 물이 고여 끊이지 않았는데, (전해) 말하기를 이곳은 부처가 가사를 빨던 곳이라고 하는 것이 이것입니다."고 하였다.

643이상은 모두 보림의 설이지만, 지금 친히 와서 우러러 예배하여 보니, 더욱 분명히 공경하여 믿을 만한 것이 두 가지가 있다. 골짜기 안의 돌이 거의 3분의 2가 모두 금과 옥의 소리를 내는 것이 그 하나요, 멀리서 보면 곧 나타나고 가까이서 보면 보이지 않으니, 혹은 보이기도 하고 안 보이기도 하는 것 등이 그 하나이다. 북천축(北天竺)의 글은 뒤에 자세히 기록하였다.

644가함(可函)325)의 관불삼매경 제7권에 다음과 같은 글이 있다. 부처가 야건가라국326) 고선산 담복화 숲의 독룡이 사는 못 곁, 푸른 연

---

323) 불살생(不殺生), 불여취(不與取), 불사음(不邪婬), 불망어(不妄語), 불음주(不飮酒).
324) 금의 세종(世宗)의 연호로 1161년(의종 15)-1187년(명종 17).
325) 고증. 可觀(可函).

꽃이 핀 샘 북쪽 나찰혈(羅刹穴) 가운데 있는 아나사산 남쪽에 이르렀다.[327] 이때 그 구멍에 다섯 나찰이 있어, 여룡(女龍)으로 화하여 독룡과 교합하더니, 용이 다시 우박을 내리고, 나찰은 난폭한 행동을 하므로 기근과 질병이 4년 동안 계속되었다. 왕은 놀라고 두려워서 신기(神祇)에게 빌며 제사하였으나, 아무런 유익이 없었다. 이때 총명하고 지혜 많은 범지[328]가 왕에게 아뢰기를, "가비라국[329] 정반왕[330]의 왕자가, 지금 도를 이루어 이름을 석가문이라고 합니다."고 하였다. 왕은 이 말을 듣고 마음에 크게 기뻐하여 부처가 있는 쪽을 향해 절하고 말하기를, "오늘날 불일(佛日)이 이미 일어났다고 하는데, 어찌하여 이 나라에는 이르지 아니하십니까?"고 하였다. 이때 여래는 6신통(六神通)[331]을 터득한 비구들에게 명하여 자기의 뒤를 따르게 하고, 야건가라왕 불파부제의 청을 들어주었다. 이때 세존은 이마에서 광명이 비춰, 1만이나 되는 여러 대화불이 되어, 그 나라로 갔다. 이때 용왕과 나찰녀는 5체를 땅에 던져, 부처께 계 받기를 청하였다. 부처는 곧 (이를) 위하여 3귀(三歸) 5계(五戒)를 설하니, 용왕이 다 듣고 나서 꿇어앉아 합장하고, 세존에게 여기에 상주하기를 권청하면서 "부처님께서 만약 계시지 않으면 제가 악심이 생겨, 아뇩보리를 성취할 도리가 없

---

326) DB. "대당서역기"에는, 유사한 이야기로 나게라갈국(那揭羅曷國)이 등장한다. 나게라갈국은 인도 북방 국경에 있었던 나라.

327) 고증. 부처가 야건가라국(耶乾訶羅國) 고선산(古仙山)에 이르렀는데, 그곳은 담복(薝蔔) 군락이 있고 그 옆에는 독룡이 살고 있었다. 또 천룡화천(靑蓮華泉) 북쪽이며 나찰녀(羅刹女)가 있는 굴이기도 하며, 아나사산(阿那斯山) 남쪽에 해당한다.

328) DB. 범사(梵士), 정예(淨裔), 정행(淨行). 인도 사성 중 승려 계급에 해당하는 바라문.

329) DB. 가비라국은 지금의 네팔(Nepal) 타라이(Tarai) 지역에 있던 나라.

330) DB. 정반왕은 석가모니의 아버지이며 가비라국 왕.

331) DB. 육통(六通)이라고도 한다.

습니다."고 하였다. 이때 범천왕332)이 다시 와서 부처께 절하고 청하기를, "바가바께서는 미래세의 여러 중생을 위하시므로, 다만 편벽되게 이 작은 용 한 마리만을 위하지는 마소서."라고 하니, 백천 범왕이 모두 이같이 청하였다. 이때 용왕이 칠보대333)를 내어 여래께 바치니, 부처가 용왕에게 말하기를, "이 자리는 필요 없으니 너는 지금 다만 나찰의 석굴만을 가져다 내게 시주하라."고 하니, 용왕이 기뻐하였다고 한다. 이때 여래가 용왕을 위로하기를, "내가 네 청을 받아들여 네 굴 안에 앉아 1천 5백 세를 지내리라."고 하고 부처는 몸을 솟구쳐 돌 안으로 들어갔다. (돌은) 마치 명경(明鏡)과 같아서 사람의 얼굴형상이 보이고, 여러 용들이 모두 나타나며, 부처는 돌 안에 있으면서 그 모습이 밖에까지 비쳐 나타났다.

이때 여러 용들은 합장하고 기뻐하면서 그곳을 떠나지 않고 항상 불일을 보게 되었다. 이때 세존은 가부좌를 하고 석벽 안에 있었는데, 중생이 볼 때 멀리서 바라보면 나타나고 가까이서 보면 나타나지 않았다. 여러 천중이 부처 그림자에 공양하면 그림자가 또한 설법하였다. 또 이르기를, "부처가 태좌(臺座)를 밟으면334) 곧 금과 옥의 소리가 났다."고 하였다.

645"고승전335)"에 이르기를, "혜원336)이 천축에 부처 그림자가 있다

---

332) DB. 팔리어 brahma의 음역. 고대 인도의 창조신 중 하나.
333) DB. 칠보로 장식한 자리. 일반적으로 불교에서 말하는 일곱 가지 귀중품은 경전마다 조금씩 다른데, "법화경"에서는 금·은·유리·차거(硨磲)·마노·진주·매괴(玫瑰)를, "무량수경"에서는 금·은·유리·산호·호박·차거(硨磲)·마노("無量壽經")를 들고 있다.
334) DB. 부처가 바윗돌 위를 차면.
335) DB. 남북조의 승려인 혜교가 저술한 "양고승전".
336) DB. 동진(東晉)의 고승 혜원(334-416)이다.

고 들었는데, 그것은 옛적에 용을 위하여 남겨 둔 그림자로서, 월지국 나갈가성의 남쪽 옛 선인의 석실 안에 있다 고 한다."고 하였다.

646또 법현337)의 "서역전"에 이르기를, "나갈국 지경에 이르면 나갈 성 남쪽 반유순338)되는 곳에 석실이 있으니, (그곳은) 박산의 서남쪽 이며 (그 속에) 부처가 그림자를 남겨 두었다. 이 안에서 10여 보를 가 서, 이것을 보면 부처의 참모습처럼 광명이 찬란하나, 멀어질수록 점 점 희미해진다.

여러 나라 왕들이 화공을 보내 (이를) 모사하게 했으나, 비슷하게도 그릴 수 없었다. 나라 사람들이 전하기를, 현겁의 천불이 모두 이곳에 그림자를 남겨 두게 된다고 하고, 그림자의 서쪽 백 보쯤 되는 곳은 부처가 세상에 있을 때 머리를 깎고 손톱을 잘랐던 자리가 있다.고 한 다."고 하였다.

647성함 "서역기339)" 제2권에는 다음과 같은 글이 있다. 옛날 여래 가 세상에 있을 때, 이 용은 소를 키우는 사람으로 왕에게 유락(乳酪) 을 공급하였는데, 진상하는 과정에 잘못되어 견책을 받았다. 마음에 노여움과 원한을 품고 금전으로 꽃을 사서 (부처께) 공양하고, 솔도파 에 수기하기를, "악룡이 되어 나라를 파괴하고 임금을 해치게 해 주소 서."라고 하고, 곧 석벽으로 달려가 몸을 던져 죽었다. 드디어 이 굴에 살면서 대용왕이 되어, 마침 악한 마음을 일으켰다. 여래가 이를 알고

337) DB. 동진 사람으로 399년 장안에서 인도로 떠났다가 413년 귀국하였고 그다음 해 "불국기 (佛國記)"를 서술.
338) DB. 거리의 단위이다. 고대의 성왕이 하루에 행군하는 거리, 그 길이에 대한 설은 다양하다.
339) DB. 당의 현장(玄奘)이 唐太宗의 勅命에 의해 撰한 "大唐西域記". 이 책은 그가 629년 당을 출발하여 서역으로 가서 경전을 수집하고 여러 고승들을 방문한 뒤 645년 당나라로 되돌아 오는 과정을 서술.

신통력을 발하여 (그곳에) 이르니, 이 용이 부처를 보자 독한 마음을 버리고 불살계(不殺戒)를 받고 청하기를, "여래께서 항상 이 굴에 계셔서 항상 저의 공양을 받으소서."라고 하였다. 부처가 말하기를, "나는 적멸할 것이므로 너를 위하여 내 그림자를 남겨 두리라. 네가 만약 독한 분심이 일거든 늘 내 그림자를 보고 독한 마음을 응당 버리도록 하여라."라고 하고는 정신을 가다듬고 홀로 석실로 들어갔는데, 멀리서 바라보면 곧 나타나고 가까이 가면 나타나지 않았다. 또 돌 위를 발로 차면 칠보(七寶)가 되었다[340]고 한다.

648 이상은 모두 경문(經文)으로서 대략 이와 같다. 해동[341] 사람이 이 산을 아나사라고 이름하였는데, 마땅히 마나사라고 해야 한다. 이것을 번역하면 물고기이니, 대개 저 북천축의 사적을 취하여 그렇게 부른 것이다.

주해

640○【魚山】뒤 주해에 보이는 '만어산'을 말한다.

○【佛影】"고승전" 권6・의해3・혜원 조에 불영은 '古仙人石室中에 있다.'라고 보인다.

641○【古記】'유' 권제1 '대종춘추공(大宗春秋公)'(주해 249) 참조.

○【萬魚寺(山)】문맥으로 보아 이 만어사(萬魚寺)는 '서울대본' 주해에 보이는 것과 같이 만어산(萬魚山)으로 고쳐야 할 것이다. 후문에 의하면 고려조 명종 11년(1180)에 보림에 의해 열린 절이라고 되어 있다. '승람' 권26・밀양도호부 산천에는 '萬魚山 在府東二十里' 라고 보이며, 또 불우 조에는 '萬魚寺 在萬魚山'이라고 보인다. 그리고 이 밀양도호부가 놓인 곳은

---

340) 고증. 돌 위 불좌(佛座)는 칠보(七寶)가 되었다. 운운(云云).

341) DB. 해동(海東)이라는 말은 처음에는 발해 동방에 있는 지역을 가리키는 용어였으나, 당대부터는 확실히 한반도의 왕조를 가리키는 용어로 사용.

지금의 경상남도 밀양군 지역이다.

○ 【古之慈成山】 자성산(慈成山)은 고려시대 만어산, 만어사의 옛 산의 이름일까.

641, 641a○ 【阿耶斯山】 【摩耶斯】 아야사산은 a-jās-san의 음을 옮겨 놓은 것이라고 하며 jas-jath, jath(殘)이라는 뜻이므로, 아야사산은 '낮은 산'의 뜻이라는 설도 있는데(김사엽 "완역 삼국유사" 1976년 朝日新聞社), 이 조의 말미에는 아야사(阿耶斯)는 아나사(阿那斯)라고 표기되어 있고, 또 인용하고 있는 "관불삼매경"도 불영굴 근방의 산을 아나사산이라고 적고 있다. 아나사는 어떻게 해석해야 할까. 본문의 아야사산에 '當作摩耶斯. 此云魚也'라는 주의 '摩耶斯'는 '魚'의 범어 mas-sa의 음사, mas를 마야(摩耶)라고 표기하고 있다. 김사엽의 "완역 삼국유사"는 아야산 즉 '낮은 산'과 마야사산 즉 '魚'가 일치하지 않으므로 일연의 주(注)는 오해라고 잘라 말하고 있지만, 이 조의 말미에서는 이 마야사(摩耶斯)는 마나사(摩那斯)라고 표기하고 있다.

또 일연의 주에서는 '魚'는 '摩耶斯'라고 발음한다는 뜻. 따라서 아야사산은 번역하면 '魚山'이 된다. 한국의 아야사산은 불서(佛書)에 보이는 아야사산을 본받아 이름을 지었을 것이다. 노무라(野村耀昌)(國譯 "一切經" 和漢撰述 78 · 사전부 10 수록, 노무라 역 "三國遺事")는, 이것은 중국 산동성 태안부에 있는 산을 본뜬 것이라고 한다. 위(魏)의 조식은 이 산에 들어가 하늘로부터 범천[342]의 음성을 듣고 그 가락을 적어 범창을 지었다고 하고 있다.

641○ 【阿囉國】 뒤 글에 보이는 천란, 수로왕의 글로 보아 '유' 권제2 '가락국기'(주해 431, 432)를 참조.

○ 【玉池】 미상.

○ 【五羅刹女】 나찰녀(羅刹女)는 여성인 나찰Rākṣasi로서 불전에 등장하는

---

342) 범천왕(梵天王).

악귀의 일종으로 신통력으로 사람을 홀려 잡아먹는다는 귀신이다. 그러나 나중에는 불교에 귀의하여 수호신이 되었다.

나찰천은 12천(天)의 하나로 신왕 모습으로 갑옷을 입고 칼을 차고 백사자를 탄다. 십나찰녀는 '법화경' 다라니품에서 말하는 수호신으로, 남파(藍婆) · 비난파(毘藍婆) · 곡치(曲齒) · 화치(花齒) · 흑치(黑齒) · 다발(多髮) · 무염족(無厭足) · 지영락(持瓔珞) · 고제(皐帝) · 탈일체중생정기(奪一切衆生精氣)를 말한다. 또 공작왕주경에는 팔나찰녀의 이름이 있다. 이 오나찰녀는 이 조 뒷글에 보이는 "관불삼매경" 제7권에 실려 있는 것인데 나찰녀 이름은 미상.

○ 【五戒】불교신자가 지켜야 하는 다섯 가지 계율로, 불살생계, 불투도계, 불사음계, 불망어계, 불음주계를 말하는데, 자세한 것은 '유' 권제4, 의해 제5의 '원광서학'으로 미룬다.

642 ○ 【大定十二(二十)年庚子. 即明宗十一年也】대정은 금(金) 세종조의 원호(1161-1189)로, 그 12년(1172)의 간지는 경자가 아니고 임진이다. 따라서 경자년에 해당하는 대정 20년(1170) 9월에 즉위했기 때문에, 즉위칭원법에 의하면 그 11년은 신축 앞의 경자년에 해당한다. 간지의 경자와 즉위칭원법에 의한 명종 11년과는 일치하므로, 원문의 대정 12년은 잘못되었고, 대정 20년이 되므로 '大定二十年庚子. 即明宗十一年也'로 고쳐야 할 것이다.

○ 【棟梁寶林】동량(棟梁)은 고려시대 승직. 뒤에 나오는 '천룡사'에도 보인다. 이어서 보림에 대해서는 이곳 이외에 보이지 않는다.

○ 【北天竺訶羅國佛影事】북천축은 북인도를 말한다. 현장은 남파국에서 설다도로국까지의 경계를 북천축이라고 하고 있다("대당서역기"). 대략 북쪽은 힌두쿠시산맥을 넘는 곳부터 남쪽은 인더스강 상류 지역을 포함한 지역이다. 아프가니스탄 산악지대를 지나, 오른쪽의 남파국 평지에 들어가면 기후 · 풍토 등이 바뀌는데, 현장은 언어, 풍속, 의복은 인도와 약간 달리 얇은 경향이 있다고 적고 있다.

다음으로 '가라국'은 이 글 뒤에 보이는 '야건가라국'을 말하는 것이며, 대당서역기(현장 권2의 "나게현전"에 보이는 나갈국)도 같은 나라로, 지금의 제라배드(Jelabad)를 중심으로 하는 카불하류 남부 지역에 해당한다. 그리고 이 나라에는 모두 불영굴(佛影窟)이 기록되어 있다.

○ 【一. 山之側近地梁州界玉池. …是也】 양주(梁州)는 지금의 경상남도 양산군 지역. 자세한 것은 '유' 권제1 '나물왕 김제상'(주해 177)의 '삼라군태수' 항목을 참조.

○ 【二. 有時自江邊雲氣始出來到山頂, 雲中有音樂之聲. 是也】【三. 影之西北有盤石. 常貯水不絶, 云是佛浣濯袈裟之地是也】 이상은 대당서역기 원2에 보인다. 북천축 가라국(那揭羅曷國)의 불적에 대해서는, "宋雲行紀" '道榮傳'의 나가라아국에 '(佛影)窟의 앞에 방석이 있고, 그 돌 위에 불적이 있다. 굴의 서남쪽 백보 거리에 부처가 옛날 그 위에서 가사를 빨았던 곳이 있다.'라고 보이며, 대당서역기의 나게라갈국에는 '佛影窟의 서쪽에 크고 평평한 돌이 있다. 여래가 옛날 그 위에서 가사를 빨았던 곳으로 그 문양이 간신히 보인다.'라고.

643 ○ 【覓(不見)】 원문의 '멱(覓)'은 '不見'의 오각(誤刻)으로 보인다. 이곳은 만어사 불영(佛影)과 북천축 야건가라의 불영은 본문에 인용되어 있듯이 '遠望即現, 近則不現'("觀佛三昧經"), '遠望即現, 近則不現("大東西域記")의 특색이 있으며, 만어서 불영도 '遠瞻即現, 近瞻不現'의 특색이 있어 모두 '或見不見'(보이기도 하고 안 보이기도 한다)이라는 것을 말하는 글이기 때문에 '覓'은 '不見'의 오각으로 보아야 할 것이다.

644 ○ 【可函】 가(可)는 고려대장경 재조본을 넣은 함(函)의 부호이다. 고려대장경에 대해서는 앞서 보인 '요동성육왕탑' 참조.

○ 【觀佛三昧經】 정식으로는 "관불삼매해경"이라고 한다. 10권. 동진의 불타발타라가 융안 2년(398)에서 영초 2년(421)까지 한역한 경전으로, 생략하여 관불삼매경, 관불교라고 한다. 부처가 가비라위성의 니구루타림에서, 부왕인 열두단이나 이모(姨母)인 마가파도파제부인 등을 위하여,

관불삼매(오로지 부처의 상호형색을 관상하는 것)을 중심으로 해설해야 한다는 것을 말한 경전. 12품으로 이루어져 있으며 인도 신화 등이 풍부하게 인용되어 있다.

○ 【佛到耶乾(乾)訶羅國. …説法】【又云, 佛蹵嵓石之上. 即便成金玉之聲】 이 글은 관불삼매해경(10권)(東晋佛陀跋陀羅譯)에 바탕을 두고 있다. 이곳의 설화는 "增一阿含經第十四", "太子瑞應本起經卷下", "過去現在因果經第四", "佛本行集經第四〇", "方廣大莊嚴經第十二" 등에도 보인다(노무라 요쇼 설 참조).

○ 【古仙山】미상. 야건가라국(那揭羅曷國)의 불영굴은, 대당서역기에서는 나게라갈국의 왕성 서남 20여 리에 있는 바위산의 동쪽 절벽에 있다고 하고, "법현전"에서는 왕성의 남쪽에 산을 뚫어 만든 석실이라고 한다. 이 두 서적에 보이는 산에 대해서도 고유 명칭은 전해지지 않고 미상이다. 또 "고승전" 혜원전에서는 불영(佛影)은 '古仙人石室中에 있다.'고 되어 있다.

○ 【薝葍花林】담복(薝葍)(葡)은 치자 꽃이라고 하는 설과 담복은 금색의 꽃으로 치자나무와는 다르다는 설이 있다. 어느 것이든 모두 향기가 강하고 비슷하다고 한다.

○ 【梵志】Brahmacārin 이것은 바라몬을 가리킬 것이다. 바라몬은 우주 최고원리인 범(梵)(Brahman)을 구하는 사람이므로 범지(梵志)라고 번역했던 것일까.

○ 【大王】나건가라국의 왕. 뒷글에 '那乾訶羅王弗婆浮提'라고 적혀 있는데, 구체적으로는 미상.

○ 【伽毘羅淨飯王子】가비라는 가비라위를 말한다. 가비하위(Kapilavastu)는 석가모니의 탄생지로, 국명이기도 하고 성 이름이기도 하다. 그 지역은 네팔 타라이지방에 있는 치코라코트(Tilaurakot)에 해당한다고 한다. 또한 가비라위는 한자표기 종류가 많아, 가비라도 정식 약칭이며 "대당서역기" 권6에는 겁비라벌솔도국, "법현전"에는 가유라위성이라고 표기

되어 있다. 더 나아가 정반왕(Suddhodana)은 가비라위성의 성주로 석가모니의 생부(生父)이다. 수두단, 수도태나 등으로 번역된다. 또 백정왕이라고도 한다. 구리성주선각왕의 여동생 마가마야를 처로 맞이하여 석가를 낳았다. 본문의 정반왕의 아들은 두말할 것도 없이 석가이다.

○ 【釋迦文】 석가모니(Sakyamuni)를 말한다.

○ 【佛日】 중생의 치암(痴闇)을 부수는 부처의 위대한 힘. 그것을 태양의 힘에 비유한 표현이다.

○ 【六神通】 부처나 보살 등이 가지는 초인적인 능력. 신족통, 천언통, 천이통, 타심통, 숙명통, 누진통의 여섯 가지를 말하며 육통(六通)이라고도 한다.

○ 【五體投地】 오륜저지라고도 한다. 오체(五輪)은 양신(兩腎), 양슬(両膝)과 머리를 말하며, 이것을 땅에 엎드려 절하는 예법을 말한다. 이것은 최상의 예배이다.

○ 【受戒】 계율을 받는 것. 및 그 의식예법.

○ 【三歸五戒】 삼귀(三歸)는 삼귀의(三歸依), 삼귀계(三歸戒)라고도 한다. 불(佛) · 법(法) · 승(僧)의 삼보에 귀의하는 것. 오계에 대해서는 이미 말했다(주해 641). 이 삼귀오계를 받는 것이 불교 신자가 되기 위한 조건이다.

○ 【阿耨菩提】 아누보리는 아누다라삼막삼보리의 약어로, 아누삼보리라고도 한다. 아누다라삼막삼보리는 Anutrā samyak-sambodhih의 음사이며, 한역은 무상정등, 무상정진도, 무상편지 등이라고 한다. 부처의 깨달음의 지혜를 말하는 것으로, 더없이 뛰어나고 올바르게 평등하고 원만한 것을 의미한다.

○ 【梵天王】 범천 · 범왕을 말한다. 범천은 불교 이전부터의 인도 사상으로, 만물의 기원인 브라만(Brahman)을 신격화한 것으로 우주의 창조자이다. 불교에서 다루어지고부터는 색계의 초단천이 된다. 이 초단천은 범중천, 범보천, 대범천의 삼천이 되는데, 범왕, 범천은 그 총칭인 것과 동시에 대범천을 가리키는 일이 많다. 제석천과 나란히 불교의 호법신이며, 밀교

에서는 12천(天)의 제1에 자리한다.

○ 【婆伽婆】Bhagavat의 음사(音寫)로 파가범(婆伽梵), 박아범(薄阿梵), 세
존(世尊) 등으로 표현한다. 복덕(福德)을 가진 자라는 의미인데 경전에서
는 대부분 석가모니를 가리킨다.

○ 【梵王】 앞에서 보인 범천왕을 참조.

○ 【七寶臺】 칠보(七寶)로 만들어진 대좌(臺座). 칠보에 대해서는 '유' 권제
2 '수로부인'(고증 중권 주해 290)의 '七寶宮殿'을 참조.

645○ 【高僧傳】 앞서 나온 '아도기라'를 참조.

○ 【惠遠聞天竺有佛影, …古仙人石室中 云云】 이 글은 "고승전" 권6 · 의해
3 · 혜원 전에 보인다. 글에 약간 차이가 있으나 거의 같은 글이다. 나아
가 혜원은 고승전을 비롯하여 보통은 혜원(慧遠)으로 적는다. "고승전"
(양고승전)의 혜원전은 장문(長文)이므로 지금 그 일부를 인용한다.

　釋慧遠. 本姓賈氏. 雁門婁煩人也. 弱而好書珪璋秀發. 年十三隨舅令狐
氏遊學許洛. 故少爲諸生. 博綜六藝. 尤善莊老. 性度弘博風鑒朗拔. 雖
宿儒英達. 莫不服其深致. 年二十一欲渡江東就范宣子共契嘉遁. 値石虎已
死中寇亂南路阻塞. 志不獲從. 時沙門釋道安. 立寺於太行恒山. 弘贊像法.
聲甚著聞. 遠遂往歸之. … 遠聞. 天竺有佛影. 是佛昔化毒龍. 所留之影.
在北天笠月氏國那竭呵城南古仙人石室中. …

　'慧遠'은 동진시대의 승려로 산서성 영무현 출신. 334-416년. 도안에게
출가하여, 나중에 형주 여산에 동림사를 열었다. 402년에는 염불 단체를
만들어(나중에 백련사) 정토염불의 행사를 열었다. 그의 활동은 다방면
에 걸쳐 구마라집과 함께 중국불교 확립자로서 평가받고 있다. [참고] "고
승전" 권6. 塚本善隆, "支耶佛教史硏究".

○ 【月支國】 음 상통에 의해 월씨(月氏)를 월지(月支)로 적은 것으로 보인
다. 월씨는 진한(秦漢) 시대에 중앙아시아에서 활약했던 민족으로, 중국
의 춘추시대 말부터 전국시대가 끝날 무렵까지 몽고고원의 서쪽 반, 천산
(天山) 산맥 이북 타림분지, 황하상류역 방면을 지배하고 동방의 동호(東

胡), 흉노를 압박했는데, 진(秦) 말에 모돈이 흉노의 선우가 되어(그는 처음에 아버지에 의해 월씨에게 인질로 보내졌는데, 월씨를 배반하고 도망쳐 돌아와 아버지를 죽이고 자립해서 선우가 되었다), 그 민족을 이끌고 월씨를 토벌하고, 차츰 서방을 압박했다. 더 나아가 전한(前漢) 문제 4년(기원전 176) 때, 모돈은 월씨를 크게 토벌했기 때문에, 월씨의 주력(대월씨)은 천산산맥 북방(이리 방면?)으로 이동했는데, 한층 더 압박을 받아 서쪽으로 이동하여 오늘날의 아프가니스탄 북부로 진출하여 박트리아(대하) 왕국을 쓰러트린 것으로 보인다. 이 연대는 명확하지 않은데 기원전 139년 이후, 기원전 129년 이전의 사이로 보인다. 대월씨는 이곳에서 소그디아나 박트리아 파밀 고원의 일부를 지배했다(힌두쿠시 산맥 이남에는 미치지 않은 것으로 보인다). 그러나 기원전 1세기 후반에 그 지배하에 있던 오흡후의 한 사람인 귀상흡후에게 멸망했다. 신흥의 쿠샹(貴霜)왕조는 대월씨의 영역을 지배한 뒤, 힌두쿠시 산맥 이남에도 진출하여 팔티아인을 치고, 계빈국(罽賓國)을 멸망시켜 카불강 전역을 지배하고, 나아가 하류성 및 그 동쪽 지역으로 진출하여 대발전을 이루었다. 그리고 인도 마우리아 왕조가 쇠퇴하자 이 나라가 불교의 중심지가 된 것은 주지의 사실이다. 대월씨가 멸망한 후에도 이 나라는 (大)월씨의 후계자라는 뜻으로 (大)월씨라고도 불렀다.

중국사에서는 대월씨를 쿠샹·기다라의 다른 이름, 에후탈도 대월씨의 후손으로 삼았다. 또 당대에는 월워리스(현재의 쿤두시 부근)에 월씨도독부가 설치되었는데, 더 나아가 송대에는 월씨는 지금의 카라샤르를 가리키는 명칭이 되었다.

○ 【那竭呵城】 앞서 나온 '야건가라국'을 말한다. 주해 642를 참조.

646○ 【法現(顯)西域傳】 현(現)과 현(顯)은 음 상통이며, 법현(法現)은 법현(法顯)을 말한다. 법현(法顯)은 동진시대의 승려로 산서성 양원현 출신. 융안 3년(399) 같은 뜻을 가진 혜경, 혜달과 함께 장안을 출발하여 서역으로 들어가 파미르를 넘어 인도로 들어갔다. 인도 각 지역의 불적(佛跡)

을 방문한 뒤 지금의 스리랑카에 건너가 상선을 타고 귀국하다가 동진의
의희 8년(412) 산동성에 표착하여 귀국했다. 그리고 의희 12년(416)에
전후 14년간 27개국에 족적(足跡)을 기록한 여행기를 완성했다. 즉 "법현
전" 혹은 "불국기"라고 하며, '유'에서는 "법현서역전"이라고 하는 여행기
이다. 이 "법현전"은 당시 인도, 서역 여러 나라의 실정을 전하는 기행문
으로서 존중받는 것이다. 법현의 전기(傳記)에 대해서는 "출삼장기집"(하
권 제15), "고승전" 권3, "역대삼보기" 권7 등에도 보인다.

○ 【那竭城南半由旬】 나갈성(那竭城)에 대해서는 주해 642를 참조. 이어서
'由旬'은 yojana의 음사로, 유연·유도나·유선나고도 한다. 고대인도의
거리, 리(里)의 단위로 군대에서 하루 걸어가는 거리를 1유순(由旬)이라
고 하는데, 지역에 따라 그 거리는 일정하지 않았던 것 같다.

○ 【博山】 원문의 박(愽)은 박(博)이나 단(摶)의 잘못일 것이다. '東大本',
'朝鮮史學會本', '啓明本'(崔南善) 등의 간본은 모두 박(愽)을 박(博)으로
하고 있다. 이 경우는 박산(博山)이라고 읽어야 할까, 혹은 '산을 단(摶)
(通)해서'라고 읽어야 할 것인가.

　다음으로 아다치(足立喜六)는 "考證法顯傳"에서 또 미즈타니(水谷眞
成)는 중국고전문학대계(22) "대당서역기"에서 '산을 단(摶)(돌아서)하여'
라고 번역하고 있다.

○ 【傳遠】 "법현전"에는 원(遠)이 근(近)이라고 되어 있다. 근(近)이라고 해
야 할까.

○ 【賢劫】 앞서 나온 '迦葉佛宴坐石'의 주해 520 참조.

○ 【影之西百步許. 有佛在時剃髮剪爪之地 云云.】 송운기행의 '도영전'에는
'那揭城中에 佛牙佛髮 있어, 모두 보석함에 넣어 아침저녁으로 공양하고
있다.', "대당서역기"에는 '불영굴의 서북 구석에 졸도파가 있다. 여래가
경행(經行)하셨던 곳이다. 그 옆의 졸도파에는 여래의 머리카락이나 손
톱이 있다.'라고 기록하고 있다.

647○ 【星函】 "고려대장경"의 재조본을 넣은 상자 번호. 앞의 주해 '可函'을

참조.

○ 【西域記】 이것은 '三藏法師玄奘奉詔譯. 大捴持寺沙門辨機撰'의 "대당서역기"를 말하는 것이다. 이 서적의 성립 경위에 대해서는 선행연구의 성과를 포함하여 미즈타니(水谷眞成) 역 "대당서역기"(중국고전문학대계 22, 1971년 평범사)의 해설을 참조. 현장(玄奘)은 속성 진씨(陳氏). 휘(諱)는 위(褘). 하남성 언사현 출신. 무덕 5년(622) 성도(成都)에서 구족계를 받고, 정관 3년(629) 국금(國禁)을 어기고 인도 여행을 나서 정관 19년(645) 장안에 돌아왔다. 그동안 체험한 서역, 인도 여러 지방의 기후·풍토·민족·풍습·언어·산물·불적 등을 기록한 "대당서역기"를 저술하였다. 그 생애나 행적에 대해서는 "대당대자은사삼장법사전", "인당고삼장현장법사행상", "속고승전"이 자세하다.

○ 【昔如來在世之時. 此龍爲牧牛之士. 供王乳酪, 進奏(奉)失冝(宣). 旣獲譴嘖. 心懷恚恨. 以金錢買花供養, 授記窣堵婆, 願爲惡龍. 破國害王. 特趣石壁投身而死. 遂居此窟爲大龍王】 이상은 "대당서역기" 권2의 '那揭羅曷國'과 같다.

○ 【授記】 Kyakarana의 한역, 수기(受記)·기별(記別)·수결(受決) 등이라고도 한다. 수행자가 장차 깨달음을 얻을 것이라고 부처가 예언, 약속을 하는 것. 부처가 제자에게 미래에는 부처가 될 것이라는 보증을 주는 것. "묘법연화경" 수기품에 자주 보인다.

○ 【卒堵婆】 stupa의 음사로 졸도파·탑파·두파·탑·부도 등으로 적는다. 원래는 불교 이전의 인도에서 유회(遺灰)를 넣기 위해 쌓은 토만두형 분묘를 말한다. 불교도 이 풍습을 이어받아 불멸할 때, 불사리를 여덟 곳으로 나누어 축탑을 했다고 한다. 불상이 예배의 대상이 되기 이전에는 이 탑이나 법륜, 불족적 등이 신앙의 대상이었으며, 마우리야 왕조의 아소카왕(기원전 272-232) 시대에는 불사리, 머리카락, 소지품 등을 묻고 벽돌(磚)로 쌓은 탑이 다수 건립되었다. 탑은 점차 고층, 다층이 되어 감과 동시에 전조(磚造), 석조, 목조 등의 종류도 늘어났고 또 크기 형식도

다양하게 변화하여 다보탑이나 오륜탑 등을 만들어 냈다. 또 죽은 사람의 명복을 빌기 위해, 긴 가지 끝을 탑과 같이 새겨 넣은 판탑파도 만들어지게 되었다. 지금의 일본에서는 일반적으로 이 판탑파를 졸도파, 탑파라고 하며, 건축물을 탑이라고 한다. 그래서 수기졸도파는 수기(授記)를 기념하여 건축된 졸도파이다.

○【適起惡心. 如來鑑此. 變神通力而來. 至此龍見佛. 毒心遂止. 受不殺戒. 因請, "如來常居此穴. 常受我供. 佛言, 吾將寂滅, 爲汝留影. 汝若毒忿. 常觀吾影. 毒心當止】"대당서역기"에는 앞의 글에 이어 '便欲出穴成本惡願. 適起此心. 如來已鑒. 愍此國人爲龍所害. 運神通力. 自中印度至. 龍見如來. 毒身遂止. 受不煞戎. 願護正法. 因請如來. 常居此窟. 諸聖弟子. 恒受我供. 如來告曰. 吾將寂滅. 爲汝留影. 遺五羅漢. 常受汝供. 正法隱沒, 其思無替. 汝若毒心奮怒. 當觀五留影. 以慈善故. 毒心當止. 此賢劫中. 當來世尊. 亦悲愍女. 皆留影像'이라고 적혀 있다(밑줄 친 곳은 본문에 없다. 굵은 글자는 본문과 다른 글자라는 것을 보인다).

○【攝神獨入石室, 遠望343)即現. 近則不現. 又令石上螫爲七寶 云云】이 글은 대당서역기에는 보이지 않고, 칠보(七寶)의 소졸탑파에 관한 것은 보인다.

648○【北天】북천축을 말한다.

---

343) 고증. 淫(望).

⁶⁴⁹대산오만진신

臺山五萬眞身

⁶⁵⁰桉³⁴⁴⁾山中古傳, 此山之署名眞聖住處者. 始自慈藏法師. 初法師欲見
中國五臺山文殊眞身, 以善德王代貞觀十年丙申ᵃ^{唐僧傳云十二年, 今從三國本史.}
入唐. 初至中國太³⁴⁵⁾和池邊石文殊處, 虔祈七日, 忽夢大聖授四句偈. 覺
而記憶. 然皆梵語罔然不解. 明旦忽有一僧. 將緋羅金點袈裟一領佛鉢一
具. 佛頭骨一片到于師邊問, 何以無聊. 師荅以夢所受四句偈. 梵音不解
爲辭. 僧譯之云, 呵囉婆佐曩. 是曰了知一切法, 達嚧哆³⁴⁶⁾佉嘢. 云自性
無所有, 曩伽呬伽曩. 云如是解法性, 達嚧盧舍那. 云即見盧舍那. 仍以所
將袈裟荨.³⁴⁷⁾ 付而囑云, 此是本師釋迦尊之道具也, 汝善護持. 又曰, 汝
本³⁴⁸⁾國艮方溟州界有五臺山, 一萬文殊常住在彼. 汝往見之. 言已不現.

---

344) 고증. 按. DB. 按의 오기.
345) DB. 규장각본과 만송문고본에는 大, 순암수택본에는 太 옆에 大 자 가필.
346) DB. 규장각본에는 哆, 순암수택본에는 陊 옆에 哆 자 가필.
347) 고증. 等.
348) 고증. 本.

遍尋靈迹. 將欲東還, 太和池龍現身請齋, 供養七日. 乃告云, 昔之傳偈老
僧是眞文殊也. 亦有叮[349]囑創寺立塔之事, 具載別傳. [651]師以貞觀十七
年. 來到此山欲覩眞身, 三日晦陰不果而還,[350] 復住元寧寺. 乃見文殊云,
至葛蟠處. 今淨嵒寺是. [a]亦載別傳. [652]後有頭陀 · 信義. 乃梵日之門人也, 來
尋藏師憩息之地. 創庵而居. 信義旣卒. 庵亦久廢, 有水多寺長老. 有緣重
創而居, 今月精寺是也. [653]藏師之返. 新羅淨神大王太[351]子寶川[352]孝明
二昆[353]弟[a]按國史, 新羅無淨神, 寶川,[354]孝明三父子明文. 然此記下文云, 神龍元年開土立寺, 則
神龍乃聖德王即位四年乙巳也. 王名興光, 本名隆基. 神文之弟[355]二子也. 聖德之兄孝照名理恭, 一作
洪亦神文之子. 神文政明字日照. 則淨神恐政明神文之訛也. 孝明乃孝照一作昭之訛也. 記云, 孝明即位,
而神龍年開土立寺云者. 亦不細詳言之尒,[356] 神龍年立寺者乃聖德王也. 到河西府, [b]今溟州亦有河
西郡. 是也. 一作河曲縣. 今蔚州非是也. 世獻角干之家. 留一宿. 翌日過大嶺. 各領千
徒. 到省烏坪. 遊覽累日, 忽一夕昆弟二人密約方外之志, 不令人知. 逃隱
入五臺山. [c]古記云 "大[357]和元年戊申八月初. 王隱山中", 恐此文大誤. 按[358]孝照一作昭. 以天授
三年壬辰即位, 時年十六. 長安二年壬寅崩, 壽二十六. 聖德以是年即位年二十二. 若曰太和元年戊申, 則
先於孝照即位甲辰. 已過四十五歲, 乃太宗文武王之世也. 以此知此文爲誤, 故不取之. 侍衛不知所

---

349) DB. 순암수택본에는 丁 옆에 叮 자 가필.
350) 고증. 來到此山, 欲覩眞身三日. 晦陰不果而還.
351) DB. 규장각본과 만송문고본에는 大로 되어 있고, 순암수택본에는 太 옆에 大 자 가필.
352) DB. "삼국유사" 권3, 탑상(塔像) 명주오대산보질도태자전기(溟州五臺山寶叱徒太子傳記)
　　 조에는 寶叱徒.
353) 고증 하1 본문에는 비(毘).
354) DB. "삼국유사" 권3, 탑상(塔像) 명주오대산보질도태자전기(溟州五臺山寶叱徒太子傳記)
　　 조에는 寶叱徒.
355) 고증. 第. DB. 第의 오기.
356) 고증. 爾.
357) DB. 규장각본은 太.
358) DB. 규장각본과 순암수택본에는 桉.

歸於是還國. 二太子到山中青蓮忽開地上. 兄太子結庵而止住, 是日. 寶
川359)庵. 向東北行六百餘步. 北臺南麓. 亦有青蓮開處, 弟太子孝明又結
庵而止, 各勲修業. 一日同上五峯瞻禮次, 東臺滿月山有一萬觀音眞身現
在,360) 南臺麒驎山. 八大菩薩爲首. 一萬地藏, 西臺長嶺山. 無量壽如來
爲首. 一萬大勢至, 北臺象王山. 釋迦如來爲首. 五百大阿羅漢, 中臺風盧
山. 亦名地盧山. 毗盧遮那爲首. 一萬文殊. 如是五萬眞身一一瞻禮. 每日
寅朝. 文殊大聖到眞如院, 今上院變現三十六種形.361) 或時現佛面形, 或
作寶珠形, 或佺362)佛眼形, 或佺363)作佛手形, 或佺寶塔形, 或萬佛頭形,
或佺萬燈形, 或作金橋364)形, 或佺金鼓形, 或作金鍾形, 或作神通形, 或作
金樓形, 或佺金輪形, 或作金剛杵形, 或佺金甕形, 或佺金鈿形, 或五色光
明形, 或五色圓光形, 或吉祥草形, 或青蓮花形, 或作金田形, 或作銀田形,
或作佛足形, 或作雷靈形, 或來湧出形, 或地神湧出形, 或作金鳳形, 或作
金烏形, 或馬産師子形, 或雞産鳳形, 或佺青龍形, 或作白象形, 或佺鵲鳥
形, 或牛産師子形, 或佺遊猪形, 或作青蚍形. 二公每汲洞中水, 煎茶獻供,
至夜各庵修道. **654**淨神王之弟與王爭位, 國人廢之, 遣將軍四人到山迎之.
先到孝明庵前呼萬歲. 時有五色雲. 七日垂覆. 國人尋雲而畢至. 排列鹵
薄, 將邀兩太子而歸. 寶川365)哭泣以辭, 乃奉孝明歸即位. 理366)國有年 **ª**

---

359) DB. "삼국유사" 권3, 탑상(塔像) 명주오대산보질도태자전기(溟州五臺山寶叱徒太子傳記)
    조에는 寶叱徒.
360) 고증. 一日同上五峯瞻禮. 次東臺滿月山. 有一萬觀音眞身現在.
361) 고증. 文殊大聖到眞如院今上院. 變現三十六種形.
362) 작(作)의 이체자(異體字).
363) 고증. 佺이 보이지 않는다. 이하 같다.
364) DB. 규장각본에는 撟.
365) DB. "삼국유사" 권3, 탑상(塔像) 명주오대산보질도태자전기(溟州五臺山寶叱徒太子傳記)
    조에는 寶叱徒. 이하 같다.

記云, 在位二十餘年. 盖崩年壽二十六之訛也. 在位但十年爾. 又神文之弟爭位事國史無文, 未詳. 以神龍元年^b乃唐中宗復位之年, 聖德王即位四年也. 乙巳三月初四日. 始攺創眞如院, 大王親率百寮到山. 營排367)殿堂, 幷塑泥像文殊大聖安于堂中. 以知識靈卞蕐五員長轉華嚴經. 仍結爲華嚴社, 長年供費. 每歲春秋. 各給近山州·縣倉租一百石. 淨油一石·以爲恒規(規), 自院西行六千步. 至牟尼岾古伊峴外, 柴地十五結, 栗枝六結, 坐位二結, 創置莊舍焉. 寶川常汲服其靈洞之水, 故晚年肉(肉)身飛空. 到流沙江外蔚珍國掌天窟停止, 誦隨求陁羅尼. 日夕爲課, 窟神現身白云, 我爲窟神已二千年, 今日始聞隨求眞詮, 請受菩薩戒. 旣受已. 翌日窟亦無形. 寶川驚異. 留二十日, 乃還五臺山神聖窟. 又修眞五十年, 忉利天神三時聽法, 淨居天衆烹茶供獻, 四十聖騰空十尺. 常時護衛, 所持錫杖一日三時作聲. 遶房三匝, 用此爲鍾磬. 隨時修業. 文殊或灌水寶川頂. 爲授成道記莂. 川將圓寂之日. 留記後來山中所行輔益邦家之事. 云. 此山乃白頭山之大脉, 各臺眞身常住之地. 靑, 在東臺北角下. 北臺南麓之末. 冝置觀音房, 安圓像觀音. 及靑地畫一萬觀音像, 福田五員. 晝讀八卷金經·仁王·般若·千手呪, 夜念觀音礼懺. 稱名圓通社. 赤, 任南臺南面. 置地藏房, 安圓像地藏. 及赤地畫八大菩薩爲首一萬地藏像, 福田五員. 晝讀地藏經·金剛般若, 夜□(念)□(占)368)察禮懺. 稱金剛社. 白,369) 方西臺南面. 置彌陁房, 安圓像無量壽. 及370)白地畫無量壽如來爲首一萬大勢至, 福田五員. 晝讀八卷法華, 夜念彌陁(陁)

---

366) DB. 고려 6대 임금인 成宗의 이름 治를 피휘.
367) 고증. 構. DB. 규장각본은 판독이 어렵고, 순암수택본은 排 옆에 構 자를 가필.
368) DB. 규장각본과 만송문고본, 순암수택본에는 빈칸. (占) 1자(字)에 주(注).
369) DB. 왈(曰)로 하고 白의 오기.
370) DB. 규장각본과 만송문고본, 순암수택본에는 反.

禮懺. 稱水精社. 黒, 地[371]北臺南面. 置羅漢堂, 安圓像釋迦. 及黒地畫釋

迦如來爲首五百羅漢, 福田五貟. 晝讀佛報恩經・涅槃經, 夜念涅槃禮經.

稱白蓮社. 黃, 處中臺眞[372]□(如)[373]院中, 安泥像文殊不動, 後壁安黃地

畫毗盧遮那爲首三十六化形, 福田五貟. 晝讀華嚴經・六百般若, 夜念文

殊禮懺. 稱華嚴社. 寶川庵改創華藏寺, 安圓像毗盧遮那三尊及大藏經,

福田五貟. 長門藏經, 夜念華嚴神衆, 每年設華嚴會一百日, 稱名法輪社.

以此華藏寺爲五臺社之本寺. 堅固護持, 命淨行福田鎭長香火, 則國王千

秋, 人民安泰, 文虎(武)[374]和平, 百穀豊穰矣. 又加排下院文殊岬寺爲社之

都會, 福田七貟. 晝夜常行華嚴神衆禮懺, 上件[375]三十七貟. 齋料衣費.

以河西府道內八州之稅. 充爲四事之資. 代代君王不忘遵行. 幸矣.

풀이 **649**대산오만진신(臺山五萬眞身)

　　650"산중고전(古傳)"[376]을 살펴보면, 이 산을 참 성자의 거주처라고 이

름한 것은 자장[377]법사로부터 시작되었다고 한다. 처음에 법사가 중

---

371) DB. "삼국유사"권3, 탑상(塔像) 명주오대산보질도태자전기(溟州五臺山寶叱徒太子傳記)
　　조에는 掌.
372) DB. 직(直)으로 하고 眞의 오기.
373) DB. 여(如)로 하고, 규장각본과 만송문고본, 순암수택본에는 빈칸.
374) DB. 고려 2대 임금인 惠宗의 이름 武를 피휘.
375) 고증. 건(件), DB. 규장각본과 만송문고본, 순암수택본에는 글자가 좌변이 彳, 우변이 午인
　　형태.
376) DB. 상세히 알 수는 없으나 이 본문은 이것을 바탕으로 서술되었다고 생각되며, 말미의
　　'보천유언(寶川遺言)'에 "보천암을 개창한 화장사(華藏寺)를 오대사(五臺社)의 본사라고 한
　　다."라고 기술한 것으로 보아 '산중고전'은 오대산 화장사의 유래를 설명한 문헌으로 생각된다.
377) DB. 선덕여왕 5년인 635년에 당에 들어가, 화엄종의 두순(杜順)과 계율종의 도선(道宣)에
　　게 배운 뒤 선덕여왕 12년(643), 장경(藏經) 일부와 불구(佛具)를 갖고 돌아왔다. 신라의 국
　　통이 되었으며 통도사를 창건.

국 오대산(五臺山)의 문수보살의 진신(眞身)을 보고자 선덕왕 때인 정관 10년 병신ᵃ"당승전"378)에는 12년이라 하였으나, 여기에서는 삼국본사에 따른다.에 당나라에 들어갔다.

처음에 (법사가) 중국 태화지 가의 문수보살의 석상이 있는 곳에 이르러, 7일 동안 정성스럽게 기도를 하였더니, 홀연히 꿈에 대성(大聖)이 4구의 게(偈)379)를 주었다. 꿈을 깨고 보니 기억은 하겠으나, 모두 범어(梵語)이므로 해독하지 못하여 망연하였다.

다음날 아침 갑자기 한 스님이, 붉은 깁에 금점이 있는 가사 한 벌과 부처의 바리때 하나와 부처의 머리뼈 한 조각을 가지고 법사의 곁에 이르러서 묻기를, "어찌하여 그리 근심하시오?"라고 하였다. 법사가 대답하기를 "꿈에 사구의 게(偈)를 받았는데, 그 게가 모두 범어이므로 해석할 수 없는 글들이어서 그렇습니다."라고 하였다.

그 스님이 번역하여서 일러 주기를, "가라파좌낭은 일체법(一切法)을 깨달았다는 말이요, 달예치구야는 자성(自性)이 가진 바 없다는 말이요, 낭가사가랑은 법성(法性)을 이와 같이 해석한다는 말이요. 달예노사나라 함은 즉 노사나380)를 본다는 말이외다."라고 하고는 이어 그 스님이 가졌던 가사 등 물건을 (법사에게) 주면서 부탁하기를, "이것은 본사(本師) 석가세존께서 쓰시던 도구이니, 그대가 잘 간직하시오."라고 하였다. 또 말하길, "그대의 본국 동북방 명주(溟州) 경계에 오대산이 있고, 1만 문수보살이 항상 머물러 있으니, 그대는 가서 뵙

---

378) DB. 도선(道宣)이 645년에 찬술한 고승전으로, 양대(梁代)부터 당초(唐初)에 이르는 144년간(502-645)의 고승 약 500인의 행적을 모아 기록.

379) DB. 부처의 공덕을 찬양하는 노래나 부처의 사상이 담긴 시구 등.

380) DB. 범어 Vairocana의 음역으로 부처님의 진신을 나타내는 칭호.

도록 하시오."라고 하였다. 말을 마치자 곧 사라졌다.

　(법사가) 영험 있는 유적을 두루 찾아보고, 장차 고국(本國)으로 돌아오려고 하는데, 태화 연못가의 용이 나타나 재(齋) 지내 주기를 청하므로 7일 동안 공양하였다. 이에 (용은 법사에게) 고하기를, "옛날 게(偈)를 전수한 노승이 바로 참 문수보살입니다."고 하였다. 또 절을 창건하고 탑을 세울 것을 간절히 부탁하였는데, (그런 기사는) 별전에 자세히 실려 있다.

　651법사는 정관 17년(643)에 이 산에 이르러 (문수보살)의 진신을 보려고 하였으나 3일 동안 날씨가 어두워 (뜻을) 이루지 못하고 돌아와 다시 원령사(元寧寺)에 가서 살다가 문수보살을 뵈니 이르기를, "칡덩굴이 있는 곳으로 가라."고 하였으니 지금의 정암사381)가 이것이다.
ª역시 별전에 실려 있다.

　652그 후 두타382) 신의는 곧 범일(梵日)의 문인이었던 사람인데 와서 자장법사가 쉬었던 자리를 찾아서 암자를 짓고 거처하였다. 신의가 죽은 뒤 암자 또한 오래도록 폐하였더니 수다사383)의 장로 유연이 (암자를) 다시 짓고 거처하였는데 지금의 월정사가 이것이다.

　653자장법사가 신라로 돌아왔을 때 정신대왕의 태자 보천, 효명 두 형제**ª**"국사(國史)"를 살피건대, 신라에는 정신·보천·효명 3 부자에 대한 글이 없다. 그러나 이 기록의 하문(下文)에 이르기를, 신룡384) 원년에 터를 닦고, 절을 세웠다고 하였는데, 곧 신룡은 성덕왕 즉위 4년 을사이다. 왕의 이름은 흥광이요, 본명은 융기(隆基)로 신문왕(神文)의 둘째 아들이

---

381) DB. 강원도 태백산에 있는 절로 속칭 갈래사(葛來寺), 자장법사가 세웠다.
382) DB. 탁발하고 수행하는 중.
383) DB. 강원도 강릉에 있던 절로 신라 때 자장법사가 세웠으며 말년에 거주했다고 한다.
384) DB. 당 중종의 연호로 705-707년에 사용.

다. 성덕왕의 형(孝照)은 이름이 이공(理恭)이며, (공(恭)을) 홍(洪)이라고도 썼는데, 역시 신문왕의

아들이다. 신문왕 정명의 자는 일조이다. 정신은 아마도 정명 · 신문의 와전인 듯하다. 효명은 곧

효조의 [조(照)를] 소(昭)로 쓴 데서 온 와전인 듯하다. 기록에 이르기를, 효명이 즉위하고, 신룡 연

간에 터를 닦고 절을 세웠다고 말한 것도 역시 분명치 못한 말이니, 신룡 연간에 절을 세운 이는 성

덕왕이다.가 하서부ᵇ지금의 명주(溟州)에 또한 하서군이 있으니 이곳이다. 혹은 하곡현이라고

쓰는데, 지금의 울주는 이곳이 아니다.에 이르러, 세헌 각간³⁸⁵⁾의 집에서 하룻밤

을 머물렀다.

   이튿날 큰 고개를 지나 각기 무리 천 명을 거느리고 성오평에 이르

러 여러 날을 유람하더니, 문득 하루 저녁은 형제 두 사람이 속세를

떠날 뜻을 은밀히 약속하고, 아무도 모르게 도망하여 오대산에 들어

가 숨었다. ᶜ고기(古記)³⁸⁶⁾에는 "태화³⁸⁷⁾ 원년 무신 8월 초에 왕이 산중에 숨었다."고 하였

으나, 아마 이 글은 크게 잘못된 듯하다. 살피건대, 효조[조(照)를]소(昭)로도 썼다. 천수³⁸⁸⁾ 3년

임진(692)에 즉위하였는데, 그때 나이 열여섯 살이었다. 장안³⁸⁹⁾ 2년 임인(702)에 죽으니, 그때

나이 스물여섯 살이었다. 성덕왕이 이 해에 즉위하니 나이 스물두 살이었다. 만약 태화 원년 무신

이라면 효조가 즉위한 임진보다 이미 45년이나 앞섰으니, 곧 태종무열왕의 치세이다, 이로써 이 글

이 잘못된 것을 알 수 있으므로 이를 취하지 않는다. 시위하던 자들이 돌아갈 바를

알지 못하여 이에 나라로 돌아갔다.

   두 태자가 산속에 이르니, 푸른 연꽃이 문득 땅 위에 피었다. 형 태

385) DB. 신라의 경위(京位) 17관등 중 최상의 관등인 이벌찬(伊伐湌)의 다른 명칭으로 이벌간
(伊伐干), 우벌찬(于伐湌), 각찬(角湌), 서발한(舒發翰), 서벌감(舒伐邯)이라고도 한다.
386) DB. 자세히는 알 수 없지만 본문의 첫머리에 나오는 '산중고전(山中古傳)'을 가리키는 것
같다. 또한 다음 편의 溟州五臺山 寶叱徒太子傳記도 가리키는 것으로 보인다.
387) DB. 신라 진덕여왕의 연호이다. 원문의 태화 원년은 647년으로 정미년.
388) DB. 당 측천무후의 연호로 690-692년.
389) DB. 당 측천무후의 연호로 701-704년.

자가 (그곳에) 암자를 짓고 머물러 살게 되면서 이를 보천암이라고 하였다. 동북쪽을 향하여 6백여 보를 가니, 북대(北臺)의 남쪽 기슭에 또한 푸른 연꽃이 핀 곳이 있었으므로, 아우 태자 효명도 그곳에 암자를 짓고 머물면서 각기 부지런히 정업을 닦았다.

하루는 (형제가) 함께 다섯 봉우리에 올라가 우러러 배례하려고 하니, 동대(東臺)인 만월산에 1만 관음보살의 진신이 나타나 있고, 남대(南臺)인 기린산에는 팔대보살을 수위로 한 1만 지장보살,390) 서대(西臺)인 장령산에는 무량수여래를 수위로 한 1만 대세지보살,391) 북대(北臺)인 상왕산에는 석가여래를 수위로 한 5백 대아라한,392) 중대(中臺)인 풍로산 다른 이름으로 지로산에는, 비로자나393)를 수위로 한 1만 문수보살의 진신이 나타나 있었다.

이와 같은 오만(五萬) 진신에게 일일이 우러러 예배하였다. 매일 이른 새벽에 문수보살이 진여원, 지금의 상원(上院)에 이르러 36가지 모양으로 변신하여 나타났다. 어떤 때는 부처의 얼굴 모양으로 나타나고, 혹은 보주 모양으로, 혹은 부처의 눈 모양으로, 혹은 부처의 손 모양으로, 혹은 보탑 모양으로, 혹은 수 없이 많은 부처의 머리 모양으로, 혹은 만등 모양으로, 혹은 금 다리(金橋) 모양으로, 혹은 금북(金鼓) 모양으로, 혹은 금종(金鐘) 모양으로, 혹은 신통(神通) 모양으로, 혹은 금 다락(金樓) 모양으로, 혹은 금륜(金輪) 모양으로, 혹은 금강저(金

---

390) DB. 석가모니의 부탁을 받고 그가 세상을 떠난 후부터 미륵불의 출세까지 부처 없는 세계에 머물러 있으면서 중생을 교화 인도한다는 보살.
391) DB. 서방 극락정토를 주재하는 아미타불의 협시보살로 오른쪽에 위치.
392) DB. 최고의 깨달음을 얻은 자.
393) DB. 부처님의 진신을 나타내는 칭호.

剛杵)394) 모양으로, 혹은 금옹기(金甕) 모양으로, 혹은 금비녀(金細) 모양으로, 혹은 오색광명395) 모양으로, 혹은 오색원광 모양으로, 혹은 길상초 모양으로, 혹은 푸른 연꽃(靑蓮花) 모양으로, 혹은 금전(金田)396) 모양으로, 혹은 은전(銀田)397) 모양으로, 혹은 부처의 발 모양으로, 혹은 뇌전(雷靈) 모양으로, 혹은 여래가 솟아나는 모양으로, 혹은 지신(地神)이 솟아나는 모양으로, 혹은 금봉황(金鳳) 모양으로, 혹은 금까마귀(金烏) 모양으로, 혹은 말이 사자를 낳는 모양으로, 혹은 닭이 봉황을 낳는 모양으로, 혹은 청룡 모양으로, 혹은 흰 코끼리 모양으로, 혹은 까치 모양으로, 혹은 소가 사자를 낳는 모양으로, 혹은 노는 멧돼지 모양으로, 혹은 푸른 뱀 모양으로 나타나 보였다. 이상 36가지 모습으로 변화하여 나타났다. 두 태자는 매번 골짜기의 물을 길어와 차를 다려서 공양하고, 밤이 되면 각각 암자에서 도를 닦았다.

654그 무렵 정신왕의 아우가 왕과 왕위를 다투었는데, 나라사람들이 이를 폐하고 장군 네 사람을 산에 보내 두 왕자를 맞아 오게 하였다. (그 사람들이) 먼저 효명의 암자 앞에 이르러 만세를 부르니, 그때 오색구름이 7일 동안이나 (그곳을) 드리워 덮었다. 나라 사람들이 그 구름을 쫓아 모두 와서 의장을 벌여 열을 짓고, 두 태자를 맞이하여 가려고 하였다. 보천은 울면서 굳이 사양하므로 효명을 받들어 돌아와 즉위하게 하였다.

(효명이) 나라를 다스린 지 몇 해가 지나 [a]고기(古記)에 이르되, 재위 20여 년이

---

394) DB. 승려들이 법을 닦을 때 쓰는 도구의 하나.
395) DB. 부처나 보살의 몸에서 나오는 파랑, 노랑, 빨강, 하양, 검정의 광명.
396) DB. 금지(金地)라고도 하는데 절의 또 다른 표현.
397) DB. 은지(銀地)라고도 하며 도량의 총칭.

라 하였음은, 아마도 붕어할 때 나이 스물여섯 살을 잘못 전한 것이리라. 재위는 다만 10년뿐이었다. 또 신문왕의 아우가 왕위를 다투었다는 일은 "국사"에 기록이 없어 알 수 없다.

신룡(神龍) 원년 ᵇ곧 당 중종이 복위한 해로, (신라) 성덕왕 즉위 4년이다. 을사 3월 초 4일에 처음으로 진여원을 개창하니, 대왕이 친히 문무백관을 거느리고 산에 이르러 전당을 세우고, 아울러 문수보살의 소상을 만들어 당 안에 모셨다. 지식 영변 등 다섯 명으로 "화엄경"을 오랫동안 전독³⁹⁸⁾하여 화엄사(華嚴社)를 조직하고, 길이 공양할 비용을 매년 봄과 가을에 산에서 가까운 주·현으로부터 창조 1백 석과 정유 1석씩을 공급하는 것을 항상 규칙으로 삼고, (또) 진여원 서쪽으로 6천 보를 걸어서 모니점과 고이현³⁹⁹⁾ 밖에 이르는 땔나무 산판 15결, 밤나무 숲 6결, 전답 2결을 주어 처음으로 장사(莊舍)를 두었다.

보천은 항상 그 신령한 골짜기의 물⁴⁰⁰⁾을 길어 마셨으므로, 만년에 육신이 허공을 날아 유사강 밖 울진국 장천굴⁴⁰¹⁾에 이르러 (그곳에) 머물러 수구다라니⁴⁰²⁾를 외우는 것을 낮과 밤의 과업으로 삼았더니, 굴의 신령이 몸을 나타내어 이르기를, "내가 굴의 신령이 된 지 이미 2천 년이 되었으나, 오늘에야 비로소 수구다라니의 참 도리를 들었으니 보살계를 받기를 청합니다."라고 하였다. (굴의 신이 보살계를) 받고 난 다음날 굴이 또한 형체가 없어졌다. 보천은 놀라고 이상하게 여겨 (그곳에) 20일을 머물고 나서 오대산 신성굴로 돌아갔다. 다시 50년

---

398) DB. 경문을 돌려가면서 읽는 것으로, 다 읽지 아니하고 요긴한 곳만 중간 중간 추려서 읽는다.
399) 이상, 모니점(牟尼岾)과 고이현(古伊峴)에 대하여 DB.는 자세한 것은 모른다고 했다.
400) 고증. '오산(五山) 영동(靈洞)의 물'이라고 표현.
401) DB. 울진군 소재 성류굴(聖留窟)의 옛 이름.
402) DB. 당의 불공(不空)이 번역한 다라니 경전.

동안 도를 닦으니 도리천의 신이 세 번 법을 듣고, 정거천403)의 무리
가 차를 다려 공양하였고, 40명의 성중(聖衆)이 10척 상공을 날아 항
상 호위하고, 가지고 있던 석장(錫杖)은 하루에 세 번 소리를 내며 방
을 세 바퀴 돌아다녔으므로 이것으로써 종과 경쇠를 삼아 때를 좇아
수업하였다.

어떤 때는 문수보살이 보천의 이마에 물을 붓고 성도기별404)을 주
기도 하였다. 보천이 바야흐로 입적하는 날 후일 산중에서 행할 국가
에 도움이 될 만한 일들을 기록으로 남겨 두었다. (기록은) 다음과 같다.
"이 산은 곧 백두산의 큰 줄기로서 각 대(臺)는 (불보살의) 진신이 항
상 머무는 땅이다. 청색(방)은 동대의 북각 밑과 북대의 남쪽 기슭 끝
에 있으니 마땅히 관음방을 두어, 원상의 관음보살과 푸른 바탕에 1
만 관음상을 그려서 봉안하고, 복전 다섯 명을 두어 낮에는 8권의 "금
광명경(金經)405)", "인왕경(仁王)"406), "반야경(般若)"407), "천수주(千手
呪)"를 읽고, 밤에는 관음예참을 염송하게 하여 이름을 원통사로 하여
라. 적색(방)인 남대 남면에 지장방을 두고, 원상의 지장보살과 붉은
바탕에 8대보살을 수위로 한 1만 지장보살상을 그려 봉안하고, 복전
승 다섯 명이 낮에는 "지장경"과 "금강반야경"408)을 읽고, 밤에는 점

403) DB. 성인이 거주하는 하늘나라를 뜻한다.
404) DB. 부처가 제자에게 미래에 성불할 것을 일일이 구별하여 예언하는 일.
405) DB. 대승불교(大乘佛教)가 전파된 지역에서 널리 영향을 끼친 중요한 경전. 참회멸죄(懺
悔滅罪)의 행동을 가르침과 아울러, 다른 면에서는 호국안민(護國安民)・왕도(王道)・자기
희생・이타(利他) 등을 강조하여 전체적으로는 밀교(密教)의 색채가 농후.
406) DB. 왕들에게 부처가 되는 지혜에 대하여 설교한 경전.
407) DB. 모든 법의 실상은 반야에 의해 밝혀진다고 설명하는 경전.
408) DB. 제자 수보리를 위하여 설한 경전으로, 한곳에 집착하여 마음을 내지 말고 항상 머무르
지 않는 마음을 일으키면 곧 진리인 여래를 보게 된다고 말하고 있다.

찰예참을 (염송하되, 이름을) 금강사(金剛社)로 하여라.

백색(방)인 서대 남면에 미타방을 두고 원상의 무량수불(無量壽)[409]과 흰 바탕에 무량수여래를 수위로 1만 대세지보살을 그려 봉안하고, 복전승 다섯 명이 낮에는 8권의 "법화경"[410]을 읽고, 밤에는 미타예참을 염송하되, (이름을) 수정사로 하여라. 흑색(방)인 북대 남면에 나한당을 두고 원상의 석가불(釋迦)과 검은 바탕에 석가여래를 수위로 5백 나한을 그려 봉안하고, 복전승 다섯 명이 낮에는 "불보은경"과 "열반경"을 읽고, 밤에는 열반예참을 염송하되, (이름을) 백련사로 하여라. 황색(방)인 중대의 진여원 중앙에 진흙으로 빚은 문수보살의 부동상(不動像)[411]을 봉안하고, 뒷벽에는 노란 바탕에 비로자나불을 수위로 한 36가지로 변화하는 모양을 그려 봉안하고, 복전승 다섯 명이 낮에는 "화엄경"[412]과 "육백반야경"을 읽고, 밤에는 문수예참을 염송하되, (이름을) 화엄사로 하여라.

보천암을 화장사로 고쳐 세우고, 원상의 비로자나 삼존과 "대장경"을 봉안하고, 복전승 다섯 명이 "대장경"을 항상 열람하고, 밤에는 화엄신중을 염송하고, 매년 화엄회를 1백일 동안 베풀되, 이름을 법륜사로 하여라.

이 화장사를 오대사의 본사(本寺)로 삼아 굳게 보호하며 지키고, 행

---

409) DB. 서방정토를 주재하는 부처의 이름. 아미타불 또는 무량광불이라고도 한다.
410) DB. "묘법연화경"의 줄임말. 우리나라 천태종의 근본경전으로 부처가 되는 길이 누구에게나 열려 있음을 기본사상으로 하고 있으며, 화엄경과 함께 우리나라 불교사상의 확립에 크게 영향을 끼쳤다.
411) DB. 수행자를 도와서 큰 지혜를 얻게 하여 성불하도록 돕는 부동명왕상(不動明王像).
412) DB. "대방광불화엄경"의 줄임말로, 부처와 중생이 둘이 아니라 하나라는 것을 기본사상으로 하고 있다. 법화경과 함께 한국 불교사상 확립에 크게 영향을 끼친 경전.

실이 정결한 복전승413)에게 명하여 길이 향화를 받들게 하면, 국왕이 천추를 누리고 백성은 평안하고 문무(文虎)는 화평하고, 백곡이 풍요할 것이다. 또 하원(下院)의 문수갑사를 더 배치하여414) 여러 사(社)들의 도회소(都會)로 삼고 복전승 일곱 명이 밤낮으로 늘 화엄신중예참을 행하고, 위의 37명의 재에 드는 경비와 의복의 비용은 하서부의 도내 8주(州)의 세금으로 네 가지 일의 자금에 충당하게 하라. (이렇게 하는 것을)대대로 군왕은 잊지 않고 준행하면 다행이겠다."라고 하였다.

주해 **649**○ 【臺山】 대산(臺山)은 강원도에 있으며, 금강산과 나란히 일컫는 명산으로 보통 오대산(五臺山)이라고 한다. 오대산이라는 명칭은 뒤에 나오는 본문에 보이는 것과 같이 이 산이 다섯 개 봉우리로 되어 있는 것과 함께, 각각 중국의 오대산과 같은 형상을 가지고 있어 이렇게 부르는 것이다. 이 다섯 개 봉우리는 일반적으로 동쪽의 봉우리를 장령(長嶺), 북쪽의 봉우리를 상왕산, 가운데 봉우리를 지로산['유'에서는 '풍로산(風盧山). 亦名地盧山']이라고 한다. 오대산의 불교성지로서의 역사는 자장법사에서 비롯되며, "승람" 권44·강원도 강릉의 '불우' 조에는 산중의 사원으로서 상원사, 사자암, 관음암, 금옹사, 월정사(고증 주해 657 참조), 수정암(水精庵) 등을 들 수 있다.

신라인은 예부터 산악숭배의 풍속을 가지고 있었다. 즉 명산에는 신인(神人)이 살고 신령이 머무는 곳이라고 생각했기 때문이며 그 대표적인 숭배의 대상은 3산5악(岳)이었다. 그리고 이 산악숭배는 이윽고 불교와 융합되는데, 산이 가지고 있는 신비가 불교화된 가장 현저한 예는, 오대

---

413) 고증. 비구(比丘)라고 표현.
414) 고증. 가배(加排)[가피(加被), 가호(加護)]라고 표현.

산의 경우일 것이다. 이 오대산에 진성(眞聖)이 살고 있다는 것을 믿은 최초의 인물은 자장법사이었다('유'에는 뒤에 나오는 '臺山月精寺五類聖衆', 및 권제4・의해 제5 '자장정률'에 기록되어 있다). 그러나 실제로 이 산을 불교적으로 신비화한 사람은 정신대왕[415]과 그 두 왕자, 보천(寶叱徒太子)과 효명 형제이었다. 보질도와 효명이 오대산을 신비화한 것에 대해서는 '유'에 '대산오만진신'과 그다음의 '명주오대산보질도태자전기'에 기록되어 있다. 보질도와 효명 형제가 화랑국선이었던 것은, 적혀 있지 않지만, 일천 명의 무리를 거느리고 동해의 산야에 노닐다가 이윽고 성산 오대산에 들어갔다는 부분은 화랑집회의 그것과 완전히 같다. 이 두 왕자는 속세를 떠날 것을 결심하고 오대산에 와서 각각 암자를 지어 살면서 이곳에서 다섯 봉우리를 예배하며 이 봉우리에 사는 오만 진신을 볼 수 있었다. 또 그 36가지로 변화하는 모습도 예배할 수 있었다. 이 다섯 봉우리와 오만의 진신에 관한 기록은 신라인의 발전된 불국토 사상을 엿볼 수 있는 자료의 하나라고 할 수 있는데, 또 보질도가 화엄사・원통사・금강사・수정사・백련사의 여러 사(社)를 묶어 '命浄行福田鎮長香火. 則國王千秋. 人民安泰. 文虎(武)和平. 百穀豊穰矣.'라는 종의(宗儀)를 행했다며 그 불사(佛寺)의 연기를 말하고 있는 것이다. [참고] '新羅花郎の研究'("三品彰英論文集" 제6권 平凡社). 이기영, '象徵的表現を通じて見たる七・八世紀新羅及び日本佛國土思想' "新羅と飛鳥・白鳳の佛教文化" 吉川弘文館.

○ 【五萬眞身】 정신대왕(淨神大王)의 태자, 보천과 효명 2형제가 오대산에서 다음과 같은 오만진신을 일일이 예배했다. 즉

동대(東臺)・만월산에서는 일만의 관음 진신.

남대(南臺)・기린산에서는 8대보살을 필두로 한 일만의 지장(地藏).

서대(西臺)・장령산에서는 무량수여래를 필두로 한 일만의 대세지(大

---

415) 고증. 이 본문 뒤에는 정신대왕(淨神大王).

勢至).

북대(北臺) · 상왕산에서는 석가여래를 필두로 한 오백의 대아라(大阿羅).

중대(中臺) · 풍로산 또는 지로산에서는 비로자나를 필두로 한 일만의 문수(文殊).

또 매일 새벽이 되면 문수대성이 진여원(지금의 상원)에 와서 36가지 모습으로 나타났다는 것을 적고 있다.

다음으로 '진신'에 대해서는 붓다(Buddha)가 죽은 뒤, 붓다는 기적의 존재로서 정신적으로는 18가지 위대한 특성(십팔불공법)을 갖추고, 육체적으로는 32가지 뛰어난 특징(32相)을 갖추고 있다고 예찬되었다. 그러나 아무리 초인적 특질을 가지고 있다고는 해도 붓다는 죽어 그 육신은 사라졌다. 붓다의 제자들은 '열반에 들어가다.'라고 독자적인 술어로 표현하고 있는데, 대승불교 시대가 되자 붓다의 육신은 이미 문제가 되지 않았다. 붓다가 죽은 후, 이미 긴 세월이 지나 붓다는 늘 가르침을 주는 존재로서 불교도의 마음에 살아 있는 존재가 되었기 때문이다. 그래서

(1) 붓다는 인간적 존재를 초월한 존재이며 초자연적인 창조에 의해, 이 세상에 나타난 붓다라고 했다. 이것이 '응신불'이다. 응신은 닐마나 가야(nirmāna-kāyā)의 번역으로 닐마야는 '초자연적인 창조'를 의미한다. 그러나

(2) 응신불은 불교도의 마음속에서만 살아 있는 부처이다. 따라서 그 모습이 이 세상에 나타나기를 바라는 것은 신자의 염원이다. 여기에 응신불이의 화신이 나타나지 않으면 안 되었다. 그래서 나타난 부처가 '보신불'이다. 이 말은 삼보가 가야(sambhoga-kāyā)의 번역(삼보가라는 것은 '과보의 향수'라는 뜻)으로, 오랜 세월의 수행의 과보로서 부처가 되었다는 의미이다. 정토교에서의 아미타불도, 밀교에서의 대일여래도, 그 기원에서는 이러한 보신불이었다. 그런데,

(3) 응신불이든 보신불이든 그 본질로서 각각 부처로서의 절대원리가

없으면 안 된다. 이 원리로서 부처를 '법신불'이라고 한다. 이것은 달마가야(Dharma-kāyā)의 번역으로 달마라는 것은 '법'이라는 뜻이다. [참고] 岩本裕, "日本佛敎語辭典" 三身(平凡社).

650 ○ 【山中古傳】 자세한 것은 모른다. 그러나 이곳의 본문은 이 '산중고전'을 기본으로 서술된 것으로 보이며, 그 말미에 보이는 '寶川遺言'에는 '보천암을 개창한 화장사를 오대사(五臺社)의 본사(本寺)로 한다.'라는 기술이 보이는 것으로 '산중고전'은 오대산 화장사(주해 653a를 참조)의 연기를 말하는 문헌이었던 것은 아닐까.

○ 【慈藏法師】 자장의 생애에 대해서는, '유' 권제4 '자장정률'에서 자세히 말하겠으므로, 이곳에서는 간략한 소개에 그친다. 앞서 말한 '자장정률'이나 "속고승전" 권24 수록의 '자장전'에 의하면, 신라의 진평·선덕·진덕 3왕대의 승려로, 선덕왕 5년(636)에 입당(入唐)하여 그 12년(643)에 귀국했다. 생애를 통하여 사탑을 건립하는 일이 많아 원영사, 통도사, 수다사, 정암사, 황룡사구층탑 등이 기록되어 있다. 또한 '유'에서는 이곳과 위의 '자장정률' 외에 권제3의 '황룡사장육', '황룡사구층탑' 등에서도 자장에 대해 다루고 있다.

○ 【中國五臺山】 중국의 산서성 오대현에 있는 산악으로 청량산이라고도 하며, 아미산, 보타산과 나란히 3대영산으로 부른다. 동서남북과 중앙의 다섯 봉우리로 이루어져 있다. 산중에는 수많은 절이 있으며 그 대부분은 문전정이라고도 할 만한 대회현을 중심으로 세워져 있다. 자장이 방문한 7세기 전반부터 2세기 정도 후의 840년의 정황인데, 원인(圓仁)의 "입당구법순례행기"에는 당시의 상황이 자세하게 기록되어 있다. 오대산은 처음에 신선도의 사람들에 의해 성지로서 다루어진 것 같았는데, 북위시대 5세기에 들어가면 화엄경에 보이는 문수보살이 사는 곳 즉 청량산이라고 신앙 받게 되고 더 나아가 당대에 들어가서는 문수신앙의 성지로서 발전되었다.

○ 【文殊眞身】 문수는 Mañjuśri의 음사로, 문수사리·만수실리의 약어. 묘

음·묘덕·묘길상 등으로도 번역되는 보살이다. 문수, 만수는 묘(妙)의
뜻. 사리, 실리는 두(頭)·덕(德)·길상(吉祥)의 뜻이라고 한다. 실존 인
물(사위국의 범덕파라문의 집에 산다)이라고도. 사성의 부처라고도 하며
이설이 많다. 보통은 보현보살과 함께 석가여래의 협시로서 여래의 지
(知)·혜(慧)를 관장하며 지·혜의 맹위 상징인 사자에 올라타고 있다.
"화엄경" 권9 '보살주거품'에 '東方有處, 名淸涼山. 從昔以來. 諸菩薩衆於
中止住. 現有菩薩文殊師利. 與其眷屬諸菩薩衆一萬人俱. 常在其中河演説
法'이라고 설법하는 것으로 보아, 그 주거는 앞서 말한 것과 같이 중국 오
대산이라고 믿게 되었다.

　'진신(眞身)'에 대해서는 이미 주(주해 649)를 달았다. 이곳에서는 진정
한 모습이라는 의미가 아닐까.

○ 【善德王代貞觀十年丙申 … 入唐】선덕왕(재위 632-647년)에 대해서는,
'유' 왕력 및 '유' 권제1·기이제1 '선덕왕지기삼사'(고증 상권 주해 214)를
참조. 이어서 정관은 중국 당 태종의 원호(627-649)로, 그 10년은 병신으
로 636년이다. 더 나아가 자장의 입당연차는, '나기' 선덕왕 조에서도 그
5년, 즉 정관 10년이라고 기록하고 있다.

650a○ 【唐僧(傳)傳十二年. 今從三國本史】"당승전(唐僧傳)"은 도선(道宣)
이 645년에 찬술한 고승전으로, "속고승전" 혹은 "당전(唐傳)"이라고도
한다. 양대(梁代)에서 당초에 이르는 144년간(502-645)의 고승 약 500명
에 대하여 행적을 모아 적고 있다. 기술은 상세하고 정확하여, 중국불교
사 연구의 기본 사료(史料)로서 높이 평가받고 있다.

　자장에 대해서는 제24권에 '唐新羅國大僧統釋慈藏傳'이 실려 있다. 자
장의 입당 연차에 대해서는, '以貞觀十二年. 將領門人僧實等十有餘人, 東
辭至京'으로서 '유' 및 '나기'의 기록과 다르다. 저자 일연은 본조(本條)에
있는 것과 같이, '삼국본사'의 선덕왕 5년·정관 10년에 의거하고 있는데,
'삼국본사'에 대해서는 '유' 권제3 흥법 제3 '아도기라' 조(주해 485) 참조.

650○ 【太和池】'유' 권제4·의해 제5 '자장정률' 조에도 보인다. 자세한 것

은 '자장정률' 조로 미룬다.

○【緋羅金點袈裟】비색(緋色) 얇은 비단으로 만들어, 금사(金絲) 혹은 금박(金箔)으로 무의를 만든 가사를 말한다.

○【佛鉢】석존이 아꼈던 식발(食鉢)을 말한다. 동(銅) 혹은 철 등 종류는 많은데 석발이 가장 중용(重用)되었다. 석발은 석존이 성도(成道) 때, 사천왕이 각각 청석의 발(鉢)을 바쳤다는 것을 이어받아 거듭 일발(一鉢)로 한 것이라고 한다.

○【佛頭骨】불사리를 말한다. 사리는 Śarira의 음사(音寫)로 설리라라고도 음사된다. 신골(身骨)이라고도 번역한다. 유골을 말하는 것으로 특히 부처 또는 성자의 유골을 말한다. 불사리는 부처를 화장한 뒤에 남은 뼈인데, 후세의 불사리는 콩알 모양으로 사리를 상징하는 것에 쓰인다.

○【呵囉婆佐曩】일체의 법을 깨달았다.

○【達㘆陊佉嘙】자성(自性)은 아무것도 가지고 있지 않다.

○【自性無所有】무소유에는 ① 번뇌의 범위를 초월하는 것, ② 존재하지 않는다, ③ 무소득, ④ 무지각, ⑤ 몽상(夢相), ⑥ 아무것도 소유하지 않는다 등의 의미인데, 이곳에서는 자성(自性)은 아무것도 가지고 있지 않다고 번역해야 할 것이다.

○【曩伽呬伽曩】법성(法性)을 이와 같이 해석한다.

○【達㘆盧舍那】여사나를 즉시 보다.

○【盧舍那】비여사나불의 약어. 사실은 석가모니임에 틀림없다고 풀이한다. 비로사나불(노자나불이라고도 한다)은 화어종의 본존, 연화장 세계의 교주. 해교십불, 행경십불을 갖춘 불신(佛身).

○【本師】불교에서 석존은 근본 교사이기 때문에 본사(本師)라고 부른다. 또 조사(祖師)나 수업 때의 스승을 가리킨다.

○【艮方】소, 호랑이 방향, 즉 동북쪽을 말한다.

○【溟州】이곳에서는 지금의 강원도 강릉. 자세한 것은 주해 28 및 주해 655 참조.

○【齋】시(時)·시식(時食)·재식(齋食)이라고도 한다. 본래는 정오 이전의 분량을 넘지 않는 식사를 말한다. 계율에서는 식사에 대해서 정오 이전을 정시(正時)라고 하여 정시에는 먹고, 비시(非時)에는 식사를 해서는 안 된다는 것을 정하고 있다. 나중에는 육식을 하지 않는다는 의미가 되거나, 또 불사(佛事) 때의 식사를 말하게 되었다.

○【有叮囑創寺立塔之事, 具載別傳】'유' 권제3의 '황룡사장육'(고증 주해 534 이하), '황룡사구층탑'(주해 544 이하) 및 권제4 '자장정률' 참조.

651○【貞觀十七年】서기 643년(선덕왕 12년). 자장(慈藏)은 이해에 당에서 귀국했다. "속고승전" 수록 '자장전', '나기' 선덕왕 12년 조를 참조.

○【元寧寺】'유' 권제4의 '자장정률'에서는 '早喪二親. 轉厭塵譁. 損妻息. 捨田園爲元(元)寧寺. 獨處幽險.', '又. 改營生緣里第元寧寺'라고 하며, 향리의 생가에 창건했다고 전하고 있다. 그 장소, 역사에 대해서는 미상이다. 또한 자장이 문수를 만나 '至葛蟠處'라고 가르침을 받은 것은 이곳에서는 원녕사이었다고 기록하고 있는데, '자장정률'에서는 만년(晚年)에 창건하고 거주한 수다사였다고 전하고 있다. 상세한 것은 '자장정률'에서 다루겠다.

○【至葛蟠處. 今淨嵓寺是】갈반처는 갈(葛)이 무성하게 자란 곳. '유' 권제4의 '자장정률'에서는 자장은 태백산에 가서 '巨蟒幡結樹下'를 문수로부터 가르쳐 받은 '葛幡處'로 알고, 그곳에 석남원 즉 정암사를 창건했다고 전하고 있다. 정암사에 대해서는 '자장정률'에서 다루겠다.

651a○【亦載別傳】'유' 권제4의 '자장정률'을 가리킨다.

652○【頭陁信義】타(陁)는 타(陀)의 속자. 두타는 dhūta(털어내다)의 음사. 그래서 두타는 ① 번뇌의 때를 털어 의식주에 집착하지 않고 오로지 불도를 수업(修業)하는 것. 이 두타행(頭陀行)에는 12종류가 있다. ② 두타를 실천하는 사람. 선승(禪僧). ③ 특히 걸식(乞食)수행을 말한다.

다음으로 '信義'를 인명이라고 한다면, 두타신의는 두타행을 실천하는 신의. 혹은 걸식승신의라는 것이 될 것이다. 그러나 신의에 대해서는 이

곳 이외는 미상. 나아가 신의를 보통명사라고 한다면 이것은 불교용어가
아니고, 의(義)를 믿는 것으로부터 '마음으로 불교를 믿는 사람'이 될 것
이다. 그래서 두타신의라는 것은 두타행을 실천하는 사람이라는 뜻으로
풀어야 할 것이다.

○ 【梵日】 '유' 권제3 '낙산이대성 관음 정취 조신' 조의 주해 636 참조.

○ 【水多寺長老】 수다사에 대해서는 '유' 권제4의 '자장정률' 조에 '暮年. 謝
辭京輦. 於江陵郡創水多寺. 居焉.'이라고 적고 있는데 상세한 것은 분명
하지 않다. 장로는 이곳에서는 단순히 덕행이 높은 연장자 비구라는 뜻
으로 풀어야 할 것이다. 뒤에 나오는 '대산월정사오류형중' 조에도 수다
사장로에 관한 것이 보이니 참고.

○ 【今月精寺】 뒤에 나오는 '대산월정사오류형중' 조 참조.

653○ 【藏師】 자장법사를 말한다.

○ 【淨神大王太子寶川, 孝明二昆弟】 신라사에 정신왕의 이름은 전해지지
않고 있다. 저자 일연은 이 조의 할주(割註)에 보이듯이, 정신왕을 신문
왕에, 효명태자를 효소왕으로 하고 있다. 일연이 그 논거로서 들고 있는
것은 이 조의 뒤에 효명이 즉위 후에 '以神龍元年乙巳三月初四日. 始改創
眞如院'이라고 적고 있다. 신룡은 당의 중종조의 원호이며, 그 원년은 신
라의 성덕왕 4년 을사(705)에 해당하는 것과 동시에, 성덕왕은 신문왕의
제2자로 이 조의 효명태자와 일치하지만, 성덕왕의 본명은 융기(隆基),
휘(諱)는 흥광(興光)이므로 이름이 맞지 않다. 그래서 성덕왕의 형이지만
이름이 유사한 효소왕을 효명태자라고 한 것이다. 이와 같이 생각한다면
신룡 원년에 진여원을 창건한 것은 성덕왕이 아니고, 효소왕이 되어 전해
지는 신라사와의 사이에 모순이 생긴다. 그 때문에 일연은 효명태자가
효소왕으로, 진여원을 창건한 것은 성덕왕으로 하여, 두 왕의 관계가 분
명하지 않은 것은 할주에 보이는 것과 같이, 이 조의 자료가 된 '산중고기
(古記)'가 '亦不細詳言之'이기 때문이라고 판단했던 것이다.

'유' 본문의 문맥에 따르면, 효명태자가 신라왕에 즉위한 뒤 신룡 원년

3월에, 진여원을 창건했다고 생각하지 않을 수 없다. 그 신룡 원년은 성덕왕 4년에 해당하기 때문에, 효명태자를 실재한 인물이라고 한다면 역시 성덕왕으로 해야 할 것이다. 그러나 이 조는 사원 연기이며, 항상 역사 사실을 정확하게 기록하거나 또 의거하려고 한 글은 아니다. 효명태자가 효소왕·성덕왕 어느 쪽이든 이 조에서 말하려고 하는 오대산의 불교성 지로서의 역사에, 커다란 차이가 생기는 것은 아니다. 이 조의 후반 부분은 진여원의 창건연차를 신룡 원년이라고 하는 기록 내지 구전이 존재하기 때문에, 그 연기를 효소왕·성덕왕 형제에 걸쳐 구성된 불교설화로 보아야 할 것이다. 따라서 이 조의 주인공은 전반은 자장(慈藏)이고 후반은 효명태자의 형으로서 등장하는 보천(寶川)태자인 것이다. 보천태자에 대해서는 다음 조의 '명주오대산보질도대자전기'를 참조.

653a○ 【按國史, 新羅無淨神·寶川孝明三父子明文】 앞의 주해를 참조. 국사(國史)는 '사'를 말한다.

○ 【此記下文云, 神龍元年開土立寺, 則神龍(元年)乃聖德王即位四年乙巳也】 '此記'는 '산중고기(古記)'를 가리킨다. 신룡 원년은 서기 705년이며 또 성덕왕 4년 을사이다. 신룡에 대해서는 뒤 글의 주해 654 참조.

○ 【聖德王】 신라 제33대 왕(재위 702-736년). 자세한 것은 '유' 왕력, 기이 제2 '성덕왕' 조(주해 285) 참조.

○ 【王名興(輿)光, 本名隆基神文之弟二子也】 위와 같다.

○ 【神文】 신라 제31대 왕(재위 681-692년). 자세한 것은 '유' 왕력 및 기이 제2 주해 278 참조.

○ 【聖德之兄孝照名理恭, 一作洪亦神文之子】 효조(孝照)는 효소(孝昭)를 말한다. 효소왕은 신라 제32대 왕(재위 692-702년). '유' 왕력 및 기이 제2 '효소왕대 죽지랑'(주해 281) 참조.

○ 【神文政明字日照. 則淨神恐政明神文之訛也】 앞서 보인 주해 653 및 위의 신문왕 항목 참조.

○ 【孝明即位, 而神龍年開土立寺…, 神龍年立寺者乃聖德王也】 앞서 보인

주해 653 참조.

653, 653b○【河西府, _{今溟州亦有河西郡是也. 一作河曲縣, 今蔚州非是也}】다음 조의 '溟州五臺山寶叱徒太子傳記'를 참조.

653○【世獻角干】위와 같다.

○【省烏坪】위와 같다.

653c○【古記】미상인데 이 조의 모두(冒頭)에 보이는 '산중고기'를 가리킬 것이다.

○【大(太)和元年戊申八月初】태화(太和)는 신라 제28대 진덕왕조의 원호. 그 원년 무신(戊申)은 당 태종의 정관 22년(648)에 해당한다. '사' 연표의 진덕왕 2년 무신과 일치한다. 한편 '나기' 진덕왕 조에는 '元年秋八月, 遣使入唐謝恩, 改元太和'라고 있다. 이것이 옳다면 태화 원년은 정미(647)에 해당한다. 그러나 신라에서는 진덕왕 4년에 당의 연호 영휘(永徽)를 쓰게 되었다. 그래서 이 태화가 신라에 독자적인 연호의 마지막이 되었다. 태화 및 진덕왕에 대해서는 '유' 왕력, 기이 제1 '진덕왕' 조(주해 222, 223) 참조.

○【天授三年壬辰即位. 時年十六】천수(天授)는 당(唐)의 측천무후 조의 원호. 그 3년(장수 원년·여의 원년) 임신은 서기 692년으로 효소왕의 즉위 원년에 해당한다. 이것은 '사', '유' 모두 일치한다. 그러나 효소왕이 16세에 즉위한 것은 이곳에만 보이고 '사'에도 보이지 않는다.

○【長安二年壬寅崩. 壽二十六】장안(長安)은 측천무후 조의 원호. 그 2년 임인은 서기 702년으로 역시 '사', '유' 모두 일치한다. 또 죽을 때 연령 26세는 즉위 연령 22세로부터 세어도 틀리지 않는다.

○【聖德以是年即位. 年二十二】장안 2년(702), 즉 이해에 효소왕이 죽고 성덕왕이 즉위했다. 이것은 '사', '유' 모두 일치하지만, 성덕왕이 즉위할 때의 나이가 22세였다는 것은 이곳에만 보인다.

○【太和元年戊申, 則先於孝照即位甲辰. 已⁴¹⁶⁾過四十五歲】태화 원년(648)은 효소왕 즉위년(692)보다 앞서 문자 그대로 45년 전이 된다.

○【乃太宗文武王之世也】태종은 신라 제29대 무열왕으로 그 재위 연간은
서기 654년(당 고종의 영휘 5년)에서 661년(당 고종의 용삭 원년)까지.
문무왕은 제30대 왕으로 그 재위연간은 661년부터 681년(당 고종의 개
요 원년) 사이였다. 태종에 대해서는 '유' 왕력, 기이 제1 '태종춘추공'
(주해 233) 참조. 또 문무왕에 대해서는 '유' 왕력, 기이 제2 '문호왕법민'
참조.

또 앞 문장의 太和元年戊申(648)은 진덕왕대로 문무왕대가 아니다.

653○【寶川庵】다음의 '명주오대산보질도태자전기' 조를 참조.

○【觀音眞身】관음은 관세음보살을 말하는데 자세한 것은 '洛山二大聖 觀
音 正趣 調信' 조의 주해 633을 참조.

○【八大菩薩】정법(正法)을 보호하고 중생을 지키는 8보살을 말한다. 이 8
보살에 대해서는 여러 설이 있다.

○【地藏】석존이 죽은 후부터 미륵보살이 성불(成佛)하기까지의 무불(無
佛)기간. 6도의 중생을 제도(濟度)[417]하는 보살이다. 본래는 보살형인데,
중국에서는 당말, 일본에서는 헤이안(平安) 중기부터 지장신앙이 번성하
게 되고, 동시에 왼손에 보수(寶殊), 오른손에 석장(錫杖)을 가진 비구형
의 모습이 일반화되었다.

○【無量壽如來】아미타여래.

○【大勢至】세지(勢至)보살. 앞서 나온 '낙산이대성 관음 정취 조신' 조 주
해 633 참조.

○【阿羅漢】Arhat의 음사(音寫)로, 존경을 받을 만한 사람, 수행을 완성한
사람이라는 뜻. 즉 일체의 번뇌로부터 해탈하여, 사람들로부터 예배·공
양을 받기에 어울리는 경지에 도달한 사람을 말한다.

○【毗盧遮那】산스크리트어 Vairocana의 음사로, 비로차나불(毘盧遮那佛)

---

416) 고종. 巳(巳).
417) 중생을 고해(苦海)에서 구해 극락세계로 인도하는 보살.

을 말한다.

○ 【文殊】 주해 650의 '문수진신' 참조.

○ 【眞如院今上院】 오대산의 상원사를 말한다. 상원사에 대해서는 주해 649의 '대산(臺山)' 참조.

654○ 【淨神王之弟與王爭位, 國人廢之. 云云】 정신왕(淨神王)이 신문왕이었다고 해도 동생과의 왕위쟁탈에 대해서는 '나기'를 비롯하여 다른 기록에도 전하고 있지 않다.

654a○ 【記云】 이 '記'는 산중고기(山中古記)인가.

○ 【在位二十餘年盖崩年壽二十六之訛也. 在位但十年爾】 주해 653c 참조.

○ 【神文之弟爭位事國史無文, 未詳】 주해 654 모두(冒頭) 참조.

654, 654b○ 【神龍元年乃唐中宗復位之年, 聖德王即位四年也.】 서기 705년. 당의 중종 복위 후의 최초의 연호.

654○ 【塑泥像】 조각기법의 하나인 흙으로 만든 상(像)을 말한다. 소니(塑泥)는 특히 고대에서는 주조·석조·목조·건칠조와 함께 중요한 기법의 하나로, 이 기법에 의해 만들어진 조각을 일본에서는 소상(塑像), 중국에서는 주로 염섭니상이라고 한다.

○ 【知識靈下】 불교용어로서의 지식에는, 우인(友人)·붕우(朋友)·지인, 동료 수행자, 불교와 인연을 맺어 준 사람, 가르쳐 인도하는 스승, 고승 등 수 많은 의미가 있다. 이곳에서는 수행자, 승려의 뜻일까. 다음에 '영하(靈下)'는 인명일 것이나, 상세한 것은 불명.

○ 【華嚴經】 올바르게는 "대방광화엄경"이라고 한다. 상세한 것은 앞서 나온 탑상 제4 '남백월이성 노힐부득 달달박박'(주해 627) 참조.

○ 【恒規(規)】 항(恒)은 항(恆)의 속자. 규(規)는 규(規)의 속자. 항규(恆規)는 항식(恒式)·항례(恒例)·항헌(恒憲) 등과 같은 뜻으로 늘 지켜야 할 규칙이라는 뜻.

○ 【牟尼岾古伊峴】 오대산 가운데의 지명일 것이나, 상세한 것은 알 수 없다.

○ 【柴地十五結, 栗枝六結, 坐位二結】 이것은 진여원 운영을 위하여 진여원

의 소유지로 보아야 할 것이나, 상세한 것은 미상. 율지(栗枝)는 밤나무
를 심은 땅. 즉 율전(栗田). 좌위(坐位)는 전답위(田畓位)(이병도역 "譯註
幷原文三國遺事" 수정판, 1975년, 서울), 위토전(位土田)(이병도 "三國遺
事" 한국명저대전집 수록, 1973년, 서울), 전답(김사엽 "全譯三國遺事"
1976년 일본) 등의 설이 있다.

○【流沙江外蔚珍國掌天窟】다음 '명주오대산보질도태자전기'의 주해 656
참조.

○【隨求陁羅尼】'대수구보살'의 진언(眞言)을 말한다. "수구다라니경"에 보
이며, 모든 중생의 저마다 구원(求願)을 성취하게 해 주는 효과가 있는
다라니. 즉 진언을 말한다.

○【菩薩戒】대승계, 불성계라고도 한다. 대승의 보살이 지켜야 할 계율을
말한다. 이 계(戒)는 지악(止惡) · 수선(修善) · 이타(利他)의 3면을 가지
므로 삼취정계라고도 한다. 즉 악을 막고 선을 닦아 다른 사람들을 위하
여 다한다는 내용을 가지므로 삼취정계(攝律儀戒 · 攝善決戒 · 攝衆生戒)
를 가리켜 말하는 경우도 있다.

○【神聖窟】미상.

○【忉利天神】도리천에 대해서는 '유' 권제2 · 기이 제2 '선덕왕지기삼사'
(주해 217) 참조.

○【淨居天衆】정거천이라는 것은, 색계 제4선(禪)의 불환과를 증명한 성자
가 살아야 할 곳이 다섯 가지 있어 무번천 · 무열천 · 선현천 · 선견천 ·
색구경천이라고 한다. 이것은 단지 성인만이 있어야 하는 고로 오정거천
이라고 한다. 또 이곳에 사는 성자, 즉 신들도 정거천이라고 한다.

○【三時】다양한 의미가 있다. 여기에서는 하루 세 번이라는 의미일 것이다.

○【三匝】잡(匝)은 잡(帀)과 같다. 삼잡(三帀)은 세 번이라는 뜻이다.

○【成道記莂】성도(成道)는 깨달음. 깨달음을 여는 것. 또 깨달은 자가 되
는 것. 기별(記莂)은 기별(記別)과 같다. 기별은 미래에 대한 부처의 예언
을 말한다. 부처가 제자들에게 내세에 부처가 될 것을 예언하고 그 시기,

국토, 불명, 수명 등을 하나하나 분명하게 예언하는 것을 말한다. 그리고 이 기별을 제자에게 내리는 것을 수기(授記)라고 한다. 수기에 대해서는 앞 조의 주해 647의 '수기'를 참조. 이곳은 문수보살이 보천에 기별을 내렸다는 것을 말하는 곳이다.

○ 【福田五員】복전(福田)은 복덕을 낳는 논밭(田地)과 행복을 기르는 논밭이라는 의미이다. 또 부처, 승려나 삼보를 가리킨다. 이것을 존숭하고 공양하는 것이 행복을 낳는다는 취지로 논밭에 비유했다. 이곳에서는 승려. 복전오원은 승려 5명이라는 뜻.

○ 【八卷金經】금경(金經)에 대해서는 미상. 노무라(野村耀昌)는 '금강정경'에 비정(比定)하고 또 '혹은 금강반야바라밀경론인가'라고 적고 있다('國譯一切經本' 205면). 이곳에 들고 있는 것은 '인왕반야', '천수주' 등 모두 밀교 교전이므로 '금경'도 또한 밀교 교전의 약어라고 생각된다.

○ 【仁王般若】'인왕경'의 한역본에 구마라집역 '불설인왕경반야파라밀경'과, 불공(不空)역 '인왕호국반야파라밀다경'이 있다. 어느 쪽인지 본문에서는 분명하게 하고 있지 않으나, 이곳의 시대적 배경을 생각한다면, 신역 불공역의 후자를 가리킨다고 보아도 좋지 않을까.

○ 【千手呪】당의 가범달마(伽梵達摩)역 "천수천안관세음보살대원만무애대비심타라니경"('千手經'·'千手陀羅尼經' 등으로 약칭)에 말하는 82구의 다라니(진언)를 가리킬 것이다. '대비주'·'천수다라니' 등으로도 말한다.

○ 【觀音禮懺】관음을 향하여 예참하는 것. 예참이라는 것은 삼보를 예배하고 죄과를 참회하는 것을 말한다. 본문의 '염관음예참(念觀音禮懺)'은 어떻게 해석해야 할까. 서대(西臺)에서는 '염미타예참', 북대(北臺)에서는 '염열반예참', 중대(中臺)에서는 '문수예참'이라고 있으며, 관음·미타·열반·문수는 불상이라고도 생각되는데, 남대(南臺)에서는 '(念)(占)察禮懺'이라고 있으며, 점찰상은 존재하지 않으므로, 동서남북중에 통일을 찾는다면 관음·미타·점찰·열반·문수는 각각 경전을 가리킨다고 보아야 할 것이다. 본문은 '관음경을 염(念)하며 예참하라'라는 뜻일까. "관

음경"은 "묘법연화경"의 제25장에 해당하는 '보문품'을 말한다.

○ 【圓通社】 이하, 금강사, 수정사, 백련사, 화엄사, 법륜사에 대해서는 본문에 설명되어 있으므로 생략한다. 사(社)는 신도들의 염불수행의 단체이다. 또한 이 글의 최초에 보이는 주해 649 '臺山' 항목도 참조.

○ 【地藏經】 당의 현장역 "지장십륜경"과 같은 당대의 실차난타역 "지장보살본원경"이 있다. 그 가운데 어느 것인지는 미상.

○ 【金剛般若】 "대반야바라밀다경"의 역본에 구마라집역 "금강반약파라밀경", 수(隋)의 달마급다역 "금강능단반약파라밀경", 당의 현장역 "능단금강반약파라밀다경" 등이 있으며, 당의 의정에게도 현장역과 같은 이름의 번역본이 있다. 이 가운데 어느 것을 가리키는 것인지는 미상.

○ 【□(念)□(占)察禮懺】 원문의 빈칸은 1문자인데 빠진 글자는 2자로 보아야 할 것이다. 우선 동(東)·북(北)·서(西)·중(中)臺의 말미 문자로 보아 '念'을 보충해야 할 것이다. 그리고 '念察禮懺'으로서는 의미 불명이므로 '占'을 보충하여 '念占察禮懺'이라고 해야 하지는 않을까. '占察'은 "점찰경(占察經)"이라고 생각된다.

○ 【八卷法華】 8권본 "화엄경"을 말한다. "법화경"에 대해서는 앞서 말했다.

○ 【彌陁(陀)禮懺】 미타(彌陀)는 "아미타경"을 가리킬 것이다.

○ 【佛報恩經】 "대방편불보은경"을 가리킨다.

○ 【涅槃經】 열반은 속어 nibbān의 음사로 보이며, 니원(泥洹), 니왈(泥曰) 등으로도 표기된다. 방황의 불씨를 불어 끈 상태. 니르바나(nirvāna). 본래는 생명의 불이 꺼진 상태, 즉 죽음을 의미하므로, 멸도(滅度), 적멸(寂滅) 등으로도 번역되었다. 이 말은 불교에서는 최초 석가의 죽음을 의미한 것에서부터 나중에는 '방황이 타오르는 불을 완전히 끄고 깨달음에 들어간 경지'라는 해석이 덧붙었다. 따라서 '열반에 들어가다.'라는 말은 죽는 것 외에 깨달음에 들어가는 것을 의미한다.

석가가 구시나가라에서 열반에 들어가기 전후 상황을 자세하게 말한 것이 한문의 "장아함경" 가운데의 '유행경', 바리어 경전 가운데의 "대열반경" 등이다. 또 대승 경전 가운데에는 같은 이름의 "대반열반경"이 있는데, 그 내용은 위의 2경과는 완전히 달리, 불신상주, 실유불성 등을 강조하고 있다. 이 "대반열반경"을 주된 근거로 하여 중국에서 새워진 것이 열반종(涅槃宗)인데, 수대(隋代) 이후 천태종이 성행하게 됨에 따라 그것에 흡수되었다. 이 "대반열반경"은 종파로서의 열반경의 근본경전이 되는 것에 그치지 않고, 이후의 중국, 일본의 여러 종파에 큰 영향을 주었다.

○ 【涅槃禮懺】 이 열반은 "열반경"을 가리키는 것으로 생각된다.

○ 【白蓮社】 이곳의 백련사와 관계가 없지만, 참고를 위하여 중국의 백련에 대해 적어 둔다. 이 사(社)는 단순히 연사(蓮社)라고도 하는데 염불수행의 결사(結社)를 말한다. 이 기원은 혜원(慧遠)에 있다. 혜원은 늘 여산(廬山)의 경승(景勝)을 좋아하여, 동진의 태원(太元) 9년(384)에 동지를 이끌고 여산에 올라, 그 12년에 동림사를 짓고 살았다. 이후 그 덕(德)을 추앙하여 모인 자가 무리를 이루고, 그 15년 7월 28일에, 동림사반약대무량수불상 앞에서 동지 123명과 함께 법회를 열어, 정토(淨土)의 업에 힘써 서방정토에 왕생할 것을 맹세했는데, 때마침 정지(淨池)를 파서 백련을 심었기 때문에 백련사라고 이름을 지었다. 이 혜원의 결사염불은 중국에서의 정토교 번성의 발단을 이루었는데, 이후 그 사적(事績)을 추종하는 자가 점차 많아지고, 특히 당송대 이후 정토도장을 만들어 동지를 맺고 정업(淨業)을 부지런히 닦는 바람이 불다가 마침내 혜원으로 하여금 연사(蓮社)의 시조로 삼기에 이르렀다. 이후의 중국에서의 정황은 할애하지만, 이 결사염불의 바람은 한국, 일본에서도 일어났다.

○ 【眞□(如)院】 진여원(眞如院)으로 해야 할 것이다. 진여원에 대해서는 다음의 '명주오대산보질도태자전기' 조를 참조.

○ 【不動】 이곳에서는 부동명왕상을 말한다. 부동명왕은 Aryalanātha의 번역으로 오대명왕의 하나. 이 부동명왕은 여래의 명을 받아 분노(忿怒)의 모습을 보이는데, 행자(行者)로 하여금 여러 가지를 이루어 보살의 마음을 일으키고 악을 끊고 선을 닦아 대지혜를 얻어 성불하게 하는 역할이

있다고 한다. 화생삼매[418])에 들어가 일체의 죄업을 없애고 동요하지 않기 때문에 부동명토(부동존)라고도 한다.

○ 【文殊禮懺】 이곳에서 말하는 문수(文殊)는 아마 축법호역 "문수회과경"을 가리킬 것이다.

○ 【寶川庵改創華藏寺】 이 화장사(華藏寺)는 뒤 글에 '爲五臺社之本寺'라고 있어, 이 조의 기술 대부분이 화장사의 연기문(緣起文)에 의한 것으로 생각되어 그 상세한 것을 밝히고 싶으나 미상.

○ 【大藏經】 '유' 권제3 · 탑상 제4 '전후소장사리' 조(주해 605, 605a) 참조.

○ 【長門藏經】 '장문장경'의 경전에 대해서는 확인할 수 없다.

○ 【華嚴會】 "화엄경"을 강찬(講讚)하는 법회. 일본 동대사에서는 매년 3월 14일에 행사를 연다.

○ 【文虎和平】 본래는 '文武和平'이 되어야 한다. 왜 문무의 무(武)가 호(虎)로 적혔을까. 이것은 피휘(避諱)에 의한 것이다. '유'에서는 고려 혜종왕의 휘(諱)인 무(武)를 피하여 인명이나 연호에 '무(武)'가 붙을 경우, 모두 '호(虎)'나 '무(茂)'로 고치는데, 획을 빼고 '正'라고 하는 경우도 있다. 그러나 신라 문무왕을 문왕으로 고치기는 해도 호열왕(虎烈王)이라고는 하지 않는다. 또한 주해 9, 주해 260 등도 참조.

○ 【下院文殊岬寺】 오대산 가운데의 하나의 절.

○ 【四事】 다양한 의미가 있는데, 이곳에서는 수행 승려의 일상생활에 필요한 4종이 품(品)을 말한다. 음식 · 옷, 침구 · 탕약을 말한다.

---

418) 오행의 하나.

⁶⁵⁵명주오대산보질도태자전기

溟州 _{古河西府也.} 五臺山寶叱徒太子傳記 ⁴¹⁹⁾

⁶⁵⁶新羅淨神太子寶叱徒. 與弟孝明太子. 到河西府世獻角干家一宿, 翌日
踰大嶺各領一千人到省烏坪. 累日遊翫, 大(太)和元年八月五日. 兄弟同隱
入五臺山. 徒中侍衛等推覓不得, 並皆還國. 兄太子見中臺南下眞如院堪
下山末. 靑蓮開, 其地結草菴而居. 弟孝明見北臺南山末. 靑蓮開, 亦結草
菴而居. 兄弟二人禮念修行, 五臺進敬禮拜. 靑. 在東臺滿月形山. 觀音眞
身一萬常住,⁴²⁰⁾ 南臺麒麟山. 八大菩薩爲首. 一萬地藏菩薩常住, 白, 方
西臺長嶺山. 無量壽如來爲首. 一萬大勢至菩薩常住, 黑. 掌⁴²¹⁾北⁴²²⁾臺
相王山. 釋迦如來爲首. 五百大阿羅漢常住, 黃. 處中臺風爐山. 亦名地爐
山. 毗盧遮那爲首. 一萬文殊常住, 眞如院地. 文殊大聖每日寅朝化現三

419) DB. "삼국유사"권3, 탑상 대산오만진신 조에는 寶川으로 되어 있다.
420) 고증. 住 뒤에 (赤). DB. "삼국유사" 권3, 탑상 대산오만진신 조에는 住 뒤에 赤任.
421) DB. "삼국유사"권3, 탑상(塔像) 대산오만진신(臺山五萬眞身) 조에는 地.
422) 고증. 叱(北). DB. 규장각본과 만송문고본, 순암수택본에는 比.

十六形 ^a三十六形見臺山五萬眞身傳. 兩太子並禮拜, 每日早朝汲于洞水. 煎茶供養一萬眞身文殊. 淨神太子弟副君在新羅. 爭位誅滅. 國人遣將軍四人. 到五臺山, 孝明太子前呼萬歲, 即是有五色雲. 自⁴²³⁾五臺至新羅. 七日七夜浮光. 國人尋光到五臺, 欲陪兩太子還國. 寶叱徒⁴²⁴⁾太子涕泣不歸, 陪孝明太子歸國即位. 在位二十餘年.⁴²⁵⁾ 神龍元年三月八日. 始開眞如院 云云. 寶叱徒太子常服于洞靈⁴²⁶⁾水, 肉身登⁴²⁷⁾空. 到流沙江, 入蔚珍大國掌天窟修道, 還至五臺神聖窟. 五十年修道 云云. 五臺山是白頭山之⁴²⁸⁾根脉. 各臺眞身常住 云云.

풀이

655 명주옛 하서부이다. **오대산보질도⁴²⁹⁾태자전기**[溟州古河西府也. 五臺山寶叱徒太子傳(傳)記]

656 신라 정신태자 보질도는, 아우 효명태자와 더불어 하서부 세헌 각간의 집에 도착하여 하룻밤을 자고, 다음날 큰 고개를 넘어 각기 1천명을 거느리고 성오평에 도착하여 여러 날을 놀다가, 태화 원년(647) 8월 5일, 형제가 함께 오대산에서 은둔생활에 들어갔다.

무리들 가운데 종자나 시위자들이 (태자 형제를) 옮겨가며 찾았으나 찾지 못하고, 모두 함께 서울로 돌아갔다. 형 태자는 (오대산) 중대(中

---

423) 고증. 백(白).
424) DB. "삼국유사" 권3, 탑상(塔像) 대산오만진신(臺山五萬眞身) 조에는 寶川으로 되어 있다.
425) DB. 고증. 모두 같은 연수(年數). "삼국유사" 권3, 탑상(塔像) 대산오만진신(臺山五萬眞身) 조에는 十年으로 되어 있다.
426) 고증. 영(靈), DB. 영(靈). 서체(書體)가 다르다.
427) 고증. 登.
428) 고증. 대(大)로 되어 있다.
429) DB. "삼국유사"권3, 탑상(塔像) 대산오만진신(臺山五萬眞身) 조에는 寶川으로 되어 있다.

臺) 남쪽 아래 진여원 터 아래 산 끝에 푸른 연꽃이 핀 곳을 보고, 그 곳에 풀로 암자를 짓고 살았다. 동생 효명은 북대(北臺) 남쪽 산 끝에 푸른 연꽃이 핀 것을 보고, 역시 풀로 암자를 짓고 살았다. 형제 두 사람이 예배하고 염불을 수행하고 오대(五臺)[430]에 나아가 공경하여 예배하였다.

청색방인 동대(東臺)의 만월 모양의 산에는 관음보살 진신 1만이 항상 있었고, (적색방인) 남대(南臺)의 기린산에는 팔대보살을 수위로 한 1만 지장보살이 항상 있고, 백색방인 서대(西臺) 장령산에는 무량수여래를 수위로 하여 1만 대세지보살이 항상 거주하고, 흑색방인 북대(北臺)의 상왕산에는 석가여래를 수위로 한 5백 대아라한이 항상 있고, 황색방인 중대 풍로산은 또한 이름을 지로산이라고 하여 비로자나를 수위로 한 1만 문수보살이 항상 있고, 진여원 땅에는 문수보살이 날마다 이른 새벽에 36가지 모양으로 [a]36가지 모양은 대산오만진신전에 보인다. 변화하여 나타났다.

두 태자는 나란히 예배하고, 매일 이른 아침에 골짜기의 물을 길어와 차를 다려 1만 진신문수보살을 공양하였다.

(이 무렵) 정신태자의 아우 부군(副君)이 신라에 있으며, 왕위를 다투다가 죽음을 당하였다. 나라 사람들이 장군 네 사람을 보내 오대산에 이르러 효명태자 앞에서 만세를 부르니, 이에 오색구름이 있어 오대에서부터 신라까지 7일 7야 동안 빛이 비치었다. 나라사람들이 그 빛을 찾아 오대산에 이르러 두 태자를 모시고 서울로 돌아가고자 하였다. 보질도태자는 눈물을 흘리며 돌아가지 않으므로, 효명태자만

---

430) 동서남북과 중(中)의 대(臺).

모시고 서울로 돌아와 왕위에 올랐다.

　재위 20여 년인 신룡(神龍) 원년(705) 3월 8일 비로소 진여원을 세웠다고 한다. 보질도태자는 항상 골짜기의 신령한 물을 마시고, 육신이 하늘을 날아 유사강에 이르러 울진대국의 장천굴에 들어가 수도하고 다시 오대산 신성굴로 돌아와 50년 동안 수도하였다고 한다. 오대산은 곧 백두산의 큰 줄기로 각 대에는 불보살의 진신이 항상 있었다고 한다.

주해 **655, 655a**○ 【溟州】【古河西府也】 지금의 강원도 강릉시 지역은, 옛날에는 하서량・하서아・하슬라・아슬라・명주 등으로 불렀다. 자세한 것은 '유' 권제1 '마한'(고증 상권에서 정정해서 '마한, 사이, 구이, 구한, 예맥' 조(주해 28) 및 '유' 권제1 '지철로왕' 조(주해 196, 196a) 참조. 나중에 고려조 성종 2년(983)에는 하서부라고 불렀다.

655○ 【五臺山】 앞서 나온 '대산오만진신' 조 참조.

○ 【寶叱徒太子傳(傳)記】 보질도(寶叱徒) po-cir-to는 앞서 나온 '대산오만진신' 조에서는 보천(寶川)이라고 기록되어 있다(주해 653). 그리고 '도(徒)'는 '…들', '…무리' 등의 복수 조사로 쓰이며, 그 고훈(古訓)이 nae로 (예를 들면 "월인천강지곡" 제2, 6에서는 어머니들을 o-ma-nim-nae라고 적고 있다), 천(川)의 훈(訓)과 일치한다. 또 보질도의 '질(叱)'은 연사(連辭). 그래서 보질도는 보천(寶川)이 된다. 그러나 이 태자전기는 이곳 외에는 보이지 않는다.

656○ 【新羅淨神太子 … 遊翫】 앞서 나온 '대산오만진신' 조에 거의 같은 글이 보인다. 주해 653 참조.

○ 【大(太)和元年八月五日】 앞서 나온 '대산오만진신' 조에는, '古記云 大(太)和元年戊申八月初.'라고 보인다. 주해 653c를 참조.

○ 【中臺】【眞如院】 '대산오만진신' 조를 참조.

○ 【弟孝明見北臺南山末, 靑蓮開. 寅朝化現三十六形】 '대산오만진신' 조에 거의 같은 글이 보인다. 자세한 것은 해당 주해를 참조. 또한 청련, 백방, 흑장, 황처 등의 청·백·흑·황은 오행사상에 바탕을 두어, 청은 동, 적은 남, 백은 서, 흑은 북, 황은 중앙을 가리킨다.

○ 【□南臺麒麟山…】 글의 앞뒤를 보아 남(南) 앞에는 '赤' 혹은 '在'를 보충해야 할 것이다. 그래서 해당 운문에는 赤을 삽입했다. 앞서 나온 '대산오만진신' 조 참조.

○ 【相王山】 상왕산(相王山)saṅ-waṅ-san은 상왕산(象王山)을 말한다. '유' 권제3 '대산오만진신' 조 및 주해 649, 오만진신 항목을 참조.

○ 【兩太子禮拜. …神龍元年三月八日. 始開眞如院云云】 앞서 나온 '대산오만진신' 조에 거의 같은 글이 보인다. 그러나 진여원 창설의 날을 3월 8일로 하지 않고 '三月初四日'로 하고 있다. 이 차이는 무엇에 의한 것인지 원인불명.

○ 【副君】 상대등을 말한다.

○ 【寶叱徒太子 … 五十年修道云云】 앞서 나온 '대산오만진신' 조에 거의 같은 글이 있다.

○ 【流沙江】 '승람' 권24·영해도호부 고적 조에 '유사정'이라는 이름이 보인다. 이 영해도호부가 놓인 곳은 지금의 경상북도 영덕군 방면으로, 이 북쪽에 울진이 있었던 것으로 유사(流沙)강은 영덕 방면을 흘렀던 하천 이름일 것이다.

○ 【蔚珍大國】 앞서 나온 '대산오만진신' 조에는 '울진국'이라고 보인다. 지금의 경상북도 울진군의 연혁에 대해서는 '사' 지리지(2)의 울진군(명주관하) 조에 '本高句麗于珍也縣. 景德王改名. 今因之', '승람' 권45·울진현의 건치연혁 조에는 '本高句麗于珍也縣.(一云古亐伊郡.) 新羅改今名爲郡. 高麗降爲縣. 本朝因之'라고 있다. 그러나 울진국, 울진대국의 국명(國名)은 이곳에만 보일 뿐이다. 이것은 아마 울진군의 땅이 옛날 고구

려 · 신라 등에 병합되기 이전의 소국(小國)이 병립했던 시대의 흔적일까.

○ 【五臺山是白頭山大根脉. 各臺眞身常住云云】 앞서 나온 '대산오만진신' 조
에 거의 같은 글이 있다.

대산월정사오류성중

臺山月精寺五類聖衆

658按寺中所傳古記云, 慈藏法師初至五臺. 欲覩眞身, 於山麓結茅而住,
七日不見. 而到妙梵山. 創淨岩寺. 後有信孝居士者, 或云幼童菩薩化身.
家在公州, 養母純孝. 母非肉不食, 士求肉出行山野, 路見五鶴射之. 有一
鶴落一羽而去. 士執其羽. 遮眼而見人, 人皆是畜生. 故不得肉, 而因割股
肉進母. 後乃出家, 捨其家爲寺, 今爲孝家院. 士自慶州界至河率. 見人多
是人形. 因有居住之志, 路見老婦. 問可住處, 婦云, 過西嶺有北向洞可居.
言訖不現. 士知觀音所敎, 因過省烏坪. 入慈藏初結茅處而住. 俄有五比
丘到云, 汝之持來袈裟一幅. 今何在. 士茫然, 比丘云, 汝所執見人之羽是
也. 士乃出呈. 比丘乃置羽於袈裟闕幅中相合. 而非羽. 乃布也. 士與五比
丘別. 後方知是五類聖衆化身也. 此月精寺. 慈藏初結茅, 次信孝居士來
住, 次梵日門人信義頭陁來. 創庵而住. 後有水多寺長老. 有緣來住, 而漸
成大寺. 寺之五類聖衆·九層石塔皆聖跡也. 相地者云, 國內名山. 此地
最勝, 佛法長興之處云云.

⁶⁵⁷대산월정사오류성중(臺山月精寺五類聖衆)

⁶⁵⁸절 안에 전하는 고기(古記)를 살펴보니

자장법사는 처음에 오대산에 이르러 (문수보살)의 진신을 보려고 산 기슭에 띠 집을 짓고 머물렀으나, 7일 동안이나 보이지 않으므로 묘범산으로 가서 정암사를 세웠다. 그 후에 신효거사라는 이가 있었는데, 혹은 유동보살의 화신이라고도 한다.

(그의) 집은 공주(公州)에 있었고, 어머니를 봉양하기를 순수하고 효성스럽게 하였다. 어머니는 고기가 아니면 밥을 먹지 않았으므로, 거사는 고기를 구하러 산과 들로 나다니더니, 길에서 학 다섯 마리를 보고 활로 쏘았더니 그 한 마리가 깃 하나를 떨어뜨리고 가 버렸다. 거사는 그 깃을 집어 눈에 대어 사람을 보니 사람이 모두 짐승으로 보였다. 그래서 고기를 얻지 못하고 그로 인하여 (자기의) 넓적다리 살을 베어 어머니께 드렸다. 그 뒤에 출가하여 자기 집을 내놓아 절로 삼았는데, 지금의 효가원이다.

거사가 경주 지경에서 하솔에 이르러 (깃을 통해) 사람을 보니 모두 사람의 형상이었다. 그로 인하여 (그곳에) 거주할 뜻이 있어, 길에서 늙은 부인을 보고 살 만한 곳을 물었더니, 부인이 말하기를, "서쪽 고개를 지나면 북쪽으로 향한 골짜기⁴³¹⁾가 있는데 살 만합니다."라고 하고는 말을 마치자 자취가 없어졌다. 거사는 관음보살의 교시인 것을 알고, 이에 성오평을 지나 자장이 처음에 띠 집을 지은 곳으로 들어가 살았다. 갑자기 다섯 비구가 와서 말하기를, "그대가 가지고 온 가사 한 폭은 지금 어디에 있는가?"라고 하였다. 거사가 어리둥절해

---

431) 고증. 洞.

하니 비구가 말하기를, "그대가 집어서 (눈을 가리고) 사람을 보던 (학의) 깃이 그것이요."라고 하였다. 거사는 이에 (비구에게) 내주었다. 비구가 그 깃을 가사의 빠진 폭 안에 넣으니 서로 꼭 들어맞았다. 그것은 깃이 아니고 베였다. 거사는 다섯 비구와 헤어진 뒤에야 비로소 이들이 다섯 성중의 화신임을 알았다.

이 월정사에는 자장이 처음에 띠 집을 짓고, 다음 신효거사가 와서 살았고, 그다음에 범일(梵日)의 문인 신의두타가 와서 암자를 세우고 살았다. 그 후 수다사의 장로 유연이 와서 살아, 점차 큰 절을 이루었다. 절의 다섯 성중과 9층 석탑은 모두 성자의 자취이다. 땅을 자세히 보는 사람(地師)이 말하기를, "국내의 명산 중에서 이 땅이 가장 좋은 땅이므로 불법(佛法)이 길이 흥할 곳이다…."라고 하였다.

주해

657○ 【臺山】 오대산의 하나. 앞서 나온 '대산오만진신' 조 참조.

○ 【月精寺】 강원도 평창군 진부면에 있다. 이 절은 이미 앞서 나온 '대산오만진신' 조에서 보았듯이, 신라 선덕왕대에 자장(慈藏)이 오대산에 개창(開創)했다고 전해진다. 자장은 중국 산서성에 있는 오대산의 문수보살의 영감을 받아 조선에 오대산을 열고, 그 산 꼭대기에 적멸궁실(寂滅宮室)을 짓고 그곳에 불사리를 봉안했다.

이 조의 뒤 글에는 자장이 엮은 띠 암자에 나중에 신효(信孝)거사가 와서 살고, 다음에 범일(梵日)의 문인 신의(信義), 두타 하러 와서 암자를 지어 살다가, 나중에 또 수다사의 장로가 인연이 있어 와서 살다가, 이윽고 큰 절이 되었다고 기록하고 있다. 그러나 지금의 가람은 모두 6·25 전쟁 때에 타 버리고 새로 지은 것이다.

이 월정사의 안쪽 깊숙한 곳에 상원사가 있고, 나아가 이 뒤에 오대산의 비로봉이 있으며, 이 산꼭대기에 중대적멸궁실이 있다. 이 적멸보궁의 불단 앞에 안치되어 있는 큰 관 속에는 자장이 입었던 가사가 들어 있다고 한다. 또 월정사의 팔각구층석탑은 유명한데 고려시대의 건조물로 보인다. 나아가 월정사 안쪽에 있는 상원사에는 개원 13년(725)에 주조된 범종이 있다. 이것은 조선에서 가장 오래된 것일 뿐만 아니라, 용머리에 조각된 비천상(飛天像)의 우아함은 신라 예술의 놀랄 만한 발달을 보이는 것으로 주목을 받고 있다.

○ 【五類聖衆】 앞서 나온 '대산오만진신' 및 '명주오대산보질도태자전기' 조의 기사에서 ① 관음, ② 지장, ③ 세지, ④ 오백나한, ⑤ 문수를 가리키는 것으로 보인다. '국역일체경본'의 주(473면)에 의하면, 월정사의 오류성중에 대해서는, 이 절이 소장하는 대덕 11년(1306) 2월기(記) '信孝居士親見五類聖衆事蹟'이 있다고.

658 ○ 【寺中所傳古記】 월정사에 전해지는 고기록(古記錄)일 것이나, 지금은 잃어 전해지지 않고, 그 일부가 이곳에 보일 뿐이다.

○ 【慈織法師】 '유' 권제4 · 의해 제5 '자장정률' 조 참조.

○ 【妙梵山】 '자장정률' 조의 기사로 보아 묘범산은 오대산 가운데의 봉우리가 아니고, 남쪽의 태백산(太白山, 太伯山) 가운데의 한 봉우리로 보인다.

○ 【浄岩寺】 앞서 나온 '대산오만진신'에는 정암사라고 보인다(주해 651을 참조). 지금은 텐리(天理)대학 도서관에 소장되어 있는 '이마니시본' 계통의 '유' 영인본에는, 정암사(淨岩寺)의 '岩'의 글자가 벌어져 '山石' 2자가 되어 정산석사(浄山石寺)로 되어 있다. 그러나 이마니시(今西龍) 교정의 '조선사학회본'(1929년간)에는 정암사(浄岩寺)로 되어 있다. '이마니시본'과 같은 정덕간본(中宗壬申刊本)에서, 게다가 제2차 대전 후 발견된 '서울대본'[고증 중권 말미의 '삼국유사해제'의 보유(補遺)를 참조] 및 고려대학교 중앙도서관 소장의 만송문고본 '유'에는 정암사(淨岩寺)로 되어 있다.

　'유' 권제4 · 의해 제5의 '자장정률'에는 '藏往太伯山專尋之. 見蟒蟠結樹

下. 謂侍者曰. 此所謂葛蟠地. 乃創石南院(今淨岩寺). 云云'이라고 소위 정암사의 유래를 적고 있다.

○ 【信孝居士】 신효(信孝)거사에 관한 것은 이 조에만 보인다. '국역일체경 본'에는 월정사에 대덕 11년 2월기(記) '信孝居士親見五類聖衆事蹟'을 가지고 있다는 노무라 요쇼의 주(注)가 있다.

○ 【幼童菩薩】 문수보살을 말한다. 문수(文殊)는 지혜 제일뿐만 아니고, 그 지혜는 동자와 같이 청순하고 집착이 없는 성품을 보인다고 하며, 그 모습을 동자 모양으로 만드는 일이 많고, 매우 밝은 동자의 평소의 모습으로 만드는 것이 치아(稚兒)문수이다.

○ 【公州】 '유' 권제3 · 홍법 제3 '원종홍법 염촉멸신' 조(주해 496) 및 권제3 · 탑상 제4 '미륵선화 미시랑 진자사'(주해 613b) 참조.

○ 【割股肉云云】 앞서 보인 '원종홍법 염촉멸신' 조(주해 491) 참조.

○ 【孝家院】 미상. 그러나 효가리라는 지명은, '승람' 권17 · 공주목의 고적조에 '在州東十里'라고 보이며, 그 지명의 유래에 대해서는, '사' 향덕전의 기사를 인용하여 '(景德)王. 下敎賜租三百斛 · 宅一區 · 口分田若干. 命有司立石紀事. 後人號其地爲孝家里.'라고 적고 있다.

○ 【河率】 【西嶺】 【省烏坪】 河率 → 西嶺 → 省烏坪 코스는 앞서 나온 '대산오만진신' 조에 보이는, 河西府 → 大嶺 → 省烏坪의 그것과 같다고 생각되므로, 하솔(河率)ha-sor은 하서부(河西府), 즉 명주(溟州)의 옛 이름, 하서량(河西良)ha-sō-ryaṅ의 음을 옮긴 것이라고 생각되며, 서령(西嶺)은 이 명주의 서쪽에 솟아오른 대관령(속명 대령(大嶺))을 가리킨 것으로 보인다. 성오평(省烏坪)에 대해서는 '대산오만진신' 조의 주해 653 참조.

○ 【梵日門人信義頭陀】 앞서 나온 '대산오만진신' 조의 주해 652 참조.

○ 【水多寺長老】 위와 같다.

○ 【九層石塔】 월정사는 한국전쟁(1950-1953) 때에 많은 피해를 입었는데, 팔각구층의 석탑은 남아 국보로 지정되어 있다. 최근 현지를 방문한 藤島亥治郎은 이 석탑에 대하여 '당대의 방탑(方塔)은 송대에 들어오면 팔

각탑이 되었다. 그 영향으로 고려시대의 탑은 때로는 팔각탑이다. 그것
이 이 탑이다. 약간 큰 기단(基壇)에 서 있는 이 탑(국보)은 가장 아래 층
이외 각층 점차 작아져 아홉 겹의 긴 탑 모양을 잘 갖추고 있다. 처마는
적게 나오는데 호쾌한 지붕의 휘어짐에 풍탁(風鐸)도 있어, 비교적 긴
상륜탑은 볼륨 있는 연화좌의 청화 위에 구륜을 올리고, 금동의 팔엽의
테두리를 천개(天蓋) 모양으로 두른 위에 금동의 수연(水煙)을 올리는
등, 화려하고 또한 우미(優美)하다.'라고 적고 있다("韓の建築文化",
296-297면).

⁶⁵⁹남월산

南月山 _{亦名甘山寺.}

⁶⁶⁰寺在京城東南二十許里. ⁶⁶¹金堂主彌勒尊像火光後記云. 開元七年己
未二月十五日, 重阿喰(湌)全忘誠⁴³²⁾爲⁴³³⁾亡考仁章一吉干,⁴³⁴⁾ 亡妃⁴³⁵⁾
觀肖里夫人. 敬造甘山寺一所.⁴³⁶⁾ 石彌勒一軀, 兼及愷元伊湌・第(弟)
懇⁴³⁷⁾誠小舍. 玄度師. 姉古巴里.⁴³⁸⁾ 前妻古老⁴³⁹⁾里. 後妻阿好里. 兼庶
族⁴⁴⁰⁾及漠⁴⁴¹⁾一吉喰(湌). 一幢薩喰. 聰敏⁴⁴²⁾七(大)舍. 妹首肹買等.⁴⁴³⁾

---

432) DB. "감산사아미타여래조상기"에는 金志全, "감산사미륵보살조상기"에는 金志誠. 고증.
　　해당 본문에는 喰(湌)全(金)忘(志)誠.
433) DB. "감산사미륵보살조상기"에는 爲 앞에 奉. 고증에는 없다.
434) DB. "감산사미륵보살조상기"에는 湌. 고증. 于(干).
435) DB. "감산사미륵보살조상기"에는 妣.
436) DB. "감산사미륵보살조상기"에는 所 뒤에 石阿彌陀像一軀의 일곱 자가 있다.
437) DB. "감산사아미타여래조상기"에는 粱. "감산사미륵보살조상기"에는 良.
438) DB. 姉古巴里가 "감산사아미타여래조상기"에는 亡妹古寶里.
439) DB. 甘山寺阿彌陀如來造像記에는 路.
440) DB. "감산사아미타여래조상기"와 "감산사미륵보살조상기"에는 兄.
441) 고증, DB, 규장각본. 漠. DB. "감산사아미타여래조상기"와 "감산사미륵보살조상기"에는

同營玆[444]善.[445] 亡妣肖里[446]夫人.[447] 古人成之, 東海攸[448]友[449]邊散也.[450][a]古人成之以下, 文未詳其意. 但存古文而已. 下同.

[662]彌陁佛火光後記云. 重阿喰(湌)金志全. 曾以尚衣[451]奉御, 又執事侍郎, 年六十七. 致仕閑居. 奉爲國主大王. 伊喰(湌)愷元.[452] 亡考仁章一吉于.[453] 亡妃.[454] 亡弟小舍梁[455]誠. 沙門玄度. 亡妻古路[456]里. 亡妹古巴[457]里, 又爲妻阿好里等. 捨甘山莊田. 建[458]伽藍, 仍造石彌陁[459]一軀. 奉爲亡考仁章一吉于.[460] 古人成之, 東海攸反邊散也(之). [a]按帝系, 金愷元乃太[461]宗[462]春秋之[463]弟[464]太[465]子愷元角干也, 乃丈熙[466]之所生也. 誠志全[467]乃仁章一吉

漢.
442) DB. "감산사미륵보살조상기"에는 敬.
443) DB. "감산사미륵보살조상기"에는 里. 고증. 등(等).
444) DB. "감산사미륵보살조상기"에는 其.
445) DB. "감산사미륵보살조상기"에는 善敬 뒤에 因.
446) DB. 앞부분에는 觀肖里.
447) DB. "감산사미륵보살조상기"에는 이 뒤에 年六十六 네 글자.
448) 고증. 攸(欣). DB. "감산사미륵보살조상기"에는 欣.
449) 고증. 友(支). DB. "감산사미륵보살조상기"에는 支.
450) DB. "감산사미륵보살조상기"에는 之.
451) DB. "감산사아미타여래조상기"에는 舍.
452) DB. "감산사아미타여래조상기"에는 元 뒤에 公.
453) 고증. 于(干). DB. "감산사아미타여래조상기"에는 仁章一吉于 다섯 글자가 없다.
454) DB. "감산사아미타여래조상기"에는 妣.
455) DB. 앞부분에는 懃, "감산사아미타여래조상기"에는 梁, "감산사미륵보살조상기"에는 良.
456) DB. 앞부분과"감산사미륵보살조상기"에는 老.
457) DB. "감산사아미타여래조상기"에는 寶.
458) DB. "감산사아미타여래조상기"에는 建 뒤에 此.
459) DB. "감산사아미타여래조상기"에는 陁 뒤에 像.
460) DB. "감산사아미타여래조상기"에는 湌, 이 뒤에 年卅七이 있다..
461) DB. 규장각본에는 大.
462) 고증, DB. 모두 太宗. 규장각본에는 大宋.
463) 고증. 乃. 규장각본. 之.
464) DB. 第의 오기로 보인다.

于468)之子. 東海攸469)反470)恐法敏葬東海也.

659남월산(南月山) 또는 감산사라고 한다(南月山 亦名甘山寺)

660이 절은 서울(경주)의 동남쪽 20리가량 되는 곳에 있다. **661**금당(金堂)의 주불 미륵존상화광후기471)에는 다음과 같이 기록되어 있다.

개원472) 7년 기미 2월 15일에, 중아찬473) 김지성이 돌아가신 아버지인 장 일길간과 돌아가신 어머니 관초리부인을 위하여, 감산사 한 채와 돌미륵 한 구를 정성껏 조성하고, 겸하여 개원 이찬, 아우 양성 소사,474) 현도사, 누이 고파리, 전처 고로리, 후처 아호리와 또한 서형 급한 일길찬, 일당 살찬,475) 총민 대사,476) 누이동생 수힐매 등을 위하여 함께, 이 선한 일을 경영하였다. 돌아가신 초리부인은 고인이 되

---

465) DB. 六의 오기로 보인다.
466) 고증. 文熙. DB. 丈熙. 규장각본에도 필벽(筆癖)으로 文熙가 丈熙로 보인다.
467) DB. 앞부분에서는 全忘誠.
468) DB. "감산사아미타여래조상기"에는 湌.
469) DB. "감산사아미타여래조상기"에는 欣.
470) DB. "감산사아미타여래조상기"에는 支.
471) DB. 1915년 감산사(甘山寺)의 금당지라 생각되는 곳에서, 아미타상과 함께 발견. 화강암으로 만들어졌으며, 높이 183㎝, 광배의 높이는 213㎝, 대좌의 높이는 45㎝. 반부조(半浮彫) 형태이고, 양식은 수나라의 것을 모방하고 있다. 현재 국보로 국립중앙박물관에 소장되어 있다.
472) DB. 당(唐) 현종(玄宗)의 연호로 713-741년에 사용.
473) DB. 신라 골품제도에서는, 진골신분이 아니면 5등급인 대아찬 이상은 승진할 수 없었다. 따라서 6두품에 속한 사람은, 6등급인 아찬까지밖에 승진할 수 없었다. 그래서 6두품에 대한 우대책의 일환으로 아찬에는 중아찬(重阿湌) · 삼중아찬(三重阿湌) · 사중아찬(四重阿湌)이 설치되어 있었다.
474) DB. 신라 제 13등급의 관등으로 사지(舍知).
475) DB. 신라 8등급의 관등으로 사찬(沙湌) · 사간(沙干).
476) DB. 신라 12등급의 관등으로 한사(韓舍).

어서, 동해 흔지[477]가에 (뼈를) 흩었다. [a]고인성지(古人成之) 이하는 그 글의 뜻을

알 수 없지만, 다만 옛날 글 그대로 적어 둔다. 아래도 같다.

[662]미타불화광후기에는 다음과 같이 기록되어 있다.

중아찬 김지전은 일찍이 상의로서 임금을 모셨고, 또 집사시랑으로

있다가 나이 67세에 벼슬을 그만두고 한가롭게 지냈다. 국주대왕과

이찬 개원, 돌아가신 아버지 인장 일길간, 돌아가신 어머니, 죽은 동

생 소사 양성, 사문 현도, 죽은 아내 고로리, 죽은 누이동생 고파리,

또 처 아호리 등을 위하여 감산의 장전을 희사하여 가람을 세우고, 이

어 석미타 한 구를 조성하여 돌아가신 아버지 인장 일길간을 받들어

위하였다. 고인이 되자 동해 흔지가에 (뼈를) 흩었다. [a]임금의 계보를 살펴보

면, 김개원은 곧 태종춘추[478]의 여섯째 아들인 태자 개원 각간이니 바로 문희(文姬)가 낳은 이다.

김지전은 곧 인장 일길간의 아들이다. 동해 흔지는 아마 법민(法敏)[479]을 동해에 장사 지낸 것을

말한 것 같다.

주해 **659, 659a**○ 【南月山】【甘山寺】 신라의 고도(古都) 경주 동남 근교의 토함

산 중복에 있는 불국사에서 남쪽의 괘릉(掛陵)을 향하여 경사를 따라 약

2㎞ 되는 곳에 신계리라는 집락(集落)이 있다. 이것이 월성군 외동면 신

계리인데, 그 대지(臺地)에 감산사지라고 하는 하나의 절터가 있다. 이곳

---

477) DB. 경상북도 영일의 옛 이름이다. "삼국사기" 권34, 지리1, 양주(良州) 의창군(義昌郡) 임
　　정현(臨汀縣) 조에 '臨汀縣 本斤烏支縣 景德王改名 今迎日縣'에 나오는 근오지에 해당한다.
478) DB. 신라의 제29대 왕인 태종무열왕(太宗武烈王)을 가리킨다. 재위 기간은 654-661년이다.
479) DB. 30대 왕인 문무왕으로 재위 기간은 661-681년이다. 자신의 형제들을 중시(中侍)에 임
　　명하고 김유신을 상대등(上大等)과 태대각간(太大角干) 등에 중임함으로써, 왕권의 안정을
　　꾀하고 주변에 많은 승려들을 두어 정신적 통일과 화합에 힘썼다.

이 감산사지라고 부르는 고유의 이름이 확인된 것은, 다이쇼(大正)3·4
년경(?) 조선총독부의 사업으로서, 경주일대의 고분을 조사했을 때, 이
절터의 금상지(金常址)라고 추정되는 지점에서 발굴된 두 석불(石佛)에
의한 것이다. 그리고 그 두 석불에는 각기 광배(光背)가 있고, 이 두 부처
의 광배 이면(裏面)에는 웅장하고 힘센 행서(行書)로, 뒤에서 말하는 명
기(銘記)('유' 본문의 소위 '火光後記')가 있다. 유불도(儒佛道) 3교를 포
함한 글을 엮은 이 명기에 의해, 감산사의 건립 및 조상(造像)의 원지(願
旨)를 분명히 살필 수 있는 것이다.

이어서 남월산이라는 것은 이 감산사의 산 이름으로 보인다. 신라의 불
사(佛寺)는 호국의 절로서 국가적인 곳이 많았는데, 이 감산사는 이하의
기술로도 분명하듯이 김지성(金志誠) 일가일족이 세운 절이며 보리사(菩
提寺)이다. 신라의 불사에서 이와 같은 귀족의 사적인 곳이 적지 않았다
는 것을 볼 수 있다.

660○【寺在京城東南二十許里】 '경성(京城)'은 신라의 수도, 지금의 경상북
도 경주시 지역. 예부터 서벌, 서라벌, 서나벌, 서야벌이라고 하여 sōpūr,
sŏrapur라고도 하는 것으로 본래는 도읍을 의미했는데, 또 그것이 신라
의 국호도 되었다. 지금의 수도를 서울seoul이라고 부르는 것은 이 고어
(古語)를 전승한 것이다. 주해 124, 124a 참조.

661○【金堂主彌勒尊像火光後記】 1915년 감산사의 금상지라고 추정되는
논에서 아미타상과 함께 발견된 한 미륵상이, 금당에 봉안되었던 본존이
었다는 것은 추측하기 어렵지 않다. '유' 찬술 당시에는 금당이 또한 존재
했고, 찬술자 일연은 직접 광배명(光背銘)으로 수록했을 것인데, 오기(誤
記)가 많은 것은 이미 당시에 상당히 읽기 어려워져 있었다는 것을 암시
하고 있다. 이 상(像)은 화강암으로 만들어져, 높이 183cm, 광배 높이 213
cm, 동건(同巾)[480] 91cm, 대좌(臺座) 높이 45cm이다. 반부조(半浮彫), 수

---

480) 의미 불명.

법적으로는 수(隋) 양식을 많이 남기고 있다. 현재 국보로서 서울 국립중앙박물관에 안치되어 있다. 배 모양(舟形)의 광배에 전문(全文) 390자로 이루어져 있는 조상명(造像銘)이 새겨져 있는데, 지금 참고를 위하여 이 명문을 "조선금석총람(上)"(조선총독부) 소재의 '경주감산사미륵보살조상기'에 의해서 들겠다.

미륵불(彌勒佛) 후기(이하, 명문(銘文)(A)라고 약칭한다)

開元七年己未二月十五日重阿湌金志誠奉

爲 七考仁章一吉湌亡姚觀肖里敬造甘

山寺一所石阿彌陁像一軀石彌勒像一軀

盖聞至道玄微不生不滅能仁眞寂無去無來

所以顯法應之三身隨機拯(齋)表天師之十號

有願咸成弟子志誠生於 聖世歷任榮班

無智略以匡時僅免羅於刑憲性諸山水慕莊

老之逍遙志重眞宗希無著之玄寂年六十有七致 王事於淸朝遂歸田於閒野披閱五

千言之道德棄名位而入玄窮研十七地之法

門壤色空而俱滅尋復降 㫌命於草廬典

邇都之劇務雖在宮冊染俗塵外之心無捨罄

志誠之資業建甘山之伽(鼓土)伏願以此微誠上

資 國主大王履千年之遐壽延萬福之鴻

休愷元伊湌公出有漏之囂垓證无[481]生之妙果

弟良誠小舍玄度師姉古巴里前妻古老里後

妻阿好里兼庶兄及漢一吉湌一憧薩湌聰敬

大舍妹首肹買里及无邊法界一切衆生同出

六塵咸登十號縱使誠 有蓋此願无窮劫石

---

481) 고증.에는 无를 전부 牙. 모두 无로 고쳐서 보인다.

已消尊容不□无求不果有願咸成如有順此

心願者庶同營具善因也 亡妣官肖里夫人

年六十六古人成之東海欣支邊散之[482]

○ 【開元七年巳(己)未二月十五日】개원(開元)은 당 현종조의 원호. 이미(巳
未)는 기미(己未)의 잘못. 그래서 開元七年己未는 서기 719년·신라 성
덕왕 18년에 해당한다. 당시 신라는 당조의 봉책을 받고 있었기 때문에
당의 연호를 사용했던 것이다. 다음으로 '二月十五日'은 열반회의 날로
서, 이날을 점쳐 조사조상의 날로 했던 것이다.

○ 【重阿喰(湌)】 '사' 권제3 · 잡지 제7(직관 상)[이하 '사' 직관지(상)으로 약
칭]에 신라의 관위(京位) 17등에 대한 기재가 있는데, 제6등 아찬에 대해
서는 '六日阿湌惑云阿尺干. 惑云阿粲. 自重阿湌至四重阿湌.'이라고 특기하
고 있다. 신라에서는 골품제이기 때문에 제5등인 대아찬 이상은 대아찬
조에 '五日大阿湌. 從此至伊伐湌. 唯眞骨受之. 他宗則否.'라고 되어 있는
것처럼, 진골 신분이 아니면 아무리 공적이 있어도 대아찬 이상으로 오를
수 없었다. 그래서 진골 다음 신분인 육두품에 속하는 자가 오를 수 있는
관위의 끝은 아찬이었다. 그래서 육두품에 속하는 자의 대우로서, 아찬
에는 한층 더 중아찬, 삼중아찬, 사중아찬이 위에 설치되었을 것이다. 감
산사 건립자 김지성은, 그 관위가 중아찬이었던 것으로 보아 그 신분은
육두품에 속했던 것을 알 수 있다.

○ 【全(金)忘(志)誠】 원명문(原銘文)에 의해서 '金志誠'으로 정정해야 할 것
이다. 김지성은 이 조사조상의 발원자이며, 미타상광배명에 '歲□(六)十
九康申年四月廿二日長逝爲□之'라고 되어 있는 것처럼, 경신년, 즉 개원
8년(720)에 69세로 죽었다. 미륵상명에는 김지전(金志全)이라고 되어 있
어 다른 사람 같기도 한데, 한편 전자(前者)에는 '前妻古老里, 後妻阿好
里', 후자(後者)에는 '前妻古路里, 妻阿好里'라고 되어 있어, 전처 후처가

---

482) DB, 규장각본.에는 모두 也. 고증. 也(之)는 이 명문을 참고해서일 것이다.

일치하는 것으로 보아 金志誠·金志全도 또한 같은 사람의 다른 이름으로 볼 수밖에 없다.

　그는 두 명문으로 보아 진덕왕 6년(652)에 태어나, 67세에 치사[483]한 것이 된다. 그때 그의 위(位)는 중아찬, 직(職)은 집사시랑이었다. 이 집사시랑은 옛 이름으로는 전대등이라고 하며, 기밀업무를 다루는 집사부의 차관으로 중대한 관직이라고 할 만하다. '사' 직관지 상에는 이 집사시랑이 받은 관위는 나마(奈麻)에서 아찬(阿湌)까지로 되어 있다.

　다음으로 집사인 전대등을 고쳐 시랑(侍郎)으로 한 것은 경덕왕 6년(747)의 일이라고 '사' 직관지(상)에는 기록되어 있는데, 이 명문(719년)에 시랑이라고 되어 있는 것은 잘못이라고 생각할 것 같은데, 이것은 오히려 명문에 의해서 직관지 기재를 정정해야 할 것이다. 즉 전대등이 시랑으로 바뀐 것은 혹은 중시(中侍)가 설치된 진덕왕 5년(651)이 아니었을까라고(末松保和, '甘山寺彌勒尊像及び阿彌陀佛の火光後記', "新羅史の諸問題").

　또한 '金志誠'이라는 이름에 대하여 말한다면, '나기'에 '聖德王立. 諱興光. 本名隆基. 與玄宗諱同. 先天中改焉. 唐書言金志誠 神文王第二子. 孝昭同母弟也.'라고 있고, "책부원구" 권970에 '神龍元年三月. 新羅王金志誠. 遣使來朝'라고 되어 있어, 성덕왕이 김지성(金志誠)이라고 되어 있었다. 즉 양자 모두 완전히 같은 이름이나 당연히 다른 사람이라고 생각해야 할 것이다. 末松保和는 "책부원구"의 글은 '新羅王遣金志誠來朝'라고 정정해야 할 것이라고 하고 있다('甘山寺彌勒尊像及び阿彌陀佛の光背後記', "新羅史の諸問題").

○【忘考仁章一吉于(干)】김지성의 망고(亡父) 인장(仁章)이 지녔던 일길간은, 신라 제7등 관위로, 명문에는 일길찬으로 되어 있다. '사' 직관지(상)에는 '七曰一吉湌. 惑云乙吉干'이라고 되어 있다. 인장, 지성(志誠)이 받은

---

483) 나이가 많아 벼슬에서 물러남.

관위로 보아 김지성 일가는 왕족에 이어지는 중급귀족이었던 것으로 추정할 수 있다.

○ 【亡妃觀肖里夫人】 명문에는 '亡妣觀肖里'라고 있다. 관(觀)과 관(官)은 같은 음이므로 차용 통용되었던 것이다. 관초리부인은 명문(A)에는 나이 66세에 죽었다고 되어 있다.

○ 【愷元伊湌】 이찬(伊湌)은 신라 제2등 관위. 개원은 태종 무열왕의 아들. 문무왕(법민)과는 같은 어머니의 동생. '유' 권제1(기이 제1) '태종춘추공'(고증 상권 주해 237의 세계표)을 참조. 그는 신라의 통일, 대고구려전에 활약하였고, 효소왕대에는 상대등에 임한다. 원주(願主) 김지성은 개원과 어떠한 관계였던지는 불명한데, 양자 사이에 깊은 혈연적 연관이 있었을 것이라는 것은 상상하기 어렵지 않다.

○ 【第(弟)懇誠小舍】 명문(A)에는 '弟良誠小舍', 명문(B)에는 '弟小舍梁誠'이라고 되어 있으므로 제(第)는 제(弟)로, 간성(懇誠)은 양성(良誠)·양성(梁城)으로 고쳐야 할 것이다. 또 양(良)·양(梁)은 모두 ryan으로 음 상통. 소사(小舍)는 신라 제13의 관위로 사지(舍知)라고도 한다.

○ 【玄度師】 명문(B)(後揭)에는 '사문현도(沙門玄度)'라고 되어 있다.

○ 【姉古巴里】 명문(B)에는 '亡妹古寶里'라고 되어 있다. 고파리(古巴里)의 파(巴), 고보리(古寶里)의 보(寶)는 음이 일치하지 않는데 당시에는 통용했을 것이다. 또 자(姉)를 명문에는 매(妹)라고 하는데, 한어(韓語)에서는 여형제를 자매와 다른 누이(nuǐi)라고 하고 있기 때문에 양자를 구분하지 않고 통용했던 것일까.

○ 【前妻古老里】 명문(B)에는 '亡妻古路里'라고 보인다. 노(老)는 ro, 노(路) ro와 음 상통에 의해 위와 같이 적었을 것이다.

○ 【後妻阿好里】 명문(B)에는 '妻阿好里'라고 되어 있다.

○ 【庶族及漢(漢)一吉喰(湌)】 명문(A)에는 '庶兄及漢·一吉湌'이라고 되어 있다.

○ 【一幢薩喰(湌)】 서형(庶兄) 일당(一幢)이 가지고 있는 살찬(薩湌)은 신라

제8등의 관위로 사찬(沙湌) · 사간(沙干) · 사돌간(沙咄干) 등으로 기록되었다. 사돌간은 sator-han, 살찬은 sarchan, 사찬은 sa-chan, 사간은 sa-han으로. 사돌, 살(薩), 사(沙)의 세 가지 필기법은 sator-sar-sa로 생략된 것으로, sa-tor-han의 원뜻은 신읍장(新邑長)이라는 뜻일 것이다. 또한 돌(咄)tor은 보통은 진(珍) · 양(梁) · 훼(喙) 등으로 음, 훈차(訓借)되어, 촌락 협동체를 의미하는 고어(古語)이다.

○ 【聰敏七(大)舍】 명문(A)에는 '聰敬大舍'라고 되어 있다. 칠사(七舍)는 대사(大舍)로 고쳐야 할 것이다. 대사(大舍)는 신라 제12등 관위. 한사(韓舍)라고도 한다. 대사는 훈차 han-mar, 한(韓)은 음훈차 han-mar, 및 제13등의 사지(舍知)mar-chi(훈음차) 소사(小舍)at-mar, a-mar(훈차)는 모두 사(舍)mar(훈)을 바탕으로 하는 말로, 본래는 종족(宗族)을 의미했던 것일까. mar, maro, maru는 가(家), 청(廳), 종(宗)을 의미하고, 나중에는 인명의 어미나 존칭에 사용되었다.

○ 【妹首肹買等. 同營玆善】 '매수힐(妹首肹)'은 명문(A)에는 '妹首肹買里'라고 되어 있다. 이곳은 명문(A)가 상당히 길게 생략되어 있다.

○ 【亡妣肖里夫人. 古人成之, 東海攸(欣)友(支)邊散也(之)】 이 문장에서 석미륵상은 김지성의 망비관초리부인(亡妣官肖里夫人)의 명복을 기도하며 지어진 것으로 보인다. 명문에 의해 '초리(肖里)'는 '官肖里', '攸友'는 '欣支'로, '也'는 '之'로 정정해야 할 것이다. 이 글은 신라의 통속적인 글로서, 동사의 어미나 조동사 종류에는 한자를 이두식으로 사용하고 있다. 예를 들면 아유가이(鮎貝)는 '成之'의 '之'를 '成'의 동사활용으로서 '하게 하다' 뜻으로 다룬 것이라고 풀이하고 있다. 산지(散之)는 산야(散也)와 같은 것으로, 이 '之'는 결사(結辭)로서 '也'와 마찬가지로 다루고 있다. 문장은 '亡妣官肖里夫人은(죽은 후, 혹은 장례는) 고인이 원하는(시키는 대로) 동해의 혼지변에 뿌리다(火葬散骨)'라고 풀이된다. '欣支'는 경주북방의 동해안 영일의 옛 이름. '사' 권34 · 잡지 제3 · 지리1[생략하여 지리지(1)] 양주(良州) 의창군의 임정현 조에, '臨汀縣. 本斤烏支縣. 景德王改名. 今

迎舊縣.'이라고 되어 있는 근오지(斤烏支)(烏 즉 o음은 생략된다)이다.

'유'가 주를 달고 '東海欣支恐法敏葬東海也'라고 말하고 있는 것은, 유명한 문무왕 법민의 사전(史傳)[484]에서, '文虎王法敏 … 御國二十一年. 以永隆二年辛巳崩. 遺詔葬於東海中大巖上. 王平時常謂智義法師曰. 朕身後願爲護國大龍. 崇奉佛法. 守護邦家. 云云'('유' 권제2 '문호왕법민' 조) '文武王二十一年秋七月一日. 王薨. 謚曰文武. 群臣以遺言葬東海口大石上. 俗傳. 王化爲龍. 仍指其石爲大王石. 遺詔曰. …屬纊之後十日. 便於庫門外庭. 依西國之式. 以火葬葬. 云云'('사' 권제7)이라고 되어 있다. 화장하여 동해에 산골하는 것은 문무왕의 호국전설뿐만 아니고, 이 김지성의 예로 보듯이 '동해변의 산골'로서 당시의 불교인의 풍습이 되어 있었다는 것을 알 수 있는 것이다.

661a○ 【古人成之以下, 文未詳其意, 但存古文】 위의 설명으로 풀이되었을 것이다.

662○ 【彌陁佛火光後記】 이미 앞서 '彌勤尊像火光後記'에서 말했듯이 이 석조아미타여래상은 다이쇼 4년(1915)에 감산사지에서 발견되었는데, 지금은 국보로서 서울 국립중앙박물관에 안치되어 있다. 이 상(像)의 법량(法量)은 높이 174㎝, 광배(光背) 높이는 204㎝, 동건(同巾)은 108㎝, 태좌(臺座) 높이는 72㎝이다. 앞의 미륵상은 '유' 본문에 보이는 것과 같이, 금당의 본존이었는데, 이 아미타여래에 대해서는 어떤 불전(佛殿)에 본존으로서 안치되었는지 확증이 없다. 그러나 이 상(像)은 감산사 강당에 안치되었던 것은 분명하다. '유'권제3 · 탑상 제4 '남백월이성. 노힐부득. 달달박박'의 조를 보면 백월산남사는 경덕왕 16년(757)에 공사를 시작하여, 광덕 2년 갑진(764) 7월 15일에 완성한 가람으로, 미륵상과 아미타상을 만들어, 전자(前者)를 금당에 안치하고 액명(額名)을 현신성도미륵지전이라고 하고, 후자(後者)를 강당(講堂)에 안치하고 액명을 현신성도무

---

484) 역사와 전기(傳記).

량수전이라고 했다는 기사가 있다. 이것은 아미타상이 강당에 안치되었다는 확증임에 틀림없다. 이것이야말로 감산사 창건 미륵상은 금당, 아미타상은 강당의 본존이었다는 것을 시사할 것이다.

나아가 아미타불과 강당과의 관계는 무량수경하(下)에도 말하듯이 원래 아미타불은 강당에 안치해야 할 것으로, 강당은 무량수불을 본존으로서, 법(法)을 말하고 경(經)을 강설하는 사당(舍堂)이었기 때문이다. [참고] 中吉功, '廿山幸石造彌勒·阿彌陀像雜攷', "新羅·高麗の佛像"(1971년, 二玄社).

그래서 이하 참고를 위하여 "朝鮮金石總覽"(上)'(朝鮮總督府) 수록 '慶州甘山寺阿禰陀如來造像記'에 의해서 명문을 보인다.

阿彌陀佛後記[이하, 명문(B)라고 약칭한다]

若夫至道者不生不滅猶表跡於周宵能仁者若去若
來尚流形於漢夢濫觴肇自西」域傳燈及至東土遂乃
佛日之影奄日域以照臨貝葉之文越浿川而啓發龍
宮錯峙鴈塔駢羅舍衛之境在斯極樂之邦密爾有重
阿湌金志全誕靈河岳降德星辰性叶雲霞情友山水
蘊賢材而命代懷智略以佐時朝鳳闕而衙綸則授尚
舍奉御逵雞林而曳綬則任執事侍郎年六十七懸車
致仕避世閑居侔四皓之高尚辭榮養性同兩疎之見
機仰慕無著眞宗時時讀瑜伽之論兼愛莊周玄道日
日覽逍遙之篇以爲報德慈親莫如十號之力酬恩
聖主無過三寶之因故奉爲 國主大王伊湌愷
元公 亡考亡妣亡弟小舍梁誠沙門玄度亡妻古路
里亡妹古寶里又爲妻阿好里等捨其甘山莊田建此
伽藍仍造石阿彌陁像一軀 伏願託此微因超昇
彼岸四生六道並證菩提
開元七年歲在己未二月十五日奈麻聰

撰奉教沙門釋京融大舍金驟源□□□

七考仁章一吉湌年卅七古人成之東海

欣支邊散也後代追愛人者此善助在哉

金志全重阿湌敬生已前此善業造歲□

十九康申年四月廿二日長逝爲□之

○ 【重阿喰(湌)金志全】명문(B)에는 '重阿湌金志全'이라고 되어 있다. 김지
전은 이미 말한 대로 김지성을 말한다.

○ 【尙衣奉御】명문(B)에는 '尙舍奉御'라고 해독되어 있다. 상의봉어(尙衣
奉御), 상사봉어(尙舍奉御)는 관직명인데, 이것에 관해서 일본에서는 옛
날 내장두의 당명(唐名)으로서 식부랑·소부감·상의봉어라고 하고, 또
봉전두의 당명으로서 상서봉어·액정령·채봉감이라고 했다. 더 나아가
주전두의 당명은 상사봉어·"고려사" 지(志) 권제31·백관2의 장복서 조
에는 '掌服署. 掌供御衣. 穆宗朝有尙衣局奉御直長. 文宗定奉御一人. 秩
正六品. 直長一人正七品. 忠宣王二年. 改掌服署. 改奉御爲令. 直長如故.
恭愍王五年. 復改尙衣局. 改令爲奉御. 十一年. 復改掌復署. 改稱令. 十八
年. 復改尙衣局. 又稱奉御. 二十一年. 復改掌服署. 又稱令. 恭讓王三年.
倂於工曹. 吏屬. 文宗置書令史四人. 記官二人. 注衣一人.'이라고 되어 있
다. 그래서 고려시대의 상의봉어는 국왕의 어의(御衣)를 짜기 위하여 놓
인 상의국의 장관이었다. 전중감이라고 했다. 신라의 상의봉어는 국왕의
어의를 만들기 위한 관서의 관직일 것이나 자세하지 않다. 김지성 시대
에는 그러한 관서가 아직 독립되지 않았다고 한다면, 창부 정도가 위의
역할을 합쳐 행했던 것은 아닐까. 그렇다면 상의봉어는 창부 정도의 차
관(卿)의 당명이라고도 유추(類推)할 수 있을까.

　다음의 고려시대에는 상의봉어의 존재가 분명하기 때문에 참고로 이것
을 검토하기로 한다. 이것은 수당(隋唐) 제도를 배웠을 것인데 중국에서
는 우선 "周官"에 왕의 옷을 만드는 관(官)으로서 사복(司服)이 보인다.
전국(戰國)에 시작하여 상의, 상관의 직(職)이 있고, 진한(秦漢)의 어부

(御府)는 그 후신(後身). 북제(北齊)에 시작되어 주의국이 놓여 문하성에 속했고, 수대(隋代)에는 대업 3년(607), 전내성에 상식·상악·상의·상사·상승·상필의 6국(局)이 놓여져 각국(局)에 봉어(奉御) 2인과 그 아래에 직장(直長)이 놓였다. 당대에는 상의(尚衣)는 봉황(奉晃)이라고 불렀다. 송대에서도 전중성(殿中省)에 6국이 놓여 각국에 전어(典御) 2인·봉어(奉御) 6인 혹은 4인·감문(監門) 2인 혹은 1인이 배치되어 있었다.

○ 【執事侍郎】 이미 앞서 나온 전망성(金志誠) 항목에서 말했으므로 그것을 참조.

○ 【致仕閑居】 치사(致仕)는 관직을 임금에게 반환한다는 뜻. 즉 사직한다는 것인데, 신라에는 일반적으로 고관의 치사는 병이든가, 노년에 의한 것이었다. 김지성은 명문에 있듯이 67세의 고령으로 관(官)을 물러나 전야(田野)에 자적(自適)했는데, 그는 치사 다음 해에 망고(亡考)·망비(亡妣)의 명복을 빌고, 그 감산의 장전(莊田)[485]을 희사하여 가람(감산사)를 세워 석미륵사 1구(망비를 위하여), 석아미타상 1구(망고를 위하여)를 안치하였다. 그의 자적(自適)에 대해서는 이미 末松保和가 "전야에 자적하여 대혜광의 내영을 대망하는 여생에, 여유가 있는 심경을 상상했는데, 그 유유한 한거의 여생은 그저 단순히 불교 신앙만으로 얻은 것은 아니었다. 즉, 혹은 '오천언의 도덕을 돌아보며 각위(各位)를 버리고 입현한다.'라고 하고, 혹은 '십칠지의 법문을 닦고, 색공을 무너뜨리고 구멸(俱滅)하다.'라고 하고, 혹은 '우러러 무저의 진종을 바라며, 때때로 유가의 논을 읽고, 겸하여 장주의 현도를 아끼며, 매일 소요의 편(篇)을 읽는다.'라고 하는 것과 같이, 김지성에게는 불교와 도교가 주객의 구별이 없기까지 융화하여 신봉하였던 것이다."라고 지적(전게논문)하는 대로이다.

○ 【國主大王】 전후를 감안하여 성덕왕을 가리킨다.

---

485) 사유지.

○【伊喰愷元】명문(B)에는 '伊湌愷元公'이라고 되어 있다. 개원(愷元)에 대해서는 앞서 말했는데, 김지성 일가와 관계가 깊었던 것을 살피게 한다.

○【亡考仁章一吉于(干)】명문(B)에는 단순히 '亡考'만 보인다. 인장일길간(仁章一吉干)에 대해서는 앞서 말했다.

○【亡妃】명문(B)에는 '亡妣'라고 되어 있다.

○【亡弟小舍梁誠. 沙門玄度】명문(B)와 같다.

○【亡妻古路里】명문(B)와 같다.

○【亡妹古巴里】명문(B)에는 '고파리(古巴里)'는 '고보리(古寶里)'라고 되어 있다. 고보리는 명문(A)에서는 매(妹)가 아니고 자(姉)라고 되어 있다.

○【又爲妻阿好里等】명문(B)와 같다.

○【甘山莊田】감산의 장전(莊田)은 김지성 일족의 사유지였던 것으로, 아마 절의 부지뿐만 아니고 논밭도 기진(寄進)했을 것이다. 신라의 귀족관료는 공유지로부터의 조세를 봉급으로서 배급받는 것 이외에 집과 논밭(莊田)을 식읍으로서 받았다. 특히 후자는 사유지(일종의 莊園)로서 시대가 내려옴에 따라 점점 증가했다.

○【石彌陁一軀】앞서 말한 아미타석불상을 말한다. 이 아미타불은 다음의 37세로 죽은 망고(亡考) 인장(仁章)을 위하여 만든 것으로 추정된다.

○【奉爲亡考仁章一吉于(干). 古人成之, 東海攸(欣)反(支)邊散也(之)】첫 '奉爲' 2자는 연자(衍字)[486]인가. 명문(B)에는 보이지 않는다. 나아가 인장일길간(仁章一吉干) 다음에 '卅七'이라고 연령이 새겨져 있다. 그다음 '古人成之 … 散也'는 앞서 말한 대로이다.

662a○【金愷元乃太宗春秋之弟, 太子愷元角干也】이것은 '사'나 '유' 권제 1・기이 제1 '大宗春秋公' 조에 보이는 것과는 다른 계보이다. 이것은 그 다음을 잇는 '文熙之所生'과는 모순된다. 김개원(金愷元)의 김(金)은 신라 왕성(王姓). 또 개원(愷元)은 춘추의 아들이며 또 태자는 아니었다. 개

---

486) 군더더기로 붙은 글자.

원에 대해서는 이미 말했다.

○ 【太宗春秋】 '유', '대종춘추공' 조(주해 233) 참조.

○ 【文熙之所生】 문희(文熙)는 김유신의 막내 여동생이며 또 태종무열왕의 비였던 문희, 문명(文明)부인을 말한다. 문희에 대해서는 '나기' 문무왕 즉위전기, '유' 권제1·기이 제1 '김유신' 조 및 '대종춘추공' 조(주해 228, 235) 참조. 이들 자료에서는 개원을 문희(文姬)의 소생이라고 하고 있다.

○ 【東海攸(欣)反(支), 恐法敏葬東海也】 앞서 말한 대로 유반(攸反)은 흔지(欣支)로 고쳐야 할 것이다. 이 글은 이미(주해 661의 말미) 말한 대로 문무왕 법민에 관한 것이다.

○ 【法敏】 태종무열왕(春秋)의 장자(長子) 문무왕을 말한다. 자세한 것은 '나기' 문무왕 조 및 '유' 권제2 '문호왕법민' 조(주해 260) 등을 참조.

⁶⁶³천룡사

天龍寺

⁶⁶⁴東都南山之南有一峰屹起, 俗云高位山. 山之陽有寺, 俚云髙寺. 或云
天龍寺. ⁶⁶⁵討論三韓集云. 雞林土內有客水二條. 逆水一條, 其逆水客水
二源. 不鎭天災. 則致天龍覆没之災. 俗傳云, 逆水者州之南馬等烏村南
流川是. 又是水之源致(到)大(天)龍寺. 中國來使樂鵬龜來見云, 破此寺則
國亡無日矣. ⁶⁶⁶又相傳云, 昔有檀越有二女. 曰天女・龍女, 二親爲二女
創寺因名之. 境地異常助道之場, 羅季殘破久矣. 衆生寺大聖所乳崔殷
誠⁴⁸⁷⁾之子承魯,⁴⁸⁸⁾ 魯生肅, 肅生侍中齊顔, 顔乃重修起廢, 仍置釋迦萬日
道場. 受朝旨, 兼有信書願文. 留于寺. 旣卒. 爲護伽藍神, 頗著靈異. 其
信書略曰. 檀越内史侍郎. 同内史門下平章事. 柱國崔齊顔狀. 東京高位
山天龍寺殘破有年. 弟子特爲聖壽天長民國安泰之願, 殿堂廊閣. 房舍廚

---

487) DB. "고려사" 권93, 열전(列傳) 최승로전(崔承老傳)에는 含.
488) DB. "고려사" 권93, 열전(列傳) 최승로전(崔承老傳)에는 老.

庫. 已來興構畢, 具石造泥塑佛聖數軀, 開置釋迦萬日道場. 旣爲國修營,

官家差定主人亦可, 然當遞換交代之時. 道場僧衆不得安心. 側觀入田稠

足寺院, 如公山地藏寺入田二百結, 毗[489]瑟山道仙寺入田二十結, 西京之

四面山寺各田二十結. 例皆勿論有職無職. 湏擇戒備才高者,[490] 社中衆

望. 連次住持焚修. 以爲恒規. 弟子聞風而悅, 我此天龍寺亦於社衆之中.

擇選才德雙高大德. 兼爲棟梁, 差主人鎭長焚修. 具錄文字. 付在剛司, 自

當時主人爲始. 受留守官文通. 示道場諸衆, 各冝知悉. 重熙九年六月日.

具銜如前署. 按重熙乃契丹興宗年號,[491] 本[492]朝靖宗七[493]年庚辰歲也.

풀이 **663**천룡사(天龍寺)

664동도의 남산 남쪽에 한 봉우리가 우뚝 솟아 있는데, 세상에서는 고
위산이라고 한다. 그 산의 양지 쪽에 절이 있는데, 속칭 고사 혹은 천룡
사라고도 한다. **665**"토론삼한집"[494]에는 다음과 같이 기록되어 있다.

계림(鷄林)의 땅에는 객수(客水) 두 줄기와 역수(逆水) 한 줄기가 있
는데, 그 역수와 객수의 두 근원이 천재(天災)를 진압하지 못하면 천룡
사가 뒤집혀 무너지는 재앙에 이른다.

속전(俗傳)에는 이르기를, 역수는 고을의 남쪽 마둥오촌 남쪽으로

---

489) DB. "신증동국여지승람(新增東國輿地勝覽)" 권27, 현풍현(玄風縣) 산천(山川) 조에는 毗.

490) DB. 西京之四面山寺各田二十結例. 皆勿論有職・無職湏擇戒備才高者. 고증 西京之四面山
寺各田二十結. 例皆勿論有職無職. 湏擇戒備才高者.

491) 고증. 號. DB. 號. DB.는 대개 자체(字體)를 달리하는 것이 산재(散在)되어 있다.

492) DB. 夲.

493) 고증. 七(六).

494) DB. 삼한(三韓), 혹은 삼국(三國)에 관한 사항을 기록한 책인 듯한데, 현재 전하지 않아서
찬자, 찬술 시기, 내용, 체제 등은 알 수 없다.

흐르는 내가 이것이라고 하였다. 또 이 물의 근원이 천룡사에 이른다고 하였다. 중국 사신 악붕귀(樂鵬龜)가 와서 보고 말하기를, 이 절을 파괴하면 며칠 안에 나라가 망할 것이라고 하였다.

666또 서로 전하는 말에 이르기를, 옛날 단월(檀越)⁴⁹⁵)에게 두 딸이 있어 천녀와 용녀라고 하였는데, 양친이 두 딸을 위하여 절을 세우고 딸의 이름으로 절 이름을 삼았다고 하였다. 경내가 특이하여 불도를 돕는 도량이었는데, 신라 말에 파괴된 지 이미 오래되었다. 중생사의 (관음)대성(大聖)이 젖을 먹여 기른 최은함의 아들 승로가 숙(肅)을 낳고, 숙이 시중 제안을 낳았는데, 제안이 바로 (이 절을) 중수하여 다시 일으켰다. 이에 석가만일도량을 설치하고 조정의 뜻을 받았고, 겸하여 신서(信書)와 원문(願文)을 절에 남겨 두었다. (그는) 죽어서 절을 수호하는 신이 되었는데, 자못 신령스럽고 이상한 일을 보여 주었다.

그 신서(信書)의 대략은 다음과 같다.

단월 내사시랑 동내사문하 평장사주국 최제안은 쓴다. 동경⁴⁹⁶) 고위산의 천룡사가 쇠잔하고 파괴된 지 여러 해가 되었다. 제자는 특히 성수(聖壽)가 무강하시며 백성과 나라가 편안하고 태평하시기를 발원하여 전당·회랑·방·주장·창고를 와서 모두 이룩하고, 석조불과 니소불 몇 구를 조성하여 석가만일도량을 개설하였다. 이는 나라를 위해서 이룩한 것이니, 관가(官家)에서 주지를 정해야 할 것이다. 그러나 왕조가 신라에서 고려로 교대할 때이어서, 도장(道場)의 승려들은 안심할 수 없었다.⁴⁹⁷) 희사한 토지로 사원의 비용을 충당한 예를

---

495) DB. 단월은 은혜를 베푼 사람 또는 시주의 의미. 전하여 절이나 승려에게 물건을 시주하는 신자 또는 후원자의 의미.
496) DB. "삼국유사"에 나오는 '東京'은 고려시대에 불렸던 것으로 모두 경주를 지칭.

보면, 팔공산(公山) 지장사 같은 곳은 입전(入田)이 2백 결이고, 비슬산 도선사는 입전이 20결이며, 서경(西京)의 사방에 있는 산사도 각기 20 결씩이다. 모두 유직(有職)·무직(無職)을 막론하고, 반드시 계(戒)를 갖추고 재주가 뛰어난 이를 뽑아서, 사중의 중망에 의하여 차례를 이어 주지로 삼아 분향수도(焚修)함을 상례로 삼았다.

제자(齊顔)는 이 풍습을 듣고 기뻐하여, 우리 천룡사도 역시 사중에서 재주와 덕이 함께 뛰어난 대덕을 골라, 동량(棟梁)으로 삼아 주지로 임명하여 길이 분향수도하게 한다. 문자를 자세히 기록하여 강사(剛司)에게 맡긴다. 지금의 주지로부터 시작해서[498] 유수관[499]의 공문을 받아 도량의 여러 대중들에게 보일 것이나, 각자가 잘 기억해 두어야 할 것이다.[500] 중희 9년 6월 일. (그리고) 관직을 갖추어 이상과 같이 서명한다.[501] 살펴보면, 중희는 거란 홍종의 연호이니, 본조(고려) 정종 7년 경진년이다.

주해 **663**○【天龍寺】 '유' 본문에 보이듯이, 경주남산 가운데에 있는 고봉(高峯) 고위산의 남쪽에 있다. 신라 말에 없어진 뒤 오래되었는데, 고려시대에 시중 최제안이 중수하여 오늘에 이르고 있다. 또 절 이름에 대해서는 혹은 이 절의 단월의 천녀, 용녀라는 두 딸의 이름을 따서 천룡사로 했다는

---

497) DB. 관가(官家)에서 주지를 정하는 것도 역시 옳겠지만, (주지가) 바뀌어 교대될 때는 도량의 승려들이 안심하기가 어렵다.
498) DB. 당시의 주지로부터 시작해서.
499) DB. 고려시대에 西京(평양), 南京(양주), 東京(경주) 등에 두었던 관리.
500) DB. 여러 대중들에게 보일 것이며, 각자 자세히 알아야 할 것이다.
501) DB. 중희(重熙) 9년 6월 일. (그리고) 관직을 갖추어 이상과 같이 서명하였다.

전(傳)이 있다.

664○ 【東都】 고려 왕도 개경에 대해서, 옛 신라의 왕도는 동도(東都)라고 불렀다. 앞서 나온 '유' 흥법 제3 '동경흥륜사금당십성' 및 탑상 제4 '황룡사구층탑' 조를 참조.

○ 【南山】 경주 남산은 주봉(主峯) 금오산(金鰲山)(표고 468m) 및 남쪽의 고봉 고위산(494m)를 경계로 하는 남북 8㎞, 동서 3㎞에 걸치는 산지로, 이 산지는 또 화강암의 대암괴(大岩塊)이기도 하다. 남산은 근래 식림(植林)에 의해 여름에는 약간 녹색을 더한데, 겨울에는 모든 산이 붉은 양상을 띤다. 이것이 고래(古來)의 남산 같다. 이 황량한 정취가 신라인의 마음에 일종의 경외심을 가지게 했던 것인지 상상한다. 이 남산에는 불적(佛蹟)이 매우 많아 주목을 이끈다.

계곡을 더듬으며 흐르는 계류(溪流)의 수는 아마 40 정도이며, 그 가운데 불적(佛蹟)이 존재하는 계류는 35(이것을 속칭 남산35 계류라고 한다)에 이른다. 또한 이들 불적을 찾을 때에는 계류를 따라 오르는 것 이외에는 방법이 없다. 그런 까닭에 절이 물을 얻기에 편리한 계류의 땅에 있는 것은 당연할 것이다. [참고] 正木晃, '慶州南山-現況と新知見', "茲叢"(筑波大學芸術學研究誌 제3호, 1985년).

○ 【高位山】 【山之陽有寺, 俚云高寺. 或云天龍寺】 "동경잡기(東京雜記)" 권1·산천 조에 '高位山. 在府南二十五里. 天龍寺主山也.'라고 보인다. '유' 본문대로 천룡사는 고위산의 남쪽 끝자락에 있다. 고위산은 표고 494.6m의 명산으로 천룡계(溪)는 이 산 기슭에서 생겨 남쪽으로 흘러 경주의 서천(西川)에 이른다.

665○ 【討論三韓集】 달리 보이지 않는다. 미상.

○ 【州之南馬等烏村】 주(州)는 경주(慶州)를 말한다. 마등오(馬等烏)는 ma-to-lo의 음사로 남쪽 들의 의미로 보이는데, '유' 권제1 '신라시조 혁거세왕' 조에는 마등오(麻等烏)로 표기되어 있다. 주해 110 '마등오촌(麻等烏村)' 항목 참조.

○ 【是水之源致(到)大(天)龍寺】 치(致)는 도(到)로 고쳐야 할까. 대룡사(大龍寺)는 천룡사(天龍寺)의 잘못.

○ 【中國來使樂鵬龜】 악붕구(樂鵬龜)는 문무왕대에 당태종의 사자로서 신라를 찾아온 자로서 당시에는 예부시랑이었다. 자세한 것은 '유' 권제2 '문호왕법민' 조 및 주해 269 참조.

666○ 【檀越】 단월.[502) dāna-Pati의 음사(音寫)로 베푸는 사람, 시주라는 뜻. 또 절이나 승려에게 물건을 베푸는 신자. 절의 후원자.

○ 【羅季殘破】 신라 말의 경애왕 대의 후백제 견훤이, 왕도 경주에 쳐들어가 마음껏 약탈을 했는데, 천룡사가 파괴된 것은 이때인가.

○ 【衆生寺大聖所乳崔殷誠之子承魯, 魯生肅, 肅生侍中齊顔】 승로가 중생사의 대성(大聖)에 의해서 양육된 사정에 대해서는 '유' 권제3 '삼소관음 중생사' 조(주해 570)에 상세하니 참조.

○ 【内史侍郎. 同内史門下平章事. 柱國】 内史侍郎同内史門下平章事는 内史侍郎平章事를 말하는 것으로, 예를 들면 "고려사" 세가, 현종 9년 5월 조에서, 강감찬을 서경유수내사대랑평장사라고 하는 것에 대해서, 같은 책의 강감찬 전에서는 서경유수내사대랑동내사문하평장사라고 하고 있다. '내사시랑'은 문하성의 차관직이다.

내사문하성은 성종 원년(982) 3월, 그때까지의 내의성을 고친 것으로 ("고려사절요"), 차관직으로서 내사시랑평장사와 문하시랑평장사가 놓였다. 그 후 문종 15년(1061) 6월 내사문하성이 중서문하성으로 바뀌고, 내사시랑평장사도 중서시랑평장사로 바뀌었다. 문종대에서 중서시랑평장사와 문하시랑평장사의 정원(定員)은 각 1명으로 관품(官品)은 정2품이다.

내사시랑은 수・당의 관제로 종래의 중서성이 내사성으로 바뀌어 불렀을 때, 이 관명이 사용되었다. 평장사라는 이름의 기원에 대해서는 "당서 (唐書)" 백관지에 '貞觀八年(634). 僕射李靖以疾辭位. 認疾小瘳. 三兩日

---

502) 고증. 'だんおちdanoti', 'だんのつ(dannotu)'라고도 읽는다고 했다.

一至中書門下. 平章事. 而平章事之名. 蓋起於此'라고 되어 있어, 고종의 영순 원년(682)에 시작된 동중서문하삼품과 함께 다른 관(官)에 이 이름을 더하여 재상(宰相)으로 했다. 고려의 관제에 큰 영향을 끼친 송의 제도에서도 중서(中書門下의 약어)를 금중(禁中)503)에 두고 그 장관인 동중서문하평장사를 재상이라고 불렀다. 여기에는 일반인이 아닌 승랑에서 삼사에 이르는 자 가운데서 선임되었다. 고려에서도 중서(內史) 문하성의 관원에서 평장사를 더한 자가 재상이었다는 것은 "고려사절요" 권4·문종 원년(1047) 4월 조에 '以崔冲門下侍中. 金令器爲門下侍郎平章事. 金元沖爲內侍郎平章事. 朴有仁爲尚書左僕射参知政事. 李子淵爲部尚書参知政事. 舊例宣麻日. 宰臣一員引詔案. 授讀詔者. 至是五宰相同日宣麻. 特命閣門使引案. 仍爲永式'이라고 되어 있는 것으로 분명하다. [참고] 和田清編著 "支那官制發達史", 邊太燮 "高麗政治制度史研究", 周藤吉之 "高麗朝官僚制の研究", 官崎市定 '宋代官制序説-宋史職官志を如何に讀べきか', "宋史職官志索引" (佐伯富編) 수록.

○ 【官家】 천자(天子). 정부.

○ 【遆換交代】 체환(遆換)은 체환(遞換)을 말한다. 체(遆)와 체(遞)는 음 상통. 번갈아 바꾼다는 뜻.

○ 【公山地藏寺】 '公山'에 대해서는 '승람' 권26·대구도호부 산천 조에 '公山. 或稱八公山. 在鮮顔縣北十七里. 新羅時稱父岳. 擬中岳爲中祀. 環而居者府及河陽新寧金溪仁同八莒等邑也.'라고 되어 있다. '사' 제사지에는 중사오악(中祀五岳)의 하나로서 '中父岳. 一云公山. 押督郡.'이라고 기록되어 있다. 지금은 팔공산으로 부르며 표고 1192.3m의 명산.

'지장사'는 '승람' 권26·불우 조에 '地藏史. 在壽城縣. 云云'이라고 되어 있다. 지금의 경상북도 달성군 공산면에 존재한다.

○ 【毗504)瑟山道仙寺】 비슬산(毗瑟山)은 "경상도지리지" 현풍현·명산 조

---

503) 궁궐.

에 이름이 보이며, '승람' 권27 · 현풍현 · 산천 조에 '毗瑟山. 一名苞山. 在縣東十五里.'라고 되어 있다(毗 · 琵는 음 상통). 이 산은 경상북도 달성군 현풍면의 북동에 솟아 있으며, 표고는 1083.9m, 도선사에 대해서는 달리 보이지 않는다.

○ 【西京之四面山寺】 고려시대에 평양은 서경(西京)이라고 했는데, 사면산사(四面山寺)는 사면의 산사라고 읽어야 할까.505)

○ 【留守官】 고려조에서는 서경(평양), 동경(경주), 남경(양주) 3곳에 놓였다. 우선 사경에는 태조 원년(918)에 대도호부를 놓고, 중신 2명을 파견하여 이것을 지키게 하는 것에서 비롯되었고, 성종 14년(998)에 지서경류수사(1인 3품 이상)을 두었다(이하의 직제나 이후의 변천은 생략). 동경에서는 성종이 경주를 동경이라고 하고, 유수사(1인, 3품 이상) 이하를 둔 것에서 비롯되었다. 남경에서는 양주를 남경으로 하고, 유수(留守)(1인, 3품 이상)를 둔 것에서 비롯되었다.

○ 【重熙九年】 서기 1040년. 중희(重熙)는 '유' 후문에 '契丹興宗年號'라고 되어 있는 대로이며, 고려에서는 정종(靖宗) 6년 경진년에 해당한다. 그러나 '유' 후문에 '靖宗七年庚辰歲'라고 되어 있는데, "고려사"에서는 유년(踰年)법에 따르기 때문에 정종 6년이 되는 것이다. 이해를 정종 7년이라고 본문에 적은 것은 아마 '유'가 즉위칭원법에 의했기 때문일 것이다.

○ 【契丹興宗】 홍종(興宗) Hsing-tsung(재위 1016-1055)은, 요(遼)(거란) 제7대 황제. 성은 야율. 휘(諱)는 종진, 자(字)는 이불동. 익(謚)은 신성효장황제. 묘호는 홍종. 성종의 장자. 그는 성종이 죽은 후 황제가 되었는데, 생모 법천태후가 섭정을 하여 권력을 마음껏 하다가, 이윽고 홍종도 없애려고 했기 때문에, 그는 태후를 유폐하고 친정을 하게 되었다. 홍종은 유능 예술가로서도 알려져 있는데, 자주 성종의 치세를 이어받아 내치(內

---

504) DB. "신증동국여지승람(新增東國輿地勝覽)" 권27, 현풍현(玄風縣) 산천(山川) 조에는 琵.
505) '사면(四面)에 산사(山寺)가 있다.'일 것이다.

治)에 힘썼다. 또 대외적으로는 송과 서하(西夏)와의 분쟁을 타고 송에 압력을 가해, 송으로부터 세폐(歲幣)를 늘리는 데 성공하고, 서하에 대해서도 거듭 원정군을 보내 결국 조공하게 했다. 이처럼 외교정책에서도 성공했다.

○ 【本朝靖宗】 고려 제10대 왕. 정종(靖宗)(재위 1018-1048)을 말한다. 정종의 휘는 형(亨). 제8대 왕 현종(顯宗)의 아들. 형은 제9대 왕 덕종(德宗)으로 덕종이 죽은 후 즉위. 즉위 이후, 거란과의 외교에 뜻을 폈으나, 그 3년에는 거란의 연호 중회(重熙)를 쓰게 된 것도 그 현상이다. 나아가 왕은 동북 경계의 개척이나 북방 방비에 힘쓰는 것과 함께 농정(農政)에도 관심을 가졌고, 또 장자 상속법을 정하기도 했다.

○ 【靖宗七年庚辰歲也】 이 경진은 서기 1040년에 해당하며, 송에서는 강종 즉위년, 요(遼)에서는 홍종의 중회 9년, 고려에서는 정종 6년이다. 그래서 7년은 6년으로 고쳐야 할 것이다.

⁶⁶⁷무장사 미타전
鍪藏寺彌陁殿

⁶⁶⁸京城之東北二十許里. 暗谷村之北.⁵⁰⁶⁾ 有鍪藏寺. 第三十八元聖大王
之考大阿干孝讓, 追封明德大王之爲叔父波珍喰追崇所創也. 幽谷逈絶.
類似削成, 所寄冥奧. 自生虛白, 乃息心樂道之靈境也. 寺之上方有彌陁
古殿, 乃昭成^a一作聖.大王之妃桂花王后爲大王先逝, 中宮乃充充焉. 皇皇
焉, 哀戚之至. 泣血棘心. 思所以幽賛明休. 光啓玄福者. 聞西方有大聖.
曰彌陁, 至誠歸仰. 則善救來迎, 是眞語者. 豈欺我哉. 乃捨六衣之盛服,
罄九府之貯財, 召彼名匠. 敎造彌陁像一軀, 并造神衆以安之. 先是, 寺有
一老僧, 忽夢眞人坐於石塔東南岡上. 向西爲大衆說法, 意謂此地必佛法
所住也, 心秘之而不向人說. 嵓石巉崒. 流澗激迅, 匠者不顧. 咸謂不臧.
及乎辟地. 乃得平坦之地. 可容堂宇. 宛似神基, 見者莫不愕然稱善. 近古
來殿則壞圮. 而寺獨在. 諺傳, 太宗統三已後. 藏兵鍪於谷中, 因名之.

<hr />

506) 고증. 此(北). DB. 규장각본과 만송문고본에는 此.

667 무장사 미타전(鍪藏寺彌陁殿)

668 서울의 동북쪽 20리쯤 되는 암곡촌의 북쪽에 무장사[507])가 있었다. 제38대 원성대왕의 아버지 대아간[508]) 효양, (즉) 추봉된 명덕대왕[509])이 숙부 파진찬을 추모하기 위하여 세운 절이다. 그윽한 골짜기가 몹시 험준해서 마치 깎아 세운 듯하며, 깊숙하고 침침한 그곳은 저절로 허백(虛白)이 생길 만하고, 마음을 쉬고 도를 즐길 만한 신령스러운 곳이었다.

절의 위쪽에 미타고전이 있는데, 곧 소성(昭成)[a]성(成)은 聖이라고도 한다. 대왕의 비 계화왕후는 대왕이 먼저 세상을 떠났으므로, 근심스럽고 창황하여 지극히 슬퍼하며 피눈물을 흘리면서 마음이 상하였다. 이에 (그는) 밝고 아름다운 일을 돕고 명복을 빌 일을 생각하였다. 서방에 아미타라는 대성이 있어, 지성으로 귀의하면 잘 구원하여 와서 맞아 준다는 말을 듣고, "이는 진실한 말이니 어찌 나를 기만하겠는가?"[510)라고 하고, 육의(六衣[511]))의 화려한 옷을 희사하고 9부(九府)[512])에 쌓아 두었던 재물을 다 내어, 이름난 공인들을 불러서, 미타상 한 구를 만들게 하고, 아울러 신중(神衆)도 만들어 모셨다.

---

507) DB. 경상북도 경주시 암곡동에 있었던 사찰. 1915년 비편의 발견으로 절터가 무장사였음이 확인.

508) DB. 신라 관등 중 5등급으로 대아찬.

509) DB. "삼국사기" 권10, 신라본기 원성왕 원년(785) 2월 조에, '追封考一吉湌考讓爲明德大王'.

510) 고증. 이것이 진실이다. 어찌 나를 속일 것인가. DB. 이 말이 진실이라면 어찌 나를 속이겠는가?

511) DB. 주대에 왕후가 입었던 여섯 벌의 옷.

512) DB. 주대에 재폐(財幣)를 관장하던 대부(大府)·옥부(玉府)·내부(內府)·외부(外府)·천부(泉府)·천부(天府)·직내(職內)·직금(職金)·직폐(職幣).

이보다 앞서 (이) 절에 한 노승이 있었는데, 홀연히 꿈에 진인(眞人)513)이, 석탑의 동남쪽 언덕 위에 앉아서, 서쪽을 향해 대중에게 설법하는 것을 보고, 이곳은 반드시 불법이 머무를 곳이라고 생각했으나, 마음에 숨겨 두고 남에게 말하지 않았다. (그곳은) 바위가 우뚝 솟고 물이 급하게 흐르므로, 장인들은 (그곳을) 돌아보지도 않고 모두 좋지 않다고 하였다. 그러나 터를 개척하자 평탄한 곳을 얻어서 집을 세울 만하고 신령스러운 터전임이 완연했으므로 보는 이들은 깜짝 놀라면서 좋다고 칭찬하지 않는 이가 없었다. 근래에 와서 (아미타의)불전은 무너졌으나 절만은 남아 있다. 세상에 전하는 말에 의하면, 태종(太宗)514)이 삼국을 통일한 뒤에 병기와 투구를, 이 골짜기 속에 감추어 두었기 때문에 무장사라고 이름했다고 한다.

주해

667○ 【鍪藏寺】 사명(寺名)의 유래에 대해서는 본문의 말미에 보인다. 절터는 경주시의 암곡동(暗谷洞)에 현존하며, 석비(石碑)의 이수(螭首)515)와 귀부(龜趺),516) 3층의 석탑 등이 남아 있다. 이 삼층 석탑은 현재 한국의 보물로 지정되어 있다.

○ 【彌陀殿】 아미타불을 안치하는 당사(堂舍)를 말한다. 미타(彌陀)는 아미타불의 약어.

668○ 【京城之東北二十許里. 暗谷村之北. 有鍪藏寺.】 '승람' 권21, 경주부·불우의 무장사 조 및 "동경잡기" 권2, 불우 조에도 '在府東北三十里

---

513) 부처.
514) 무열왕.
515) 비석 위에 뿔 없는 용 모양을 아로새긴 형상.
516) 비석의 받침돌.

暗谷村北.'이라고 보여, 무장사의 존재를 뒷받침하고 있다. 그리고 '京城'이라는 것은 왕도를 말하는 것으로, 신라의 왕도, 즉 현재의 경주를 말한다. 다음으로 암곡촌은 지금의 암곡동에 해당한다.

○ 【第三十八元聖大王】 서기 785년 즉위. '유' 왕력 '제삼십팔원성왕' 조 주해517) 및 '유' 권제2 '원성대왕' 조(주해 313) 참조.

○ 【大阿干孝讓】 대아간은 신라관위 17등 가운데 제5위. 효양(孝讓)에 대해서는 '유' 권제2 '원성대왕' 조(주해 318)에 보이는데, 그의 관위에 대해서는 위의 '유' 권제2 '원성대왕' 조에서는 대각간이라고 하고 있고, '나기' 원성왕 원년 2월 조에는 일길찬이라고 되어 있어, 다른 정도가 심하다.

○ 【追封明德大王】 '나기' 원성왕 원년 2월 조에는 '追封 … 考一吉湌考讓爲 明德大王'이라고 되어 있다.

○ 【叔父波珍喰(湌)】 이 인명은 불명. 파진찬은 신라 관위 17등 가운데 제4위. 자세한 것은 '유' 권제2 '만차식적' 조(주해 280) 참조.

○ 【幽谷迴絶 … 然稱善】 이 본문은 찬술자 일연이 "무장사아미타여래조상사적비문"을 참조해서 인용했다고 보이는 글과 일치하는 곳이 많다. 이 것을 다음에 열거해 본다.

(三國遺事)	(阿彌陀如來造像事蹟碑文)
迥絶類似削成所寄冥奧自生虛白 …	泡絶累以削成所寄冥奧自生虛白
思所以幽賛明休光啓玄福者聞西方 …	思所以幽賛冥休光啓玄福者西方 …
府之貯財召彼名匠敎造彌陁像一軀	府之净財召彼名匠 … 奉造阿彌胎佛像一
夢眞人坐於石塔東南岡上向西	見眞人於石塔東南崗上之樹下西面而坐
爲大衆説法 …	爲大衆説法 …
巉崒流潤激迅 …	巉崒溪潤激迅 …
匠者不顧咸謂不臧	匠者不顧咸謂不祥

위의 비문(碑文)은 "조선금석총람(상)"(조선총독부편)(국서간행회복제본)에 의했는데, 아미타여래조상사적비는 1914년 5월에 암곡리 지연(止

淵)에서 발견되고, 이듬해에 경주군 애동면 암곡리, 무장사지에서 경성의 총독부 박물관으로 옮겨져, 지금은 서울 국립박물관에 소장되어 있다. 그리고 이 비는 소성왕이 죽은 다음해 801년에 세워진 것으로 추정되며, 왕희지의 집자(集字)비로서도 유명하다. '승람' 권22, 경주부·불우의 무장사 조에 '在府東北三十里暗谷村北. …有古碑.'라고 되어 있는데, 이 고비(古碑)라는 것은 무장사아미타여래조상사적비를 말할 것이다. 그러나 현존하는 것은 유감스럽게도 돌조각 3개이다.

668, 668a○ 【昭成一作聖, 大王之妃桂花王后】 소성대왕은 신라 제39대의 소성왕(昭聖王)을 말한다. 성(成), 성(聖)의 음은 sŏn. 휘는 준옹. 아버지는 원성왕의 태자 인겸(謚, 惠忠). 어머니는 성목. 그는 원성왕 5년(785) 당에 사신으로 가, 대아찬 자리에 오르고, 6년에 파진찬에 올라 재상이 되었고, 7년 시중, 8년 병부령, 11년에는 태자가 된다. 제38대 원성왕이 죽었을 때, 아버지 인겸은 이미 요절했으므로[518] 손자인 그가 39대 왕위를 계승한 것이다. 소성왕의 재위에 대해서는 '유' 왕력 '소성왕' 조를 참조.

다음으로 계화왕후에 대해서는 '나기' 소성왕 즉위 전기에 '妃金氏. 桂花夫人. 大阿湌淑明女也', 또 애장왕(소성왕의 아들) 즉위전기에 '母金氏 桂花夫人'이라고 보이며, 나아가 애장왕 6년(805) 춘정월 조에는 '封母金氏, 爲大王后'라고 되어 있는데, 이것에 이어서 '是年唐德宗崩. 順宗遣兵部郎中兼御史大夫元季方告哀. 且冊王爲開府儀同三司檢校大尉使特節大都督雞林州諸軍事雞林州刺史兼持節充寧海軍使上柱國新羅王. 其母叔氏爲大妃.'라고 있어, 이곳에서는 김씨일 터인 계화왕후를 숙씨라고 하고, 그녀가 책(冊)을 받아 대비가 되었다고 기록하고 있다. 또 애장왕 9년(808) 2월 조에도, 정원(貞元) 16년(800)의 당 황제 소성(昭聖)에 대한 조(詔) 가운데에 '妻叔氏爲王妃'라는 것이 보인다. '사'의 찬술자가 참조했다고 보이는 "구당서"나 "신당서"에는 계화부인을 모두 숙씨["책부원구"

---

518) 고증. 조서(早逝, 요절)하지 않았기 때문에.

삼국유사 권제3

외신, 봉책의 부(部)에서는 화씨(和氏)라고 하고 있다. 그러나 앞서 인용한 애장왕 6년 기사의 뒤에 붙은 주(注)에는 '王母父叔明, 奈勿王十三歲孫, 則母姓金氏. 以父名爲叔氏, 誤也'라고 되어 있다. 즉 계화부인의 아버지인 숙명(叔明)은 나물왕의 13세손이므로 김씨이다. 그런 까닭에 아버지 이름인 숙명(叔明)의 숙(叔)을 따서 숙씨(叔氏)라고 하는 것은 잘못이라고 하는 것인데, 이미 스에마쓰 야스카즈는 '당사(唐史)의 오기(誤記)가 아니고, 당시 신라왕정이 동성결혼을 기피하는 당제에 대응하기 위한 문학상의 조작의 결과라고 볼 수 있을지도 모른다.'('新羅中古王代考' 附說 "新羅史の諸問題" 수록)라고. 더 나아가 이노우에 히데오는 '당조(唐朝)가 자기 습관인 동성불혼의 제도에 의해 신라국 내에서 김씨 내지는 오래전부터 성씨를 부르지 않았던 왕모, 왕비에게 김씨 이외의 성씨를 붙여 책명(冊命)을 내린 것에 기인한다.'('新羅朴氏王系の成立', "新羅史基礎硏究")라고 말하고 있다.

○ 【六衣】 주대(周代)에 왕후가 입었던 여섯 가지 옷. 즉 위의, 유의, 궐의, 국의, 전의, 연의이며, 또 육복. "주례" 천관, 내사복이 조에 보인다.

○ 【九府】 주대(周代)의 재폐(財幣)를 관장하는 9가지 관(官). 대부·옥부·내부·외부·천부·천부·직내·직금·직폐를 말한다.

○ 【太宗】 무열왕(武烈王)(재위 654-661)을 말한다. 자세한 것은 '유' 권제1 '대종춘추공' 조(주해 233) 및 '유' 왕력 '제이십구대태종무열왕' 조를 참조.

○ 【統三】 신라가 백제, 고구려를 멸하고 삼국을 통일했다는 것을 말한다.

⁶⁶⁹백엄사 석탑 사리

伯嚴寺石塔舍利

⁶⁷⁰開運三年丙午十月二十九日, 康州界任道大監柱貼云, 伯嚴禪寺坐草八
縣^a今草溪, 寺僧偘遊上座年三十九云, 寺之経(經)始則不知. 但古傳云. 前
代新羅時. 北宅廳基捨置玆寺. 中間久廢, 去丙寅年中. 沙木谷陽孚和尚
改造. 住持. 丁丑. 遷化. 乙酉年. 曦陽山兢讓和尚來住十年, 又乙未年.
却返曦陽, 時有神卓和尚. 自南原白嵒藪來入當院. 如法住持. ⁶⁷¹又咸雍
元年十一月. 當院住持得奧微定大師釋秀立定院中常規十條, 新竪五層石
塔. 眞身佛舍利四十二粒安邀, 以私財立寶. 追年供養. 條弟(第)一. 當寺
護法敬僧嚴欣伯欣兩明神. 及近岳等三位前, 立寶供養條, ^a諺傳, 嚴欣 · 伯欣二
人. 捨家爲寺因名曰伯嚴, 仍爲護法神. 金堂藥師前, 木鉢月朔遆米條等. 已下⁵¹⁹⁾不
録.⁵²⁰⁾

---

519) 고증. 已下.
520) 고증. 金堂藥師前木鉢. 月朔遆米條等已下. 不録.

풀이 **669**백엄사521) 석탑 사리(伯嚴寺石塔舍利)

670개운(開運)522) 3년 병오 10월 29일 강주523) 지경의 임도대감의 주첩524)에 이르기를, "백엄선사는 초팔현 ^a지금의 초계(草溪)525)에 있는데, 절의 스님 간유 상좌(上座)는 나이가 39세라고 하였고, 절을 처음 세운 때는 알지 못한다."고 하였다.

다만 고전(古傳)에는 다음과 같은 글이 있다.

앞 왕조인 신라 때, 북택청 터를 희사하여 이 절을 세웠더니, 중간에 오랫동안 폐사되었고, 지난 병인년(906)에 사목곡의 양부화상526)이 고쳐 지어 주지가 되었다가, 정축년(917)에 세상을 떠났다.

을유년(925) 희양산의 긍양화상527)이 와서 10년을 살다가, 또 을미년(935)에 다시 희양산으로 돌아갔는데, 그때 신탁화상이 남원(南原) 백암수로부터 이 절에 와서 법에 따라 주지가 되었다.

671또 함옹(咸雍)528) 원년 11월, 이 절의 주지인 득오미정대사 석(釋)

---

521) DB. 경상남도 합천군 대양면 백암리에 있었던 사찰로, 폐사 시기는 고려말-조선초로 추정. 현재 절터에는 보물 381호로 지정된 합천백암리석 등과 석조여래좌상이 남아 있다.

522) DB. 오대 후진(後晉) 출제(出帝)의 연호로 944-946년.

523) DB. 현재의 경상남도 진주 일대이다. 거열성(居列城)·거타주(居陁州)·청주(菁州)로도 불렸다.

524) DB. 고려시대에 상사로부터 내려온 포고문을 '첩(貼)'이라고 한다. '주첩'이란 말은 지령·증명 등을 담은 공문서 혹은 관문서를 가리킨다.

525) DB. 현재의 경상남도 합천군 초계면.

526) DB. 사목곡(沙木谷) 출신으로 906년(효공왕 10년) 오랫동안 폐사로 남아 있던 백엄사(伯嚴寺: 경남 합천군 대양면 백암리)를 중창하여 주지가 되었다.

527) DB. 백암화상(伯嚴). 어려서 출가하여 남혈원(南穴院) 여해(如解)의 제자가 되었고, 또 서혈원(西穴院) 양부(揚孚) 밑에서도 수행하였다. 899년(효공왕 3)에 … 951년(광종 2) 광종의 요청으로 개경(開京)의 사나선원(舍那禪院)에 있으면서, 왕으로부터 증공대사(證空大師)라는 존호를 받았다. 시호는 정진(靜眞)이고 탑호는 원오(圓悟).

528) DB. 요 도종(道宗)의 연호로 1065-1074년에 사용하였다.

수립(秀立)이, 이 절의 상규 10조를 정하였는데, 새로 5층 석탑을 세워 진신 불사리 42알을 맞아 봉안하고, 사재(私財)로 보(寶)529)를 적립하여 해마다 공양할 것이 제1조였다.

이 절에서 불법을 수호하던 공경하는 스님인 엄흔, 백흔, 두 명신(明神)과 근악 등 세 분 앞으로 보를 세워 공양할 것, ^a세간에 전하기를, 엄흔, 백흔 두 사람이 집을 회사하여 절을 만들었으므로 이로 인하여 이름을 백엄사(伯嚴寺)라 하고 이에 호법신을 삼았다 한다. 금당의 약사여래 앞의 나무바리때에는 매월 초하루마다 공양미를 갈아 드릴 것 등이었다. 이하는 기록하지 않는다.

669○ 【伯嚴寺】 미상. 지금의 경상남도 합천군 초계면의 서쪽에 인접한 대양면에 백암리의 이름이 보이는 것은 백엄사와 관계가 있을까. 절 이름의 유래에 대해서는 뒷글에 나온다.

670○ 【開運三年丙午】 서기 946년 고려 정종(定宗) 원년. 개운(開運)은 중국오대, 후진(後晉) 출제(出帝) 조의 원호.

○ 【康州】 지금의 경주남도 진주지역. '유' 권제2 '혜공왕' 조를 참조.

○ 【任道大監】 임도(任道)는 미상. 대감(大監)은 신라 군제도에도 보이는데, 이곳에서는 "고려사"[제3 세가(世家) 권제3]·성종 6년(987) 9월 무진조에, '改諸村大監·弟監. 爲村長·村正.'이라고 되어 있는 읍장(邑長)을 말할 것이다.

○ 【柱貼】 아유가이 후사노신은 고려조에서 "위 관청에서 보내는 포고문, 통달문을 '貼'이라고 불렀던 것, 고려사 형법 공첩상통식에 규정되어 있는 대로이다. 이 말도 신라대로 거슬러 올라가야 할 것. 삼국유사 고려

---

529) DB. 기본 전곡(錢穀)을 저장하여 이를 운영하고, 그 이자를 기본으로 공적인 사업을 행하는 기관을 말한다.

초의 기사에 나오는 것으로 분명하다. 그래서 '주첩(柱貼)'이라고 한다면 위로부터의 통달문은 기둥에 붙이는 것인가. 그리고 이 의미에서 나와 지령(指令), 증명, 논달(論達) 등의 관공문을 말하는 것일까. 하만력연간 유산양여문서에 '背貼' 즉 관청의 '이서증명'의 의미로 쓰고 있는 것도 같은 뜻일 것이다. 지금 '貼'은 글자 뜻 그대로 '첩련(貼聯)', '첩부(貼付)' 등, '붙여 만들다.'라는 뜻으로 쓰고 있는 것이다."("잡고" 제6집 · 하편)('國書刊行會' 복각본의 "잡고" 속자고, 속문고, 차자고의 602면)라고 말하는데 이를 따라야 할 것이다.

또한 '유'에는 뒤의 권제4, 의해 제5 '보양이본' 조 및 권제6 '명랑신인' 조에도 '柱貼'에 관한 것이 기록되어 있다.

670, 670a○ 【草八縣今草溪】 지금의 경상남도 합천군 초계면. '사' 지리지(제1, 康州) 강양군 조에 그곳에 속하는 팔계현에 대해서, '八裕縣. 本草八兮縣. 景德王改名. 今草谿縣.'이라고 기록되어 있다. 초팔혜의 혜(兮)는 계곡 천(川)이라는 의미를 가진 지명 어미(語尾)로서 '사'에 자주 보인다. 아유가이(鮎貝房之進)["雜攷" 제7집 · 하권(691면)]는 광해군 5년(1613)에 간행된 "동의보감"에 박초(朴草) · 속초(束草)를 pak-sae, sok-sae라고 훈을 달고 있는 것으로부터 초(草)에 sae의 음이 있다는 것을 지적하고, 초팔혜(草八兮)를 '서기' 흠명기 2년(541) 4월 조에 보이는 散半奚(음 San-pan-hae), '사' 악지 조에 보이는 가라 12곡(曲)의 하나 사팔혜로 추정하고 있다. 또한 '나기' 파사이사금 29년 5월 조에는, '遣兵伐比只國 · 多伐國 · 草八國幷之.'라고 보인다.

670○ 【偘遊上座】 간유(偘遊)의 업적에 대해서는 미상. 상좌(上座)는 장로. 선원의 선배로 법위(法位)가 위인 사람에게 대한 경칭.

○ 【北宅】 '유' 권제1 '진한' 조(고증 상권)에 신라 전성기의 수도 경주 내에서 대택(大宅) 35의 하나로서 북택(北宅)이 보이는데 그 소재지는 미상.

○ 【去丙寅年】 문맥으로 보아 앞의 개운 3년 병오년(946) 직전의 병인년이라고 한다면, 서기 906년(신라 공양왕 10년)이 된다. 또 한편으로 뒷글의

함옹(咸雍) 원년(1065) 직전의 병인년이라고 한다면 서기 1026년이 될 것이다. 김사엽 역 "完譯·三國遺事"(朝日新聞社, 쇼와 51년 4월)이나 이병도 역 "삼국유사"(대양서적, 1973년 10월)은 병인년을 서기 1026년으로 추정하고 있다. 그러나 뒤의 백엄사의 주(注)에는, 이 병인년을 906년으로 추정하고 '유' 본문에 의해 신라 효공왕 10년에 사목곡의 양부화상이 이 절을 중건(重建)했다고 적고 있다. 같은 곳에 모순된 기사가 보이는 것은 906년, 1026년 가운데 어느 것을 채용할지 망설인 결과로 보인다.

○【沙木谷】미상.

○【陽孚和尙】이곳에만 보이며 그 사적(事績)은 불명.

○【丁丑】앞의 병인년을 906년, 1026년으로 추정한다면 917년과 1037년 어느 쪽이 될 것이다.

○【乙酉年】위와 같은 이유로 925년과 1045년 어느 쪽.

○【曦陽山】'승람' 권29·문경현·산천의 희양산 조에 '在加恩縣北十五里. 三面皆石壁. 古有軍倉.'이라고 있으며 지금의 경상북도 문경군 가은면 북방에 솟아오른 900m급의 산. 또 같은 자료에 문경현·불우의 봉엄사 조에는 '一名陽山寺. 在曦陽山. 有崔致遠所撰僧智澄碑. 及李夢遊所撰僧眞靜碑.'라고. 이어지는 사묘(祠廟) 조에는 희양산사가 보인다.

○【兢讓和尙】이곳에만 보인다. 그 사적은 미상.

○【乙未年】935년과 1055년 어느 쪽.

○【神卓和尙】이곳에만 보인다. 그 사적은 미상.

○【南原】지금의 전라북도 남원군 지역. '유' 권제1·기이 제1의 '남대방' 조(고증 상권 주해 50a) 참조.

○【白嵓藪】전북 남원군에 있었다. 수(藪)는 사원(寺院).

671 ○【咸雍元年】서기 1065년. 고려 문종 19년. 함옹(咸雍)은 요도종(遼道宗)묘의 원호.

○【得奧微定大師釋秀立】석수립(釋秀立)에 대해서는 이곳에만 보인다. 그 사적은 미상.

○【寶】신라, 고려시대에 기본 전곡(錢穀)을 저장하여 이것을 운영하고, 그 이윤을 바탕으로 공적인 사업을 행했는데, 이 기관을 보(寶)라고 불렀다. 고려시대의 제위보(濟危寶) 등은 유명하다.

671, 671a○【嚴欣伯欣兩明神】【近岳】【諺傳, 嚴欣・伯欣二人捨家爲寺因名曰伯嚴, 仍爲護法神】언전(諺傳)에는 엄흔(嚴欣)과 백흔(伯欣) 두 승려가 집을 내어 절로 삼고 그 절 이름을 두 사람의 이름에서 한 글자씩 따서 백엄사라고 했다는 것, 또 이것으로 두 승려를 호법신으로 한 것이 보인다. 그래서 명신(明神)은 호법신을 일컫는 말일 것이다. 엄흔, 백흔은 육신의 형제인지, 형제 승려인지 불명. 두 승려 이름은 다음의 근악(近岳)과 더불어 이곳에만 보인다. 그 사적은 미상.

⁶⁷²영취사
靈鷲寺

---

⁶⁷³寺中古記云. 新羅眞骨第二⁵³⁰⁾十一主神文王代. 永淳二年癸未, ^a本文云元年. 誤. 宰相忠元公. 萇山國^b卽東萊縣, 亦名萊山國. 溫井沐浴. 還城次. 到屈井驛桐旨野駐歇, 忽見一人放鷹而逐雉, 雉飛過金岳. 杳無蹤迹. 聞鈴尋之. 到屈井縣官北井過,⁵³¹⁾ 鷹坐樹上, 雉在井中. 水渾血色. 雉開兩翅抱二雛焉, 鷹亦如相惻隱而不敢攫也. 公見之惻然有感, 卜問此地云, 可立寺. 歸京啓於王, 移其縣於他所, 創寺於其地. 名靈鷲寺焉.

풀이 ⁶⁷²영취사(靈鷲寺)
⁶⁷³절의 고기(古記)에 다음과 같은 글이 있다.

---

530) DB. 규장각본에는 三으로 되어 있고, 순암수택본에는 二 옆에 三 자가 가필되어 있다.
531) 고증. 过가 변(邊)으로 보인다.

신라 진골 제31대 왕 신문왕 때인 영순 2년 계미[a]본문에 원년이라고 한 것은 잘못이다.에 재상 충원공이 장산국[b]곧 동래현이니 또는 내산국이라고도 한다.의 온천에 목욕을 하고, 성으로 돌아올 때 굴정역 동지야에 이르러 쉬었는데, 홀연히 한 사람이 매를 놓아 꿩을 쫓게 하니, 꿩이 날아서 금악(金岳)을 넘어가는데 간 곳이 묘연하였다. (공이 매의) 방울소리를 듣고 찾아가 굴정현 관가 북쪽 우물가에 이르니 매는 나무 위에 앉아 있고, 꿩은 우물 속에 있는데 물이 핏빛과 같았다. 꿩은 두 날개를 벌려 새끼 두 마리를 안고 있었으며, 매도 또한 측은히 여기는지 감히 잡지 않았다. 공은 이것을 보고 슬퍼하며 감동하는 바가 있어 그 땅을 점쳐 물으니, 가히 절을 세울 만한 곳이라고 하였다. (공이) 서울로 돌아와 왕에게 아뢰어 그 현청(縣廳)을 다른 곳으로 옮기고 그곳에 절을 세워 영취사(靈鷲寺)라고 하였다.

주해

672○【靈鷲寺】'승람' 권23 장기현의 불우 조에는, 영취사의 이름이 보이며, 나아가 이 절은 다른 두 절과 함께 묘봉산[이 자료의 장기현 산천 조에는, '현의 서쪽 18리에 있다.'라는 주가 달려 있다. 이 영취사의 절터는 지금의 경상북도 영일군의 장기(長鬐)에 있다(이병도 "삼국유사")라고 하는데 뒤에서 말하듯이, 지금의 경상남도 울산시·울주군 방면에 있었다고 보는 것이 타당할 것이다. 뒤의 주(注) '屈井驛', '屈井縣'의 항목 참조.

673○【寺中古記】사전(史傳) 같은 것일까. '유' 권제2 '만파식적' 조(주해 279a) 참조.

○【眞骨】'유' 왕력·제28 진덕여왕 조(주해 '성골·진골' 항목) 참조.

○【第二十一主神文王】제21은 제31의 잘못이다. 신문왕(재위 681-692년)에 대해서는 '유' 권제2 '만파식적'의 조(주해 278)를 참조. 다음으로 '유'

에서는 신라의 왕명을 기재할 경우, 반드시 처음에 세계(世系)의 대수(代數), 다음에 휘(諱)나 시호(諡號)를 붙여 '第八阿達羅王', '第二十七德曼諡善德大王', '第二十八眞德女王', '第二十九太宗大王' 등으로, 신문왕에 대해서는 '만파식적' 조에서는 '第三十一神文王'이라고 기록하고 있다. 이곳에 보이는 '第三十一主神文王'이라는 기재는 통례와는 다르다.

○【永淳二年癸未】이해는 서기 682년으로, 또 신문왕 3년에 해당한다. 영순은 당 고종의 원호. 당 고종은 영순 2년 12월 정사에 '弘道'라고 개원했는데 그날 저녁에 죽었다.

673a○【本文云元年. 誤】이 본문은 '寺中古記'의 기사를 가리킨 것이겠으나, 왜 (영순)원년이라고 적었는지는 불명.

673○【幸相忠元公】이 충원공(忠元公)은 누구인지 불명. '나기'에 의하면 신문왕 원년 8월에, 서불감진복이 상대등에, 3월 2일에 순지가 중시(집사부 장관)이 되어 있다. 이곳의 재상은 상대등이나 중시를 가리킬 것인데, '宰相忠元公'은 굳이 추측한다면 상대등 진복을 말하는 것일까.

673, 673b○【萇山國】【東萊縣】【萊山國】 장산국(萇山國)에 대해서는 '승람' 권23·동래현의 건치연혁 조에 '古萇山國(惑云 萊山國). 新羅取之置居漆山郡. 景德王改今名' 또 "대동지지" 권7·동래 연혁 조에 '本居漆山國(一云. 萇山國. 古址在府東十里). 新羅脫解王二十三年. 取之置居漆山郡. 景德王十六年. 改東萊郡'이라고 보이는데, '사' 지리지(1) 양주(良州) 조에는 '東萊郡. 本居染郡. 縣德王改名. 今因'이라고만 있어 장산국의 이름을 전하고 있지 않다. 동래(東萊)의 옛 이름으로 되어 있는 거칠(柒)(漆)은 음 ko-chir로 래(萊)의 훈과 일치하지만, 래(萊)의 훈은 일반적으로 rae인데, 이 글자에는 황폐한 지역이라는 의미가 있고, 이 황(荒)의 훈이 ko-chir로, 장산과는 음훈 모두 공통성이 없어, 양자의 언어적 관련성은 불명하다. 지금이 부산시 동래구에 장산(萇山)(643m), 장산사, 장산국교(萇山國校) 등의 이름이 보이는데, 모두 수영강의 왼쪽 강기슭에 집중되어 있어, 장산국의 옛 영토를 추정하는 것이 가능하다.

673○ 【屈井驛】【屈井縣】이 굴정역, 굴정현은 굴불(掘佛)역, 굴불(掘佛)현 의 잘못이 아닐까. 굴정역, 굴정현은 '승람', "세종실록지리지", "증보문헌 비고"(輿地考) 어디에도 보이지 않는다.

그러면 굴불역·굴불현에 대해서 살펴보겠다. '승람' 권22·울산군의 건치연혁 조에는 '本新羅屈阿火. 新羅地名, 多稱火. 火乃弗之轉. 弗又伐之轉. 婆沙 王飴置縣. 景德王改名河曲 惑作河西, 爲臨關郡領云云'이라고 보이며, '역 원' 조에는 굴화역, 굴화원의 이름이 보인다. 게다가 '堀火驛. 在郡西十五 里, 古之河曲縣遺址', '堀火院. 在堀火驛傍'이라고 주(注)가 달려 있다. 이 굴화는 굴아화가 줄어든 것이라고 보아도 좋다.

다음으로 굴불(屈弗)은 '승람' 글 가운데 굴아화촌의 주에 '火乃弗之轉' 이라고 되어 있는 것처럼, 화(火)는 불(弗) 혹은 벌(伐)에서 온 것이라고 한다면, 굴화(屈火)는 굴불에서 왔을 것이다.

이미 모두(冒頭)에서 적었듯이, 재상충원공이 지금의 동래(東萊)에서 온천 치료를 마친 뒤, 수도로 돌아가던 중에 지금의 울산방면을 통과했을 것이다. '유' 본문에 적혀 있는 일을 만난 지역은 장기(長鬐) 방면이 아니 고, 울산방면으로 보아야 할 것이다. 경주 동북방에 편재하는 장기에까 지 우회해서 귀경했다고는 생각할 수 없기 때문이다.

○ 【官北井】 관청(縣廳)의 북쪽에 있는 우물을 말할 것이다.

○ 【移其縣於他所】 절을 세우기 위하여 '(屈井縣의) 현청(縣廳)을 다른 곳으 로 옮겼다.'라는 것. 굴정현은 굴불현의 잘못이라는 것이 인정된다면, 이 굴불현의 현청 터에 창건한 영취사는 지금의 울산방면이라고 보는 것이 지당할 것이다.

⁶⁷⁴유덕사

有德寺

⁶⁷⁵新羅大夫角干崔有德捨私第爲寺, 以有德名之. 遠孫三韓功臣崔彦撝掛

安眞影, 仍有碑云.

⁶⁷⁴유덕사(有德寺)

풀이

⁶⁷⁵신라의 태대각간⁵³²⁾ 최유덕이 자기의 집을 희사하여 절로 삼고, 이름을 유덕(有德)이라고 하였다. (그의) 먼 후손인 삼한공신 최언위⁵³³⁾는, (유덕의) 진영을 걸어 모시고 이어 비를 세웠다고 한다.

---

532) 고증, DB, 규장각본 모두 大夫. DB. 신라 관직에 大夫는 존재하지 않으므로 太大로 국역하였다.

533) DB. 신라 말, 고려 초의 문신으로 최치원의 종제이며, 문하평장사 최항(崔沆)의 아버지이다. 885년(헌강왕 11년)에 당에 유학하여 그곳 문과에 급제하였고, 909년(효공왕 13년)에 귀국하여 … 최치원·최승우와 함께 일대삼최(一代三崔)라 불렸다.

674○【有德寺】이 유덕사(有德寺) 개창의 유래는, 신라의 귀인이 사제(私第)를 희사해서 절을 세운 사례가 적은 귀중한 사료이다. 그러나 개창의 연대, 장소(경주라고 생각되지만) 등에 대해서는 미상. 당시 개창자 최유덕이 받은 관위가 태대각간이었다고 한다면 김유신 이후, 즉 삼국통일 이후라는 것이 된다. 유덕의 관위가 단순히 각간이었다고 한다면 그 시기는 불명.

675○【大(太)大角干崔有德】판각(板刻)에 잘못이 없다면, 최유덕은 대부(관직)로 각간의 관위를 가진 것이 된다. 신라의 관직에 대부(大夫)라는 것은 없으나, 그 차관급의 관직을 한풍(漢風)으로 불렀던 것일까.

중국에서 선진(先秦)시대에 경(卿)과 사(士)의 중간 자리에 위치한 제후(諸侯)의 신을 대부(大夫)라고 했다. 또 한대에는 논의를 주관하는 관으로서, 태중대부(太中大夫)·중대부(中大夫)·간대부(諫大夫) 등이 있었고, 낭중령(郎中令)에 속했다. 각간은 이벌찬(伊伐飡)(관위 제1등)을 말하는데, 이것에 대해서는 고증 상권의 주해 216을 참조.

다음으로 한국고전총서(1) '유'(312면)의 두주(頭注)에는, 대부(大夫)를 정정하여 '太大之訛'라고 하고 있다. 정덕본(正德本)(中宗壬申刊本)에는, 태(太)라고 해야 할 곳을 대(大)라고 새긴 예가 많은 것으로부터, 혹은 이와 같이 정정해야 할까. 태대각간에 대해서는 앞서 나온 '유'·권제3 '백률사(栢栗寺)' 조(주해 579), 또 '유' 권제4 '자장정률' 조 참조.

그러나 추증(追贈)이라고 하든, 최유덕이 태대각간의 관위를 가질 인물이라고 한다면, 당연히 '사'에 그 이름을 남겨야 할 것인데, 보이지 않는 것으로 보아 범상하지 않은 자리인 태대각간의 관위를 얻었다는 것, 또 각간의 관위를 한 것조차 의문이다. 더 나아가 신라 말의 석학 최치원의 예에서도 알 수 있듯이, 신라의 최씨는 중하급의 귀족층에 속하고 대아찬 이상의 관위는 없었다는 것으로 보아도 의문이라고 해야 할 것이다.

○【大角干】【大(太)大角干】'사' 잡지 제7·직관 상(上)의 신라 관호 조에 '大角干(或云大舒發翰). 태종왕 7년(660) 滅百濟論功. 授大將軍金庾信大

角干. 於前十七位之上加之. 非常位也', '太大角干(或云. 太大舒發翰). 문
무왕 8년(668) 滅高句麗. 授留守金庾信以太大角干. 賞其元謀也. 於前十
七位及大角干之上加此位. 以示殊尤之禮'라고 관위 17등의 위에 대각간,
더 나아가 태대각간이 더해진 경위가 적혀 있다.

○ 【三韓功臣崔彦撝】 최언위(崔彦撝)(868-966)는 초명 신지(愼之), 경주 사
람. 신라 말년 나이 18세에 입당하여 예부시랑 설정규 문하에 급제, 42세
에 귀국하여 집사성 시랑 서서원학사에 임명되었다. 그 후 고려 태조를
모시며 태자의 사부(師傅)가 되고 문한(文翰)의 임무를 맡으며, 대상원황
대학사한림원령평장사에 승진, 혜종원년 12월에 서거했다. 향년 77세.
문영(文英)이라는 시호를 받았다. 그는 현존하는 비문에도 찬술자로서
이름을 남겼고 그곳에는 다음과 같은 관직이 보인다. 태상검교상서좌복
사겸어사대부상주국(菩提寺大鏡大師玄機塔碑-太祖二二年建立). 태상
검교상서전수집사시랑좌복사겸어사대부상주국지원봉성사사금어대(地
藏鐸院朗圓大師悟眞塔碑-太祖二三年建立). 태조검교상서좌복사전수병
부대랑지한림원사(净土寺法鏡大師慈燈塔碑-太祖二六年建立). 조청대부
수집사시랑사자금어대(興寧寺澄曉大師寶印塔碑-惠宗元年建立). 태상검
교상서좌복사겸□□대부상주국지원봉성사(定宗元年建立).

또한 간노 긴파치(菅野銀八)는, '흥녕사등효대사보인탑비'의 머리글에
찬자(撰者)를 최언위로 하고 있는데도 불구하고, 글 가운데에 (崔)인연
(仁渷)의 찬(撰)이라고 하는 모순을 바탕으로, 양자를 같은 인물이라고
생각하고, 글이 완성된 용덕 4년(924, 신라 경명왕 8년) 때는 인연(仁渷)
이라고 불렀는데, 이 비(碑)가 건립된 천복 9년(944, 고려 혜종 원년) 때
에는 언위(彦撝)라는 이름으로 개명했다고 생각하고 있다('新羅興寧寺澄
曉大師塔碑の撰者に就て', "東洋學報" 제13권 2호). 최인연은 역사상에
그 이름을 잃은 인물인데, 경명왕대(917-924)에 그가 찬술한 '태자사랑공
대사백월서운탑비'에 의하면 '한림학사수병부부랑지서서원사사자금어대
신작인연'라고 되어 있고, 뒷면에 새긴 순백의 찬문(撰文)에는 '其仁渷者

辰韓茂族人也. □所謂一代三崔. 金榜題廻. 曰崔致遠. 曰崔仁渷. 曰崔承祐'라고 되어 있다. 또 최치원의 찬문에 의한 '성주사랑혜화상백월보광탑비'에는 '從弟朝請大夫前守執事侍郎賜紫金魚袋臣崔仁渷'이라고 되어 있어, 그가 최치원의 종제(從弟)였다는 것을 알 수 있다. [참고] "고려사" 권92'(열전 권제5) 최언위 조. '사' 권45(열전 제6) 설총 조에 병기하는 최언위의 별전(別傳).

고려 태조 왕건이, 반도를 통일하자 석학 최치원을 부르려고 했다. 그러나 치원은 벼슬에 오르는 것을 만류하고, 대신해서 그 문하에 많은 이가 고려의 발전에 공헌했는데, 언위는 그 가운데 최고였다. 그러나 언위가 언제 치원의 문하에 들어갔는지는 불명한데, 치원 문하의 일재(逸才)였다는 것은 분명하다. 그래서 삼한공신이라고 불렀을 것이다.

다음으로 '삼한공신(三韓功臣)'이라는 것은 고려가 조선반도를 통일할때의 공신이라는 뜻일 것인데, 이 삼한은 조선반도를 가리키는 아칭(雅稱). 자세한 것은 '유' 권제2 '김부대왕' 조(주해 372)의 '三韓' 항목 참조.

⁶⁷⁶오대산문수사석탑기
五臺山文殊寺石塔記

⁶⁷⁷庭畔石塔盖新羅人所立也. 制作雖淳朴不巧, 然甚有靈響. 不可勝記.
就中一事聞之. 諸古⁵³⁴⁾老云. 昔連谷縣人具舡泝(沿)海而漁. 忽見一塔隨
逐舟楫,⁵³⁵⁾ 凡⁵³⁶⁾水族見其影者. 皆逆散四走. 以故漁人一無所得, 不堪憤
恚. 尋影而至. 盖此塔也. 於是共揮斤斫之而去, 今此塔四隅皆缺者以此
也. 予驚嘆無已,⁵³⁷⁾ 然怪其置塔稍東而不中, 於是仰見一懸板云. 比丘處
玄曾住⁵³⁸⁾此院, 輒移置庭心. 則二十餘年間寂無靈應. 及日者求基抵此.
乃嘆曰, 是中庭地非安塔之所, 胡不移東乎. 於是衆僧乃悟. 復移舊處, 今
所立者是也. 餘非好怪者, 然見其佛之威神, 其急於現迹利物如此, 爲佛子
者詎可黙而無言耶. 時正豊⁵³⁹⁾元年丙子十月日.⁵⁴⁰⁾ 白雲子記.

---

534) 고증에는 고(古)가 우(右)로 되어 있다.
535) DB. 楫의 오기로 보인다.
536) 고증. 범(凡).
537) 고증. 기(己). DB. 규장각본과 순암수택본에는 巳.
538) DB. 규장각본은 판독이 어렵다.

풀이 **676** 오대산문수사석탑기(五臺山文殊寺石塔記)

677 뜰가의 석탑은 대개 신라인이 세운 것 같다. 제작은 비록 순박하여 정교하지는 못하지만, 매우 영험이 있어 이루 다 기록할 수 없다. 그중에서도 한 가지 일을, 여러 옛 노인들에게서 들었는데 다음과 같다.

옛날 연곡현 사람이 배를 갖추어 바닷가에서 고기를 잡다가 홀연히 탑 하나가 배를 따라오는 것을 보았는데, 모든 수족(水族)(물고기)이 그 그림자를 보고, 사방으로 흩어져 도망가 버렸다.[541] 이 때문에 동물들이 그 어부는 고기를 한 마리도 얻지 못하여 분함을 참지 못하고 그림자를 찾아가 보니 이 탑이었다. 이에 도끼를 휘둘러 그 탑을 쳐부수고 갔는데, 지금 이 탑의 네 귀퉁이가 모두 떨어진 것은 이 까닭이다.

나는 (이 말에) 놀라고 감탄해 마지않았으나 그 탑의 위치가 조금 동쪽에 있고 중앙에 있지 않음을 괴이하게 여겨 이에 현판 하나를 쳐다보니 거기에는 다음과 같이 적혀 있었다.

비구 처현(處玄)이 일찍이 이 절에 있으면서 문득 (탑을) 뜰 한가운데로 옮겼더니 (그 후) 20여 년 동안 잠잠하여 아무런 영험이 없었다. (후에) 일관이 터를 구하러 이곳에 와서 탄식하며 말하기를, "이 뜰 가운데는 탑을 안치할 곳이 아닌데 어째서 동쪽으로 옮기지 않습니까?" 라고 하였다. 이에 여러 스님들이 깨닫고 다시 옛 자리로 옮겼으니, 지금 서 있는 곳이 바로 그곳이라고 하였다. 나는 괴이한 것을 좋아하는 사람은 아니나, 그러나 부처의 위신력을 보건대 그 자취를 나타내어 만물을 이롭게 함이 이와 같이 빠르니, 불자(佛子)된 사람으로서 어

---

539) DB. 고려 태조의 父인 世祖의 이름 隆을 피휘하였다.

540) 고증. 일(日) 앞에 1자(字) 정도의 간격을 두었다.

541) DB. 모든 물속의 그림자를 보고 모두 사방으로 흩어져 달아났다.

찌 잠자코 말하지 아니하겠는가?

　때는 정풍(正豊)542) 원년 병자(1156) 10월 일에 백운자(白雲子)543)는
기록한다.

 676○ 【五臺山】 '유' 권제3 · 탑상 제4 '대산오만진신' 조(주해 649) 참조.

○ 【文殊寺】 위와 같다(주해 654 참조).

677○ 【連谷縣】 신라 명주(지금의 강릉)에 속한 현(縣). '사' 지리지(2) 명주
　　조에 '支山縣. 本高句麗縣. 景德王改名今連谷縣', '승람' 권44 강릉대도호
　　부의 '속현(屬縣)' 조에는, '連谷縣. (注)在府北三十里. 本高句麗支山縣.
　　一云陽谷. 新羅景德王時. 爲溟州領縣. 高麗顯宗改今名. 仍屬'이라고 되
　　어 있다.

○ 【比丘處玄】 처현(處玄)에 대해서는 이곳 이외에는 보이지 않는다.

○ 【日者】 점복(占卜)을 보는 사람. 해의 길흉을 보고 점을 치는 사람.

○ 【正豊(隆)元年丙子】 정풍(正豊)은 본래는 정륭(正隆)이어야 할 것이다.
　　즉 정륭은 금(金)의 해릉왕대의 연호. 정륭을 정풍이라고 한 것은 고려태
　　조의 아버지, 세조의 휘(諱)인 융(隆)을 피했기 때문이다. 정륭 원년 병자
　　는 고려 의종(毅宗) 10년, 서기 1156년에 해당한다.

○ 【白雲子】 이곳 이외에는 보이지 않는다. 미상.

---

542) DB. 정륭(正隆)의 오자인 듯하다. 정륭은 금 해릉왕(海陵王)의 연호인데, 정륭을 정풍으로
　　 쓴 것은 고려 태조의 아버지 세조의 이름인 융(隆)을 피휘하기 위한 것.
543) DB. 유교를 버리고 불교에 귀의하여 명산을 유력하던 고려 의종 때의 학자.

1.

'三國遺事硏究會'(이하 '유사연구회')는 미시나 아키히데 박사 서거 후인 1975년 5월에 '미시나 아키히데 유찬'으로서 "삼국유사 고증 상"(이하 본서 상권)을, 그 후 1879년 5월에는 "삼국유사 고증 중"(이하 본서 중권)을 간행했다.

이후에 이어지는 하권은 실로 10여 년의 세월이 지나, 이번에 일부인 "삼국유사 고증 하1"(이하 "본서 하1")을 세상에 보내게 되었다. 그리고 마침 올해는 '유사연구회'가 발족되고 나서 간지 3순(巡)의 36년, 또 연구회 제창자, 창시자로 게다가 경애하여 지도자로서 우러렀던 미시나 박사가 타계(1971년 12월 19일)하시고 나서도 22년이 걸려, 실로 오랜 세월이 걸렸다. 세월의 빠름은 놀라지 않을 수 없는데, 이어지는 속편의 출판이 늦어진 이유에 대해서는 이유막론하고 부끄러운 것이다.

2.

무릇 '유사연구회'가 결성된 것은 1958년 7월인데, 이후 미시나 박사가 공직에서 물러난 1968년 3월까지는, 원칙적으로 매월 두 번의 비율로 예회를 열었고, 나아가 하계에는 반드시 며칠간의 연구합숙을 갔다. 개시 후 4년간에 삼국유사(이하 '유사') 통독을 마치고 1962년부터 다시 돌아가 정밀하게 권제1부터 재독(再讀), 재점검을 하면서 연구성과를 올렸다. 그러나 간행경비가 전혀 없고, 이루어진 원고도 미미한 것으로 그 목표와는 거리가 멀었다.

그런데 1968년에 도쿄 하나와서점에서 '삼국유사 고증'의 간행을 해도 좋으냐는 연락을 받고, 그 후 우여곡절을 거쳐 본서 상권과 중권의 간행이 이루어진 것이다(이하는 참고를 위하여 본서 상권 권두에 게재한 서두에서 발췌한 것이다).

3.

이렇게 처음 간행했던 본서 상권은 유사의 왕력과 권제1(기이 제1)에 대해서 고증한 것인데, 이것은 우리가 텍스트로서 사용한 '정덕본' 계통의 '유사'에서는 52장(104면)에 걸치는 것이다.

또 '본서 중권'은 '유사'의 '권제2'에 대하여 고증을 한 것인데, 찬술자 일연이 특히 염두에 둔(삼국시대 특히 신라의) 명승의 전기(傳記), 사원 건립, 불교설화 등이 널리 수록되어 있어, '정덕본'은 117장(234면)을 차지하고 있다. 이것은 간행한 본서상권 및 중권의 바탕이 되었던 '정덕본'의 합계 101장(202면)을 넘는 것이다. 이것을 각권별로 보면, 권제3은 56장(112면), 권제4는 31장(62면), 권제5는 30장(60면)이 된다.

그래서 원고의 정리, 인쇄 사정, 나아가 이용자의 편의 등을 고려하여 한 책으로 하지 않고 권제3 부분에 대해서는 "삼국유사 고증 하1"로 하고, 권제4의 부분에 대해서는 "삼국유사 고증 하2", 권제5에 대해서는 "삼국유사 고증 하3"으로 3권으로 나누어 간행하기로 했다. 이렇게 이번 '하1'이 출판된 연유인데, 그 면수는 중권 400면을 넘는 400수십 면의 큰 책이 되었던 것이다.

4.

위에 말했듯이 '유사' 권제3 이외는 불교관계 기사로 채워졌다. 미시나 박사는 1943년에 명저 "신라 화랑의 연구"를 출판(쇼와 49년 8월에 "미시나 아키히데 논문집 제6권"으로 복간)되었으며, 그 가운데 '화랑習俗과 불교와의 習合'에 대하여 논하였는데, 그곳에서 유사를 많이 인용하고 있다. 그래서 우리가 본서를 만들 때에도, 미시나 박사의 논저로부터 은혜를 받는 일이 많았다.

또 박사는 '유사 연구회'를 발족하고 나서 얼마 안 되어 '신라의 정토교-삼국유사 소재 정토교 관련기사 주해'["쓰카모토 박사 송수(頌壽) 기념 불교사학논집" 게재]라는 논고를 발표하였는데, 이미 이때에 미시나 박사는 앞으로의 '본서 하권'의 구상을 시야에 넣고 그때에 작성할 원고의 초고를 보인 것인가 한다.

이어서 1970년 여름 합숙(교토시 교직원 회관)에는 한국에서 황수영, 김택규, 장수근 세 분을 맞아 국제연구회를 병행했는데, 이것은 유사 권제3 이후의 연구 심화와 그 원고 집필을 준비하는 것과 동시에 연구발전을 도모한 것이었다.

또한 이 합숙에서는 회관의 다다미 방 한 칸에 이불을 깔고 초대자와 우리가 엉키면서 잤는데 그것은 마치 중고생의 수학여행을 떠올리는 것이라 지금도 잊혀지지 않는다.

5.

또 1968년에 들어 하나와 서점으로부터 출판 신청을 받은 것은 이미 말한 대로인데, 이후 회원일동은 기간의 분책(分冊)의 보정(補訂), 유사 권제1의 발간 못 한 부분, 왕력 편의 원고작성에 들어가, 다음

해 미시나 박사 서거라는 불행을 만나면서 이 슬픔을 넘어 1975년에는 본서 상권의 간행을 했다. 지금은 돌아가신 스에마쓰 가즈오, 미카미 쓰기오 두 박사로부터 따뜻한 격려를 받았는데, 특히 미카미 박사로부터 '이 성공은 단결의 승리이다.'라는 찬사는 분에 넘치는 영광으로 평생 잊을 수 없다.

　미시나 박사 서거 후, 남겨진 무라카미, 이노우에, 가사이, 기시타, 에바타 다섯 명은 본서상권 출판 후, 하계 휴가 중(1975년 8월)에 필자가 사는 와카야마시에서 합숙을 하며, 신간 상권에 대한 반성과 다음에 간행하는 중권의 구상, 이미 되어 있는 원고의 검토, 앞으로 집필해야 할 곳의 검토를 하였다. 이렇게 제2권 중권의 마무리도 그저 늦었는데, 앞서 말한 1979년 5월에 간행을 마쳤던 것이다.

6.

　그러나 유사 고증 간행 사업 전체로 보면, 이상은 아직 그 절반에 지나지 않고, 앞으로는 훨씬 험하고 게다가 어려운 것이 예상되었던 것이다.

　그래서 1975년 8월에 와카야마 합숙 후인 11월부터 유사연구회의 예회를 다시 열기로 하였다. 그러나 이노우에는 센다이에 거주하고, 가사이, 에바타는 각기 근무지에서 요직에 있어 바빴기 때문에 예회의 참가가 곤란하여, 이 세 사람은 재택(在宅)으로 삼국유사 고증 중권의 분담원고의 마무리를 맡기고 나머지는 필자와 기시타 두 사람이 예회의 운영을 맡기로 했다.

　그래서 이 예회의 재개에는 간사이에서 후계자 출현이라는 기대도 있지만, 이때에 대학원에 갓 진학한 신진기예의 가메이 기이치(亀井輝

一), 정조묘, 다나타 도시아키 세 사람이 참가하여 출발하였다. 그리고 이 모임에 기시타가 근무하고 있는 고난고등학교(아시야市) 합동연구실을 이용했다. 돌아가며 읽기 위해서는 아무래도 조선사 연구의 기본적 문헌이나 사전 등을 어느 정도 갖추는 것이 바람직하기 때문에, 이 점에서도 기시타와 고난 고등학교의 후의(厚意)를 입어 감사하고 있다.

7.

재개한 예회에서는 유사 권제3의 각 조에 대해 읽기를 진행했다. 다만 이번에는 전과 같이 월 2회는 모일 수 없어 1회의 비율이지만, 1975년부터 1976년에 걸쳐 규칙적으로 상당한 능률을 올렸다. 그러나 필자는 1977년, 1978년에는 교육학부장으로 취임을 해야 했다. 소위 지방대학의 교육학부는 학과구성이 여러 가지로 나뉘어 특히 다수의 부속학교를 가지기 때문에, 그 교직원 수도 다른 학부보다 훨씬 많기 때문에, 학부장은 국립대학 가운데에도 가장 바쁜 임직원이기에 정기적으로 밖으로 나가는 것이 곤란했다. 이것은 삼국유사 고증이 지체되는 까닭이기도 하다.

다음으로 개인 일에 대해서는 송구하지만, 필자는 1979년 4월에 오랫동안 근무했던 와카야마 대학을 정년퇴임 했는데, 인연이 있어 서일본의 맘모스 대학이라는 긴기대학(히가시오사카시)에 자리를 옮겨 인생을 보내는 몸이 되었다. 이때에 필자가 알지 못하는 사이에 이노우에, 에바타를 비롯한 유사연구회 여러분을 중심으로 일한 15명의 코리아학 연구자를 망라하여, 필자에게 기념논문집 간행계획이 진행되었다. 필자로서는 진정으로 영광과 감사할 일이지만, 그 논문집 집필을 위하여 시간을 보내야 하는 것은 죄송스러울 따름이었다. 논문집은 "中村四夫博士和歌山大學退官記念朝鮮史論文集"으로서 도쿄 開明書院에서 1982년 9월에 발간되었다(말미에 1981년은 잘못이다).

8.

1980년 4월에는 기시타가 서울에서 돌아왔기 때문에 쉬고 있었던 5월 예회를 재개하기로 했는데, 그 처음인 5월 예회에서 '유사 고증'의 금후, 특히 '유사' 권제3을 바탕으로 하는 '유사고증 하1' 원고 집필의 분담을 정했다. 그것에 임해서 우선 종래대로 편집과 원문 교정은 필자가, 역문은 기시타가 분담하였다. 주해에 대해서는 '순도조려' 조부터 '전후소장사리' 조까지를 예회 참가자(5명)가 분담 집필하고, '미륵선화 미시랑 진자사'부터 말미의 '오대산문수사석탑기'까지를 이노우에, 가사이, 에바타 3명이 분담 집필하기로 했다.

그래서 참가자는 하계 휴가가 끝날 때 9월 15일까지 초고를 마무리하고 나아가 전원 원고마감 기한은 1982년 연말로 했다. 이때 가메이는 후쿠오카 교육대학 전임교관으로 채용되어, 본래의 일본고대사 연구에 전념하고 싶다고 하면서 연구회를 떠나기로 했다. 다시 집필 분담을 정했다.

예회에서의 윤독(輪讀)은 1982년 연말까지 이어졌는데, 이쯤에서 일단 마감하고 1983년 3월 신오사카 가든바레스(사학공제조합)에서 합숙을 시작으로 이후에는 지금까지 도착한 주해 원고 검토를 겸한 연구회를 계속하기로 했다. 그래서 이때부터는 거의 매월 긴기대학, 오사카 하소쿠(波速)회관 등에서 했는데, 어쩌다가 오사카기타 모 호텔 로비에서 하기도 했다. 나아가 연구회는 1984년, 1985년 하계 합숙까지 이어졌다.

9.

 주해 집필을 할 때에는 집필자가 한곳에 모여 다루어야 할 항목 등을 정한 뒤에, 각자가 집필을 진행해 나가야 하는데, 이 때문에 모두 모이는 것은 당시로서는 불가능했다. 필자가 필요사항을 골라 각자에게 연락 통지하는 방법도 있을 것이지만, 초기부터 멤버는 상권, 중권의 해당 부분을 집필한 경험이 있어 집필할 곳도 두 번에 걸쳐 윤독(輪讀)을 해 왔으므로, 각자가 제각기 집필할 곳을 고르는 방법을 취했다. 이렇게 모인 원고에도 아쉽지만 항목의 부족, 주해 내용의 미흡이 있었다. 미시나 박사가 돌아가신 이후 우리는 불교학에는 자신이 없기에 어쩔 수 없었다. 그리고 시간적인 문제도 있어 집필자에게 반송하지 않고 필자 혼자서 모든 보정을 계속했다. 어떤 곳은 전면적으로 다시 쓰기도 했다. 이렇게 1986년 말까지 두셋 정도의 미착 원고를 기다렸다. 몇 명인가의 분담으로 한 책을 묶을 경우, 그 기한을 지키는 것은 무엇보다도 중요하다. 연구회에 나오는 자는 그 연구회에서의 분위기를 잃지 않고, 감흥이 있을 때에 적어 나가는 것이 중요하며, 이 기회를 놓치면 꽤 곤란하다. 누군가 한 명이 늦으면 결국 전체가 늦어진다. 자주 늦어지는 습관을 가진 멤버가 있으면 다른 자도 물들어 가는 경향이 생기는 것이다. 그런 까닭에 돈벌이가 아닌 이러한 일의 분담자는 각자가 사명감, 책임감을 가지고 임해야 할 것이다.

10.

 이야기가 바뀌지만, 쇼와 30년대 후반기라고 생각되는데, 아직 덴리

대학의 객원교수였던 심사엽 교수가 100달러만 있으면 며칠간 유사가 기재되어 있는 경상도내 사적을 둘러볼 수 있으니, 여행을 해보면 어떠냐는 권유가 있었다. 당시 1달러는 일본 엔으로는 360엔 정도였지만, 다른 곤란한 일이 있어 가지 못했다. 언젠가는 하면서 생각은 하고 있었는데, 1987년도에 들어 아직 한국을 가 본 적이 없는 와카야마대학 교육학부(동양사학전공)의 졸업생(필자의 제자)인 유시(有志)로부터 한국탐방의 안내와 지도를 부탁받았다. 이것을 기회 삼아 다음 해 1988년부터 매년 한국을 방문했다. 처음에는 부산 김해공항에 내린 뒤, 우선 수로묘(首露廟)를 참배하고 김해패총유적을 견학한 후, 팔만대장경의 판본이 있는 가야산 해인사를 찾아 가야의 역사를 살피고, 경주, 속리산, 공주 부서에서는 신라와 백제의 옛날을 음미한 뒤, 서울을 찾았다. 서울에서는 백제건국에서 삼국시대의 항쟁, 조선 오백년, 근현대 역사에 생각에 잠기었다. 경주, 공주, 부여, 서울에서는 우선 박물관을 견학한 뒤, 사적(史蹟)을 정밀하게 조사했다. 특히 서울의 동국대학도서관에서는 국보인 티베트대장경을 보고, 나아가 박물관을 견학하면서, 일본의 문화재 보호와 교육 실태의 차이를 통감했다.

이번 여행에서 사원으로는 불국사, 석굴암, 분황사, 황룡사지, 속리산 법주사도 찾았는데, 다음에는 오로지 신라시대부터의 사원·불적(佛跡)을 찾기로 했다. 이것은 일한 사원의 차이를 알 수 있는 것은 물론, 유사연구의 심화를 위한 것이기도 했다.

즉 2년 후 1990년에는 오대산 월정사(상원사는 비가 온 뒤라서 위험하다고 하기에 중지했다), 낙가산 낙산사, 설악산 신흥사(이상은 강원도), 태백산 부석사(경상북도 최북단)를 찾았고, 1991년에는 우선 영취산 통도사, 금정사 범어사(경상남도)를 찾았고, 북진하여 경상북도에 들어가서는 경주 배리위 삼석불을 참배한 후에 경주 북쪽 근교의 백률사, 굴불사를 찾았고, 옛 굴불사에서는 사면 석불을 보고, 군위군에 들어가서는 유사 찬술자 일연의 얼이 남아 있는 인각사를 참배하고, 제2 석굴암이라고 하는 군위 삼존불을 찾았고 나아가 달성군에 있는 팔공산 동화사를 찾아 마애석불좌상을 참배했다[또한 북쪽의 의성군에 있는 고운사, 안동군에 있는 봉정사(鳳停寺)에는 유감이지만 시간이 맞지 않아 참배를 못했다].

이 여행의 수확은 위 열거에 머물지 않았다. 우선 1990년의 강릉 탐방에서는 이곳을 기점으로 하는 동해안을 남북으로 길게 포섭했는데, 일찍이 미시나 박사가 이 땅에서 널리 민속 탐방한 것을 생각하면서, 화랑의 발자취, 승려 의상의 전승의 흔적을 찾았고, 더 나아가 강릉향교, 대유 이율곡의 정취가 남아 있는 오죽헌의 견학도 이루었다.

또 월정사 견학을 마치고 강릉시에 이르렀을 때에 넘어온 태백산맥 가운데의 대관령에 대한 것, 부석사를 참배할 때 울진에서 봉화에 이르기까지 태백산맥을 횡단했는데, 그 구불구불한 길이며, 부석사 견학을 마치고 서울로 향할 때에 소백산맥의 죽령을 해 저물 때에 넘었는데, 모두 어느 것도 잊기 어렵다. 특히 죽령 위에 올라섰을 때의 감개무량은 글로도 말로도 나타내기 어려운 것이었다.

나아가 김포공항을 출발하기 전에, 잠깐 교육상 참고로 강화도로 차를 달렸는데, 1977년 서울 이원순 교수에게 안내를 받아 갔을 때에 보았던 지석(支石)묘 하나는 외로이 인삼밭 가운데 볼록하게 서 있었는데, 이번에는 주변의 인삼밭은 없어지고, 공원이 되어 젊은이가 지석묘 덮개 위에 올라 사진을 찍고 있는 모습을 보고 긴장했었는데, 포대(砲臺)나 성곽 유적이 말끔히 수리하여 모습이 쇄신되었다.

또 앞서 부석사도 가마다 시게오가 찾았을 때(1973년경)("朝鮮佛敎の 寺と歷史"에 의한다)와는 달리 사역(寺域)은 정비되어 누문(樓門)이 세워지는 등, 수복되어 면목을 일신하고 있었다. 이 나라의 문화재 보존에 대한 열의를 잘 알 수 있어 경의를 표할 따름인데, 현재는 도로도 잘 정비되어 상당히 깊은 오지까지 차로갈 수 있어 견학여행도 능률이 좋아지고 있다.

또한 1991년의 여행에서는 낙동강 상류에 만들어진 안동호의 북단에 있는 적유(磧儒) 이퇴계의 도산서원(안동군 도산면)을 찾았고, 분로쿠의 난(임진왜란)에 출정한 후, 조선국으로 귀순한 사야가(沙也可)(慕夏堂) 등의 후손이 사는 달성군 가창면 우록동을 찾아, 우연히 14대 당주인 김재덕 씨를 만날 수 있었던 것은 실로 많은 성과의 하나였다. 귀국 후, 여행 중의 감흥이 사라지기 전에 보관 중인 원고에 그때마다 손을 대 후속 하2, 하3의 주해 집필에 도움이 컸다. 현지에 입각한 기술에는 설득력이 있기 때문이다.

11.

한편 필자는 1990년에 나이 77세에 달했다. 소위 희수(喜壽)이다. 그래서 체력과 기력이 남아 있는 동안에 본서(하1)는 물론 하2, 하3을 하루라도 빨리 완성시키고 싶었기에, 인생 제2의 근무지인 긴기대학을 물러났다.

이렇게 필자는 지난 원고를 정리와 후속의 하2의 고증과 집필에 몰두하면서, 도착하지 않은 원고를 계속 기다렸다. 그러나 1990년 말에 이르러 그것을 기다릴 수 없다는 것을 알고, 할 수 없이 1991년 1월부터는 그 부분의 집필과 편집에 전념했다. 덕분에 10월 중에는 무사히 완결하고, 11월 초에는 하나와 서점에 보낼 수 있었다. 이 하1의 원고의 총중량은 5kg이나 되었다.

보통이라면 이 원고는 복사해서 보관용으로 남겨 둔 후에 등기소포인지, 최근 인기 있는 다큐빈(宅急便)으로 보내도 안전하고 괜찮다고 하지만, 이것을 복사하는 곳으로 가져가 보관용을 만들 시간도 없었고, 그 비용도 간단하지 않았다. 그래서 만일을 생각하여 이것을 가지고 가든가, 아니면 가지러 오든가 해서 직접 전달하는 것 이외에는 안전한 방법이 없었다. 이 때문에 이번에는 70여 세 되는 아내가 등산용 배낭에 원고를 담아, 와카야마 자택에서 교외 전차를 두 번 갈아타고 또 지하철을 타고 신오사카역의 신칸센 홈까지 운반해 주었는데, 이것도 유사고증의 완성을 기도하는 행위이었다.

12.

이미 말했듯이 본서(하1)는 유사 권제3에 대하여 자세하게 고증한 것이다. 이 책을 편찬하기에 이르러

(1) 본서 상권에서 왕력 부분에 정덕본(중종 임신간본)을 실었듯이, 정덕본 권제3의 사진판을 싣도록 기획을 했다.

종래 본서 상권의 권제1(기이 제1)과 중권(권제2 기이 제2)의 원문은 정덕본의 원문을 충실하게 활자화한 것을 실어 왔다. 그 오자나 불명한 문자의 오른쪽에 괄호를 열어 넣었다. 이때 원문의 오자를 활자화하기 위해 새롭게 조자(造字)했다. 현재 이 비용이 비싸고 또한 인쇄기간이 길어져 한층 더 인쇄비가 들게 된다. 이러한 사정으로 정덕본의 사진판이 들어가면 이것이 해소되는 것이다.

그러나 본서(하1)의 토대가 되는 유사 권제3은 모두(冒頭)에도 적었듯이, 정덕본에서는 56장(112면)이나 된다. 이것은 종래의 편찬방식에 의한 면수에 112면이 더 붙기 때문에, 본서 가격이 매우 비싸지기 때문에 유감이지만 포기할 수밖에 없었다. 또

(2) 본서에 드는 원문에 대해서도 역시 지금의 출판사정과 타협을 하지 않을 수 없어, 정덕본 원문을 대폭 교정한 원문을 조판하여 실었다. 그리고 최소한의 교정을 보였다. 이것도 조자의 번거로움을 막고 출판 비용을 삭감하는 것에 타협을 한 것이다. 다음으로

(3) 유사 원문은 변칙적 한문으로 읽기 어렵다고 한다. 본서 상권 및 중권에서는 구어역을 하고 있다. 일부에 의역을 한 곳도 있으나, 비교적 원문에 충실하게 하고 있다. 그러나 이것과 대조하여 원문을 읽을 때에 읽기 힘들다는 평가를 듣는 것이다. 이것은 지금의 중등교육에서는 옛날과 비교하여 한문의 수업시수가 적은 탓이라고 생각한다. 그래서 원문에는 구두점을 찍고 있는데, 나아가 역독점, 오쿠리가나를 붙인 새 원고를 새롭게 작성했다. 그러나 이러한 기획도 유감이지만 그만두지 않을 수 없어, 종래대로 했다.

13.

거듭 말했듯이 '유사' 권제3 이후는 거의 불교에 관한 기사로 채워져 있다. 그리고 우리가 존경했던 미시나 박사는 불교연구에 대해서도 조예가 깊은 분야였다. 그래서 건재했더라면 이 책의 여러 곳에 손을 댔을 것이고, 또 우리가 집필할 때에도 적절한 조언을 받았을 것이라고 생각한다. 그러나 박사가 서거하신 후, 남겨진 우리는 불교학에 관해서는 전혀 자신이 없을 뿐만 아니라 나름대로 노력했지만, 부족한

점이 많을 것이라고 생각한다.

나아가 우리가 이 책 중권을 간행할 때, 지금은 돌아가신 미시나 박사의 히데코 영부인으로부터 찬술자 이름을 필자로 하도록 권유하시기에 그저 감사할 따름이었지만, 상권과 같이 미시아 아키히데 유찬(遺撰)으로서 체재를 갖추었다. 그러나 이번 이후는 체재가 좋은 편은 아니지만, 필자 이름으로, 즉 무라카미 요시오 찬술이라고 했다. 이것은 오랜 세월이 걸린 것은 물론 이 책의 내용이 미시나 박사의 명성을 더럽히는 일이 있어서는 안 될 것이라고 염려했기 때문이다. 두말할 것도 없이 모든 책임은 필자가 짊어지는 것이다. 그 세부사항을 보면

(1) 원문의 교정은 앞서 말한 것처럼 필자가 담당했다.

(2) 역문은 종래 대부분을 기시타 씨가 담당하는 곳이었는데, 사정이 있어 이번에는 권두의 '순도조려' 조 이후, '대산월정사오류성중' 조까지(단 '가섭불연좌' 조, '분황사천수대비 맹아득안' 조를 제외)를 기시타 씨가, 위의 괄호 안의 2편과, '남월산' 조부터 마지막 '오대산문수사석탑기' 조까지 7편은 필자가 담당했다.

또 글 가운데 찬(讚)은 마땅한 분담자를 내정했으나, 사정이 있어 급한 대로 필자가 담당하고, 게다가 이전과는 달리 모두 구어로 옮겼다.

(3) 주해에 대해서는 다음과 같이 분담했다. 괄호 안이 분담자 이름인데, 분담 편수가 적어도 장문인 경우도 있고, 분담 편수가 많아도 단문인 경우가 많다.

'홍법제삼'(무라카미) '순도조려'(가사이, 정, 무라카미) '난타벽제'(정, 무라카미) '아도기라'(무라카미) '원종홍법 염촉멸신'(무라카미) '법왕금살'(정, 무라카미) '보장봉로 보덕이암'(무라카미) '동경흥륜사금당십성'(다나카) '탑상제사'(무라카미) '가섭불연좌석'(무라카미) '요동성육왕탑'(다나카)

'금관성파사석탑'(정, 무라카미) '고려영탑사'(다나카) '황룡사장육'(다나카) '황룡사구층탑'(다나카, 무라카미) '황룡사종 분황사약사 봉덕사종'(무라카미) '영묘사장육'(무라카미) '사불산 굴불산 만불산'(무라카미) '생의사석미륵'(정, 무라카미) '흥륜사벽화보현'(정, 무라카미) '삼소관음 중생사'(무라카미) '백률사'(무라카미) '민장사'(무라카미) '전후소장사리'(무라카미) '미륵선화 미시랑 진자사'(이노우에) '남백월이성 노힐부득 달달박박'(이노우에, 무라카미) '분황사천수대비 맹아득안'(이노우에) '악산이대성 관음 정취 조신'(이노우에, 무라카미) '어산불영'(에바타) '대산오만진신'(에바타, 무라카미) '명주오대산보질도태자전기'(가사이, 무라카미) '대산월정사오류성중'(가사이, 무라카미) '남월산'(가사이, 무라카미) '천룡사'(가사이, 무라카미) '무장사미타전'(가사이, 무라카미) '백암사석탑사리'(가사이) '영취사'(가사이) '유덕사'(가사이) '오대산문수사석탑기'(무라카미).

생각해 보면 여기까지 여정은 실로 멀고 또 길었다. 혹은 악전고투와 인내의 연속이었을지도 모른다. 그러나 후속의 '하2', '하3'도 계속해서 출판하게 되었다. 이제 이 책을 고 미시나 박사 및 히에코 영부인에게 바치고 싶다. 그리고 미시나 박사의 제창으로 시작된 이 연구가 콜럼버스 출발이라도 된다면 더 바랄 것이 없다. 많은 분들의 질정을 바랄 따름이다.

나아가 지금으로부터 10년 전에 경주에서 이 책의 간행에 대하여 김택규 씨로부터 격려를 받은 것도 잊을 수 없다. 지금까지 인내하면서 미숙한 우리를 줄곧 기다려 주신 하나와 서점의 역대 사장에 대해서도 감사를 하지 않을 수 없다. 하나와 서점과는 '유사고증'의 출판을 통해서 인연이 시작되었는데, 이 동안에 사장은 시라이시 요시아키, 시라이시 시즈오(현재 고문), 시라이시 다이로 이어졌다. 상권 출판 중에 석유 쇼크가 있었고, 작년에는 버블경제의 영향으로 출판계는 경영난이 이어지는 가운데, 건실하게 잘 유지해 준 것에 대해 경의를 표할 따름이다. 그리고 편집부에서는 요시다 요시지 씨, 요네자와 야스코 씨도 모두 변함없이 상권 간행 이후 연속해서 신세를 졌는데, 이번에 요시다 씨는 상무, 편집부장으로서 실력을 발휘하고, 요네자와 씨는 처음부터 끝까지 고생이 많은 이 교정을 맡아 주었다. 우리 모두 깊이 감사하고 있다.

마지막으로 이 책이 나올 때, 한국문화연구진흥재단으로부터 '출판조성금'을 받았다. 더없는 영광이다. 지면을 빌려 여러 현자에게 감사의 뜻을 전할 따름이다.

1993(헤세 5)년 11월 23일

삼국유사연구회　村上四男

삼국유사연구회 창설자

三品彰英(미시나 아키히데)_ 1902년생. 교토제국대학 문학부 사학과 졸. 일본사·조선사 전공. 해군기관학교 교수, 교토대학 강사, 오타니대학 교수, 도지샤대학 교수, 오사카시립박물관반장, 불교대학 교수를 역임. 문학박사. 1971년 12월 19일 서거.

저자(1970년대 당시)

村上四男(무라카미 요시오)_ 와카야마대학 명예교수, 삼국유사연구회 회장.

井上秀雄(이노우에 히데오)_ 쇼인여자단기대학 학장.

笠井倭人(가사이 와진)_ 교토여자대학 강사.

木下札人(기시타 레진)_ 긴기대학 교수.

江畑武(에바타 다케시)_ 한난대학 교수.

中村 完(나카무라 다모쓰)_ 도호쿠대학 문학부 조교수.

鄭早苗(정조묘)_ 오타니대학 조교수.

田中俊明(다나카 도시아키)_ 사카이여자단기대학 조교수.

역주자 김정빈(金正彬)

히로시마대학대학원 학술박사(교육학), 일본국립시마네대학 연구원. 저서로는 『校正宋本廣韻에 의한 廣韻索引과 韻鏡索引』(한국학술원, 2010) 외 10여 권이 있으며, 역서로는 沼本克明의 『한국인을 위한 일본한자음의 역사』(한국학술원, 2008), 小林芳規의 『각필의 문화사』(한국문화사, 2016) 등이 있다.

An Annotated Translation of
"Historical Investigation of
the Three Kingdoms Archive in Ancient Korea"